CODE-MANUEL

A L'USAGE

DES NOTAIRES

DE L'ARRONDISSEMENT D'AMIENS

PAR Mᵉ DOURNEL,

Notaire à Amiens, Secrétaire de la Chambre.

AMIENS

IMPRIMERIE DE E. YVERT, RUE SIRE-FIRMIN-LEROUX, 24

—

1859

LOIS, ORDONNANCES, ARRÊTÉS, CIRCULAIRES

ET

RÈGLEMENTS PRINCIPAUX

RELATIFS AU NOTARIAT,

Classés en ordre chronologique et divisés en deux sections,

La première contenant les Lois, Décrets et Règlements généraux,

La seconde : les Statuts intérieurs et Règlements particuliers de la Compagnie des Notaires de l'arrondissement d'Amiens;

SUIVIS DE DEUX APPENDICES CONTENANT :

LE PREMIER : le rapport de M. RÉAL et les extraits des discours de MM. FAVART et JAUBERT, sur la loi du 25 Ventose an XI, constitutive du Notariat;

UN TABLEAU DES AMENDES, PEINES ET NULLITÉS RELATIVES AUX NOTAIRES ET A LEURS ACTES, ET UNE NOTE BIBLIOGRAPHIQUE NOTARIALE.

LE SECOND : la nomenclature des pièces exigées par la Chancellerie pour être admis aux fonctions de Notaire; et la table alphabétique des notaires ayant exercé dans l'arrondissement d'Amiens, de 1546 à 1859, précédé du tableau des notaires en exercice au 1er Janvier 1859.

ET UNE TABLE ANALYTIQUE DES MATIÈRES, AVEC NOTES ET RENVOIS AUX LOIS, DÉCRETS ET RÈGLEMENTS CITÉS.

Lex est quodcumque notamus.

Extrait du registre des délibérations de la Chambre des Notaires de l'arrondissement d'Amiens.

L'an 1858, le mardi 7 septembre, à midi;

Les membres de la Chambre de discipline de l'arrondissement d'Amiens sont réunis à l'hôtel de la Chambre, place du Palais de Justice.

Sont présents : MM. Duparc, président; Jumel d'Amiens, syndic; Jumel de Poix, rapporteur; Dournel, secrétaire; Andrieu, trésorier; Bennetot et Robert, membres.

La séance est ouverte sous la présidence de M. Duparc.

Un membre propose à la Chambre de profiter de l'impression du nouveau tarif, voté dans l'assemblée générale du mois d'août dernier, pour faire réimprimer, en même temps et dans un même format, les règlements particuliers et intérieurs de la Compagnie, complétés des dernières décisions des assemblées générales et de la Chambre.

Ce membre complète sa proposition en priant la Chambre, dans l'intérêt de la Compagnie, de faire précéder le tarif et le règlement en usage dans l'arrondissement, d'une partie légale et réglementaire qui contiendrait soit textuellement, soit par extrait, soit même par une indication sommaire, les lois, ordonnances, arrêtés et règlements principaux sur le notariat, que les notaires ont souvent besoin de consulter et disséminés dans de nombreux recueils; il propose d'y joindre aussi les principales circulaires de MM. les procureurs généraux et impériaux d'Amiens, que plusieurs notaires n'ont plus entre les mains, et même d'annexer à ce travail, comme partie historique et complémentaire le tableau général de tous les notaires qui ont exercé dans l'arrondissement d'Amiens, dressé par la Chambre en 1858, de manière à avoir ainsi, sous un même format, une espèce de *Code-Manuel* des lois, règlements et usages qui régissent les notaires de l'arrondissement d'Amiens.

Chaque notaire de la Compagnie pourrait, au moyen d'annotations et de feuilles intercalées, tenir ce recueil, complet jusqu'à ce jour, successivement au courant des documents législatifs et réglementaires qui pourraient survenir et intéresser le notariat et la corporation, et devrait le laisser à son successeur à sa sortie de la Compagnie.

Cette proposition est discutée et adoptée, et la Chambre charge de ce travail M. Dournel, notaire à Amiens, auteur de la proposition.

Le Secrétaire,

DOURNEL.

I.

LOIS ET RÈGLEMENTS PRINCIPAUX RELATIFS AU NOTARIAT

Articles des Codes et lois diverses contenant des dispositions relatives aux Notaires.

Code Napoléon. — Art. 113, 154, 281 à 285, 392, 397, 398, 459, 466, 501, 827, 828, 837, 931, 933, 971, 975, 976, 979, 1007, 1035, 1250, 1318, 1319, 1334 à 1336, 1341, 1394, 1396, 1397, 1444, 1451, 1596, 1597, 2060, 2063, 2127, 2199.

Code de procédure. — Art. 201 à 205, 221 à 224, 241 à 245, 545, 547, 746, 839 à 852, 928 à 931, 935, 944, 953 à 955, 969, 970, 975, 976, 981 à 988, 1001 et 1037.

Code de Commerce. — Art. 40, 44, 67 à 70, 173, 176, 311, 480, 486.

Code d'Instruction criminelle. — Art. 452, 454, 455 et 463.

Code Pénal. — Art. 123, 145, 146, 174, 175, 480, 486, 378.

Tarif des frais en matière civile, du 16 février 1807. — Art. 38, 42, 105, 107, 151, 166, 168, 169, 170, 171, 172, 173, 174, 175, 176.

Tarif des frais en matière criminelle, du 18 juin 1811. — Art. 13, 15, 91 à 96.

Lois, arrêtés, ordonnances et règlements divers.

1270. — Ordonnance du roi St-Louis, qui crée, pour la prévôté de Paris, *soixante Notaires*, chargés de recevoir les actes de la juridiction volontaire et d'en délivrer des grosses.

Mars 1302. — Ordonnance de Philippe le Bel, qui établit dans tous ses domaines des *Notaires* à l'instar de ceux de Paris.

Avril 1411. — Lettres de *sauvegarde et protection* accordées par le roi Charles VI, aux Notaires de Paris et qui les autorise à mettre des panonceaux.

Juin 1510. — Ordonnance de Louis XII sur la réformation de la justice, qui ordonne que le *nombre* des Notaires sera réduit, qu'ils garderont *minute* de leurs actes, et qu'ils ne pourront recevoir de contrats usuraires.

21 Août 1515. — Ordonnance du roi François Ier qui crée, des *Notaires à Amiens*.

Août 1539 — Ordonnance de François Ier, dite de Villers-Cotterets, sur le fait de la justice, contenant plusieurs dispositions sur la *forme* des actes, telles que l'obligation de garder *minutes*, de les rédiger en *langue française*; sur leur exécution, sur les *honoraires* des Notaires, sur les *communications* que les Notaires peuvent faire, la délivrance des secondes *grosses*, les peines encourues en cas de *contravention*, l'indication du *Notaire en second*, et l'obligation de tenir des registres ou protocoles pour la transcription de leurs actes.

1er Septembre 1541. — Ordonnance du même roi qui dispense les Notaires de Paris *d'écrire eux-mêmes* leurs actes, et leur permet de les faire écrire et *grossoyer* par leurs *clercs*.

15 Mars 1567. — Arrêt du parlement, qui défend aux Notaires de se dessaisir de leurs *minutes* et de les remettre aux parties.

Août 1607. — Arrêt de règlement, qui défend aux Notaires de *recevoir* aucuns contrats au profit de leurs enfants, gendres, pupilles étant en leur puissance, et cousins germains, ni de prendre aucuns parents en pareils degrés pour *témoins*.

16 Juillet 1611. — Arrêt de règlement, qui ordonne qu'en toutes assemblées publiques, les Notaires auront la *préséance* sur les procureurs, et règle le costume des uns et des autres.

7 Février 1612. — Arrêt de règlement, qui décide que les Notaires ne peuvent *s'associer* pour les fonctions de leurs charges, c'est-à-dire pour tenir étude commune et partager leurs honoraires.

10 Février 1615. — Arrêt de règlement, qui défend que plus de *deux* Notaires concourent à la *réception* des actes et contrats.

10 Février 1622. — Arrêt de règlement, qui attribue aux Notaires le droit exclusif de procéder aux *inventaires*, même en matière criminelle.

12 Mai 1633. — Arrêt de règlement, qui ordonne le *dépôt* des testaments olographes entre les mains des Notaires.

21 Mars 1659. — Arrêt de règlement, qui enjoint aux Notaires de ne *signer* les actes qu'après les parties et les témoins.

27 Février 1665. — Arrêt de règlement, qui enjoint aux Notaires de tenir *répertoire* de leurs actes.

Mars 1693. — Edit de Louis XIV sur le contrôle des actes, qui autorise les Notaires à remettre aux testateurs la *minute* de leurs testaments.

(Voir ci-après l'avis du Conseil d'État, du 7 Avril 1821).

27 Juin 1716. — Arrêt de règlement, qui détermine le mode *de transmission des minutes* et les mesures à prendre pour leur conservation.

Février 1731. — Ordonnance de Louis XV sur les donations, qui défend aux Notaires *d'accepter* pour les donataires absents.

21 Août 1775, 13 Novembre 1778. — Arrêts du Conseil, qui défendent à toutes personnes, même aux propriétaires de meubles et effets mobiliers, d'en faire la *vente publique*, au préjudice du droit des Notaires, greffiers et huissiers.

12 Août 1779. — Lettres patentes du roi Louis XVI, concernant *les compulsoires*.

27 Mars 1791. — Loi relative au nouvel ordre judiciaire, qui attribue aux Notaires, à l'exclusion des juges-de-paix, la confection des *inventaires* et procès-verbaux de *carence*.

29 Septembre, 6 Octobre 1791. — Loi sur la nouvelle *organisation du Notariat* et sur le *remboursement* des offices de Notaires.

(Voir ci-après la loi du 25 Ventose an XI qui l'abroge et le rapport de M. Réal.)

18 Brumaire an 2 (8 Novembre 1793). — Loi relative à l'exercice et au *ressort* des fonctions de Notaires.

2 Thermidor an 2 (20 Juillet 1794). — Loi portant qu'aucun acte public ne peut, dans quelque partie que ce soit de la France, être écrit qu'en *langue française*.

6 Messidor an 3 (24 Juin 1795). — Loi qui prohibe la vente des *grains en vert*.

Toutes les ventes de grains en vert et pendant par racines sont prohibées sous peine de confiscation des grains et fruits vendus. La confiscation encourue sera supportée ½ par le vendeur, ½ par l'acheteur. Elle sera appliquée: ⅓ au dénonciateur, ⅓ à la commune du lieu où les fonds qui ont produit les grains se trouvent situés : ce tiers sera distribué à la classe indigente ; le 3e tiers au Trésor public.

23 Messidor an 3 (11 Juillet 1795). — Loi qui modifie la précédente.

Sont exceptées de ces sortes de ventes, celles qui ont lieu par suite de tutelle, curatelle, changement de fermier, saisie de fruits, baux judiciaires et actes de cette nature, et celles qui comprendraient tous autres fruits de production que les grains.

16 Floréal an 4 (5 Mai 1796). — Loi qui ordonne aux Notaires d'effectuer, dans les deux premiers mois de chaque année, au greffe du tribunal civil de leur résidence, le dépôt du double par eux certifié du *répertoire* des actes qu'ils ont reçus dans le cours de l'année, sous peine d'amende.

27 Ventôse an 5 (16 Janvier 1797). — Arrêté du Directoire, qui ordonne l'exécution des anciens règlements, par lesquels le droit exclusif de faire les *prisées* et *ventes de meubles* est attribué aux Notaires, huissiers et greffiers.

7 Brumaire an 6 et **6 Fruct. an 4, etc.** — Lois qui portent que les Notaires paieront le droit de patente, et les obligent, sous peine d'amende, à énoncer la *patente* des parties, dans les actes relatifs à leur commerce, à leur industrie ou profession.

Abrogées par l'art. 22 de la loi des finances des 18 et 22 Mai 1850.

19 Brumaire an 6 (7 Novembre 1797). — Loi qui défend de procéder à la vente publique d'ouvrages *d'or* et *d'argent* s'ils ne sont contrôlés.

13 Brumaire an 7 (3 Novembre 1798.) — Loi sur le Timbre.

22 Frimaire an 7 (12 Décembre 1798). — Loi sur l'Enregistrement.

21 Ventôse an 7 (11 Mars 1799). — Loi sur les droits d'hypothèques.

22 Pluviôse an 7 (10 Février 1799.) Loi sur les ventes de *meubles, récoltes* et effets mobiliers.

Art. 1er. A compter du jour de la publication de la présente, les meubles, effets, marchandises, bois, fruits, récoltes et tous autres objets mobiliers ne pourront être vendus publiquement et par enchères, qu'en présence et par le ministère d'officiers publics ayant qualité pour y procéder.

2. Aucun officier public ne pourra procéder à une vente publique et par enchères d'objets mobiliers, qu'il n'en ait préalablement fait la déclaration au bureau de l'enregistrement dans l'arrondissement duquel la vente aura lieu.

3. La déclaration sera inscrite sur un registre qui sera tenu à cet effet et elle sera datée. Elle contiendra les noms, qualité et domicile de l'officier, ceux du requérant, ceux de la personne dont le mobilier sera mis en vente et de l'indication de l'endroit où se fera la vente et du jour de son ouverture. Elle sera signée par l'officier public et il lui en sera fourni une copie, sans autres frais que celui du papier timbré sur lequel cette copie sera délivrée.

Elle ne pourra servir que pour le mobilier de celui qui y sera dénommé.

4. Le registre sera en papier non timbré, il sera coté et paraphé, sans frais, par le juge-de-paix dans l'arrondissement duquel sera le bureau d'enregistrement.

5. Les officiers publics transcriront, en tête de leurs procès-verbaux de vente, les copies de leurs déclarations.

Chaque objet adjugé sera porté de suite au procès-verbal ; le prix y sera écrit en toutes lettres et tiré hors ligne en chiffres.

Chaque séance sera close et signée par l'officier public et deux témoins domiciliés.

Lorsqu'une vente aura lieu par suite d'inventaire, il en sera fait mention au procès-verbal avec indication de la date de l'inventaire, du nom du notaire qui y aura procédé, et de la quittance de l'enregistrement.

6. Les procès-verbaux de vente ne pourront être enregistrés qu'aux bureaux où les déclarations auront été faites.

Le droit d'enregistrement sera perçu sur le montant des sommes que contiendra cumulativement le procès-verbal des séances à enregistrer dans le délai prescrit par la loi sur l'enregistrement.

7. Les contraventions aux dispositions ci-dessus seront punies par les amendes ci-après, savoir :

De cent francs contre tout officier public qui aurait procédé à une vente sans en avoir fait la déclaration ;

De vingt-cinq francs, pour défaut de transcription, en tête du procès-verbal, de la déclaration faite au bureau d'enregistrement ;

De cent francs, pour chaque article adjugé et non porté au procès-verbal de vente, outre la restitution du droit ;

De cent francs, aussi, pour chaque altération de prix des articles adjugés, faite dans le procès-verbal, indépendamment de la restitution du droit et des peines de faux ;

Et de vingt francs, pour chaque article dont le prix ne serait pas écrit en toutes lettres au procès-verbal.

Les autres contraventions que pourraient commettre les officiers publics contre les dispositions de la loi sur l'enregistrement, seront punies par les amendes et les restitutions qu'elle prononce.

L'amende qu'aura encourue tout citoyen pour contravention à l'art. 1er de la présente loi, en vendant et faisant vendre publiquement et par enchères, sans le ministère d'officier public, sera déterminée en raison de l'importance de la contravention ; elle ne pourra cependant être au dessous de cinquante francs ni excéder mille francs pour chaque vente, outre la restitution des droits qui se trouveront dus.

8. Les préposés de la régie de l'enregistrement sont autorisés à se transporter dans tous les lieux où se feront des ventes publiques et par enchères, et à s'y faire représenter les procès-verbaux de vente et les copies des déclarations préalables.

Ils dresseront des procès-verbaux des contraventions qu'ils auront reconnues et constatées : ils pourront même requérir l'assistance d'un officier municipal, ou de l'agent, ou de l'adjoint de la commune ou de la municipalité où se fera la vente.

Les poursuites et instances auront lieu ainsi et de la manière prescrite par la loi du 22 frimaire dernier sur l'enregistrement.

La preuve testimoniale pourra être admise sur les ventes faites en contravention à la présente.

9. Seront dispensés de la déclaration ordonnée par l'art. 2, les officiers publics qui auront à procéder aux ventes du mobilier national et à celles des effets des monts-de-piété.

10. Toutes dispositions des lois contraires à la présente seront abrogées.

---

17 **Floréal an 7** (6 Mai 1799). — Loi sur le nouveau *système monétaire*.

---

6 **Prairial an 7** (26 Mai 1799). — Loi qui ordonne la perception d'un *décime* par franc, comme subvention extraordinaire de guerre, sur les droits d'enregistrement, de timbre, d'hypothèque, etc.

---

13 **Brumaire an 9** (4 Novembre 1800). — Arrêté relatif à l'exécution du système décimal des *poids et mesures*.

---

27 **Ventôse an 9** (17 Mars 1801). — Nouvelle loi sur l'*Enregistrement*.

---

13 **Nivôse an 10** (3 Janvier 1802). — Arrêté relatif à l'apposition des scellés et aux *inventaires* après le décès des officiers généraux et supérieurs.

---

5 **Ventôse an 11** (16 Mars 1803). — Loi contenant organisation du Notariat (1).

TITRE I.

DES NOTAIRES ET DES ACTES NOTARIÉS.

Section I. — *Des fonctions, ressort et devoirs des notaires.*

Art. 1. Les notaires sont les fonctionnaires publics établis pour recevoir tous les actes et contrats auxquels les parties doivent ou veulent faire donner le caractère d'authenticité attaché aux actes de l'autorité publique, et pour en assurer la date, en conserver le dépôt, en délivrer des grosses et expéditions.

2. Ils sont institués à vie.

3. Ils sont tenus de prêter leur ministère lorsqu'ils en sont requis.

4. Chaque notaire devra résider dans le lieu qui lui sera fixé par le Gouvernement. En cas de contravention, le notaire sera considéré comme démissionnaire : en conséquence, le Grand-juge, ministre de la Justice, après avoir pris l'avis du tribunal, pourra proposer au Gouvernement le remplacement.

5. Les notaires exercent leurs fonctions, savoir :

Ceux des villes où est établi le tribunal d'appel, dans l'étendue du ressort de ce tribunal ;

Ceux des villes où il n'y a qu'un tribunal de première instance, dans l'étendue du ressort de ce tribunal ;

Ceux des autres communes, dans l'étendue du ressort du tribunal de paix.

6. Il est défendu à tout notaire d'instrumenter hors de son ressort, à peine d'être suspendu de ses fonctions pendant trois mois, d'être destitué en cas de récidive, et de tous dommages-intérêts.

7. Les fonctions de notaires sont incompatibles avec celles de juges, commissaires du Gouvernement près les tribunaux, leurs substituts, greffiers, avoués, huissiers, préposés à la recette des contributions directes et indirectes, juges, greffiers et huissiers des justices de paix, commissaires de police et commissaires aux ventes.

Section II. — *Des actes, de leur forme, des minutes, grosses, expéditions et répertoires.*

8. Les notaires ne pourront recevoir des actes dans lesquels leurs parents ou alliés en ligne directe à tous les degrés, et en collatérale jusqu'au degré d'oncle ou de neveu inclusivement, seraient parties, ou qui contiendraient quelque disposition en leur faveur.

9. Les actes seront reçus par deux notaires ou par un notaire assisté de deux témoins, citoyens français, sachant signer, et domiciliés dans l'arrondissement communal où l'acte sera passé.

10. Deux notaires parents ou alliés au degré prohibé par l'art. 8 ne pourront concourir au même acte.

Les parents, alliés, soit du notaire, soit des parties contractantes, au degré prohibé par l'art. 8, leurs clercs et leurs serviteurs ne pourront être témoins.

11. Le nom, l'état et la demeure des parties devront être connus des notaires, ou leur être attestés dans l'acte par deux citoyens connus d'eux, ayant les mêmes qualités que celles requises pour être témoin instrumentaire.

12. Tous les actes doivent énoncer les nom et lieu de résidence du notaire qui les reçoit, à peine de cent francs d'amende contre le notaire contrevenant.

Ils doivent également énoncer les noms des témoins instrumentaires, leur demeure, le lieu, l'année et le jour où les actes sont passés, sous les peines prononcées par l'art. 68 ci-après, et même de faux, si le cas y échoit.

13. Les actes des notaires seront écrits en un seul et

---

(1) La rédaction du projet de cette importante loi a éprouvé d'assez nombreuses difficultés au Conseil d'État. il y a eu jusqu'à cinq rédactions successives. L'exposé des motifs a été présenté par M. Réal, conseiller d'État, rapporteur, le rapport au Tribunat par M. Favard et le vœu du Tribunat au Corps législatif par M. Jaubert.

même contexte, lisiblement, sans abréviation, blanc, lacune, ni intervalle; ils contiendront les noms, prénoms, qualités et demeures des parties, ainsi que des témoins qui seraient appelés dans le cas de l'art. 11. Ils énonceront en toutes lettres les sommes et les dates. Les procurations des contractants seront annexées à la minute, qui fera mention que lecture de l'acte a été faite aux parties : le tout à peine de 100 francs d'amende contre le notaire contrevenant. (1)

14. Les actes seront signés par les parties, les témoins et les notaires, qui doivent en faire mention à la fin de l'acte.

Quant aux parties qui ne savent ou ne peuvent signer, le notaire doit faire mention à la fin de l'acte de leurs déclarations à cet égard.

15. Les renvois et apostilles ne pourront, sauf l'exception ci-après, être écrits qu'en marge; ils seront signés ou paraphés tant par les notaires que par les autres signataires, à peine de nullité des renvois et apostilles. Si la longueur du renvoi exige qu'il soit transporté à la fin de l'acte, il devra être non-seulement signé ou paraphé comme les renvois écrits en marge, mais encore expressément approuvé par les parties, à peine de nullité du renvoi.

16. Il n'y aura ni surcharge, ni interligne, ni addition dans le corps de l'acte, et les mots surchargés, interlignés ou ajoutés, seront nuls. Les mots qui devront être rayés le seront d'une manière que le nombre puisse en être constaté à la marge de leur page correspondante, ou à la fin de l'acte, et approuvé de la même manière que les renvois écrits en marge. Le tout à peine d'une amende de 50 francs contre le notaire, ainsi que de tous dommages-intérêts, même de destitution en cas de fraude.

17. Le notaire qui contreviendra aux lois et arrêtés du Gouvernement concernant les noms et qualifications supprimés, les clauses et expressions féodales, les mesures et l'annuaire de la République, ainsi que la numération décimale, sera condamné à une amende de 100 francs, qui sera double en cas de récidive.

18. Le notaire tiendra exposé dans son étude un tableau sur lequel il inscrira les noms, prénoms, qualités et demeures des personnes qui, dans l'étendue du ressort où il peut exercer, sont interdites ou assistées d'un conseil judiciaire, ainsi que la mention des jugements relatifs; le tout immédiatement après la notification qui en aura été faite, et à peine des dommages-intérêts des parties.

19. Tous les actes notariés feront foi en justice, et seront exécutoires dans toute l'étendue de la République.

Néanmoins, en cas de plainte en faux principal, l'exécution de l'acte argué de faux sera suspendue par la déclaration du jury d'accusation prononçant qu'*il y a lieu à accusation*. En cas d'inscription de faux faite incidemment, les tribunaux pourront, suivant la gravité des circonstances, suspendre provisoirement l'exécution de l'acte.

20. Les notaires seront tenus de garder minute de tous les actes qu'ils recevront.

Ne sont néanmoins compris dans la présente disposition les certificats de vie, procurations, actes de notoriété, quittances de fermages, de loyers, de salaires, arrérages de pensions et rentes, et autres actes simples qui, d'après les lois, peuvent être délivrés en brevet.

21. Le droit de délivrer des grosses et des expéditions n'appartiendra qu'au notaire possesseur de la minute; et néanmoins tout notaire pourra délivrer copie d'un acte qui lui aura été déposé pour minute.

22. Les notaires ne pourront se dessaisir d'aucune minute, si ce n'est dans les cas prévus par la loi et en vertu d'un jugement.

Avant de s'en dessaisir, ils en dresseront et signeront une copie figurée qui, après avoir été certifiée par le président et le commissaire du tribunal civil de leur résidence, sera substituée à la minute dont elle tiendra lieu jusqu'à sa réintégration.

23. Les notaires ne pourront également, sans l'ordonnance du président du tribunal de première instance, délivrer expédition, ni donner connaissance des actes à d'autres qu'aux personnes intéressées en nom direct, héritiers ou ayants-droit, à peine des dommages-intérêts, d'une amende de 100 francs, et d'être, en cas de récidive, suspendus de leurs fonctions pendant trois mois, sauf néanmoins l'exécution des lois et règlements sur le droit d'enregistrement, et de celles relatives aux actes qui doivent être publiés dans les tribunaux.

24. En cas de compulsoire, le procès-verbal sera dressé par le notaire dépositaire de l'acte, à moins que le tribunal qui l'ordonne ne commette un de ses membres, ou tout autre juge, ou un autre notaire.

25. Les grosses seules seront délivrées en forme exécutoire : elles seront intitulées et terminées dans les mêmes termes que les jugements des tribunaux.

26. Il doit être fait mention, sur la minute, de la délivrance d'une première grosse, faite à chacune des parties intéressées : il ne peut lui en être délivré d'autre, à peine de destitution, sans une ordonnance du président du tribunal de première instance, laquelle demeurera jointe à la minute.

27. Chaque notaire sera tenu d'avoir un cachet ou sceau particulier, portant ses nom, qualité et résidence, et, d'après un modèle uniforme, le type de la République française.

Les grosses et expéditions des actes porteront l'empreinte de ce cachet.

28. Les actes notariés, seront légalisés, savoir : ceux des notaires à la résidence des tribunaux d'appel, lorsqu'on s'en servira hors de leur ressort, et ceux des autres notaires, lorsqu'on s'en servira hors de leur département.

La légalisation sera faite par le président du tribunal de première instance de la résidence du notaire, ou du lieu où sera délivré l'acte ou l'expédition.

29. Les notaires tiendront répertoire de tous les actes qu'ils recevront.

30. Les répertoires seront visés, cotés et paraphés par le président, ou, à son défaut, par un autre juge du tribunal civil de la résidence; ils contiendront la date, la nature et l'espèce de l'acte, les noms des parties, et la relation de l'enregistrement.

(1) Les amendes prononcées par cette loi, comme celles prononcées par les lois sur les ventes publiques de meubles, sur l'enregistrement, le timbre, etc., ont été réduites par l'art. 10 de la loi du 16 juin 1824. (Voir ci-après.)

TITRE II.

RÉGIME DU NOTARIAT.

SECTION I. — *Nombre, cautionnement et placement des notaires.*

31. Le nombre des notaires, pour chaque département, leur placement et résidence, seront déterminés par le Gouvernement, de manière : 1° que dans des villes de cent mille habitants et au-dessus il y ait un notaire au plus par six mille habitants; 2° que dans les autres villes, bourgs ou villages, il y ait deux notaires au moins, ou cinq au plus par chaque arrondissement de justice de paix.

32. Les suppressions ou réductions de place ne seront effectuées que par mort, démission ou destitution.

33. Les notaires exercent sans patente ; mais ils sont assujettis à un cautionnement fixé par le Gouvernement, d'après les bases ci-après, et qui sera spécialement affecté à la garantie des condamnations prononcées contre eux par suite de l'exercice de leurs fonctions.

Lorsque, par l'effet de cette garantie, le montant du cautionnement aura été employé en tout ou en partie, le notaire sera suspendu de ses fonctions, jusqu'à ce que le cautionnement ait été entièrement rétabli ; et, faute par lui de rétablir dans les six mois l'intégralité du cautionnement, il sera considéré comme démissionnaire et remplacé.

34. Le cautionnement sera fixé par le Gouvernement en raison combinée des ressort et résidence de chaque notaire, d'après un *minimum* et un *maximum*, suivant le tableau ci-après, savoir : (*Suit le tableau qui se trouve fondu dans celui d'autre part.*)

TABLEAU

des Cautionnements des Notaires, d'après les lois des 25 ventôse an 11 2 ventôse an 13 et 28 avril 1816.

RÉSIDENCES DES COURS IMPÉRIALES. Population.	Ancien.	Nouveau.
5,000 habit. et au-dessous.	2,667 fr.	4,000 fr.
5,001 à 6,000 fr.	2,800	4,500
6,001 à 7,000 »	2,933	5,000
7,001 à 8,000 »	3,067	5,500
8,001 à 9,000 »	3,200	6,000
9,001 à 10,000 »	3,333	6,500
10,001 à 12,000 »	3,467	7,000
12,001 à 14,000 »	3,600	7,500
14,001 à 16,000 »	3,733	8,000
16,001 à 18,000 »	3,867	8,500
18,001 à 20,000 »	4,000	9,000
20,001 à 22,000 »	4,067	9,500
22,001 à 24,000 »	4,133	10,000
24,001 à 26,000 »	4,200	10,500
26,001 à 28,000 »	4,267	11,000
28,001 à 30,000 »	4,400	11,500
30,001 à 32,000 »	4,533	12,000
32,001 à 34,000 »	4,667	12,500
34,001 à 36,000 »	4,800	13,000
36,001 à 38,000 »	4,933	13,500
38,001 à 42,000 »	5,067	14,000
42,001 à 46,000 »	5,200	14,500
46,001 à 50,000 »	5,333	15,000
50,001 à 55,000 »	5,467	15,500
55,001 à 60,000 »	5,600	16,000
60,001 à 65,000 »	5,733	16,500
65,001 à 70,000 »	5,867	17,000
70,001 à 75,000 »	6,067	17,500
75,001 à 80,000 »	6,133	18,000
80,001 à 85,000 »	6,267	18,500
85,001 à 90,000 »	6,400	19,000
90,001 à 95,000 »	6,533	19,500
95,001 à 100,000 »	6,667	20,000
100,001 et au-dessus. »	8,000	25,000
à Paris. »	24,000	50,000

Cautionnements.

(Suite.)

RÉSIDENCES DES TRIBUNAUX DE 1re INSTANCE. Population.	Ancien.	Nouveau.
2,000 habit. et au-dessous.	1,333 fr.	3,000 fr.
2,001 à 2,500 »	1,467	3,200
2,501 à 3,000 »	1,600	3,400
3,001 à 3,500 »	1,733	3,600
3,501 à 4,000 »	1,867	3,800
4,001 à 4,500 »	1,867	4,000
4,501 à 5,000 »	2,000	4,200
5,001 à 5,500 »	2,000	4,400
5,501 à 6,000 »	2,000	4,600
6,001 à 6,500 »	2,133	4,800
6,501 à 7,000 »	2,133	5,000
7,001 à 7,500 »	2,133	5,200
7,501 à 8,000 »	2,267	5,400
8,001 à 8,500 »	2,267	5,600
8,501 à 9,000 »	2,267	5,800
9,001 à 9,500 »	2,267	6,000
9,501 à 10,000 »	2,400	6,200
10,001 à 11,000 »	2,400	6,400
11,001 à 12,000 »	2,400	6,600
12,001 à 13,000 »	2,400	6,800
13,001 à 14,000 »	2,533	7,000
14,001 à 15,000 »	2,533	7,200
15,001 à 16,000 »	2,533	7,400
16,001 à 17,000 »	2,667	7,600
17,001 à 18,000 »	2,667	7,800
18,001 à 19,000 »	2,667	8,000
19,001 à 20,000 »	2,800	8,200
20,001 à 25,000 »	2,933	8,400
25,001 à 30,000 »	3,067	8,600
30,001 à 35,000 »	3,333	8,800
35,001 à 40,000 »	3,467	9,000
40,001 à 50,000 »	3,733	9,200
50,001 à 60,000 »	4,000	9,400
60,001 à 70,000 »	4,267	9,600
70,001 et au-dessus. »	5,363	12,000

Cautionnements.

(Suite.)

RÉSIDENCES DES JUSTICES DE PAIX. Population.	Ancien.	Nouveau.
2,000 habit. et au-dessous.	667 fr.	1,800 fr.
2,001 à 2,500 »	733	1,900
2,501 à 3,000 »	800	2,000
3,001 à 3,500 »	867	2,100
3,501 à 4,000 »	933	2,200
4,001 à 4,500 »	1,067	2,300
4,501 à 5,000 »	1,067	2,400
5,001 à 5,500 »	1,067	2,500
5,501 à 6,000 »	1,067	2,600
6,001 à 6,500 »	1,067	2,700
6,501 à 7,000 »	1,067	2,800
7,001 à 7,500 »	1,200	2,900
7,501 à 8,000 »	1,200	3,000
8,001 à 8,500 »	1,200	3,100
8,501 à 9,000 »	1,200	3,200
9,001 à 9,500 »	1,200	3,300
9,501 à 10,000 »	1,333	3,400
10,001 à 11,000 »	1,333	3,500
11,001 à 12,000 »	1,333	3,600
12,001 à 13,000 »	1,467	3,700
13,001 à 14,000 »	1,467	3,800
14,001 à 15,000 »	1,467	3,900
15,001 à 16,000 »	1,467	4,000
16,001 à 17,000 »	1,600	4,100
17,001 à 18,000 »	1,600	4,200
18,001 à 19,000 »	1,600	4,300
19,001 à 20,000 »	1,000	4,400
20,001 à 25,000 »	1,733	4,500
25,001 à 30,000 »	2,000	4,600
30,001 à 35,000 »	2,267	4,700
35,001 à 40,000 »	2,400	4,800
40,001 à 50,000 »	2,683	4,900
50,001 à 60,000 »	2,683	5,000
60,001 à 70,000 »	2,683	5,100
70,001 et au-dessus. »	2,683	5,200

Ces cautionnements seront versés, remboursés, et les intérêts payés, conformément aux lois sur les cautionnements, sous la déduction de tous versements antérieurs.

SECTION II. — *Conditions pour être admis, et mode de nomination au notariat.*

35. Pour être admis aux fonctions de notaire, il faudra :

1° Jouir de l'exercice des droits de citoyen ;

2° Avoir satisfait aux lois sur la conscription militaire ;

3° Être âgé de vingt-cinq ans accomplis ;

4° Justifier du temps de travail prescrit par les articles suivants.

36. Le temps de travail ou stage sera, sauf les exceptions ci-après, de six années entières et non interrompues, dont une des deux dernières, au moins, en qualité de premier clerc chez un notaire d'une classe égale à celle où se trouvera la place à remplir.

37. Le temps du travail pourra n'être que de quatre années lorsqu'il en aura été employé trois dans l'étude d'un notaire d'une classe supérieure à la place qui devra être remplie, et lorsque, pendant la quatrième, l'aspirant aura travaillé, en qualité de premier clerc chez un notaire d'une classe supérieure ou égale à celle où se trouvera la place pour laquelle il se présentera.

38. Le notaire déjà reçu, et exerçant depuis un an dans une classe inférieure, sera dispensé de toute justification de stage pour être admis à une place de notaire vacante dans une place immédiatement supérieure.

39. L'aspirant qui aura travaillé pendant quatre ans, sans interruption, chez un notaire de première ou de seconde classe, et qui aura été, pendant deux ans au moins, défenseur ou avoué près un tribunal civil, pourra être admis dans une des classes où il aura fait son stage : pourvu que, pendant l'une des deux dernières années de son stage, il ait travaillé en qualité de premier clerc chez un notaire d'une classe égale à celle où se trouvera la place à remplir.

40. Le temps de travail exigé par les articles précédents devra être d'un tiers en sus toutes les fois que l'aspirant, ayant travaillé chez un notaire d'une classe inférieure, se présentera pour remplir une place d'une classe immédiatement supérieure.

41. Pour être admis à exercer dans la troisième classe des notaires, il suffira que l'aspirant ait travaillé pendant trois années chez un notaire de première ou de seconde classe, ou qu'il ait exercé comme défenseur ou avoué, pendant l'espace de deux années, auprès du tribunal d'appel ou de première instance, et qu'en outre il ait travaillé pendant un an chez un notaire.

42. Le Gouvernement pourra dispenser de la justification du temps d'étude les individus qui auront exercé des fonctions administratives ou judiciaires.

43. L'aspirant demandera à la chambre de discipline du ressort dans lequel il devra exercer un certificat de moralité et de capacité. Le certificat ne pourra être délivré qu'après que la chambre aura fait parvenir au commissaire du Gouvernement du tribunal de première instance l'expédition de la délibération qui l'aura accordé.

44. En cas de refus, la chambre donnera un avis motivé, et le communiquera au commissaire du Gouvernement, qui l'adressera au Grand-juge avec ses observations.

45. Les notaires seront nommés par le premier Consul, et obtiendront de lui une commission qui énoncera le lieu fixe de la résidence.

46. Les commissions de notaire seront, dans leur intitulé, adressées au tribunal de première instance dans le ressort duquel le pourvu aura sa résidence.

47. Dans les deux mois de sa nomination, et à peine de déchéance, le pourvu sera tenu de prêter, à l'audience du tribunal auquel la commission aura été adressée, le serment que la loi exige de tout fonctionnaire public, ainsi que celui de remplir ses fonctions avec *exactitude* et *probité*.

Il ne sera admis à prêter serment qu'en représentant l'original de sa commission et la quittance de versement de son cautionnement.

Il sera tenu de faire enregistrer le procès-verbal de prestation de serment au secrétariat du lieu où il devra résider et aux greffes de tous les tribunaux dans le ressort desquels il doit exercer

48. Il n'aura le droit d'exercer qu'à compter du jour où il aura prêté serment.

49. Avant d'entrer en fonctions, les notaires devront déposer au greffe de chaque tribunal de première instance de leur département, et au secrétariat de la municipalité de leur résidence, leur signature et paraphe.

Les notaires à la résidence des tribunaux d'appel feront en outre ce dépôt au greffe des autres tribunaux de première instance de leur ressort.

SECTION III. — *Chambre de discipline.*

50. Les chambres qui seront établies pour la discipline intérieure des notaires. seront organisées par des règlements.

51. Les honoraires et vacations des notaires seront réglés à l'amiable, entre eux et les parties, sinon par le tribunal civil de la résidence du notaire, sur l'avis de la chambre, et sur simples mémoires, sans frais.

52. Tout notaire suspendu, destitué ou remplacé, devra, aussitôt après la notification qui lui aura été faite de sa suspension ou de son remplacement, cesser l'exercice de son état, à peine de tous dommages-intérêts, et des autres condamnations prononcées par les lois contre tout fonctionnaire suspendu ou destitué qui continue l'exercice de ses fonctions.

Le notaire suspendu ne pourra les reprendre, sous les mêmes peines, qu'après la cessation du temps de la suspension.

53. Toutes suspensions, destitutions, condamnations d'amende et dommages-intérêts, seront prononcées contre les notaires par le tribunal civil de leur résidence, à la poursuite des parties intéressées, ou d'office à la poursuite et diligence du commissaire du Gouvernement.

Ces jugements seront sujets à l'appel, et exécutoires par provision, excepté quant aux condamnations pécuniaires.

SECTION IV. — *Garde, transmission, table de minutes et recouvrements.*

54. Les minutes et répertoires d'un notaire remplacé, ou dont la place aura été supprimée, pourront être remis

par lui ou par ses héritiers à l'un des notaires résidant dans la même commune, ou à l'un des notaires résidant dans le même canton, si le remplacé était le seul notaire établi dans la commune.

55. Si la remise des minutes et répertoires du notaire remplacé n'a pas été effectuée, conformément à l'article précédent, dans le mois à compter du jour de la prestation de serment du successeur, la remise en sera faite à celui-ci.

56. Lorsque la place de notaire sera supprimée, le titulaire ou ses héritiers seront tenus de remettre les minutes et répertoires, dans le délai de deux mois du jour de la suppression, à l'un des notaires de la commune ou à l'un des notaires du canton, conformément à l'art. 54.

57. Le commissaire du Gouvernement près le tribunal de première instance est chargé de veiller à ce que les remises ordonnées par les articles précédents soient effectuées; et, dans le cas de suppression de la place, si le titulaire ou ses héritiers n'ont pas fait choix, dans les délais prescrits, du notaire à qui les minutes et répertoires, devront être remis, le commissaire indiquera celui qui en demeurera dépositaire.

Le titulaire ou ses héritiers en retard de satisfaire aux dispositions des articles 55 et 56 seront condamnés à 100 fr. d'amende par chaque mois de retard, à compter du jour de la sommation qui leur aura été faite d'effectuer la remise.

58. Dans tous les cas, il sera dressé un état sommaire des minutes remises; et le notaire qui les recevra s'en chargera au pied de cet état, dont un double sera remis à la chambre de discipline.

59. Le titulaire ou ses héritiers, et le notaire qui recevra les minutes, aux termes des articles 54, 55 et 56, traiteront de gré à gré des recouvrements, à raison des actes dont les honoraires sont encore dus, et du bénéfice des expéditions.

S'ils ne peuvent s'accorder, l'appréciation en sera faite par deux notaires dont les parties conviendront, ou qui seront nommés d'office parmi les notaires de la même résidence, ou, à leur défaut, parmi ceux de la résidence la plus voisine.

60. Tous les dépôts de minutes, sous la dénomination de *Chambre de contrats*, *Bureaux de tabellionage* et autres, sont maintenus à la garde de leurs possesseurs actuels. Les grosses et expéditions ne pourront en être délivrées que par un notaire de la résidence des dépôts, ou, à défaut, par un notaire de la résidence la plus voisine.

Néanmoins, si lesdits dépôts de minutes ont été remis au greffe d'un tribunal, les grosses et expéditions pourront, dans ce cas seulement, être délivrées par le greffier.

61. Immédiatement après le décès du notaire ou autres possesseurs des minutes, les minutes et répertoires seront mis sous les scellés par le juge de paix de la résidence, jusqu'à ce qu'un autre notaire en ait été provisoirement chargé par ordonnance du président du tribunal de la résidence.

TITRE III.

DES NOTAIRES ACTUELS.

62. Sont maintenus définitivement tous les notaires qui, au jour de la promulgation de la présente loi, seront en exercice.

63. Sont également maintenus définitivement les notaires qui, au jour de la promulgation de la présente loi, n'ayant point été remplacés, n'auraient interrompu l'exercice de leurs fonctions, ou n'auraient été empêchés d'y entrer, que pour cause soit d'incompatibilité, soit de service militaire.

64. Tous lesdits notaires exerceront ou continueront d'exercer leurs fonctions, et conserveront rang entre eux, suivant la date de leurs réceptions respectives.

Mais ils seront tenus, dans les trois mois du jour de la publication de la présente loi :

1° De remettre au greffe du tribunal de première instance de leur résidence, et sur un récépissé du greffier, tous les titres et pièces concernant leurs précédentes nomination et réception ;

2° De se pourvoir, avec ce récépissé, auprès du Gouvernement, à l'effet d'obtenir du premier Consul une commission confirmative, dans laquelle seront rappelés la date de leurs nomination et réception primitives, ainsi que le lieu fixe de leur résidence.

65. Dans les deux mois qui suivront la délivrance de cette commission, chacun desdits notaires sera tenu de prêter le serment prescrit par l'art. 47, et de se conformer aux dispositions de l'art. 49 pour le dépôt des signature et paraphe.

Le présent article et le précédent seront exécutés, à peine de déchéance.

66. Les notaires qui réunissent des fonctions incompatibles seront tenus, dans les trois mois du jour de la publication de la présente loi, de faire leur option, et d'en déposer l'acte au greffe du tribunal de première instance de leur résidence; sinon, ils seront considérés comme ayant donné leur démission de l'état de notaire, et remplacés; et, dans le cas où ils continueraient à l'exercer, ils encourront les peines prononcées par l'art. 52

67. A compter du jour de leur option, ils auront un délai de trois mois pour obtenir la commission du premier Consul, et pour remplir les formalités prescrites aux art. 86 et 49 ; le tout sous les mêmes peines.

DISPOSITIONS GÉNÉRALES.

68. Tout acte fait en contravention aux dispositions contenues aux art. 6, 8, 9, 10, 14, 20, 52, 64, 65, 66 et 67, est nul, s'il n'est pas revêtu de la signature de toutes les parties; et lorsque l'acte sera revêtu de la signature de toutes les parties contractantes, il ne vaudra que comme écrit sous signature privée ; sauf, dans les deux cas, s'il y a lieu, les dommages-intérêts contre le notaire contrevenant.

69. La loi du 6 octobre 1791, et toutes autres, sont abrogées, en ce qu'elles ont de contraire à la présente.

---

21 Fructidor an 11 (8 Septembre 1803.) — ARRÊTÉ du Gouvernement, portant qu'il ne sera fait aucune réduction dans le *nombre* des notaires de Paris, qui demeure fixé à 114.

---

2 Nivôse an 12 (25 Janvier 1804.) — ARRÊTÉ du Gouvernement relatif à l'établissement et à l'organisation des chambres des notaires.

(Voir l'ordonnance du 4 Janvier qui abroge cet arrêté.)

[illegible] Pluviôse an 12 (25 Janvier 1804.) — ARRÊTÉ du Gouvernement qui enjoint aux notaires qui ont reçu des donations et actes testamentaires en faveur des hospices, d'en donner avis aux administrateurs de l'établissement.

Loi [illegible] d'Avril 1856. Décrets du 30 Décembre 1809, art. 58 et 6 Novembre 1813, art. 67. Ordonnance du 2 Avril 1817. Instruction ministérielle du 4 Mai 1855. Circulaires du procureur général d'Amiens, des 16 Mai et 27 Octobre 1855, insérées ci-après.

---

28 Floréal an 12 (18 Mai 1804.) — CIRCULAIRE du Ministre de la justice, prescrivant aux notaires de conserver en *minute* les actes de vente des biens des mineurs faits devant eux, par délégation de justice, en vertu de l'art. 459, du Code Napoléon.

---

26 Messidor an 12 (15 Juillet 1804.) — DÉCISION du Ministre des finances, portant que les *copies collationnées* de pièces doivent être insérées au *répertoire*.

[illegible] Vendémiaire an 13 (28 Septembre 1804.) — MÊME DÉCISION du Ministre de la justice, pour les *testaments*.

[illegible] Nivôse an 13 (15 Janvier 1805.) — Loi sur le mode de *remboursement des cautionnements* des notaires et autres officiers publics.

ART. 1er. Les cautionnements fournis par les agents de change, les avoués, etc, sont, comme ceux des notaires (art. 33, de la loi du 25 ventose an XI) affectés, par privilége, à la garantie des condamnations qui pourraient être prononcées contre eux par suite de l'exercice de leurs fonctions; par second privilége, au remboursement des fonds qui leur auraient été prêtés pour tout ou partie de leur cautionnement, et, subsidiairement au paiement, dans l'ordre ordinaire, des créances particulières qui seraient exigibles sur eux.

2. Les réclamants, aux termes de l'article précédent, seront admis à faire sur ces cautionnements des oppositions motivées, soit directement à la caisse d'amortissement, soit aux greffes des tribunaux dans le ressort desquels les titulaires exercent leurs fonctions; savoir, pour les notaires, commissaires-priseurs, avoués, greffiers et huissiers, au greffe des tribunaux civils; et pour les agents de change, courtiers, au greffe des tribunaux de commerce.

3. L'original des oppositions faites sur les cautionnements, soit à la caisse d'amortissement, soit au greffe des tribunaux, y restera déposé pendant vingt-quatre heures, pour y être visé.

4. La déclaration au profit des prêteurs des fonds de cautionnement, faite à la caisse d'amortissement à l'époque de la prestation, tiendra lieu d'opposition pour leur assurer l'effet du privilége de second ordre, aux termes de l'art 1er.

5. Les notaires, avoués, greffiers et huissiers près les tribunaux, ainsi que les commissaires-priseurs, seront tenus, avant de pouvoir réclamer leur cautionnement à la caisse d'amortissement, de déclarer au greffe du tribunal, dans le ressort duquel ils exercent, qu'ils cessent leurs fonctions: cette déclaration sera affichée dans le lieu des séances du tribunal pendant trois mois; après ce délai et après la levée des oppositions directement faites à la caisse d'amortissement, s'il en était survenu, leur cautionnement leur sera remboursé par cette caisse, sur la présentation et le dépôt d'un certificat, visé par le président du tribunal, qui constatera que la déclaration prescrite a été affichée dans le délai fixé; que, pendant cet intervalle, il n'a été prononcé contre eux aucune condamnation pour fait relatif à leurs fonctions, et qu'il n'existe au greffe du tribunal aucune opposition à la délivrance du certificat ou que les oppositions survenues ont été levées.

7. Seront assujettis aux mêmes formalités, pour la notification de la vacance, ceux qui seront destitués, et les héritiers de ceux qui seront décédés dans l'exercice de leurs fonctions.

---

2 Ventose an 13 (21 Février 1805.) — Loi qui *augmente le cautionnement* d'une moitié en sus pour les notaires de Paris, et d'un tiers en sus pour les notaires des autres villes de France, et détermine le mode de paiement de ce supplément.

---

28 Ventose an 13 (19 Mars 1805.) — CIRCULAIRE du Ministre de la justice qui prescrit: 1° que les registres des délibérations des chambres des notaires et les expéditions qu'on en délivre soient sur *timbre*, 2° que les chambres délibèrent sur toutes *demandes en notariat* qui leur sont soumises, 3° et que les *démissions* des notaires soient pures et simples et sans condition.

Prairial an 13 (Mai 1805.) — CIRCULAIRE du Ministre de la justice qui condamne l'usage des *parafe*.

10 Brumaire an 14 (1er Novembre 1805.) — DÉCRET qui règle le mode de constater les *vacations* dans les *inventaires* et ventes publiques.

ART. 1er. Tous officiers ayant droit d'apposer des scellés, de les reconnaître et de les lever, de rédiger des inventaires, de faire des ventes ou autres actes dont la confection peut exiger quelques séances, sont tenus d'indiquer à chaque séance, l'heure du commencement et celle de la fin.

2. Toutes les fois qu'il y a interruption dans l'opération avec renvoi à un autre jour ou à une autre heure de la même journée, il en sera fait mention dans l'acte, que les parties et les officiers signeront sur le champ, pour constater cette interruption.

3. Le procès-verbal est sujet à l'enregistrement dans le délai fixé par la loi.

4. Le droit d'enregistrement fixé à 2 francs par vacation est exigible par vacation, dont aucune ne peut excéder quatre heures.

---

24 Mars 1806. — Loi qui règle le mode de *transferts* et ventes d'inscription de rentes 5 0/0 appartenant à des mineurs ou interdits, permet aux tuteurs et curateurs de mineurs ou interdits, aux mineurs émancipés, assistés de leurs curateurs, le transfert d'une *rente 5 0/0 de 50 fr. et au-dessous* sans autorisation du conseil de famille, sans affiches, ni publications, mais d'après le cours constaté du jour (les procurations peuvent être en brevet) et stipulent que les inscriptions ou promesses d'inscriptions *au dessus de 50 fr.* de rente ne pourront-être vendues par les tuteurs ou curateurs sans l'autorisation du conseil de famille. (La procuration doit être en minute).

Un décret du 25 Septembre 1813 rend les dispositions de la loi ci-dessus applicables aux mineurs ou interdits, propriétaires d'une action de la Banque de France ou d'un droit dans plusieurs actions, n'excédant pas en totalité une action entière.

21 Mai 1806. — CIRCULAIRE du Ministre de la justice qui défend aux notaires de passer des actes pour des maires de commune et consentis par eux en cette qualité, sans *l'autorisation du Gouvernement*.

---

9 Septembre 1806. — DÉCISION du Ministre des finances, relative: 1° au dépôt annuel aux greffes d'un *double des répertoires*, 2° au visa trimestriel par le receveur, 3° à la forme du visa et au mode de constater les *contraventions* en cette matière.

18 Septembre 1806. — Décret sur le mode de *remboursement* du cautionnement des titulaires décédés ou interdits.

Art. 1. La caisse d'amortissement est autorisée à rembourser les cautionnements des titulaires, décédés ou interdits, aux héritiers et ayant droit, sur simples rapports: 1° du certificat d'inscription ou des titres constatant le paiement du cautionnement; 2° des certificats de *quitus*, d'affiches et non opposition, prescrits par les lois des 25 Nivose et 6 Ventose an 13; 3° et d'un certificat ou d'un acte de notoriété contenant les noms, prénoms et domicile des héritiers et ayants-droit, la qualité en laquelle ils procèdent et possèdent, l'indication de leurs portions dans le cautionnement à rembourser et l'époque de leur jouissance. Ce certificat devra être délivré par le notaire détenteur de la minute, lorsqu'il y aura eu inventaire ou partage par acte public, ou transmission gratuite à titre entre vifs ou par testament; il le sera par le juge de paix du domicile du décédé, sur l'attestation de deux témoins, lorsqu'il n'existera aucun desdits actes en forme authentique. Si la propriété est constatée par jugement, le greffier, dépositaire de la minute, délivrera le certificat.

2. Ces certificats seront assujettis au simple droit d'un franc; ils devront être légalisés par le président du tribunal de première instance et conformes aux modèles annexés au présent décret.

3. Le ministre des finances est chargé de l'exécution du présent décret.

16 Février 1807. — Décret sur le *Tarif des frais* et dépens en matière civile.

(Voir page 5 les art. concernant les notaires, et le tarif ci-après, 2e partie)

12 Août 1807. — Décret qui attribue aux notaires la passation des *baux à ferme* des hospices et autres établissements de bienfaisance et d'instruction publique, et en règle la forme:

Art. 1er. A compter de la publication du présent décret, les baux à ferme des hospices et autres établissements publics de bienfaisance ou d'instruction publique, pour la durée ordinaire, seront faits aux enchères par devant un notaire qui sera désigné par le préfet du département; et le droit d'hypothèque sur tous les biens du preneur y sera stipulé par la désignation, conformément au Code civil.

2. Le cahier des charges de l'adjudication et de la jouissance sera préalablement dressé par la commission administrative, le bureau de bienfaisance ou le bureau d'administration, selon la nature de l'établissement.

Le sous-préfet donnera son avis, et le préfet approuvera ou modifiera ledit cahier des charges.

3. Les affiches pour l'adjudication seront apposées dans les formes et aux termes déjà indiqués par les lois et règlements, et, en outre leur extrait sera inséré dans le journal du lieu de la situation de l'établissement, ou, à défaut, dans celui du département, selon qu'il est prescrit à l'art. 583 du Code de procédure civile.

Il sera fait mention du tout dans l'acte d'adjudication.

4. Un membre de la commission des hospices, du bureau de bienfaisance ou du bureau d'administration assistera aux enchères et à l'adjudication.

5. Elle ne sera définitive qu'après l'approbation du préfet du département, et le délai pour l'enregistrement sera de quinze jours après celui où elle aura été donnée.

6. Il sera dressé un tarif des droits des notaires pour la passation des baux dont il est question au présent décret, lequel sera approuvé par nous, sur le rapport de notre ministre de l'intérieur.

Nota. — Ce tarif ne paraît pas avoir été fait.

15 Mars, 25 Avril 1808. — Décisions ministérielles, portant que c'est au ministère public de poursuivre les *contraventions* à la loi du 25 ventose, an XI et autres lois, et que les préposés n'ont que le droit de les dénoncer.

16 Août 1808. — Décisions des Ministres des finances et de la justice qui, supposant que les actes notariés peuvent être passés en *double minute*, règlent, pour ce cas, le mode de leur enregistrement.

28 Août 1808. — Décret qui prescrit les formalités pour l'acquisition d'un privilége de second ordre des *bailleurs de fonds* sur les cautionnements.

18 Avril 1809. — Décision du Ministre des finances, qui porte que les notaires peuvent, sans contravention, délivrer des *grosses* des actes déposés aux archives de la préfecture, lesquelles ne sont sujettes ni à l'enregistrement, ni à l'inscription au répertoire.

4 Mai 1809. — Décret sur les majorats qui oblige les notaires, dans les inventaires après décès de *titulaires de majorat*, de se faire représenter le certificat de notification de ce décès, et d'en faire mention dans l'intitulé d'inventaire, sous peine de suspension.

21 Octobre 1809. — Avis du Conseil d'État portant: 1° que les *quittances* et *décharges de prix de ventes mobilières*, faites par les notaires, greffiers, etc., peuvent être mises à la suite ou en marge des procès-verbaux de vente; 2° que dans ce cas, elles doivent être rédigées en forme authentique, c'est-à-dire, que l'officier public attestera que la partie est comparue devant lui pour régler le reliquat de la vente, dont elle lui donnera décharge, et que cet acte sera signé tant par l'officier que par la partie, et si la partie ne sait pas signer, par un second officier ou par deux témoins; 3° que ces quittances et décharges doivent être enregistrées dans les délais de la loi.

2 Octobre 1811. — Lettre du Ministre de la justice, pour empêcher que les simples particuliers ne s'arrogent le droit de faire des *ventes d'immeubles aux enchères*, au préjudice des notaires.

9 Septembre 1812. — Décision du Ministre de la justice, portant: 1° qu'il n'est pas nécessaire que les notaires dressent un *acte de dépôt* de la remise des *testaments olographes*, (voir contrat. circulaire. 20 Janvier 1852); 2° mais que ces testaments doivent être portés au *répertoire*.

22 Décembre 1812. — Décret sur les déclarations à faire par les titulaires de *cautionnements* en faveur de leurs bailleurs de fonds, pour leur faire acquérir le *privilége* de second ordre.

22 Juin 1813. — Décision ministérielle portant que le notaire à qui un tribunal a confié les minutes d'un confrère décédé, est subrogé dans les fonctions qu'exercerait ce dernier, et en prend toute la *responsabilité* quant à la délivrance des *expéditions*.

19 Octobre 1813. — Décision, portant que le délai d'un mois accordé par l'art. 67 C. com., pour le *dépôt des contrats de mariage* des commerçants, doit être augmenté d'un jour par cinq myriamètres de distance du lieu où a été passé le contrat à celui où le dépôt doit être fait.

26 Avril 1816. — Loi de finances qui augmente le *cautionnement* des notaires et autres officiers, leur attribue le droit de *présenter leurs successeurs* à l'agrément du Roi, établit les *commissaires-priseurs* dans les départements et contient diverses dispositions sur le timbre et l'enregistrement.

Art. 88. Les cautionnements des avocats à la cour de cassation, notaires, avoués, etc., sont fixés en raison de la population et du ressort des tribunaux de la résidence de ces fonctionnaires, conformément au tarif annexé à la présente loi.

(Voir ci-dessus le tableau des cautionnements.)

Art. 91. Les avocats à la cour de cassation, notaires, avoués, greffiers, huissiers, agents de change, courtiers, commissaires-priseurs, pourront présenter à l'agrément de Sa Majesté des successeurs, pourvu qu'ils réunissent les qualités exigées par les lois; cette faculté n'aura pas lieu pour les titulaires destitués.

Il sera statué, par une loi particulière, sur l'exécution de cette disposition et sur les moyens d'en faire jouir les héritiers ou ayants-cause desdits officiers.

Cette faculté de présenter des successeurs ne déroge point, au surplus, au droit de Sa Majesté de réduire le nombre desdits fonctionnaires, notamment celui des notaires, dans les cas prévus par la loi du 25 Ventose an XI, sur le notariat.

96. Nul ne sera admis à prêter serment et à être installé dans les fonctions auxquelles il aura été nommé, s'il ne justifie préalablement de la quittance de son cautionnement.

1er Mai 1816. — Ordonnance du Roi, qui prescrit de porter au procès-verbal de vente, les objets exposés *en vente*, quoiqu'adjugés au propriétaire, et ceux retirés ou livrés par les propriétaires ou les héritiers pour le prix de l'enchère et de la prisée, sous peine de cent francs d'amende.

---

21 Février 1817. — Circulaire de M. le Garde des Sceaux, sur les règles qui doivent être observées et sur les abus à prévenir et à réprimer dans les *traités d'office* que passent les notaires, greffiers, avoués, etc., avec leurs successeurs, en vertu de l'art. 91 de la loi du 28 avril 1816.

---

20 Juin et 12 Août 1817. — Ordonnance du Roi et arrêté du Ministre des finances concernant les pensions sur l'État, la forme des *certificats de vie*, et les obligations des notaires à ce sujet.

---

12 Novembre 1817. — Décision ministérielle qui porte que c'est par le notaire successeur que doit être fait le dépôt du *répertoire* du notaire démissionnaire.

---

14 Avril 1819.—Loi relative à l'ouverture, dans chaque département, d'un livre auxiliaire du grand livre de la *Dette publique*.

---

22 Novembre 1819. — Décisions des Ministres des finances et de la justice sur les formalités à remplir pour les actes passés devant un notaire *substituant* son confrère et pour les décharges données aux notaires à la suite d'actes par lui reçus.

Elles portent 1° que dans les cas où un notaire aura remplacé son confrère pour la rédaction d'un acte, cet acte contiendra la mention que la minute est restée au notaire suppléé, lequel demeurera responsable du préjudice de la substitution ;

Que la minute sera portée à la fois sur le répertoire du notaire substitué et sur celui du notaire substituant, avec mention, par celui-ci, que la minute est restée au notaire suppléé et qu'elle sera enregistrée au bureau de l'enregistrement de ce dernier.

2° Qu'en ce qui concerne la minute d'une quittance ou d'une décharge donnée personnellement à un notaire, à la suite d'un acte par lui reçu, cette quittance ou décharge, quoique signée par un autre notaire, restera en la garde du notaire dont elle opère la libération.

Que cette quittance doit néanmoins être enregistrée au bureau de l'arrondissement du notaire qui l'a reçue et être portée sur son répertoire, avec mention de la garde par l'autre notaire, sans qu'il soit besoin de l'inscrire sur le répertoire de celui-ci.

---

5 Février 1820. — Lettre de M. le Garde des Sceaux, portant que le notaire qui a été établi dépositaire de sommes par jugement doit les déposer à la *caisse des consignations* comme un séquestre.

---

7 Avril 1821. — Avis du Conseil d'État, approuvé le 9 Septembre 1822, qui décide que les notaires ne peuvent remettre aux testateurs, *la minute de leurs testaments*, et que ces actes ne peuvent être révoqués en tout ou en partie qu'en suivant les formes prescrites par l'art. 1035, C. N.

---

6 Novembre 1821. — Circulaire du Garde des Sceaux, sur le mode de *dépôt des signatures* et paraphes dans les greffes, conformément à l'art. 49 de la loi du 25 Ventose, an XI, recommandant le dépôt dans le plus court délai possible, après l'entrée en fonctions.

---

10 Juin 1822. — Lettre du Garde des Sceaux portant que l'art. 173 du tarif n'a pas abrogé l'art 51 de la loi du notariat, qui exige l'avis préalable de la chambre de discipline pour la *taxe des honoraires*, lequel avis ne peut que contribuer à éclairer le juge taxateur sur la difficulté, et à mettre les parties à même de contredire les demandes qui leur sont faites à cet égard.

---

26 Février 1823. — Ordonnance qui fixe à 12 le nombre des *notaires des 4 cantons d'Amiens.*

---

29 Avril 1823. — Instruction du Ministre des finances sur la délivrance des *certificats de vie* aux rentiers et pensionnaires de l'État

---

28 Juin 1823. — Circulaire portant que les *ouvrages d'or et d'argent* peuvent être exposés en vente sans avoir été préalablement poinçonnés à la condition de l'être après l'adjudication, à moins que l'adjudicataire ne déclare ne pas vouloir les conserver dans leur forme, auquel cas ils doivent être brisés par l'employé spécialement chargé d'assister à la vente.

---

30 Avril 1824. — Circulaire du Garde des Sceaux prescrivant la publication par *extrait. des contrats de mariage* des commerçants aux tableaux exposés dans les chambres des notaires et des avoués de l'arrondissement, quel que soit le domicile des parties.

---

16 Juin 1824. — Lois contenant diverses dispositions sur les *amendes relatives au notariat*, sur les droits d'enregistrement, et sur la prescription de 2 ans.

Art. 10. Les amendes progressives prononcées dans certains cas, contre les fonctionnaires publics et officiers ministériels par les lois sur l'enregistrement et le dépôt des répertoires, sont réduites à une seule amende de 10 fr. quelle que soit la durée du retard.

Toutes les amendes prononcées par les lois sur l'enregistrement, le timbre, les ventes publiques de meubles et le notariat... sont réduites, savoir : celles de 500 f. à 50 f., celles de 100 f. à 20 f., celles de 50 f. à 10 f., et toutes celles au-dessous de 50 f. à 5 f.

30 Août 1825. — Circulaire du Garde des Sceaux qui décide : 1° Que c'est au moment même de la signature de l'acte, que le notaire instrumentant doit faire *approuver* par les parties les barres tirées pour remplir *les blancs* laissés dans les actes et non remplis par l'écriture.

2° Que les agents de l'enregistrement qui rapporteront un procès-verbal de contravention à la loi de Ventôse, devront s'abstenir de faire *aucune mention* marginale sur les actes argués d'irrégularité.

21 Novembre 1826. — Décision du Garde des Sceaux contre les notaires qui procéderaient à des *ventes de biens de mineurs* sans les formalités judiciaires, leur responsabilité pouvant être engagée.

13 Juillet 1829. — Lettre de M. le Garde des Sceaux portant qu'un notaire ne peut, en tête de ses actes, joindre à son titre celui d'*avocat*.

12 Octobre 1829. — Ordonnance du roi portant que les fonctions de greffier de justice de paix, peuvent *dispenser* un aspirant au notariat de la justification de stage.

30 Novembre 1829. — Décision du Ministre de la justice portant que l'*action* des notaires, pour leurs *honoraires*, doit être soumise au tribunal, sans qu'il soit besoin du préliminaire de conciliation.

23 Juin 1832. — Ordonnance du roi portant que le *notaire démissionnaire* continue ses fonctions, lorsque son successeur nommé a été revoqué, faute d'avoir prêté serment dans le délai.

10 Août 1833. — Décision du Ministre de la justice portant que le notaire *démissionnaire*, ou qui a reçu l'injonction de cesser ses fonctions, doit continuer ses fonctions et conserver le dépôt de ses minutes, (art. 22, loi du 25 Ventôse an XI), jusqu'à ce que sa démission ait été *acceptée*.

4 Mai 1835. — Instruction du Ministre de la justice sur les *avis de legs et donations* à donner aux administrations de bienfaisance, même lorsque la libéralité est faite aux pauvres, pour leur être remise par l'intermédaire d'un *maire* ou d'un *curé*.

5 Juin 1837. — Instruction de la régie, concernant le mode de constatation par procès-verbaux ou autres actes, des *contraventions* relatives au notariat, la perception des *amendes*, le paiement des frais, etc., résumant la jurisprudence à cet effet.

Les préposés de l'administration constatent, par des procès-verbaux qu'ils transmettent au procureur du roi, les contraventions aux lois des 6 octobre 1791 et 16 floréal an IV, concernant le dépôt annuel des répertoires des notaires ; à l'art. 37 de la loi du 1er brumaire an VII, relatif à la mention de la patente dans les actes ; à la loi du 26 ventôse an XI, sur l'organisation du notariat ; aux art. 67 et 68 du Code de commerce, touchant la publication des contrats de mariage de commerçants, et à l'art. 176 du même Code, ordonnant l'inscription littérale des protêts sur un registre particulier (Instruction, nos 265, 384, 668, 1030, § 17 ; 1089 et 1293, § 18).

En ce qui concerne la loi du 25 ventôse an XI, sur l'organisation du notariat, les préposés doivent rédiger des procès-verbaux pour les contraventions auxquelles la loi attache une peine quelconque. A l'égard des irrégularités qui n'entraînent aucune peine, ils en forment un relevé qui, de même que les procès-verbaux, est remis au procureur du roi. Enfin, quant aux contraventions, telles que lacunes, surcharges, interlignes et additions, qui auraient servi à altérer la date des actes, pour éluder les peines encourues par suite du défaut d'enregistrement dans le délai, ou à dissimuler le montant des sommes stipulées, ou autres conventions des parties, afin d'atténuer les droits d'enregistrement, les préposés, en même temps qu'ils constatent la contravention par un procès-verbal, ont à poursuivre, par voie de contrainte, le paiement des droits simples ou en sus d'enregistrement que la contravention a eu pour but d'éviter (Instruction, nos 263 et 284).

Les préposés qui rapportent des procès-verbaux de contravention à la loi du 25 ventôse an XI, sur le notariat, doivent s'abstenir de faire aucune mention marginale sur les actes argués d'irrégularité (Décisions des ministres de la justice et des finances du 30 août 1827. Instruction, n° 1347, § 15).

Le préposé fait reconnaître la sincérité du procès-verbal par le notaire contrevenant ; en cas de refus, il l'affirme devant le juge de paix dans les vingt-quatre heures (Décisions des ministres de la justice et des finances des 8 et 25 juillet 1820. Instruction, n° 1089.

Les procès-verbaux des préposés, constatant des contraventions aux lois relatives au notariat, font foi jusqu'à preuve contraire. (Cours de Rennes et d'Orléans, 22 avril 1833 et 27 mars 1835. Cour de cassation, 16 mars 1836).

C'est au ministère public exclusivement qu'il appartient de requérir les condamnations encourues pour contraventions aux lois sur le notariat. L'administration n'a pas qualité pour engager la demande en son nom et à la requête, poursuite et diligence du procureur du roi. La nullité du premier acte de procédure faite en cette forme vicierait tous les actes ultérieurs (Décisions des ministres de la justice et des finances des 15 mars et 25 avril 1808. Cour de cassation, 10 décembre 1822. Instruction, n° 284).

Aux termes de l'art. 53 de la loi du 25 ventôse an XI, les contraventions doivent être poursuivies devant le tribunal civil de l'arrondissement de la résidence du notaire, et non devant le tribunal de *police correctionnelle* (Cour de cassation, 30 juin 1814).

Les amendes encourues pour contraventions aux lois sur le notariat ne peuvent être perçues par les receveurs de l'enregistrement avant la décision des tribunaux, sur les poursuites exercées d'office par le ministère public. En conséquence, les receveurs doivent refuser les offres réelles qui seraient faites par les notaires contrevenants, avant le le jugement de condamnation (Cour de Paris, 25 avril 1826 et 17 décembre 1833).

D'après la disposition expresse de l'art. 53 de la loi du 25 ventôse an XI, les jugements des tribunaux civils, en matière de contraventions aux lois sur le notariat, notamment aux art. 67 et 68 du Code de commerce, relatifs au dépôts des contrats de mariage des commerçants, sont sujets à l'appel et ne peuvent être immédiatement attaqués en cassation, lors même que les amendes, dont la demande a été faite, ne s'élèvent pas à 1000 fr. (Cour de

Metz, 15 janvier 1819. Cour de cassation 29 oct. 1830).

Le procureur du roi a le droit exclusif d'interjeter appel des jugements et de se pourvoir en cassation contre les arrêts concernant les contraventions aux lois sur le notariat (Décisions des ministres de la justice et des finances des 15 mars et 25 avril 1808. Cour de cassation, 12 juin 1811 et 29 octobre 1830. Instruction, n° 384).

Le pourvoi en cassation peut être formé au moyen d'une déclaration indiquant le motif du pourvoi déposé au greffe et transmis au greffe de la cour de cassation par l'intermédiaire du ministre de la justice et du procureur général (Cour de cassation, 4 juillet 1820).

Les frais de poursuites faites par les procureurs du roi, pour la répression des contraventions aux lois sur le notariat, doivent être avancés par les receveurs de l'enregistrement comme *frais de justice*, et remboursés à l'administration selon le mode établi pour les dépenses dont le ministère de la justice est chargé (Décision du ministre des finances du 19 février 1817. Instruction, n° 773; idem, du 5 juin 1837. n° 1537. Instruction de la régie).

Juin, 9 Juillet 1839. — Ordonnance du roi qui autorise *tous les notaires* du royaume indistinctement à délivrer des *certificats de vie*.

Juin 1839. — Instruction du ministre pour la délivrance des *certificats de vie des pensionnaires de l'État*, résumant toutes les dispositions antérieures sur la matière et contient des modèles et formules de certificats.

Juin 1841. — Loi sur les *ventes judiciaires* de biens immeubles

---

Juin 1841. — Loi sur les ventes aux enchères de *marchandises neuves*.

Juin 1841. — Loi sur l'enregistrement des traités de *cession d'office*.

Art. 6. A compter de la promulgation de la présente loi, tout traité ou convention ayant pour objet la transmission, à titre onéreux ou gratuit, en vertu de l'art. 91 de la loi du 28 avril 1816, d'un office, de la clientèle, des minutes, répertoires, recouvrements et autres objets en dépendant, devra être constaté par écrit et enregistré avant d'être produit à l'appui de la demande de nomination du successeur désigné.

Les droits d'enregistrement seront perçus selon les bases et quotités ci-après déterminées.

7. Pour les transmissions à titre onéreux, le droit d'enregistrement sera de 2 p. 0/0 du prix exprimé dans l'acte de cession et du capital des charges qui pourront ajouter au prix.

8. Si la transmission de l'office et des objets en dépendant s'opère par suite de disposition gratuite entre-vifs ou à cause de mort, les droits établis pour les donations de biens meubles par les lois existantes seront perçus sur l'acte ou écrit constatant la libéralité, d'après une évaluation en capital.

Dans aucun cas le droit ne pourra être au-dessous de 2 p. 0/0

9. La perception aura lieu conformément à l'art. 7, lorsque l'office, transmis par décès, passera à l'un des héritiers ; lorsqu'il passera à l'héritier unique du titulaire, le droit de 2 p. 0/0 sera perçu d'après une déclaration estimative de la valeur de l'office et des objets en dépendant.

Cette déclaration sera faite au bureau de l'enregistrement de la résidence du titulaire décédé. La quittance du receveur devra être jointe à l'appui de la demande de nomination du successeur.

Le droit acquitté sur cette déclaration ou sur le traité fait entre les cohéritiers sera imputé, jusqu'à due concurrence, sur celui que les héritiers auront à payer, lors de la déclaration de succession sur la valeur estimative de l'office, d'après les quotités fixées, pour les biens meubles, par les lois en vigueur.

10. Le droit d'enregistrement de transmission des offices, déterminé par les art. 7, 8 et 9 ci-dessus, ne pourra, dans aucun cas, être inférieur au dixième du cautionnement attaché à la fonction ou à l'emploi.

11. Lorsque l'évaluation donnée à un office, pour la perception du droit d'enregistrement d'une transmission à titre gratuit, entre-vifs ou par décès, sera reconnue insuffisante, ou que la simulation du prix exprimé dans l'acte de cession à titre onéreux sera établie d'après des actes émanés des parties ou de l'autorité administrative ou judiciaire, il sera perçu, à titre d'amende, un droit en sus de celui qui sera dû sur la différence de prix ou d'évaluation.

Les parties, leurs héritiers ou ayants-cause sont solidaires pour le paiement de cette amende.

12. En cas de création nouvelle de charges ou offices, ou en cas de nomination de nouveaux titulaires sans présentation, par suite de destitution ou par tout autre motif, les ordonnances qui y pourvoiront seront assujetties à un droit d'enregistrement de 20 p. 0/0 sur le montant du cautionnement attaché à la fonction ou à l'emploi.

Toutefois, si les nouveaux titulaires sont soumis, comme condition de leur nomination, à payer une somme déterminée pour la valeur de l'office, le droit d'enregistrement de 2 p. 0/0 sera exigible sur cette somme, sauf l'application du minimum de perception établi à l'art. 10 ci-dessus. Ce droit devra être acquitté avant la prestation de serment du nouveau titulaire, sous peine du double droit.

13. En cas de suppression d'un titre office, lorsqu'à défaut de traité, l'ordonnance qui prononcera l'extinction fixera une indemnité à payer au titulaire de l'office supprimé ou à ses héritiers, l'expédition de cette ordonnance devra être enregistrée dans le mois de la délivrance, sous peine de double droit.

Le droit de 2 p. 0/0 sera perçu sur le montant de l'indemnité.

14. Les droits perçus en vertu des articles qui précèdent seront sujets à restitution toutes les fois que la transmission n'aura été suivie d'aucun effet.

S'il y a lieu à réduction des prix, tout ce qui aura été perçu sur l'excédant sera également restitué.

La demande en restitution devra être faite conformément à l'art. 61 de la loi du 22 frimaire an VII, dans le délai de deux ans, à compter du jour de l'enregistrement du traité ou de la déclaration (1).

10-25 Octobre 1841. — ORDONNANCE du roi contenant le *tarif des frais* et dépens relatifs aux ventes judiciaires de biens immeubles.

(Voir les art. 14 et 16, relatifs aux notaires et le tarif ci-après 2e partie, page 11.)

30 Décembre 1842. — ARRÊTÉ ministériel portant règlement de l'exercice et la discipline de la profession de *notaire en Algérie*.

Les dispositions les plus remarquables de cet arrêté sont celles qui prohibent d'une manière absolue tout traité entre le titulaire et le successeur, obligent les notaires à tenir des répertoires ou registres pour y consigner les sommes reçues, les testaments olographes déposés, les noms des clercs admis en leur étude, etc.

4-12 Janvier 1843. — ORDONNANCE du roi relative à *l'organisation des chambres de notaires* et à la *discipline du notariat*.

ART. 1er. Il y a près de chaque tribunal civil de première instance, et dans la ville où il siège, une chambre des notaires chargée du mantien de la discipline parmi les notaires de l'arrondissement.

2. Les attributions de la chambre sont,

1° De prononcer ou de provoquer, suivant les cas, l'application de toutes les dispositions de discipline;

2° De prévenir ou concilier tous différends entre notaires, et notamment ceux qui pourraient s'élever, soit sur des communications, remises, dépôts ou rétentions de pièces, fonds et autres objets quelconques, soit sur des questions relatives à la réception et garde des minutes, à la préférence ou concurrence dans les inventaires, partages, ventes, adjudications et autres actes; et en cas de non-conciliation, d'émettre son opinion par simples avis;

3° De prévenir ou concilier également toutes plaintes et réclamations de la part des tiers contre les notaires, à raison de leurs fonctions; donner simplement son avis sur les dommages-intérêts qui pourraient être dus, et réprimer, par voie de censure et autres dispositions de discipline, toutes infractions qui en seraient l'objet, sans préjudice de l'action devant les tribunaux, s'il y a lieu;

4° De donner son avis sur les difficultés concernant le règlement des honoraires et vacations des notaires, ainsi que sur tous différends soumis à cet égard au tribunal civil;

5° De délivrer ou refuser tous certificats de bonnes mœurs et capacité à elle demandés par les aspirants aux fonctions de notaire, prendre à ce sujet toutes délibérations, donner tous avis motivés, les adresser ou communiquer à qui de droit;

6° De recevoir en dépôt les états des minutes dépendant des études de notaires supprimées;

7° De représenter tous les notaires de l'arrondissement collectivement, sous le rapport de leurs droits et intérêts communs.

3. Toute décision ou délibération sera inscrite sur un registre coté et paraphé par le président de la chambre.

Ce registre sera communiqué au ministère public à sa première réquisition.

Organisation de la Chambre.

4. Les notaires de chaque arrondissement choisissent parmi eux les membres de leur chambre.

La chambre des notaires de Paris est composée de dix-neuf membres; les chambres établies dans les arrondissements où le nombre des notaires est au-dessus de cinquante sont composées de neuf membres; celle de tous les autres arrondissements, de sept.

5. Les chambres ne peuvent délibérer valablement qu'autant que les membres présents et votants sont au moins au nombre de douze pour Paris, de sept pour les chambres composées de neuf membres et de cinq pour les autres chambres.

6. Les membres de la chambre choisissent entre eux un président, un syndic, un rapporteur, un secrétaire et un trésorier.

Le président a voix prépondérante en cas de partage d'opinions: il convoque la chambre extraordinairement quand il le juge à propos, ou sur la réquisition motivée de deux autres membres; il a la police de la chambre.

Le syndic est partie poursuivante contre les notaires inculpés; il est entendu préalablement à toutes les délibérations de la chambre, qui est tenue de statuer sur ses réquisitions; il a, comme le président, le droit de la convoquer; il poursuit l'exécution de ses délibérations dans la forme ci-après déterminée; enfin il agit pour la chambre dans tous les cas et conformément à ce qu'elle a délibéré.

Le rapporteur recueille les renseignements sur les faits imputés aux notaires et en fait le rapport à la chambre.

Le secrétaire rédige les délibérations de la chambre, est gardien des archives, et délivre toutes les expéditions.

Le trésorier fait les recettes et dépenses autorisées par la chambre. A la fin de chaque trimestre, la chambre assemblée arrête son compte et lui en donne décharge.

7. Le nombre des syndics peut être porté à trois pour Paris, et à deux pour les chambres dont le ressort comprend plus de cinquante notaires.

8. Le président ou le syndic et le secrétaire des chambres établies dans un chef-lieu de cour royale sont nécessairement choisis parmi les notaires résidant au chef-lieu.

Quant aux autres chambres, le président ou le syndic, ou le secrétaire, est nécessairement choisi par les notaires de la ville où siège le tribunal de première instance.

Lorsque le secrétaire ne réside pas dans la ville où siège le tribunal, le président ou le syndic a la garde des archives, tient le registre prescrit par l'article 33 ci-après, et délivre les expéditions des délibérations de la chambre.

9. Une ordonnance royale peut, suivant les localités, réduire ou augmenter le nombre des membres qui doivent composer les chambres, conformément aux dispositions de l'article 4. Dans ce cas, elle détermine le nombre des membres dont la présence est nécessaire à la validité des délibérations.

1. Voir une instruction de la régie du 15 juillet 1841, n° 1640, relative à l'exécution de cette loi, à l'art. 11014 du *J. N.*

L'ordonnance qui réduira le nombre des membres de la chambre déclarera, s'il y a lieu, que les membres sortants pourront être réélus.

10. Indépendamment des attributions particulières données aux membres désignés en l'article 6, chacun d'eux a voix délibérative, ainsi que les autres membres, dans toutes les assemblées de la chambre ; et néanmoins, lorsqu'il s'agit d'affaires où le syndic est partie poursuivante, il ne prend pas part à la délibération.

11. Les fonctions spéciales attribuées par l'article 6 à chacun des officiers de la chambre peuvent être cumulées lorsque le nombre des membres qui la composent est au-dessous de sept, dans le cas déterminé par l'article 9 de la présente ordonnance ; et néanmoins les fonctions de président, de syndic et de rapporteur sont toujours exercées par trois personnes différentes.

Quel que soit le nombre des membres composant la chambre, les mêmes fonctions peuvent aussi être cumulées momentanément, en cas d'absence ou d'empêchement de quelqu'un des membres désignés en l'article 6, lesquels, pour ce cas, se suppléent entre eux, ou peuvent même être suppléés par un autre membre de la chambre.

Les suppléants sont nommés par le président, ou, s'il est absent, par la majorité des membres présents en nombre suffisant pour délibérer.

De la Discipline.

12. Il est interdit aux notaires, soit par eux-mêmes, soit par personnes interposées, soit directement, soit indirectement :

1° De se livrer à aucune spéculation de bourse ou opération de commerce, banque, escompte et courtage ;

2° De s'immiscer dans l'administration d'aucune société, entreprise ou compagnie de finances, de commerce ou d'industrie ;

3° De faire des spéculations relatives à l'acquisition et à la revente des immeubles, à la cession de créances, droits successifs, actions industrielles et autres droits incorporels ;

4° De s'intéresser dans aucune affaire pour laquelle ils prêtent leur ministère ;

5° De placer en leur nom personnel des fonds qu'ils auraient reçus, même à la condition d'en servir l'intérêt ;

6° De se constituer garants ou cautions, à quelque titre que ce soit, des prêts qui auraient été faits par leur intermédiaire ou qu'ils auraient été chargés de constater par acte public ou privé ;

7° De se servir de prête-noms en aucune circonstance, même pour des actes autres que ceux désignés ci-dessus.

13. Les contraventions aux prohibitions portées en l'article précédent, seront, ainsi que les autres infractions à la discipline, poursuivies, lors même qu'il n'existerait aucune partie plaignante, et punies, suivant la gravité des cas, en conformité des dispositions de la loi du 25 ventôse an XI et de la présente ordonnance.

14. La chambre pourra prononcer contre les notaires, suivant la gravité des cas, soit le rappel à l'ordre, soit la censure simple par la décision même, soit la censure avec réprimande, par le président, aux notaires en personne, dans la chambre assemblée, soit la privation de voix délibérative dans l'assemblée générale, soit l'interdiction de l'entrée de la chambre pendant un espace de temps qui ne pourra excéder trois ans, pour la première fois, et qui pourra s'étendre à six ans en cas de récidive.

15. Si l'inculpation paraît assez grave pour mériter la suspension ou la destitution du notaire inculpé, la chambre s'adjoindra, par la voie du sort, d'autres notaires de l'arrondissement, savoir : celle de Paris, dix notaires, et les autres chambres, un nombre inférieur de deux à celui de leurs membres.

La chambre ainsi composée émettera, par forme de simple avis, et à la majorité absolue des voix, son opinion sur la suspension et sa durée, ou sur la destitution.

Les voix seront recueillies, en ce cas, au scrutin secret, par *oui* ou par *non* ; mais l'avis ne pourra être formé qu'autant que les deux tiers, au moins, de tous les membres appelés à l'assemblée seront présents.

16. Quand la chambre, ainsi composée, sera d'avis de provoquer la suspension ou la destitution, une expédition du procès-verbal de sa délibération sera déposée au greffe du tribunal, et une expédition en sera remise au procureur du roi.

17. Le syndic déférera à la chambre les faits relatifs à la discipline, et il sera tenu de les lui dénoncer, soit d'office, soit sur l'invitation du procureur du roi, soit sur la provocation des parties intéressées ou d'un des membres de la chambre.

Le notaire inculpé sera cité à comparaître devant la chambre dans un délai qui ne pourra être au-dessous de cinq jours, à la diligence du syndic, par une simple lettre indicative des faits, signée de lui, et envoyée par le secrétaire, qui en tiendra note.

Si le notaire ne comparait point sur la lettre du syndic, il sera cité une seconde fois, dans le même délai, à la même diligence, par ministère d'huissier.

18. Quant aux différends entre notaires et aux difficultés sur lesquelles la chambre est chargée d'émettre son avis, les notaires pourront se présenter contradictoirement et sans citation préalable devant la chambre ; ils pourront également y être cités, soit par simples lettres énonçant les faits, signées des notaires qui s'adressent à la chambre, et envoyées par le secrétaire, auquel ils en remettent des doubles, soit par des actes d'huissier, dont ils déposeront les originaux au secrétariat. Les lettres et citations seront préalablement visées par le président de la chambre. Le délai pour comparaître sera celui fixé par l'article 17 de la présente ordonnance.

19. Lorsqu'un notaire sera parent ou allié, en ligne directe à quelque degré que ce soit, et en ligne collatérale jusqu'au degré d'oncle ou de neveu inclusivement, de la partie plaignante ou du notaire inculpé ou intéressé, il ne pourra prendre part à la délibération.

20. La chambre prendra ses délibérations sur les plaintes et réclamations des tiers, après avoir entendu ou dûment appelé, dans la forme ci-dessus prescrite, les notaires inculpés ou intéressés, ensemble les tiers qui voudront être entendus, et qui, dans tous les cas, pourront se faire représenter ou assister par un notaire.

Les délibérations de la chambre seront motivées et

signées par le président et le secrétaire, à la séance même où elles seront prises.

Chaque délibération contiendra les noms des membres présents.

Ces délibérations n'étant que de simples actes d'administration, d'ordre ou de discipline, ou de simples avis, ne sont, dans aucun cas, sujettes à l'enregistrement, non plus que les pièces y relatives.

Les délibérations de la chambre sont notifiées, quand il y a lieu, dans la même forme que les citations, et il en est fait mention par le secrétaire en marge desdites délibérations.

21. Les assemblées de la chambre se tiendront en un local à ce destiné, dans la ville où elle sera établie.

22. Il y aura chaque année deux assemblées générales des notaires de l'arrondissement.

D'autres assemblées générales pourront avoir lieu toutes les fois que la chambre le jugera convenable.

Les assemblées générales ou extraordinaires seront convoquées conformément aux dispositions de l'article 6.

Tous les notaires du ressort de la chambre seront invités à s'y rendre, soit pour les nominations dont parle l'article 25 ci-après, soit pour se concerter sur ce qui intéressera l'exercice de leurs fonctions.

23. Les règlements qui seront faits, soit par l'assemblée générale, soit par la chambre, seront remis au procureur du roi, adressés par lui au procureur général et soumis à l'approbation de notre garde des sceaux, ministre de la justice.

24. La présence du tiers des notaires de l'arrondissement, non compris les membres de la chambre, sera nécessaire pour la validité des délibérations de l'assemblée générale et pour les élections auxquelles elle procédera.

Nomination des Membres de la chambre et durée de leurs fonctions.

25. Les membres de la chambre seront nommés par l'assemblée générale des notaires, convoquée à cet effet.

La moitié au moins desdits membres sera choisie dans les plus anciens en exercice, formant les deux tiers de tous les notaires du ressort.

Deux au moins des membres appelés à faire partie des chambres établies dans un chef-lieu de cour royale seront nécessairement choisis parmi les notaires résidant au chef-lieu.

Quant aux autres chambres, un de leurs membres sera nécessairement choisi parmi les notaires de la ville où siége le tribunal de première instance.

La nomination aura lieu à la majorité absolue des voix, au scrutin secret, et par bulletin de liste contenant un nombre de noms qui ne pourra excéder celui des membres à nommer.

Le notaire élu membre de la chambre ne pourra refuser les fonctions qui lui auront été déférées qu'autant que son refus aura été agréé par l'assemblée générale.

26. La chambre sera renouvelée par tiers chaque année, pour les nombres qui comportent cette division, et par portion approchant le plus du tiers pour les autres nombres, en faisant alterner chaque année les portions inférieures et supérieures au tiers, mais en commençant par les inférieures, et de manière que, dans tous les cas, aucun membre ne puisse rester en fonctions plus de trois ans consécutifs, sauf ce qui est dit en l'article précédent.

27. Les membres désignés pour composer la chambre nommeront entre eux, en suivant le mode de l'article 25, le président et les autres officiers dont parle l'article 6.

Le président sera toujours choisi parmi les plus anciens désignés dans l'article 25, sauf l'application de l'article 8.

Ces nominations se renouvelleront chaque année; les mêmes pourront être réélus : à égalité de voix, le plus ancien d'âge sera préféré.

Les membres élus officiers ne pourront refuser.

28. La nomination des membres de la chambre aura lieu dans la première quinzaine du mois de mai de chaque année.

L'élection des officiers sera faite, au plus tard, le 15 mai, et la chambre sera constituée aussitôt après cette élection.

Des Notaires honoraires.

29. Le titre de notaire honoraire pourra être conféré par nous, sur la proposition de la chambre et le rapport de notre garde des sceaux, ministre de la justice, aux notaires qui auront exercé leurs fonctions pendant vingt années consécutives.

30. Les notaires honoraires auront le droit d'assister aux assemblées générales.

Ils auront voix consultative.

Des Aspirants au Notariat.

31. Tout clerc qui aspirera aux fonctions de notaire se pourvoira d'un certificat du notaire chez lequel il travaillera. Ce certificat constatera le grade qu'il occupe dans l'étude du notaire.

32. L'inscription au stage prescrit par les articles 36 et suivants de la loi du 25 ventôse an XI aura lieu sur la production faite par l'aspirant de son acte de naissance et du certificat mentionné en l'article précédent.

33. Il sera tenu à cet effet, par le secrétaire, un registre qui sera coté et paraphé par le président.

Les inscriptions audit registre seront signées tant par le secrétaire que par l'aspirant.

Elles devront être faites dans les trois mois de la date du certificat délivré comme il est dit en l'article 31.

Ce certificat et l'acte de naissance de l'aspirant resteront déposés aux archives de la chambre.

34. Aucun aspirant au notariat ne sera plus admis à l'inscription, s'il n'est âgé de dix-sept ans accomplis.

35. Les inscriptions pour les grades inférieurs à celui de quatrième clerc ne seront admises que sur l'autorisation de la chambre, qui pourra la refuser lorsque le nombre de clercs demandé sera évidemment hors de proportion avec l'importance de l'étude.

Le même grade ne pourra être conféré concurremment à deux ou plusieurs clercs dans la même étude.

36. Toutes les fois qu'un aspirant passera d'un grade à

ou autre, ou changera d'étude, il sera tenu d'en faire, dans les trois mois, la déclaration, qui sera reçue dans la forme prescrite par l'article 33 ci-dessus. Cette déclaration sera toujours accompagnée d'un certificat constatant son grade.

37. Les chambres exerceront une surveillance générale sur la conduite de tous les aspirants de leur ressort, et pourront, suivant les circonstances, prononcer contre eux soit le rappel à l'ordre, soit la censure, soit enfin la suppression du stage pendant un temps déterminé, qui ne pourra excéder une année.

Il sera procédé contre les clercs dans les mêmes formes que celles prescrites par la présente ordonnance à l'égard des notaires.

Néanmoins les dispositions des articles 15 et 16 ne seront pas applicables.

Dans tous les cas, le notaire dans l'étude duquel travaillera le clerc inculpé sera préalablement entendu ou appelé.

38. Dans le mois de la publication de la présente ordonnance, le registre d'inscription prescrit par l'article 33 sera ouvert au secrétariat des chambres où ce mode de constater le stage ne serait pas déjà établi.

Tous les aspirants travaillant dans les études du ressort desdites chambres seront tenus de se faire inscrire au plus tard avant le 1er avril prochain, et la première inscription de chacun d'eux, faite dans ledit délai, constatera tout le temps de stage qui leur sera déjà acquis en vertu des certificats qu'ils représenteront, lesquels, pour cette première inscription, devront être visés par le syndic de la chambre.

De la Bourse commune.

39. Il y aura une bourse commune pour les dépenses de la chambre.

Il n'y sera versé que les sommes nécessaires pour subvenir aux dépenses votées par l'assemblée générale.

La délibération par laquelle l'assemblée générale l'aura établie sera soumise à l'approbation de notre garde des sceaux, ministre de la justice, ainsi qu'il est dit en l'article 23 ci-dessus.

La répartition des sommes votées entre les notaires de l'arrondissement sera proposée par l'assemblée générale: le rôle en sera rendu exécutoire par le premier président, sur l'avis du procureur général.

Dispositions générales.

40. L'arrêté du 2 nivôse an XII est abrogé.

Néanmoins les chambres actuellement en exercice sont maintenues.

Elles seront organisées conformément à la présente ordonnance, lors du renouvellement triennal qui aura lieu dans la première quinzaine du mois de mai prochain.

Notre garde des sceaux, ministre secrétaire d'état au département de la justice et des cultes, est chargé de l'exécution de la présente ordonnance, qui sera insérée au *Bulletin des Lois.* (1)

---

(1) RAPPORT AU ROI.

Sire,

Le notariat a toujours été environné d'une grande considération. Le législateur de l'an XI, en donnant aux notaires le titre de fonctionnaires publics, a proclamé l'importance de leur profession. La nécessité de la soumettre à des conditions particulières et à un régime spécial n'a jamais été méconnue, et même à l'époque où des idées exagérées de concurrence et d'égalité dominaient dans la législation, elle a échappé à la suppression qui avait frappé les différentes corporations groupées autour de la magistrature. C'est l'étendue de la confiance que le notariat doit inspirer qui le place dans ce rang élevé: cette confiance ne s'applique pas à des faits isolés: les actes pour lesquels son intervention est réclamée se rattachent à tous les événements successifs de la vie de la famille et à toutes les transactions qu'amènent le mouvement des affaires et les déplacements volontaires de la propriété; c'est ainsi qu'appelés à constater les volontés les plus sacrées et à donner force aux droits les plus précieux, les notaires exercent une sorte de magistrature qui contribue puissamment au repos des familles et au maintien de la moralité publique.

Mais, plus l'institution a d'importance et d'utilité, plus il est nécessaire de réprimer les abus qui tendraient à s'y introduire. Dans ces dernières années, des fautes graves ont été révélées, des désastres, dont la pensée publique s'est vivement émue, ont éclaté, et l'on s'est demandé s'il ne devenait pas nécessaire de donner une force nouvelle aux moyens consacrés par la loi pour prévenir le retour de semblables malheurs.

Aux termes de la loi du 25 ventôse an XI, le notariat est placé sous la surveillance des tribunaux. Il est juste et convenable, en effet, que la magistrature étende son autorité sur des fonctionnaires entre les mains desquels la loi remet les intérêts des justiciables, et qui, par leur origine, remontent aux premiers établissements de l'ordre judiciaire.

Auprès des tribunaux existent des chambres de discipline chargées d'aider cette surveillance.

Ces chambres ont été instituées par l'arrêté du 2 nivôse an XII, qui a conféré aux notaires eux-mêmes le droit de les former par voie d'élection.

Pris en vertu du pouvoir que l'art. 50 de la loi de ventôse an XI conférait au gouvernement, cet arrêté n'a pas cessé d'être en vigueur; mais il avait sagement prévu, dans son art. 25, que l'expérience rendrait nécessaire une organisation plus complète des chambres de discipline; c'est l'accomplissement de cette prévision que nous nous sommes proposé en préparant le projet d'ordonnance que nous venons soumettre à Votre Majesté.

Les dispositions nouvelles de ce projet, qui a été délibéré en Conseil d'État, ont toutes pour but de fortifier, en matière de discipline, l'action des chambres de notaires et celle des tribunaux.

La plus importante des modifications adoptées, est celle qui donne aux chambres des notaires le droit de provoquer la destitution des membres de la compagnie qui ont manqué à la probité, à l'honneur ou aux règles de leur ordre. Le nouveau droit qui leur est conféré leur permettra d'exercer leur surveillance avec plus d'autorité.

L'arrêté de l'an XII ne s'était pas occupé de régler ce qui a rapport à la cléricature, et d'offrir une récompense aux notaires qui se retirent après avoir exercé leurs fonctions avec distinction.

Cependant, veiller à ce que les aspirants au notariat s'y disposent par un travail assidu et une conduite régulière, promettre une rémunération à la fin d'une carrière honorablement parcourue, c'est préparer de bons choix, c'est encourager les efforts vers le bien.

Deux titres du projet d'ordonnance sont consacrés aux aspirants à la profession de notaire et à l'honorariat.

Les chambres surveilleront la conduite des aspirants, et s'assureront qu'ils se rendent dignes des fonctions auxquelles ils prétendent.

Quant à l'honorariat, une ordonnance rendue par Votre Majesté, le conférera sur la proposition des chambres de discipline et le rapport du ministre de la justice.

Cette disposition donne un nouveau relief à l'institution; elle place le notariat sous l'influence de cette pensée d'ordre et de conservation, si chère à la magistrature, qui rattache les magistrats, comme membres honoraires, aux compagnies dont ils cessent de partager les travaux.

L'art. 12 renferme une des dispositions principales du projet: il défend aux notaires de se livrer à certaines opérations qu'il détermine: la plupart ne sont pas répréhensibles en elles-mêmes, mais

21-24 Juin 1843. — Loi sur la *forme* des actes notariés.

Art. 1er. Les actes notariés passés depuis la promulgation de la loi du 25 ventôse an XI ne peuvent être annulés, par le motif que le notaire en second, ou les deux témoins instrumentaires, n'auraient pas été présents à la réception desdits actes.

2. A l'avenir, les actes notariés contenant donation entre-vifs, donation entre époux pendant le mariage, révocation de donation ou de testament, reconnaissance d'enfants naturels, et les procurations pour consentir ces divers actes, seront, à peine de nullité, reçus conjointement par deux notaires, ou par un notaire en présence de deux témoins.

La présence du notaire en second ou des deux témoins n'est requise qu'au moment de la lecture des actes par le notaire et de la signature par les parties : elle sera mentionnée, à peine de nullité.

3. Les autres actes continueront à être régis par l'article 9 de la loi du 25 ventôse an XI, tel qu'il est expliqué dans l'article 1er de la présente loi. (1)

4. Il n'est rien innové aux dispositions du Code civil sur la forme des testaments.

---

elles tendent à compromettre la position de ces officiers publics, et à exposer leurs clients à des risques contre lesquels ceux-ci sont sans défense, parce qu'ils n'ont pas dû les prévoir. La règle est que les notaires doivent se renfermer soigneusement dans l'exercice de leurs fonctions.

Les tribunaux, qui sont chargés par la loi de l'an XI de la discipline du notariat, feront respecter ces règles dont l'application rassurera l'opinion publique. En même temps qu'ils veilleront à ce que ces prohibitions soient scrupuleusement observées à l'avenir ; ils apporteront une sage mesure dans l'appréciation des faits qui ont été accomplis notoirement, de bonne foi et sans contradiction, soit des chambres de discipline, soit des magistrats.

L'ordonnance dont je viens d'exposer les bases principales, manifeste clairement la juste sollicitude dont le gouvernement du roi est animé pour le notariat ; elle se rattache soigneusement dans toutes ses prescriptions aux principes de l'institution telle que l'ont faite les lois antérieures et les nécessités révélées par l'expérience : c'est dire assez que, tout en réservant dans toute sa plénitude le droit de nomination, dépendance nécessaire de la puissance publique, et garantie indispensable contre les abus, le gouvernement regarde aussi comme hors d'atteinte le droit de transmission des offices créé par la loi du 28 avril 1816. A aucune époque, il n'a songé à admettre ni à proposer aucune altération de ce droit, et les inquiétudes qui ont pu se répandre à ce sujet n'ont jamais eu le moindre fondement.

J'ai l'honneur de soumettre à l'approbation de Votre Majesté le projet d'ordonnance relatif à l'organisation des chambres de notaires et à la discipline du notariat.

Le Garde des Sceaux, Ministre de la Justice,

Martin (du Nord.)

(1) Les notaires devraient, tout en ne changeant point les formules anciennes des actes ordinaires, substituer seulement au mot *présence* le mot *assistance* dans les actes reçus par un notaire avec le concours de deux témoins, puisque le mot *assistance* est celui de la loi du 25 ventôse, art. 9 : qu'il n'exclut pas l'idée de postériorité, comme le fait celui de présence : qu'avec ce mot on ne peut taxer un notaire de constater un fait qui n'est pas, de faire une espèce de mensonge et de faux, comme on le pourrait, quand il énonce et atteste la présence des témoins à la lecture et à la signature des parties (ce qui n'a pas lieu et n'est pas exigé) ; le mot assistance ferait du reste ressortir davantage la différence qui existe entre les actes ordinaires et ceux plus solennels où la présence des témoins ou d'un second notaire est obligatoire comme dans les actes de la présente loi.

26 Juin 1843. — Circulaire de la Chambre des notaires de Paris sur la loi précédente.

La loi sur la forme des actes notariés vient d'être promulguée le 21 de ce mois. Cette loi est un bienfait immense pour la société dont elle rassure les intérêts, elle est aussi d'une haute importance pour le Notariat dont elle augmente, il est vrai, mais dont elle précise les obligations.

Ces obligations résultent des dispositions suivantes :

A l'avenir, les actes notariés contenant donation entre-vifs, donation entre époux pendant le mariage, révocation de donation ou de testament, reconnaissance d'enfants naturels, et les procurations pour consentir ces divers actes, seront reçus conjointement par deux notaires, ou par un notaire en présence de deux témoins.

La présence du notaire en second ou des deux témoins n'est requise qu'au moment de la lecture des actes par le notaire et de la signature par les parties. Elle sera mentionnée à peine de nullité.

Hors ces cas où elle innove, la loi est purement interprétative dans le sens d'un usage universel, constant, immémorial.

Cet usage, alors qu'il reçoit une sanction solennelle, devient pour nous, s'il est possible, plus précieux encore ; les formes anciennes sous lesquelles il s'est produit deviennent également plus respectables et plus sûres.

Ces formes ne doivent donc subir de modifications que dans les actes que l'exception atteint ; les changements doivent être restreints à ce qui est nécessaire pour l'exécution littérale de la loi ; et, pour ne pas altérer nos formes désormais consacrées, ces changements doivent, comme une exception, être placés en dehors et à la suite des actes que désigne le paragraphe 2 de l'article 1er ;

Telle est l'opinion de la Chambre.

Outre cet intérêt de principe qui l'a dirigée, elle trouve, dans la position apparente de la mention prescrite par l'art. 2, une garantie d'exécution de la loi.

Nous avons éprouvé souvent, et notamment depuis quelques années, combien l'uniformité d'action donnait de force soit dans des questions d'intérêt général, soit dans des débats où l'intérêt particulier semble seul engagé.

La Chambre propose donc et demande que chaque notaire veuille bien adopter les formules ci-après, qui lui paraissent les seules à prévoir pour répondre aux prescriptions nouvelles qui nous sont imposées. (2)

---

(2) Formules. Pour les actes spécifiés à l'art. 2 de la loi nouvelle après ces mots « *et les parties ont signé avec les notaires, après lecture faite,* » on ajoutera la formule suivante :

« La lecture du présent acte par Me X..., notaire en premier, et la » signature par les parties, ont eu lieu en présence de Me notaire » en second et dudit Me X.

Si une ou plusieurs des parties ne savent ou ne peuvent signer la formule sera ainsi rédigée : « La lecture du présent acte par Me X., » notaire en premier, la signature par celles des parties qui l'ont » signé, et la déclaration de ne le savoir (*ou* de ne le pouvoir) par les » autres parties, ont eu lieu en présence de Me , notaire en » second, et dudit Me X. »

Si l'acte est fait en présence des témoins, la formule sera rédigée comme il suit : « La lecture du présent acte par Me X. notaire, et » la signature par les parties, ont eu lieu en présence des deux » témoins instrumentaires, soussignés, et dudit Me X. »

Et si une ou plusieurs des parties ne savent ou ne peuvent signer, on dira : « La lecture du présent acte par Me , la signature par » les parties qui l'ont signé, et la déclaration de ne le savoir (*ou* de ne » le pouvoir) par les autres parties, ont eu lieu en présence des deux » témoins instrumentaires et dudit Me X. »

Enfin, quelques notaires ont paru douter que les contrats de mariage, alors qu'ils contiennent des donations entre-vifs, dussent rester soumis aux formes ordinaires.

La discussion à la suite de laquelle la Chambre des Députés a retranché les contrats de mariage de la catégorie exceptionnelle où le projet les avait placés, et le rapport si remarquable de la Commission de la Chambre des Pairs ont été l'objet des plus sérieuses méditations. (1)

Convaincue par l'étude de ces documents précieux, la Chambre n'hésite pas à déclarer qu'elle entend la loi comme l'ont entendue les pouvoirs qui l'ont rendue, en ce sens, que les contrats de mariage, même ceux contenant des donations entre-vifs, sont affranchis des formalités imposées aux actes spécifiés dans le deuxième paragraphe de l'article 1er de la loi.

---

17 Décembre 1843. — Arrêté du Ministre de la guerre sur les conditions et justifications imposées aux *officiers* qui désirent obtenir l'autorisation de se marier, lesquels doivent fournir entre autres pièces au Ministre de la guerre, par la voie hiérarchique, 1° avec leur demande, un extrait du projet de contrat de mariage relatant l'apport de la future (qui doit être d'un revenu non viager de 1200 fr. au moins); 2° dans le mois de la célébration du mariage, un extrait du contrat, en ce qui concerne l'apport de la femme, délivré par le notaire dépositaire de l'acte.

---

(1) Extrait du rapport de M. Frank Carré, à la Chambre des Pairs.

La difficulté relative aux contrats de mariage contenant donation a plus particulièrement frappé votre Commission; elle s'est demandé si ces contrats ne se trouvaient pas compris dans les termes de l'article 2, puisqu'ils sont alors des actes notariés contenant donation; et comme la pensée certaine du projet de loi est de les laisser soumis à la règle générale, et non de leur imposer les formes plus solennelles établies par l'article 2, elle a dû rechercher si cette pensée était manifeste pour prévaloir contre la généralité des expressions de l'art. 2. Votre Commission, Messieurs, s'est prononcée pour l'affirmative; elle a cru qu'il était impossible de méconnaître sur ce point la force et l'autorité des motifs qui ont déterminé la Chambre des Députés. Il faut se rappeler, en effet, que les contrats de mariage, sans distinction, étaient compris dans les exceptions énoncées en l'article 2 du projet, et que la Commission de la Chambre des Députés les y avait maintenus, en étendant la nomenclature de ces exceptions; c'est dans la discussion devant la Chambre qu'il fut proposé, par amendement, de retrancher les contrats de mariage, et ce retranchement fut demandé comme il fut voté sans distinction. On démontra d'ailleurs que les donations faites par contrats de mariage avaient un caractère particulier; que le mot seul pouvait les faire confondre avec les donations ordinaires; qu'elles constituaient de véritables conventions, des engagements réciproques; que les suggestions et la captation n'y pouvaient être que supposées; on fit voir que, dans tous les cas, le contrat de mariage est un acte qui, par sa nature, exige plus que tout autre la non-intervention des tiers: là se débattent les intérêts des deux familles: c'est là que le secret de leurs fortunes, de leurs affaires les plus intimes est mis au jour; la situation elle-même le commande. Mais il en résulte qu'on ferait violence à tous si l'on exigeait, à peine de nullité, que de pareilles conventions, protégées d'ailleurs par la présence nécessaire et contradictoire de deux familles, fussent débattues en face d'un second notaire, ou plus souvent encore de deux témoins. Ces considérations si graves, qui furent accueillies par la Chambre, écartent explicitement et font disparaître la difficulté même qui nous occupe. Il faut ajouter que les donations *entre époux pendant le mariage*, formellement comprises dans l'art. 2, rendent plus évidente encore l'exclusion des donations faites par contrat de mariage. Il est donc certain que, dans la pensée du projet de loi, comme dans la pensée de votre Commission, les contrats de mariage, soit qu'ils contiennent, soit qu'ils ne contiennent point donation, restent soumis à la règle générale, c'est-à-dire qu'ils sont régis par les art. 1 et 3 du projet de loi.

(Moniteur.)

26 Avril 1844. — Loi sur les *patentes*.

---

7 et 14 Mai 1844. — Adoption par la Chambre des *notaires d'Amiens* d'un nouveau projet de *règlement* intérieur. (Voir ci-après.)

---

4 Août 1844. — Loi qui réduit de 4 0/0 à 3 0/0 *l'intérêt* des cautionnements.

---

7 Juin 1848. — Circulaire du procureur de la république, d'Amiens, sur les *consignations* à faire des prix de vente et autres.

M. le procureur général se plaint de ce que les officiers ministériels négligent souvent de se conformer aux lois des 28 nivôse an XIII (1) et 28 avril 1816 (2) et à l'ordonnance du 3 juillet 1816, (3) qui exigent le versement de toutes les consignations judiciaires à la caisse des dépôts et consignations.

Il se plaint également de ce que, contrairement aux art. 656 et 657 du code de procédure civile, le reliquat du prix des ventes n'est pas consigné dans les délais que ces articles déterminent.

Je viens vous inviter à rappeler à vos collègues de l'arrondissement que faute par eux de se conformer aux dispositions prescrites, je me verrais dans la nécessité, pour obéir aux instructions que j'ai reçues, de demander contre eux la peine de la révocation aux termes de l'art. 10 de l'ordonnance du 3 juillet 1816.

---

(1) **28 Nivôse an 13.** — Loi relative aux consignations.

Art. 1. La caisse d'amortissement recevra les consignations ordonnées, soit par jugement, soit par décision administrative.

2. La caisse tiendra compte aux ayants-droit, de l'intérêt de chaque somme consignée à raison de 3 0/0 par an; cet intérêt courra du soixantième jour après la consignation jusqu'à celui du remboursement, les sommes qui resteront moins de 60 jours en état de consignation ne porteront aucun intérêt.

(2) **28 Avril 1816.** — Loi sur les finances qui fonde la caisse des dépôts et consignations.

Art. 11. Les dépôts, les consignations, et les autres attributions (l'amortissement excepté), confiés à la caisse actuellement existante, seront administrés par un établissement spécial sous le nom de caisse de dépôts et consignations.

(3) **3 Juillet 1816.** — Ordonnance relative aux attributions de ladite caisse, aux versements, remboursements et conditions de ces dépôts.

Art. 2. Seront versés dans la caisse des dépôts et consignations, — 1° les deniers offerts réellement, conformément aux art. 1257 et suiv. du code civil; ceux que voudra consigner un acquéreur ou donataire dans le cas prévu par les art. 2183, 2184, 2186 et 2189; (voir aussi l'art. 2041), et en général toutes sommes offertes à des créanciers refusants par des débiteurs qui veulent se libérer; — 8° les sommes saisies et arrêtées entre les mains de *dépositaires* ou débiteurs, à quelque titre que ce soit; celles qui proviendraient de ventes de biens meubles de toutes espèce, par suite de toute sorte de saisies ou même de ventes volontaires, lorsqu'il y aura des oppositions dans les cas prévus par les art. 656 et 657 du code de procédure civile.

Art. 7. Tout *notaire*, greffier, etc., qui aura procédé à une vente sera tenu de déclarer au pied de la minute du procès-verbal en le présentant à l'enregistrement, et de certifier par sa signature qu'il a ou n'a pas d'oppositions et qu'il a ou n'a pas connaissance d'oppositions aux scellés ou autres opérations qui ont précédé ladite vente.

Art. 8. Les versements des sommes énoncées au n° 8 de l'art. 2, seront faits dans la huitaine, à compter de l'expiration du mois accordé par l'art. 656, code procédure, aux créanciers pour procéder à une distribution amiable.

Une instruction générale du directeur de la caisse du 1er novembre 1851, résume toutes les dispositions des lois et ordonnances sur les consignations. Voir aussi le décret du 1er mai 1851.

21 Novembre 1848.—Loi qui *dispense du timbre* et *de l'enregistrement* les procurations, certificats de propriété, intitulés d'inventaire et autres pièces nécessaires pour la vente d'inscriptions de rentes provenant de la consolidation des livrets des *caisses d'épargne*.

13 Décembre 1848. — Loi relative à la *contrainte par corps*, portant notamment qu'elle ne pourra être stipulée dans un acte de bail pour le paiement des fermages des biens ruraux.

11 Mars 1849. — Instruction de la régie sur *l'ouverture des bureaux* des receveurs d'enregistrement dans les cantons ruraux, même pendant leur absence et quelle qu'en soit la cause, pendant huit heures par jour, à l'exception des dimanches et jours légalement fériés (1).

22 Mars 1849. — Loi modificative de l'art. 9 du code civil, sur l'acquisition de la qualité de *français*. — (Une loi des 22-29 janvier 1851 sur la naturalisation, modifie encore et étend cet art. 9, C. C.)

7 Mai 1849. — Loi portant abolition des *majorats* et abrogation de la loi du 17 mai 1826 sur les *substitutions*.

Art. 1er. Les majorats de biens particuliers qui auront été transmis à deux degrés successifs, à partir du premier titulaire, sont abolis. Les biens composant ces majorats demeurent libres entre les mains de ceux qui en sont investis.

2. Pour l'avenir, la transmission, limitée à deux degrés à partir du premier titulaire, n'aura lieu qu'en faveur des appelés déjà nés ou conçus lors de la promulgation de la présente loi. — S'il n'existe point d'appelés à cette époque, ou si ceux qui existaient décèdent avant l'ouverture de leur droit, les biens des majorats deviendront immédiatement libres entre les mains du possesseur.

3. Pendant une année, à partir de la promulgation de la présente loi, lorsqu'une saisie sera pratiquée sur les biens devenus libres en vertu de l'article précédent, les juges pourront toujours, quelle que soit la nature du titre, appliquer l'art. 1244 du Code civil et surseoir aux poursuites ultérieures pendant le délai qu'ils détermineront.

4. Il n'est rien innové quant au droit spécial de révocation conféré au fondateur par l'art. 3 de la loi du 12 mai 1835.

5. Dans les cas prévus par les art. 1er, 2 et 4 de la présente loi, le ministre de la justice statuera sur les demandes en radiation, soit de la transcription hypothécaire, soit de l'annotation spéciale d'immobilisation des rentes sur l'État ou des actions de la Banque de France. Sur son refus, les parties intéressées pourront se pourvoir devant les tribunaux ordinaires, qui statueront définitivement.

6. Sont abrogées, relativement aux majorats de biens particuliers, les dispositions du décret du 1er mars 1808, art. 6, et du décret du 4 juin 1809, relatives à la retenue et à la capitalisation du dixième du revenu des rentes sur l'État ou des actions de la banque.

7. La mutation par décès d'un majorat de biens particuliers donnera ouverture au droit de transmission de propriété en ligne directe. La taxe du cinquième d'une année de revenu, établie par décret du 4 mai 1809, est abolie pour l'avenir. — Il ne sera perçu qu'un droit de transmission d'usufruit mobilier sur la pension de la veuve.

8. La loi du 17 mai 1826 sur les substitutions est abrogée.

9. Les substitutions déjà établies sont maintenues au profit de tous les appelés nés ou conçus lors de la promulgation de la présente loi. — Lorsqu'une substitution sera recueillie par un ou plusieurs des appelés dont il vient d'être parlé, elle profitera à tous les autres appelés du même degré, ou à leurs représentants, quelle que soit l'époque où leur existence aura commencé.

28 Juin 1849. — Instruction du Ministre de la justice sur les *traités d'office*.

Monsieur le procureur général, je suis très souvent forcé de renvoyer les traités portant cession d'offices publics, soit pour en faire retrancher des clauses inadmissibles, soit pour y réparer des irrégularités plus ou moins graves, soit enfin pour faire modifier le prix fixé, quand il me paraît trop élevé. Ces renvois, outre qu'ils occasionnent un surcroît de travail, donnent lieu à des retards préjudiciables aux parties intéressées.

Pour remédier à ce double inconvénient, je crois devoir réunir, en les résumant, les instructions particulières émanées de mon département; c'est le meilleur moyen d'établir un mode uniforme qui préviendra, je l'espère, toutes les difficultés.

1° Il importe, avant tout, de ne rien négliger pour s'assurer de la sincérité des traités. Les dissimulations à cet égard sont des infractions graves aux devoirs des officiers publics et excitent une juste défiance contre les candidats qui, au début de leur carrière, cherchent à tromper les magistrats et l'autorité supérieure. Ces dissimulations, en cachant l'exagération des engagements, rendent inutiles les précautions que je ne cesse de prendre et de recommander pour éviter à des jeunes gens, souvent sans expérience, de contracter des obligations trop onéreuses et de s'exposer à des déceptions bientôt suivies de la ruine et de ses déplorables conséquences. Il faut donc, je le répète, tant dans l'intérêt public que dans l'intérêt privé, s'efforcer d'acquérir la certitude que les traités ne sont pas modifiés par des clauses secrètes ou par des contre-lettres.

2° Le prix doit toujours être modéré et en juste rapport avec les produits de l'office cédé. S'il en était autrement, le nouveau titulaire, après le prélèvement de l'intérêt du capital engagé par lui, ne trouverait dans le reste de ses émoluments qu'une ressource insuffisante pour couvrir les frais de son étude, le rémunérer des soins et du temps donnés aux affaires de ses clients et lui permettre enfin d'exercer honorablement et exclusivement sa profession : de là le désir d'accroître ses profits, en se livrant à des spéculations incompatibles avec ses devoirs. Il faut détourner ce danger, en s'opposant avec résolution à l'exagération des prix. Chaque fois que cette exagération est signalée par les magistrats, ou semble résulter de l'examen des pièces, il est d'usage, afin d'avoir une base plus certaine d'appréciation et d'éviter toute apparence d'arbitraire, de faire consulter le tribunal sur la valeur de l'office. Il en résulte des lenteurs que les parties éviteraient en réglant d'avance et spontanément les conditions de leurs engagements d'une manière équitable et propre à concilier tous les intérêts.

(1) Les fêtes légales sont : le 1er Janvier, l'Ascension, l'Assomption, la Toussaint et Noël. (Lois et avis des 10 et 29 germinal an 10, 13 mars 1810.)

3° L'évaluation des produits des offices doit, en général, être établie sur la moyenne de cinq dernières années. Le mode de vérification de ces produits varie suivant la nature des offices cédés :

Pour les notaires, outre le relevé de leurs registres de [illegible], il faut constater le nombre d'actes passés, et afin d'apprécier l'importance de ces actes, les comparer aux droits d'enregistrement dont ils ont motivé la perception ;

Pour les avoués, on peut puiser d'utiles renseignements dans le registre qu'ils doivent tenir en vertu de l'art. 151 du décret du 16 février 1807, et exiger un relevé du rôle d'audience dressé ou certifié par le greffier, contenant le nombre des affaires dans lesquelles le cédant a occupé tant en demandant qu'en défendant ;

Pour les huissiers et les commissaires-priseurs, outre le relevé de leurs répertoires, ils doivent produire un état dressé ou certifié par le receveur de l'enregistrement, constatant le nombre des actes qu'ils ont signifiés ou des ventes et des prisées auxquelles ils ont procédé.

4° Les traités doivent être rédigés avec précision et clarté ; il faut éviter d'y insérer des clauses inutiles ou équivoques qui pourraient faire naître des débats judiciaires. La cession ne doit porter que sur la charge, ses produits et ses accessoires, sans comprendre le titre que le gouvernement peut seul conférer ; j'ajoute, en ce qui concerne les huissiers, que leur résidence respective étant fixée par le tribunal suivant les besoins du service, cette résidence ne peut devenir l'une des conditions du traité. Certaines clauses que j'ai remarquées fréquemment ne sauraient être admises : telles sont celles qui ont pour objet des réserves de privilége, des délégations et des compensations de prix, des paiements anticipés, sous quelque forme qu'ils soient stipulés, des obligations de payer, soit exclusivement en or ou en argent, soit en lettres de change ou effets de commerce pouvant entraîner l'exercice de la contrainte par corps. Enfin, il faut toujours que le prix soit fixe et ferme au moment de la cession, sans jamais dépendre d'éventualités ultérieures.

5° Tous les actes produits à l'appui des cessions d'office doivent, conformément à l'art. 12 de la loi du 13 brumaire an VII, être écrits sur papier timbré. Ceux de ces actes faits sous seings-privés doivent être légalisés. Il faut soumettre à la même formalité les pièces délivrées par les agents de l'autorité publique, quand le visa des fonctionnaires supérieurs est exigé par les règlements. Le dossier doit toujours contenir le reçu des droits d'enregistrement perçus conformément aux art. 7 et suiv. de la loi du 25 juin 1841 ; ces droits, dans aucun cas, ne peuvent être inférieurs au dixième du cautionnement.

6° La circulaire du 3 novembre 1848 a reconnu, en ce qui concerne le notariat, que les recouvrements étant la propriété du titulaire, celui-ci a l'option de les conserver ou de les céder à son successeur. Je maintiens cette décision, qui me paraît fondée sur de justes motifs, et qui peut, sans inconvénient, être étendue à tous les officiers publics. Ainsi, dans aucun cas, on ne doit souffrir que, pour faciliter la rentrée des recouvrements, le cédant se réserve le droit de s'immiscer dans la gestion de son successeur et de [illegible] ses [illegible]. Une pareille stipulation serait contraire à l'ordre régulier des choses, et, en ce qui regarde les notaires, constituerait une contravention formelle à l'art. 23 de la loi du 25 ventôse an XI.

Je vous prie de vouloir bien m'accuser réception de cette circulaire, dont je vous transmets des exemplaires en nombre suffisant pour en adresser à tous vos substituts près les tribunaux de première instance. Veuillez recommander à ces magistrats de donner connaissance des présentes instructions aux chambres des notaires, des avoués, des huissiers et commissaires-priseurs, dans leurs ressorts respectifs.

18, 22, 25 Mai 1850. — Loi de finances qui frappe les *soultes de partages d'ascendants*, soumet aux droits de donation et de succession *les dons manuels* et les *rentes sur l'État*, augmente le tarif des *transmissions de meubles*, dispense les notaires de mentionner la *patente des commerçants* dans les actes, et *assujettit les notaires*, avocats, avoués, médecins, etc., à un droit proportionnel qui est du quinzième de la valeur locative.

Art. 5. Conformément à l'art. 3 de la loi du 16 juin 1824, les donations portant partage, faites par actes entre vifs par les père et mère ou autres ascendants, ne donneront ouverture qu'aux droits établis pour les successions en ligne directe ; mais les règles de perception concernant les soultes de partage leur seront applicables, ainsi qu'aux partages testamentaires, également autorisés par les art. 1075 et 1076 du Code civil.

6. Les actes renfermant soit la déclaration par le donataire ou ses représentants, soit la reconnaissance judiciaire d'un don manuel, seront sujets aux droits de donation.

7. Les mutations par décès et les transmissions entre-vifs à titre gratuit d'inscriptions sur le grand-livre de la dette publique seront soumises aux droits établis pour les successions ou donations.

Le capital servant à la liquidation du droit d'enregistrement sera déterminé par le cours moyen de la Bourse au jour de la transmission.

8. Le moindre droit fixe d'enregistrement pour les actes civils et administratifs est porté à 2 fr., à l'exception du droit sur les certificats de vie et de résidence qui est maintenu au taux actuel.

9. Les actes et mutations qui auront acquis date certaine avant la promulgation de la présente loi seront régis par les lois antérieures.

10. Les transmissions de biens meubles à titre gratuit entre-vifs et celles qui s'effectuent par décès seront assujetties aux diverses quotités de droit établies pour les transmissions d'immeubles de la même espèce. (1)

---

(1) *TABLEAU des droits à percevoir en conséquence de cette disposition, non compris le décime.*

	Ligne directe.		Époux.		Frères, sœurs, oncles, etc.		Grand-oncles, Grand-tantes, etc.		Au delà du [illegible] degré.		Étrangers.	
	Meubles.	Immeubles.	Meubles.	Immeubles.	Meubles.	Immeubles.	Meubles.	Immeubles.	Meubles.	Immeubles.	Meubles.	Immeubles.
	F. C.	F. C.	F. C.	F. C.	F. C.	F. C.	F. C.	F. C.	F. C.	F. C.	F. C.	F. C.
Donations par contrat de mariage.	1 25	2 75	1 50	3 —	1 50	[illegible]	5	[illegible]	[illegible] 50	5 50	6 —	6 —
Donations entre-vifs.	2 50	4 —	3	4 50	6 50	6 50	7 —	7 —	8 —	8 —	9 —	9 —
Mutations par décès.	1 —	1 —	3 —	3 —	6 50	6 50	7 —	7 —	8 —	8 —	9 —	9 —

11. Les prescriptions de trois et de cinq années, établies par les §§ 2 et 3 de l'art. 61 de la loi du 22 frimaire an VII, pour la demande des droits concernant les omissions de biens dans les déclarations après décès et les successions non déclarées, sont étendues à cinq années pour la première prescription et à dix années pour la seconde.

16. Les notaires sont classés dans le tableau des professions assujetties seulement au droit proportionnel, qui est fixé au quinzième de la valeur locative.

22. L'art. 37 de la loi du 1er brumaire an VII et l'art. 29 de la loi du 25 avril 1844, *qui prescrivent la mention de la patente des commerçants dans les actes des officiers publics*, sont abrogés. (1)

---

5 Juin 1850. — Loi relative au *timbre* des effets de commerce, polices d'assurances, actions, et à l'énonciation obligatoire dans les actes du timbre dont ils sont revêtus, et du montant des droits de timbre payé.

Art. 49. (2) Lorsqu'un effet, certificat d'action, titre, livre, bordereau, police d'assurance ou tout autre acte sujet au timbre et non enregistré sera mentionné dans un acte public, judiciaire ou extra-judiciaire et ne devra pas être représenté au receveur lors de l'enregistrement de cet acte, l'officier public ou officier ministériel sera tenu de déclarer expressément dans l'acte si le titre est revêtu du timbre prescrit, et d'énoncer le montant du droit de timbre payé.

En cas d'omission, les notaires, avoués, greffiers, huissiers et autres officiers publics seront passibles d'une amende de 10 fr. par chaque contravention. (3).

---

(1) Cette abrogation, en faisant droit à une réclamation renouvelée fréquemment, affranchit les officiers publics d'une disposition aussi gênante qu'elle était illusoire.

(2) On lit dans l'*exposé des motifs* :

« Les art. 24 et 25 de la loi du 13 brumaire an VII sur le timbre font défense, à tout receveur de l'enregistrement, d'enregistrer aucun acte qui ne serait pas sur du papier timbré du timbre prescrit ou qui n'aurait pas été visé pour timbre, et aux notaires, huissiers, greffiers, arbitres et experts d'agir, aux juges de prononcer aucun jugement, et aux administrations publiques de rendre aucun arrêté sur un acte, registre ou effet de commerce non écrit sur papier timbré du timbre prescrit ou non visé pour timbre.

» L'expérience a démontré que les officiers publics et même les juges ne se conforment pas toujours à ces dispositions.

» Quand il s'agit d'un acte enregistré, comme la formalité n'a pu être donnée sans que la loi sur le timbre ait été préalablement exécutée, il suffit que l'officier public ou le juge se conforme à l'art. 44 de la loi du 22 frimaire an VII, portant qu'il sera fait mention de la quittance des droits d'enregistrement dans les minutes des actes civils, judiciaires ou extra-judiciaires.

» Mais relativement aux actes, extraits ou autres titres sujets au timbre et non à l'enregistrement, l'administration n'a aucun moyen de reconnaître si les officiers publics et les juges se conforment à l'obligation que leur impose l'art. 24 de la loi du 13 brumaire an VII

» La présente disposition a pour objet de combler cette lacune. »

(3) *Instruction de la Régie du 18 juin 1850, n° 1854.*

Pour que les officiers publics et ministériels ne perdent jamais de vue la défense faite par les art. 24 et 25 de la loi du 13 brumaire an VII sur le timbre, l'art. 49 de la loi nouvelle porte que, lorsqu'un effet, certificat d'action, titre, livre, bordereau, police d'assurance ou tout autre acte sujet au timbre et non enregistré sera mentionné dans un acte public, judiciaire ou extra-judiciaire, et ne devra pas être représenté au receveur lors de l'enregistrement de cet acte, l'officier public ou officier ministériel sera tenu de déclarer expressément dans l'acte si le titre est revêtu du timbre prescrit et d'énoncer le montant du droit de timbre payé.

8 Juin 1850. — Loi sur la *déportation* portant que cette peine entraîne la *dégradation civique* et l'*interdiction légale*, et que, hors le cas de déportation dans une enceinte fortifiée, les condamnés auront l'exercice des *droits civils* dans le lieu de déportation, et qu'il pourra leur être remis, avec l'autorisation du Gouvernement, tout ou partie de leurs biens.

---

18 Juin 1850. — Loi qui crée, sous la garantie de l'État, une *caisse de retraites* ou rentes viagères pour la vieillesse, et porte que les certificats, actes de notoriété et autres pièces exclusivement relatives à ladite caisse, seront délivrés *gratuitement* et dispensés des droits de *timbre* et *d'enregistrement*.

---

15 Juin, 19 Décembre 1850. — Loi relative au délit *d'usure* constaté dans les *prêts* conventionnels en matière civile ou commerciale, (L'intérêt ne peut excéder 5 0/0, dans le 1er cas, et 6 0/0, dans le 2e, sans retenue. L. du 3 Septembre 1807; V. C. N, art. 1907.)

---

10 Juillet 1850. — Loi sur la *publicité des contrats de mariage*.

Pour faciliter l'intelligence de cette loi, le texte des articles du Code civil qu'elle modifie va être transcrit en entier et en petits caractères.

Art. 1er Il sera ajouté aux art. 75, 76, 1391 et 1394 du Code civil les dispositions suivantes :

Art. 75. Le jour désigné par les parties après les délais des publications, l'officier de l'état civil, dans la maison commune, en présence de quatre témoins, parents ou non parents, fera lecture aux parties des pièces ci-dessus mentionnées relatives à leur état et aux formalités du mariage, et du chap. VI du titre *du mariage, sur les droits et les devoirs respectifs des époux*.

« Il interpellera les futurs époux, ainsi que les personnes qui autorisent le mariage, si elles sont présentes, d'avoir à déclarer s'il a été fait un contrat de mariage, et, dans le cas de l'affirmative, la date de ce contrat, ainsi que les nom et lieu de résidence du notaire qui l'aura reçu. »

Il recevra de chaque partie, l'une après l'autre, la déclaration qu'elles veulent se prendre pour mari et femme; il prononcera, au nom de la loi, qu'elles sont unies par le mariage, et il en dressera acte sur le champ.

Art. 76. On énoncera dans l'acte de mariage :

1° Les prénoms, noms, professions, âge, lieux de naissance et domiciles des époux;

2° S'ils sont majeurs ou mineurs;

3° Les prénoms, noms, professions et domiciles des pères et mères:

4° Le consentement des pères et mères, aïeuls et aïeules, et celui de la famille, dans les cas où ils sont requis;

5° Les actes respectueux, s'il en a été fait ;

6° Les publications dans les divers domiciles;

7° Les oppositions, s'il y en a eu; leur mainlevée ou la mention qu'il n'y a point eu d'opposition ;

8° La déclaration des contractants de se prendre pour époux et le prononcé de leur union par l'officier public;

9° Les prénoms, noms, âge, professions et domiciles des témoins, et leur déclaration s'ils sont parents ou alliés des parties, de quel côté et à quel degré.

« 10° La déclaration faite sur l'interpellation prescrite par l'article précédent, qu'il a été ou qu'il n'a pas été fait

---

En cas d'omission, les notaires, avoués, greffiers, huissiers et autres officiers publics seront passibles d'une amende de 10 fr. pour chaque contravention, conformément au second alinéa du même article.

Les préposés remarqueront que la déclaration dont parle cet article ne concerne pas le cas où le titre mentionné a été enregistré.

Elle n'est pas exigée non plus quand ce titre doit être représenté au receveur lors de l'enregistrement de l'acte public dans lequel il se trouve mentionné.

Une Décision ministérielle du 21 Novembre 1850 porte que l'énonciation, dans un inventaire ou autre acte authentique, d'*actes* ou *billets non timbrés*, n'autorise pas suffisamment les préposés de la régie à poursuivre contre les parties le recouvrement des droits et amendes de timbre.

de contrat de mariage, et autant que possible, de la date du contrat, s'il existe, ainsi que les noms et lieu de résidence du notaire qui l'aura reçu (1) : le tout à peine, contre l'officier de l'état civil, de l'amende fixée par l'art. 50.

« Dans le cas où la déclaration aurait été omise ou serait erronée, la rectification de l'acte, en ce qui touche l'omission ou l'erreur, pourrait être demandée par le procureur de la République, sans préjudice du droit des parties intéressées, conformément à l'art. 99. »

Art. 1391. Ils peuvent cependant déclarer d'une manière générale qu'ils entendent se marier ou sous le régime de la communauté, ou sous le régime dotal.

Au premier cas, et sous le régime de la communauté, les droits des époux et de leurs héritiers seront réglés par les dispositions du chap. II (art. 1399 à 1496.)

Au deuxième cas, et sous le régime dotal, leurs droits seront réglés par les dispositions du chap. III (art. 1540 à 1580.)

« Toutefois, si l'acte de célébration du mariage porte que les époux se sont mariés sans contrat, la femme sera réputée, à l'égard des tiers, capable de contracter dans les termes du droit commun, à moins que, dans l'acte qui contiendra son engagement, elle n'ait déclaré avoir fait un contrat de mariage (2). »

Art. 1394. Toutes conventions matrimoniales seront rédigées avant le mariage, par acte devant notaire.

« Le notaire donnera lecture aux parties du dernier alinéa de l'art. 1391, ainsi que du dernier alinéa du présent article. Mention de cette lecture sera faite dans le contrat, à peine de 10 fr. d'amende contre le notaire contrevenant.

» Le notaire délivrera aux parties, au moment de la signature du contrat, un certificat sur papier libre et sans frais, énonçant ses nom et lieu de résidence, les noms, prénoms, qualités et demeures des futurs époux, ainsi que la date du contrat. Ce certificat indiquera qu'il doit être remis à l'officier de l'état civil avant la célébration du mariage (2). »

Art. 2, La présente loi n'aura d'effet qu'à partir du 1er janvier 1851 (3).

---

10 Aout 1850. — Circulaire de M. le procureur de la République, d'Amiens, relative aux *honoraires* des notaires dans les *ventes judiciaires*.

Il est d'usage, dans quelques arrondissements du ressort, de calculer sur le pied de 10 0/0 les remises attribuées aux officiers publics autres que les commissaires-priseurs, sur

---

(1) Il est bien entendu que les tiers ainsi avertis de l'existence du contrat de mariage n'auront pas le droit d'en prendre eux-mêmes connaissance. A cet égard on ne veut en rien déroger aux lois et règlements qui régissent le notariat. Ce sera aux tiers à exiger des époux avec lesquels ils traitent la justification préalable de leur contrat (Rapport de M. Valette).

(2) Ce sont ces deux alinéas que le notaire est tenu de lire aux parties.

(3) FORMULES PROPOSÉES PAR LA CHAMBRE.

CONTRAT DE MARIAGE.

Dont acte,

Fait et passé à

L'an 1851, le

Avant de clore, et conformément à la loi, Me , notaire soussigné, a donné lecture aux parties du dernier alinéa de chacun des art. 1391 et 1394 du Code civil, et leur a délivré le certificat prescrit par ce dernier article pour être remis à l'officier de l'état civil avant la célébration du mariage (1).

Et après lecture les parties ont signé, etc.

CERTIFICAT A REMETTRE A L'OFFICIER DE L'ÉTAT CIVIL AVANT LA CÉLÉBRATION DU MARIAGE.

Cejourd'hui, (*Date en toutes lettres.*)

Le contrat de mariage de :

M. . . . (*Noms, prénoms, qualités et demeure du futur.*)

Et Mad . . . . (*Idem. de la future.*)

A été passé devant moi , notaire à , soussigné, qui en ai la minute ;

Et je leur ai délivré, conformément à la loi, le présent certificat, pour être remis, ainsi qu'ils en sont avertis, à l'officier de l'état civil avant la célébration de leur mariage. (2)

(1) Ce certificat devra être légalisé dans le cas où le mariage sera célébré hors du département.

(2) *La Chambre* a fait imprimer la formule de ce certificat, et elle tient des exemplaires à la disposition de tous les notaires de la compagnie qui n'ont qu'à en remplir les blancs.

(3) *Une circulaire du Ministre de la Justice du* 15 [illegible] 1850, sur l'application de cette loi, contient les dispositions suivantes :

Monsieur le procureur général, le contrat de mariage est l'un des actes les plus importants de la vie civile ; il détermine le régime sous lequel les époux sont unis, et, par cela même, affecte plus ou moins leur capacité à l'égard des tiers. Aussi, depuis longtemps, a-t-on reconnu que l'incertitude sur l'existence de ce contrat peut faciliter la fraude ou faire naître des inquiétudes qui rendent plus difficiles et plus onéreuses les transactions relatives aux biens dont les femmes mariées sont propriétaires, et les engagements que celles-ci peuvent dès lors contracter.

Il importait, dans l'intérêt du crédit privé, source du crédit public, de faire cesser ces incertitudes. Tel est l'objet de la loi votée par l'Assemblée nationale le 17 juin et les 2 et 10 juillet 1850.

Cette loi, par des dispositions additionnelles aux art. 75, 76, 1391 et 1394 du Code civil, impose aux officiers de l'état civil et aux notaires des obligations sur lesquelles il m'a paru convenable d'appeler votre attention et celle de vos substituts. . . . .

Ainsi, l'économie de la nouvelle loi peut se résumer ainsi :

Obligation pour le notaire qui reçoit un contrat de mariage d'avertir les parties de la nécessité de déclarer l'existence de ce contrat à l'officier de l'état civil, en lui remettant le certificat délivré à cet effet : sans préjudice à l'obligation de se conformer aux prescriptions des art. 67 et 68 C. Com., lorsqu'un des époux sera commerçant.

Obligation pour l'officier de l'état civil d'interpeller les futurs époux et les personnes présentes qui autorisent le mariage, sur l'existence d'un contrat de mariage, et de mentionner la réponse dans l'acte de célébration ;

Enfin, obligation pour le ministère public de surveiller avec soin, sous ce rapport, les actes des notaires et des officiers de l'état civil, afin de poursuivre ceux de ces fonctionnaires qui ne se seraient pas conformés à la loi, et de provoquer, s'il y a lieu, la rectification des actes de célébration qui présenteraient soit des omissions, soit des déclarations erronées.

L'accomplissement si facile de ces obligations promet des résultats dont l'avantage sera incontestable. D'une part la mauvaise foi ne pourra plus nier un contrat existant, puisqu'il suffira d'exiger la représentation de l'acte de célébration de mariage pour savoir à quoi s'en tenir à ce sujet ; d'autre part, cette même production, lorsqu'elle établira qu'il n'y a pas eu de contrat de mariage, dispensera les époux, quand ils traiteront avec des tiers, d'une preuve négative souvent impossible, qui ne saurait rassurer complètement les parties contractantes.

La loi nouvelle sera donc à la fois une garantie d'ordre public, un motif de sécurité pour les engagements privés, et par suite une nouvelle facilité donnée au développement du crédit. A tous ces titres elle excitera, j'en suis certain, la vive sollicitude de la magistrature, et spécialement de MM. les procureurs de la République, qui sont plus particulièrement appelés à en surveiller et à en assurer l'exécution.

Ces magistrats, chargés de la vérification des registres de l'état civil, devront s'assurer si tous les actes de mariage contiennent la mention de la nouvelle interpellation prescrite aux officiers de l'état civil : en cas d'omission, ils en rechercheront la cause, et s'il faut l'attribuer à la négligence du notaire ainsi qu'à celle de l'officier de l'état civil, ils devront les poursuivre à raison des contraventions respectives qu'ils auront commises.

le produit des ventes mobilières, cette perception est illicite et ne doit pas être tolérée.

Bien que la loi du 28 juin 1843 ne parle que des commissaires-priseurs, la jurisprudence des tribunaux étend assez généralement ses dispositions à tous les officiers chargés des ventes, et il résulte d'une *décision de M. le Garde des Sceaux, en date du 24 janvier dernier*, que ces derniers ne doivent, dans aucun cas, recevoir plus *de 6 0/0*, taux alloué aux commissaires-priseurs par la loi dont il vient d'être parlé. Je vous prie, en conséquence, M. le président, de vouloir bien communiquer ces instructions à tous les membres de votre compagnie et tenir la main à leur exécution.

(Voir idem, instructions ministérielles des 24 décembre, 28 février 1835 et 14 décembre 1855.)

---

9 Novembre 1850.— Circulaire de M. le président du tribunal civil d'Amiens qui recommande aux notaires de joindre à l'expédition qu'ils remettent à l'avoué, pour demander l'*homologation d'une liquidation* dans laquelle il y a des *mineurs intéressés*, une note séparée des frais qui leur sont dus et contenant le *nombre détaillé des vacations* réclamées; le juge commissaire ne devant faire son rapport qu'autant que cette note, destinée à faciliter au tribunal la taxe des frais dont il autorise l'emploi en frais de partage, lui aura été remise avec les pièces de la liquidation.

---

10 Décembre 1850. — Loi ayant pour objet de faciliter le *mariage des indigents*, la *légitimation* de leurs enfants naturels et le *retrait* de ces enfants déposés dans les hospices, et portant que les actes et pièces nécessaires, tels que jugements, actes de notoriété, consentement, reconnaissance d'enfants, etc., seront visés pour *timbre* et enregistrés *gratis* (art. 4), et mentionneront expressément à quoi ils sont destinés à servir.

---

22 Janvier, 22 Février 1851.— Loi relative aux *contrats d'apprentissage* (extrait).

Art. 1er. Le contrat d'apprentissage est celui par lequel un fabricant, un chef d'atelier ou un ouvrier s'oblige à enseigner la pratique de sa profession à une autre personne, qui s'oblige, en retour, à travailler pour lui ; le tout à des conditions et pendant un temps convenus.

2. Le contrat d'apprentissage est fait par acte public ou par acte sous seing-privé.

Il peut aussi être fait verbalement ; mais la preuve testimoniale n'en est reçue que conformément au titre du Code civil, *des contrats ou des obligations conventionnelles en général.*

Les notaires, les secrétaires des conseils de prud'hommes et les greffiers de justice de paix peuvent recevoir l'acte d'apprentissage.

Cet acte est soumis pour l'enregistrement au droit fixe d'un franc, lors même qu'il contiendrait des obligations de sommes ou valeurs mobilières, ou des quittances.

Les *honoraires* dus aux officiers publics sont fixés à *deux francs.*

3. L'acte d'apprentissage contiendra :

1° Les nom, prénoms, âge, profession et domicile du maître ;

2° Les nom, prénoms, âge et domicile de l'apprenti :

3° Les noms, prénoms, professions et domicile de ses père et mère, de son tuteur, ou de la personne autorisée par les parents, et, à leur défaut, par le juge de paix ;

4° La date et la durée du contrat ;

5° Les conditions de logement, de nourriture, de prix et toutes autres arrêtées entre les parties.

Il devra être signé par le maître et par les représentants de l'apprenti.

---

22 Janvier 1851. — Loi sur *l'assistance judiciaire* portant que *les notaires* doivent recevoir et délivrer *gratuitement* les actes et expéditions relatifs à l'assistance judiciaire, quand il y a ordonnance du juge de paix ou du président; que les actes de la procédure sont visés pour timbre et enregistrés en débet, et que l'assisté est dispensé *provisoirement* du paiement des sommes dues au Trésor aux greffiers, aux officiers ministériels et avocats pour droits, émoluments et honoraires, lesquelles deviennent exigibles *immédiatement* en cas de retrait de l'assistance judiciaire.

1er Mai 1851. — Décret relatif aux dépôts volontaires effectués par les particuliers à la *caisse des dépôts et consignations* qui porte que ladite caisse bonifiera l'intérêt à 3 0/0 à partir du trente-unième jour qui suivra le versement, sur les sommes qui y seront déposées volontairement.

5-11 Juin 1851.— Loi relative aux *ventes publiques* volontaires de *fruits* et *récoltes* pendants par racine.

Art. 1er. Les ventes publiques volontaires, soit à terme, soit au comptant, de fruits et récoltes pendants par racines, et de coupes de bois taillis, seront faites en concurrence, et au choix des parties par les notaires, commissaires-priseurs, huissiers et greffiers de justice de paix, même dans le lieu de la résidence des commissaires-priseurs.

Art. 2. Pour l'exécution de la présente loi et dans les trois mois de sa promulgation, il sera fait un tarif spécial, dans la forme des règlements d'administration publique.

(Voir ci-après le tarif des 5 et 8 novembre 1851).

---

30 Juin 1851. — Loi sur les *Caisses d'épargne.*

La loi sur les caisses d'épargnes ne concerne pas directement le notariat, mais à cause de son utilité pratique et générale, nous croyons qu'elle ne sera pas déplacée au milieu des documents utiles aux notaires.

1. A partir de la promulgation de la présente loi, aucun versement ne sera reçu par les caisses d'épargnes sur un compte dont le crédit aura atteint mille francs, soit par le capital, soit par l'accumulation des intérêts.

2. Lorsque, par suite du règlement annuel des intérêts, un compte excédera le maximum fixé par l'article précédent, si le déposant, pendant un délai de trois mois, n'a pas réduit son crédit au-dessous de cette limite, l'administration de la caisse d'épargne achètera, pour son compte dix francs de rente en cinq pour cent de la dette inscrite, lorsque le prix sera au-dessous du pair, et en trois pour cent si le cours de la rente cinq pour cent dépasse cette limite. Cet achat aura lieu sans frais pour le déposant (V. L. 7 *mai* 1853, art. 4.)

3. Les remplaçants dans les armées de terre et de mer continueront à être admis à déposer, en un seul versement, le prix stipulé dans l'acte de remplacement, à quelque somme qu'il s'élève. — Les marins portés sur les contrôles de l'inscription maritime continueront pareillement à être admis à déposer, en un seul versement, le montant de leur solde, décomptes et salaires, au moment soit de leur embarquement, soit de leur débarquement, à quelque somme qu'il s'élève. — Les dispositions de l'art. 2 seront appliquées à ces divers dépôts pour les ramener au maximum

fixé par l'art. 1er. Toutefois, les remplaçants n'y seront soumis qu'à l'expiration de leur engagement.

4. Les sociétés de secours mutuels autres que celles déclarées établissements d'utilité publique continueront à être admises à faire des versements; mais le crédit de leur compte ne pourra pas excéder huit mille francs en capitaux et intérêts. — Lorsque ce maximum aura été atteint, les dispositions de l'art. 2 leur seront appliquées, et leurs achats effectués par l'administration de la caisse d'épargne, s'il y a lieu, seront de cent francs de rentes.

5. Tout déposant dont le crédit sera de somme suffisante pour acheter dix francs de rentes au moins, pourra faire opérer cet achat sans frais par les soins de l'administration de la caisse d'épargne.

6. Dans le cas où le déposant ne retirerait pas les titres des rentes achetés pour son compte, l'administration de la caisse d'épargne en restera dépositaire, et recevra les semestres d'intérêts au crédit du titulaire.

7. A partir du 1er janvier 1852, l'intérêt bonifié par la caisse des dépôts et consignations sera fixé à 4 et 1/2 p. 100. (V. L. 7 mai 1853, art. 1.) (1)—La retenue à faire sur cet intérêt par les caisses d'épargne, pour leurs frais de loyers et d'administration, est obligatoire pour un quart pour cent, et facultative pour un autre quart pour cent. — Toutefois pour la caisse d'épargne de Paris, la retenue facultative sera de trois quarts pour cent, sans que la retenue totale puisse jamais excéder un pour cent.

8. Un règlement d'administration publique, présenté par les ministres des finances et du commerce, déterminera le mode de surveillance de la gestion et de la comptabilité des caisses d'épargne.

9. Trois mois après la promulgation de la présente loi, les sommes antérieurement déposées, et qui excéderaient mille francs par livret, cesseront de produire intérêt jusqu'à ce qu'elles aient été ramenées au-dessous de ce maximum. — Les ayants droit aux remboursements résultant du paragraphe précédent pourront, pour les sommes qui leur seront dues, faire usage de la faculté accordée par l'art. 5. (V. L. 7 mai 1853, art. 2.)

10. Les dispositions de la loi du 22 juin 1845, contraires à la présente loi, sont abrogées. (2).

5-8 Novembre 1851. — Décret contenant le *tarif* des droits et frais des ventes de fruits et récoltes, et punissant de la suspension ou de la destitution, l'officier public qui directement ou indirectement aura *perçu plus de* 2 0/0 jusqu'à 10,000 fr., et 0.25 c. 0 0 sur l'excédant; 1 0/0 pour droits de recette; 1 f. par rôle d'expédition ou extrait des procès-verbaux de vente, demandés, et plus de 3 fr. par vacation pour versement à la caisse des consignations, paiement de contribution ou assistance aux référés, partout ailleurs qu'à Paris, Lyon, Bordeaux, Rouen, Toulouse et Marseille où il est alloué 4 fr.

---

20 Janvier 1852. — Circulaire de M. le ministre des finances qui décide que les notaires sont tenus en vertu de l'art. 43, loi 22 frim. an 7, de dresser un *acte de dépôt* en leur étude des *testaments olographes* qui leur sont remis en vertu d'ordonnances judiciaires.

---

28 Février et Mars, 10 Décembre 1852. — Décrets sur les sociétés de *Crédit foncier*, les lettres de gage, etc.

17 Juin 1852. — Loi sur la *télégraphie privée* qui reconnait aux notaires le droit de certifier par leur *visa*, l'identité de la signature des personnes voulant faire usage de la correspondance télégraphique privée.

---

8 Juillet 1852. — Loi de finances sur le *transfert des rentes* sur l'État après le décès des titulaires.

Art. 25. Le transfert ou la mutation au grand livre de la dette publique d'une inscription de rente (3) provenant

---

(1) *La loi du 7 mai* 1853, ayant modifié certaines dispositions de celle de 1851 ci-dessus, il est bon de rapprocher ces deux lois et de rapporter ici cette dernière.

Art. 1. A partir du 1er juillet 1853, l'intérêt bonifié aux caisses d'épargne par la caisse des dépôts et consignations est fixé à *quatre pour cent.*

2. Les comptes qui, ayant continué de dépasser mille francs, se trouveront encore, en vertu de l'article 9 de la loi du 30 juin 1851, improductif d'intérêts au 1er janvier 1854, seront, à cette époque, soumis aux dispositions de l'article 2 de la même loi. En conséquence, il sera opéré à cette date, pour chacun de ces comptes, un achat de rentes dont la quotité soit suffisante pour les faire rentrer dans les limites déterminées par la loi.

3. Les *certificats de propriété* destinés aux retraits de fonds versés dans les caisses d'épargne doivent être délivrés dans les formes et suivant les règles prescrites par la loi du 28 floréal an VII.

4. Lorsqu'il s'est écoulé un délai de trente ans à partir tant du dernier versement ou remboursement que de tout achat de rente et de toute autre opération effectués à la demande des déposants, les sommes que détiennent les caisses d'épargne aux comptes de ceux-ci sont placées en rentes sur l'État, et les titres de ces rentes comme les titres de rentes achetées, soit en vertu de la loi du 22 juin 1845, soit en vertu de la loi du 30 juin 1851, à la demande des déposants ou d'office, sont remis à la caisse des dépôts et consignations pour le compte des déposants.

A partir du même moment, et jusqu'à la réclamation des déposants, le service des arrérages de la rente est suspendu.

Les reliquats des placements en rente ci-dessus énoncés, et les sommes qui, à raison de leur insuffisance, n'auraient pu être converties en rentes sur l'État, demeureront, à la même époque, acquis définitivement aux caisses d'épargne.

A l'égard des versements faits sous la condition stipulée par le donateur, que le titulaire n'en pourra disposer qu'après une époque déterminée, le délai de trente ans ne court qu'à partir de cette époque.

A l'égard des sommes déposées pour le compte des remplaçants dans les armées de terre et de mer, le délai de trente ans ne court qu'à partir de l'expiration de leur engagement.

Dans tous les cas, les noms des déposants seront publiés au Moniteur et dans la feuille d'annonces judiciaires de l'arrondissement où est située la caisse d'épargne dépositaire, six mois avant l'expiration du délai de trente ans fixé ci-dessus.

(2) Loi du 22 Juin 1845. — Dispositions non abrogées.

Les déposants aux caisses d'épargne pourront verser de un franc à trois cents francs par semaine.

5. Nul ne pourra avoir plus d'un livret dans la même caisse ou dans des caisses différentes, sous peine de perdre l'intérêt de la totalité des sommes déposées.

(3) Nous croyons utile d'indiquer ici *le mode de calculer le prix de revient d'une rente* quelconque au cours de la bourse ou le prix que doit produire une rente vendue à un cours donné.

Pour connaître le capital d'une rente 3 0/0, 4 0/0 ou 4 1/2 il suffit de multiplier la somme de rente par le cours de cette rente à la bourse, et de diviser le produit obtenu par 3, 4 ou 4 50 selon la rente dont on veut avoir le capital.

Ainsi : en supposant à vendre 237 fr. de rente 3 0/0, et le cours de la bourse de 78 75.—237 fr. multipliés par 78 75, égalent 186,675, divisés par 3, égalent 6,221 25 ; on aura 237 fr. de rente 3 0/0 vendus à 78 75 produisant 6,221 fr. 75 c. — Soit en rente 4 1/2, 237 fr. à vendre au cours de la bourse de 95 fr. 25, — 237 fr. multipliés par 95 25, égalent 22,574 25 : 4 50 égalent 5,016 50.

Pour connaître le chiffre de rente qu'on peut avoir avec un capital donné, il faut multiplier la rente 3 ou 4 1/2 par le capital, et diviser par le cours du jour de la rente.

de titulaires décédés ou déclarés absents, ne pourra être effectué que sur la présentation d'un certificat délivré sans frais par le receveur de l'enregistrement, et visé par le directeur du département, constatant l'acquittement du droit de mutation par décès établi par l'art. 7 de la loi du 18 Mai 1850. Dans les départements autres que celui de la Seine, la signature du directeur de l'enregistrement devra être légalisée par le préfet.

Art. 26. Les droits de mutation par décès des inscriptions de rentes sur l'état et les peines encourues en cas de retard ou d'omission de ces valeurs, dans la déclaration des héritiers légataires ou donataires, ne seront soumis qu'à la prescription de 30 ans.

Juillet 1852. — Décret qui autorise la fondation d'une succursale de la *Banque de France*, à Amiens. (1)

---

21 Juillet 1852.—Circulaire de M. le Procureur général d'Amiens, qui recommande aux notaires de ne point prêter leur ministère à des parties qui, par un abus préjudiciable aux droits du fisc et contrairement à la vérité, voudraient *par des contre lettres dissimuler une transmission de propriété* sous la forme d'une procuration à l'effet de gérer et de vendre, pour plus tard simuler un compte de gestion et de mandat pour la décharge du prétendu mandataire.

---

6 Novembre 1852. — Circulaire de M. le Garde des Sceaux qui prescrit d'exiger dans les *consentements à mariage* l'indication spéciale, non seulement de la personne à laquelle il a été accordé, mais aussi de celle en vue de laquelle, il a été demandé.

Je suis informé par M. le Ministre de a guerre, que les mariages éprouvent souvent en Algérie des ajournements préjudiciables, parce que les actes authentiques de consentement des parents sont généraux et ne désignent pas les personnes avec lesquelles ces mariages sont projetés.

L'intention évidente du législateur, en exigeant le consentement des parents au mariage de leurs enfants, a été de fortifier l'autorité paternelle et de prévenir des alliances qui seraient contraires aux véritables intérêts de ceux qui voudraient les contracter.

Il importe donc que les parents connaissent les personnes avec lesquelles leurs enfants veulent s'unir, et qu'ils désignent ces personnes de manière que leur consentement ne puisse servir qu'à l'union dont ils ont apprécié la convenance et les avantages. — Je vous prie, en conséquence, de recommander aux notaires de votre ressort de rappeler aux parents qui se présenteront devant

---

Soit 6221 fr. 50 de capital à placer en 3 0/0. — 6221 50, multipliés par 3, égalent 186675, divisés par 78 75, égalent 237 de rente.— En 4 1/2, un capital de 7716 80, multiplié par 4 50, égale 34725 60, qui divisés par 95 40, égalent 364 de rente.

Nota. Le Trésor ne délivre pas de coupons de rente inférieurs à 5 f. et il n'admet pas de fractions de franc de rente.

Cette règle s'applique aussi dans les mutations de rentes après décès; la division de rentes ne peut comporter de fractions de franc ; si des héritiers se trouvaient avoir droit à une portion de rente plus une fraction de franc, ils devraient faire disparaître ces fractions de franc, en les abandonnant à l'un ou plusieurs de leurs co-héritiers, soit dans un acte de partage, soit même dans le certificat de propriété qu'ils signeraient avec le notaire; et le certificat de propriété constaterait en tous cas cet abandonnement.

---

(1) ses opérations consistent a :

1° Escompter, sans change de place et sans commission, aux commerçants domiciliés à Amiens, et admis à l'escompte, les effets de commerce timbrés, à 3 signatures et à 3 mois d'échéance sur :

Paris.	Clermont-Fer.	Marseille.	St-Étienne.
Amiens.	Dijon	Montpellier.	St-Lô.
Angers.	Dunkerque.	Mulhouse.	St-Quentin,
Angoulême.	Grenoble.	Nancy.	Sedan.
Arras.	Laval.	Nantes.	Strasbourg.
Avignon.	Le Mans.	Nevers.	Toulon.
Bar-le-Duc.	La Rochelle.	Nismes.	Toulouse.
Besançon.	Le Hâvre.	Orléans.	Tours.
Bordeaux.	Lille.	Poitiers.	Troyes.
Caen.	Limoges.	Reims.	Valenciennes.
Carcassonne.	Lyon.	Rennes.	
Châteauroux.	Metz.	Rouen.	

Les bons du Trésor à trois signatures peuvent, comme les effets de commerce, être présentés à l'escompte.

Elle admet les effets à deux signatures, moyennant un transfert de valeurs; elle admet aussi les traites à deux signatures non acceptées, mais acceptables et se charge de les faire présenter à l'acceptation à Paris et dans les succursales, mais celles sur Amiens doivent être acceptées avant d'être remises à l'escompte.

2° Faire des avances à 5 p. 0/0 l'an, aux personnes d'Amiens et du dehors, pour 60 jours, sauf renouvellement, sur :

Les effets publics, de 80 0/0 sur le cours de la veille;

Et de 60 0/0 sur les actions et les obligations des compagnies de chemins de fer français;

Les obligations de la ville de Paris. } sur le cours de la veille.
Les quatre canaux. }
Les bons du Trésor, nominatifs, ou au porteur. }

On peut se libérer avant l'expiration des deux mois, mais on ne peut payer moins de 15 jours d'intérêt.

Préalablement à tout emprunt les titres nominatifs doivent être transférés à Paris, à la Banque de France.

3° Délivrer des billets à ordre, à vue, ou d'un à quinze jours d'échéances payables, à Paris et dans les succursales, sous la retenue d'un du mille. Ces derniers devront être demandés 24 heures à l'avance parce qu'ils sont fournis par la Banque centrale.

Nota. — Par suite de décision du Conseil général, la prime aux billets à ordre délivrés par la succursale sur Paris est réduite provisoirement de 1 à 1/2 pour 00/00, sans qu'il soit rien changé au minimum de 0,50 c. à 1 fr, pour les petites coupures.

4° Recevoir en compte courant, en dépôt, sans intérêt, les sommes de 2000 francs au moins, et effets sur Amiens à encaisser ; payer les dispositions faites sur elle jusqu'à concurrence des sommes encaissées, délivrer récépissés nominatifs remboursables à vue sur l'acquit du titulaire, ou de son fondé de pouvoir notarié.

5° Recevoir, moyennant un franc du mille, des versements pour le crédit du Trésor et de personnes ayant compte à la Banque centrale.

Nota. — Réduction provisoire de la prime, comme ci-dessus pour les billets délivrés sur Paris par la succursale.

La Succursale ne reçoit en dépôt aucun titre, mais on peut toucher à sa caisse, sous déduction d'un pour mille, les intérêts et arrérages sur actions, obligations de chemins de fer et autres valeurs déposées à la Banque centrale, contre récépissés reprenant cette condition. On peut aussi emprunter à la Succursale, sur ces mêmes récépissés, aux conditions indiquées ci-dessus pour les prêts.

Elle se charge de faire effectuer par la Banque centrale, moyennant un pour mille, le paiement des sommes à verser sur les titres non libérés, déposés à Paris.

6° La Succursale encaisse les coupons d'actions et obligations de plusieurs chemins de fer, moyennant 1 4 0/0. De 10 heures du matin à 2 heures de relevée, les lundis, mardis et mercredis, elle reçoit les coupons accompagnés de bordereaux et, après l'avis d'encaissement donné par la Banque centrale, elle en compte le montant les jours et heures fixés ci-dessus.—La Succursale délivre les bordereaux en blanc.

Elle n'admet aucune opposition sur les sommes en compte courant.

Elle n'est responsable des conséquences d'aucune erreur, même de celles commises par les présentateurs d'effets et spécialement de la fausse indication de somme, d'échéance et de lieu de paiement, soit sur les bordereaux, soit sur les billets.

Les dividendes sur les actions de la Banque de France peuvent être touchés à la succursale, si elles y sont inscrites.

Les jours d'escompte et d'emprunt sont les mardis, vendredis et samedis.

Les bordereaux doivent être déposés de 9 à 10 heures du matin.

eux, pour faire constater leur consentement à *un mariage*, que pour satisfaire à la loi et maintenir l'autorité qu'elle leur confère, *ce consentement doit être spécial*, et indiquer non seulement la personne à laquelle il est accordé, mais aussi celle en vue de laquelle il a été demandé.

Il faut remarquer que cette circulaire ministérielle n'est pas seulement applicable aux mariages contractés, en Algérie, mais que, par ses termes généraux et ses motifs d'ordre public, elle s'applique à tous ceux qui pourraient se contracter à l'avenir, soit en France, soit à l'Étranger.

---

2 Décembre 1852. — Décrets réglant la forme des sceaux, timbre et cachets de l'Empire et des autorités publiques, portant que les *grosses* seront intitulées :

« Louis Napoléon, par la grâce de Dieu et la volonté nationale » Empereur des Français, à tous présents et à venir, salut.

26 Mars 1852. — Décret sur l'administration départementale et la *décentralisation* administrative.

---

22 Mars et 21 Décembre 1853. — Décrets approuvant diverses modifications aux statuts de la société du *crédit foncier* de France.

---

6 Septembre 1853. — Circulaire du Ministre de l'intérieur, suivie d'une décision semblable du Ministre des finances, du 8 mars 1854, et d'une instruction de la Régie, du 15 juin suivant, qui décident que les *actes intéressant les communes* ou des établissements publics et qui sont soumis à l'approbation des préfets, ne doivent pas être produits *en minute* pour recevoir cette approbation, mais que le notaire peut en délivrer une *copie* ou expédition, sur le vu de laquelle *l'approbation* peut être donnée par un arrêté destiné à être annexé à la minute, et que cette copie, qui doit porter mention de la destination qui lui est donnée, est *dispensée de timbre et d'enregistrement*.

---

6 Novembre 1853 et 20 Janvier 1854. — Décret et Circulaire de M. le Garde des Sceaux sur les *certificats de vie* des pensionnaires de l'État, *obligatoires pour tous* (sauf pour les douaniers et les citoyens qui ont eu une récompense nationale), qui fixe, à raison de cette obligation générale une rétribution minime pour les notaires, laquelle est pour chaque trimestre à recevoir : de 600 fr. et au-dessus 0,50 c.; de 600 à 301 fr. 0,35 c. de 300 à 101 fr. 0,20 c.; et au-dessous de 50 fr. 00; le tout indépendamment des droits de timbre à supporter par le pensionnaire.

---

31 Mai 1854. — Loi abolissant la *mort civile*.

Art. 1. — La mort civile est abolie.

Art. 2. — Les condamnations à des peines afflitives perpétuelles emportent la dégradation civique et l'interdiction légale établies par les art. 28, 29 et 31 du code pénal.

Art. 3. — Le condamné à une peine afflictive perpétuelle ne peut disposer de ses biens, en tout ou en partie, soit par *donation* entre-vifs, soit par *testament*, ni recevoir à ce titre si ce n'est pour cause d'aliments.

Tout testament par lui fait antérieurement à sa condamnation contradictoire, devenue définitive, est nul.

Le présent article n'est applicable au condamné par contumace que cinq ans après l'exécution par effigie.

Art. 4. — Le gouvernement peut relever le condamné à une peine afflictive perpétuelle de tout ou partie des incapacités prononcées par l'art. précédent.

Il peut lui accorder l'exercice, dans le lieu de l'exécution de la peine, des droits civils, ou de quelques uns de ces droits dont il a été privé par son état d'interdiction légale.

Les actes faits par le condamné, dans le lieu d'exécution de la peine, ne peuvent engager les biens qu'il possédait au jour de sa condamnation, ou qui lui sont échus à titre gratuit depuis cette époque.

Art. 5. — Les effets de la mort civile cessent, pour l'avenir, à l'égard des condamnés actuellement morts civilement, sauf les droits acquis aux tiers.

L'état de ces condamnés est régi par les dispositions qui précèdent.

Art. 6. — La présente loi n'est pas applicable aux condamnations à la déportation, pour crimes antérieurement commis à sa promulgation.

---

26 Juin, 6 et 31 Juillet 1854. — Décret sur la Société du *crédit foncier* de France et sur son organisation, qui autorise cette Société, indépendamment des prêts remboursables par annuités, à affecter à des *prêts hypothécaires*, à court terme et sans amortissement, les capitaux qui proviendront de la réalisation de son fonds social et de ses bénéfices.

---

23 Mars 1855. — Loi sur la *transcription* en matière hypothécaire. (1)

Art. 1. Sont transcrits au bureau des hypothèques de la situation des biens :

1° Tout acte entre-vifs, translatif de propriété immobilière ou de droits réels susceptibles d'hypothèques ;

2° Toute acte portant renonciation à ces mêmes droits ;

3° Tout jugement qui déclare l'existence d'une convention verbale de la nature ci-dessus exprimée ;

4° Tout jugement d'adjudication, autre que celui rendu sur licitation au profit d'un co-héritier ou d'un co-partageant.

Art. 2. Sont également transcrits :

1° Toute acte constitutif d'antichrèse, de servitude, d'usage et d'habitation ;

2° Tout acte portant renonciation à ces mêmes droits ;

3° Tout jugement qui en déclare l'existence en vertu d'une convention verbale ;

4° Les baux d'une durée de dix-huit années ;

5° Tout acte ou jugement constatant, même pour bail de moindre durée, quittance ou cession d'une somme équivalente à trois années de loyers ou fermages non échus.

3. Jusqu'à la transcription, les droits résultant des actes et jugements énoncés aux articles précédents ne peuvent être opposés aux tiers qui ont des drois sur l'immeuble et qui les ont conservés en se conformant aux lois.

Les baux qui n'ont point été transcrits ne peuvent jamais leur être opposés pour une durée de plus de dix-huit ans.

4. Tout jugement prononçant la résolution, nullité ou rescision d'un acte transcrit, doit, dans le mois à dater du jour où il a acquis l'autorité de la chose jugée, être mentionné en marge de la transcription faite sur le registre.

L'avoué qui a obtenu ce jugement est tenu, sous peine de cent francs d'amende, de faire opérer cette mention, en remettant un bordereau rédigé et signé par lui au conservateur, qui lui en donne récépissé.

5. Le conservateur, lorsqu'il en est requis, délivre, sous sa responsabilité, l'état spécial ou général des trans-

(1) Voir pour le commentaire pratique de cette loi l'ouvrage de M. Grosse. — Voir aussi le traité de M. Troplong et celui de M. Pont, faisant suite à l'excellent commentaire du code civil de Marcadé.

criptions et mentions prescrites par les articles précédents.

6. A partir de la transcription, les créanciers privilégiés ou ayant hypothèque, aux termes des art. 2123, 2127 et 2128 du Code Napoléon, ne peuvent prendre utilement inscription sur le précédent propriétaire.

Néanmoins, le vendeur ou le co-partageant peuvent utilement inscrire les priviléges à eux conférés par les art. 2108 et 2109 du Code Napoléon, dans les quarante-cinq jours de l'acte de vente ou de partage, nonobstant toute transcription d'actes faits dans ce délai.— Les articles 834 et 835 du Code de procédure civile sont abrogés.

7. L'action résolutoire, établie par l'art. 1654 du Code Napoléon, ne peut être exercée, après l'extinction du privilége du vendeur, au préjudice des tiers qui ont acquis des droits sur l'immeuble du chef de l'acquéreur, et qui se sont conformés aux lois pour les conserver.

8. Si la veuve, le mineur devenu majeur, l'interdit relevé de l'interdiction, leurs héritiers ou ayants cause, n'ont pas pris inscription dans l'année qui suit la dissolution du mariage ou la cessation de la tutelle, leur hypothèque ne date, à l'égard des tiers, que du jour des inscriptions prises ultérieurement.

9. Dans le cas où les femmes peuvent céder leur hypothèque légale ou y renoncer, cette cession ou cette renonciation doit être faite par *acte authentique*, et les cessionnaires n'en sont saisis, à l'égard des tiers, que par l'inscription de cette hypothèque prise à leur profit, ou par la mention de la subrogation en marge de l'inscription préexistante. (1)

Les dates des inscriptions ou mentions déterminent l'ordre dans lequel ceux qui ont obtenu des cessions ou renonciations exercent les droits hypothécaires de la femme.

10. La présente loi est exécutoire à partir du premier janvier 1856.

11. Les art. 1, 2, 3, 4 et 9 ci-dessus ne sont pas applicables aux actes ayant acquis date certaine et aux jugements rendus avant le 1er janvier 1856.— Leur effet est réglé par la législation sous l'empire de laquelle ils sont intervenus.

Les jugements prononçant la résolution, nullité ou rescision d'un acte non transcrit, mais ayant date certaine avant la même époque, doivent être transcrits conformément à l'art. 4 de la présente loi.

Le vendeur, dont le privilége serait éteint au moment où la présente loi deviendra exécutoire, pourra conserver vis-à-vis des tiers l'action résolutoire qui lui appartient, aux termes de l'art. 1654 du Code Napoléon, en faisant inscrire son action au bureau des hypothèques, dans le délai de six mois à partir de la même époque.

L'inscription exigée par l'art. 8 doit être prise dans l'année à compter du jour où la loi est exécutoire ; à défaut d'inscription dans ce délai, l'hypothèque légale ne prend rang que du jour où elle est ultérieurement inscrite.

Il n'est point dérogé aux dispositions du Code Napoléon relatives à la transcription des actes portant donation ou contenant des dispositions à charge de rendre ; elles continueront à recevoir leur exécution.

12. Jusqu'à ce qu'une loi spéciale détermine les droits à percevoir, la transcription des actes ou jugements qui n'étaient pas soumis à cette formalité avant la présente loi est faite moyennant le droit fixe d'un franc.

24 Novembre et 10 Décembre 1855. — Instructions de la régie relatives à l'exécution de la loi ci-dessus sur la *transcription* en matière hypothécaire, et au *salaire des conservateurs* des hypothèques pour la transcription des actes de mutation, réduit par décret du 24 novembre 1855 à 0,50 c. par rôle de 25 lignes à la page.

2 Mai 1855. — Loi qui modifie les dispositions des lois des 25 mai 1838 et 20 mai 1854, sur les *justices de paix*, relatives à leur compétence, notamment en matière de loyers et fermages, et aux citations volontaires précédées d'un avertissement amiable.

5 Mai 1855. — Loi sur l'*Organisation municipale*.

26 Avril 1855. — Loi sur la dotation de l'armée, les rengagements et *remplacements militaires* et les pensions de retraite.

1. Une dotation est créée, dans l'intérêt de l'armée, sous la surveillance et la garantie de l'État. La dotation de l'armée est formée par les prestations en argent que détermine la présente loi. Elle peut recevoir des dons et legs. La caisse de la dotation reçoit à titre de dépôt, les versements volontaires qui lui sont faits par les militaires de tous grades, dans le cours de leur service. Elle est gérée par l'administration de la caisse des dépôts et consignations, et constitue un service spécial, dont le budget et les comptes sont annexés à ceux du ministère de la guerre.

5. Les jeunes gens compris dans le contingent annuel obtiennent l'exonération du service, au moyen de prestations versées à la caisse de la dotation, (chez les receveurs généraux et particuliers des finances des départements où les jeunes gens doivent satisfaire à la loi sur le recrutement), et destinées à assurer leur remplacement dans l'armée, par la voie du rengagement d'anciens militaires.

6. Le taux de la prestation individuelle est fixé, chaque année, sur la proposition de la commission supérieure, par un arrêté du ministre de la guerre.

7. Les versements des prestations à la caisse de la dotation doivent être effectués dans les dix jours qui suivent la clôture des opérations des conseils de révision. A l'expiration de ce délai, le conseil de révision, réuni au chef-lieu du département, prononce les exonérations sur la présentation des récépissés de versement.

8. Les militaires sous les drapeaux peuvent être admis à l'exonération du service par le versement d'une prestation dont la taxe est fixée conformément aux dispositions des art. 5 et 6.

(1) Note du Conservateur des hypothèques d'Amiens de Mai 1855.

Pour l'exécution des dispositions de l'art. 9.—On doit déposer au bureau de la conservation deux bordereaux pour l'inscription de l'hypothèque légale, indépendamment de ceux nécessaires pour l'inscription de l'hypothèque conventionnelle résultant du titre qui contient la cession(2)

Dans le second cas, la mention a lieu sur le dépôt d'une expédition ou d'un extrait *in parte qua* de l'acte contenant cession ou renonciation à l'hypothèque légale, et d'une réquisition indiquant la date, le volume et le nº de l'inscription.

Lorsque la femme vend, concurremment avec son mari, un immeuble propre à celui-ci, le seul fait de son concours à la vente emporte renonciation de sa part, au profit de l'acquéreur, à son hypothèque légale sur l'immeuble vendu. — Il y a donc lieu d'opérer, soit pour l'inscription, soit pour la mention, selon le mode indiqué plus haut.

(2) La jurisprudence n'a pas reconnu la nécessité de ces 4 bordereaux; aujourd'hui deux bordereaux, contenant les énonciations nécessaires, sont par tout admis et reconnus comme suffisants.

L'exonération est prononcée, dans ce cas, par les conseils d'administration des corps auxquels sont présentés les récépissés de versement.

9. La caisse de la dotation est autorisée à recevoir, aux noms des jeunes gens, avant l'appel de leur classe, des versements applicables à leur exonération ultérieure du service, s'il y a lieu.

10. Le mode de remplacement établi par la loi du 21 mars 1832 est supprimé, si ce n'est entre frères, beaux-frères et parents jusqu'au quatrième degré. La substitution du numéro, autorisée par cette loi, est maintenue. (1)

11. Les rengagements sont d'une durée de trois ans au moins et de sept ans au plus. Ils ne peuvent être contractés que par les militaires qui accomplissent leur septième année de service, soit dans l'armée active, soit dans la réserve, ou par les engagés volontaires qui sont dans leur quatrième année de service. Leur durée est réglée de manière que les militaires ne soient pas maintenus sous les drapeaux après l'âge de quarante-sept ans.

12. Le premier engagement de sept ans donne droit : 1° à une somme de mille francs, dont cent francs payables le jour du rengagement ou de l'incorporation, deux cents francs, soit au jour du rengagement ou de l'incorporation, soit pendant le cours du service, sur l'avis du conseil d'administration du corps; et sept cents francs à la libération définitive du service; 2° à une haute paie de rengagement de dix centimes par jour. — Tout rengagement contracté pour moins de sept ans donne droit, jusqu'à quatorze ans de service : 1° à une somme de cent francs par chaque année, payable à la libération du service; 2° à la haute paie de rengagement de dix centimes par jour. — Après quatorze ans de service, le rengagé n'a droit qu'à une haute paie de rengagement de vingt centimes.

13. L'engagement volontaire après libération, contracté dans les conditions prescrites par l'art. 11 et moins d'une année après cette libération, donne droit, suivant sa durée, aux avantages spécifiés par l'article précédent.

14. Sur la proposition de la commission supérieure, un arrêté du ministre de la guerre peut augmenter les allocations fixées par l'art. 12, autres que la haute paie.

15. En cas d'insuffisance du nombre des rengagements et des engagements volontaires après libération, comparé à celui des exonérations, des remplacements sont effectués par voie administrative. Le prix de ces remplacements est à la charge de la dotation de l'armée. — Il est fixé, ainsi que le mode de paiement, par la commission supérieure, dans les formes indiquées à l'article précédent.

16. Les sommes attribuées par les art. 12 et 13 aux rengagés volontaires après libération, sont incessibles et insaisissables. En cas de mort, une part de ces sommes, proportionnelle à la durée du service, est dévolue aux héritiers ou avants cause des militaires. En cas de déshérence, les sommes dues profitent à la dotation de l'armée.

(1) Art. 18. Les substitutions de numéros sur la liste cantonale pourront avoir lieu, si celui qui se présente à la place de l'appelé est reconnu propre au service par le conseil de révision.

Art. 24. Les stipulations particulières qui pourraient avoir lieu entre les contractants à l'occasion des substitutions et remplacements seront soumises aux mêmes règles et formalités que tout autre contrat civil.

19. Le maximum et le minimum de la pension de retraite, fixés par la loi du onze avril 1831, sont augmentés de cent soixante-cinq francs (165 fr.) pour les sous-officiers, caporaux, brigadiers et soldats. — Le droit à la pension de retraite par ancienneté est acquis à ces militaires à vingt-cinq ans accomplis de service effectif.

Toutes les autres dispositions de la loi du 11 avril 1831 sont maintenues.

Nota. Une loi du 21 juin 1856 étend à l'armée de mer le bénéfice de cet art. 19.

22. Le règlement d'administration publique à intervenir concernant les mesures nécessaires à l'exécution de la présente loi, déterminera : 1° les formes des demandes d'exonération et les conditions de leur admission; 2° l'organisation de la caisse de l'armée et de son service spécial, le mode de remboursement et le taux de l'intérêt des sommes qui y seront déposées; les conditions de paiement des sommes allouées aux rengagements, et les rapports financiers entre l'État, la caisse des dépôts et consignations et la dotation de l'armée; 3° le mode d'exécution de l'art. 9 relatif aux versements faits avant l'appel; 4° les formes et les conditions générales des remplacements, dans les cas prévus par l'art. 5.

Nota. Le 9 janvier 1856 est intervenu un décret impérial portant règlement d'administration publique pour l'exécution de cette loi, qui stipule notamment que les *actes de rengagement* des militaires sont contractés devant le sous-intendant militaire de leur département sous les conditions et dans les formes voulues par les lois anciennes.

---

16 Mai 1855 et 27 Octobre 1855. — Lettres de M. le Procureur général d'Amiens, sur les *avis de dons et legs* à donner aux administrations de bienfaisance.

1° Aux termes de l'art. 2 de l'arrêté du 4 pluviose an XII, et de l'ordonnance du 2 avril 1817, (2) lorsque des dons ou legs ont été faits à des établissements de bien-

(2) Nous croyons utile de réunir ici les dispositions législatives et réglementaires, éparses et peu connues, sur les formalités à remplir pour les donations et legs au profit des établissements de bienfaisance et pour les acceptations desdits dons et legs, et dont plusieurs concernent les notaires.

2-6 Janvier 1817. — Loi sur les *donations et legs aux établissements ecclésiastiques*, portant que tout établissement ecclésiastique reconnu par la loi pourra, avec l'autorisation du roi, accepter tous les biens meubles, immeubles ou rentes, qui leur seront donnés par actes entre-vifs ou de dernière volonté, et aussi acquérir des biens immeubles ou des rentes, lesquels seront inaliénables à moins d'une autorisation du roi.

2-14 Avril 1817. — Ordonnance du roi qui détermine les *règles à suivre pour l'acceptation des dons et legs* qui peuvent être faits à des établissements publics en vertu de la loi précédente et de l'art. 910, C. C.

Art. 1. Conformément à l'art. 910 C. civil et à la loi du 2 janvier 1817, les dispositions entre-vifs ou par testament de biens meubles et immeubles au profit des églises, des évêchés, des chapitres, des grands et petits séminaires, des curés et des succursales, des fabriques, des pauvres, des hospices, des collèges, des communes, et en général de tout établissement d'utilité publique et toute association religieuse reconnue par la loi ne pourront être *acceptées*, qu'après avoir été autorisées par nous, le conseil d'état entendu, et sur l'avis préalable de nos préfets et de nos évêques, suivant les divers cas.

L'acceptation des dons et legs en argent ou objets mobiliers n'excédant pas 300 fr., sera autorisée par les préfets.

2. L'autorisation ne sera accordée qu'après l'approbation provisoire de l'évêque diocésain s'il y a charge de services religieux.

3. L'acceptation desdits legs ou dons ainsi autorisés, sera faite savoir :

faisance, les notaires qui ont rédigé les actes ou dans l'étude desquels ils ont été déposés sont tenus d'en avertir ces établissements.

Des lettres écrites à cet effet par des notaires ayant été refusées parce qu'elles avaient été soumises à la taxe, il a été convenu entre M. le Ministre de l'Intérieur et M. le Garde des Sceaux, que désormais ces officiers publics devront envoyer leurs lettres d'avis au Ministre de l'Intérieur, d'où elles seront transmises sans frais aux maires des communes de la situation des établissements donataires ou légataires.

Je vous prie d'adresser, dans ce sens, des instructions aux notaires de votre arrondissement et de veiller à ce qu'ils s'y conforment exactement.

2° Par ma circulaire du 16 mai dernier, je vous ai fait connaître que les avertissements donnés par les notaires, aux termes de l'arrêté du 4 pluviose an XII, et de l'ordonnance du 2 avril 1817, aux établissements de bienfaisance, en ce qui concerne les dons et legs faits à ces établissements, doivent être adressés désormais à M. le Ministre de l'Intérieur, qui voulait bien se charger de les faire parvenir sans frais à leur destination.

Cette circulaire a été mal comprise par beaucoup de notaires, lesquels, confondant avec les dons et legs faits aux établissements de bienfaisance, ceux qui concernent des établissements religieux, donnent avis de ces derniers à M. le Ministre de l'Intérieur, au lieu de les adresser directement aux curés et desservants, conformément à l'article 58 du décret du 30 décembre 1809. D'autres notaires écrivent à M. le Ministre de l'Intérieur, tandis qu'ils doivent se borner à envoyer, sous son couvert, les lettres destinées aux maires; enfin quelques uns adressent à M. le Garde des Sceaux les lettres d'avis que M. le Ministre de l'Intérieur seul doit recevoir.

Je vous prie de vouloir bien éclairer la Chambre des notaires sur l'objet précis de la circulaire du 16 mai dernier, et lui recommander de veiller avec soin à ce que les notaires se conforment strictement, et sans les dépasser, aux instructions que cette circulaire contient.

---

27 Décembre 1855. — Avis du Conseil d'État sur les *dons et legs aux établissements publics*, qui décide que le décret du 25 mars 1852 sur la décentralisation administrative ne fait pas obstacle à ce que les dispositions entre-vifs ou testamentaires contenant des libéralités, soit connexes, soit collectives, demeurent soumises à l'examen et à l'approbation de l'autorité supérieure et que c'est au gouvernement qu'il appartient de statuer sur l'ensemble de ces libéralités. (1)

16 Novembre 1855. — Lettre de M. Procureur général d'Amiens, concernant les *adjudications* à faire dans les maisons communes et le *loyer* à payer.

Par les évêques, lorsque les dons ou legs auront pour objet leur évêché, leur cathédrale ou leurs séminaires;

Par les doyens des chapitres, si les dispositions sont faites au profit des chapitres;

Par le curé ou desservant, lorsqu'il s'agira de legs ou dons faits à la cure ou succursale ou pour la subsistance des ecclésiastiques employés à la desservir;

Par les trésoriers des fabriques, lorsque les donateurs ou testateurs auront disposé en faveur des fabriques ou pour l'entretien des églises et le service divin;

Par le supérieur des associations religieuses, lorsqu'il s'agira de libéralités faites au profit de ces associations;

Par les consistoires lorsqu'il s'agira de legs faits pour la dotation des pasteurs, ou pour l'entretien des temples;

Par les administrateurs des hospices, bureaux de charité et de bienfaisance lorsqu'il s'agira de libéralités en faveur des hôpitaux et autres établissements de bienfaisance;

Par les administrateurs des colléges, quand les dons et legs auront pour objet les colléges, ou des fondations de bourse pour les étudiants, ou des chaires nouvelles;

Par les maires des communes, lorsque les dons ou legs seront faits au profit de la généralité des habitants ou pour le soulagement et l'instruction des pauvres de la commune;

Et enfin par les administrateurs de tous les autres établissements d'utilité publique, legalement constitués pour tout ce qui sera donné ou légué à ces établissements.

4. Les ordonnances et arrêtés d'autorisation détermineront, pour le plus grand bien des établissements, l'emploi des sommes données, et prescriront la conservation ou la vente des effets mobiliers, lorsque le testateur ou le donateur auront omis d'y pourvoir.

5. *Tout notaire* dépositaire d'un testament contenant un legs au profit de l'un des établissements ou titulaires mentionnés ci-dessus sera tenu de leur *en donner avis*, lors de l'ouverture ou publication du testament. — En attendant l'acceptation, le chef de l'établissement ou le titulaire fera tous les actes conservatoires qui seront jugés nécessaires.

6. Ne sont point assujettis à la nécessité de l'autorisation les acquisitions et emplois en rentes constituées sur l'état ou les villes, que les établissements ci-dessus pourront acquérir dans les formes de leurs actes ordinaires d'administration. — Les rentes ainsi acquises seront immobilisées et ne pourront être aliénées sans autorisation.

7. L'autorisation pour l'acceptation ne fera aucun obstacle à ce que les tiers intéressés se pourvoient par les voies de droit, contre les dispositions dont l'acceptation aura été autorisée.

14-29 Janvier 1831. — Ordonnance du roi relative aux *donations et legs, acquisitions et aliénations de biens* concernant les établissements ecclésiastiques et les communautés religieuses de femmes.

Art. 1. L'art. 6 de l'ordonnance royale du 2 avril 1817 est rapporté; en conséquence, aucun transfert ni inscription de rentes sur l'État, au profit d'un établissement ecclésiastique ou d'une communauté religieuse de femmes, ne sera effectué qu'autant qu'il aura été autorisé par une ordonnance royale, dont l'établissement intéressé présentera, par l'intermédiaire de son agent de change, expédition en due forme, au directeur du grand livre de la dette publique.

2. *Aucun notaire* ne pourra passer acte de vente, d'acquisition, d'échange, de cession ou transport de constitution de rente, de transaction au nom desdits établissements, s'il n'est justifié de l'ordonnance royale portant *autorisation de l'acte* et qui devra y être entièrement insérée (ou annexée).

3. Nulle acceptation de legs au profit des mêmes établissements ne sera présentée à notre autorisation sans que les héritiers connus du testateur aient été appelés par acte extra-judiciaire pour prendre connaissance du testament, donner leur consentement à son exécution, ou produire leurs moyens d'opposition. S'il n'y a pas d'héritiers connus, extrait du testament sera affiché de huitaine en huitaine et à trois reprises successives, au chef-lieu de la mairie du domicile du testateur, et inséré dans le journal judiciaire du département, avec invitation aux héritiers d'adresser au préfet, dans le même délai, les réclamations qu'il auraient à présenter.

4. Ne pourront être présentées à notre autorisation les *donations* qui seraient faites à des établissements ecclésiastiques ou religieux avec *réserve d'usufruit* en faveur du donateur.

5. L'état de l'actif et du passif, ainsi que des revenus et charges des établissements légataires ou donataires, vérifié et certifié par le préfet, sera produit à l'appui de leur demande en autorisation d'accepter les dons ou legs qui leur seraient faits.

(1) Le décret du 25 mars 1852 a disposé que le préfet statuera, sans recours à l'autorité supérieure, sur l'acceptation ou le refus des dons faits au département, sans charge ni affectation immobilière et des legs qui présentent le même caractère ou qui ne donnent pas lieu à réclamation, et sur les dons et legs de toute sorte de biens faits aux communes, lorsqu'il n'y a pas de réclamation de la part des familles (tabl. A, 7, 42.)

(V. l'art. 10 du règlement intérieur des notaires d'Amiens ci-après. — Un arrêté du 17 octobre 1559 du parlement de Bretagne, défendait aux notaires de passer des actes dans les cabarets.)

M. le Garde des Sceaux m'informe que, sur sa demande, M. le Ministre de l'Intérieur a, par une circulaire du 2 décembre 1854, chargé les préfets de recommander aux maires des communes rurales de mettre les salles de mairie ou d'école à la disposition des officiers publics chargés de procéder à des adjudications, sous la condition d'une redevance débattue à l'amiable entre les conseils municipaux et les chambres des notaires. Je vous prie de vouloir bien informer la chambre des notaires de votre arrondissement de ce concours de l'autorité administrative pour faire cesser un usage aussi contraire à la dignité du notariat qu'aux véritables intérêts des justiciables, et l'engager à s'entendre au plus tôt, si elle ne l'a déjà fait, avec les maires de son arrondissement pour débattre le prix de location des salles communales. Déjà, dans plusieurs arrondissements, cette location est de 25 centimes pour chaque lot vendu, sans que la redevance puisse être moindre de 2 francs pour chaque vente.

Si les notaires éprouvaient quelque obstacle à la réalisation de ces arrangements, soit par suite du mauvais vouloir, soit à raison des prétentions exagérées de l'administration municipale, ils devraient vous en informer et vous m'en rendriez compte, afin que je puisse intervenir, s'il y a lieu, auprès de l'autorité administrative supérieure.

Mars 1856. — LETTRE de M. le Garde des Sceaux relative aux bruits qui ont couru sur le *rachat des offices*:

Déjà, dans plusieurs circonstances, la malveillance a répandu le bruit que le Gouvernement voulait supprimer, ou au moins racheter les offices publics et ministériels. *Le Moniteur* a donné le plus énergique démenti à ce bruit complètement faux, et de plus, un journal, qui s'en était rendu l'organe, a été poursuivi par mon ordre et condamné à Paris, en 1853.

Cependant, j'apprends que, depuis quelques temps, on cherche à renouveler les inquiétudes des titulaires d'offices, en annonçant, comme prochaine, la présentation d'un projet de loi ayant pour objet de porter atteinte à la possession de ces offices. — Rien n'est plus contraire aux intentions du gouvernement de l'Empereur. — Il respecte la propriété des offices comme toutes les autres, et jamais il n'est entré dans ses projets de priver les titulaires et leurs familles d'un bien qui souvent constitue leur principale ressource. — Veuillez donner à cette circulaire toute la publicité que vous jugerez convenable, et en adresser des copies aux chambres des notaires, des avoués, des huissiers et des commissaires-priseurs de votre ressort.

Vous me rendrez compte du résultat de vos soins à cet égard.

---

13 Juin 1856. — Loi sur les appels des jugements des tribunaux correctionnels, renvoyant ces appels devant la Cour impériale et modifiant les art. 185, 201 à 216 du Code d'instruction criminelle.

---

25 Juin 1856. — Loi relative au *transport des papiers d'affaires ou de commerce circulant en France par la poste*.

Art. 5. Le port des papiers de commerce ou d'*affaires* est de cinquante centimes pour chaque paquet de 500 grammes et au-dessous.

Lorsque le poids dépasse 500 grammes le port est augmenté de un centime par chaque dix grammes ou fraction de 10 grammes excédant.

Art. 6. Les objets compris dans les art. précédents ne peuvent être expédiés que sous bandes mobiles couvrant au plus le tiers de la surface.

S'ils sont réunis en paquet et s'il y a nécessité, ils peuvent être placés sous enveloppe. Cette enveloppe doit être suffisante pour protéger les objets qu'elle recouvre, mais elle doit rester ouverte aux deux extrémités ou être disposée de manière que la vérification du contenu du paquet puisse avoir lieu facilement; l'administration n'est dans aucun cas responsable des détériorations.

Le poids des bandes, enveloppes, ficelles et cachets est compris dans le poids soumis à la taxe.

Art. 7. Les avis, imprimés ou lithographiés, de naissance, mariage ou décès, peuvent être expédiés sous forme de lettre et sous enveloppe, mais de manière qu'ils soient facilement vérifiés. Dans ce cas le port est de 10 centimes pour chaque avis du poids de 10 grammes et au-dessous circulant à l'intérieur de bureau à bureau, et de 05 centimes, pour chaque avis du même poids circulant dans la circonscription d'un bureau ; le port augmente de 10 centimes par chaque 10 grammes ou fraction de 10 grammes excédant, pour chaque avis circulant de bureau à bureau, et de 05 centimes pour chaque avis circulant dans la circonscription du bureau.

Art. 8. Les objets compris dans la présente loi ne sont admis au bénéfice des taxes qu'elle établit qu'autant qu'ils ont été affranchis. S'ils ont été expédiés sans affranchissement, ils sont taxés au prix du tarif des lettres. S'ils ont été affranchis en timbres poste et que l'affranchissement soit insuffisant, ils sont frappés en sus d'une taxe égale au triple de l'insuffisance de l'affranchissement.

Les taxes prévues par les deux paragraphes qui précèdent sont payées par l'expéditeur lorsque, par une cause quelconque, elles n'ont pas été acquittées par le destinataire. En cas de refus de paiement, le recouvrement en est opéré comme il est dit en l'art. 2 de la loi du 20 mai 1854. (1)

Art. 9. Les imprimés affranchis en vertu des dispositions précédentes ne doivent contenir, sauf le cas d'autorisation de l'art. 10, ni chiffre, ni aucune espèce d'écriture à la main, si ce n'est la date et la signature.

Il est en outre interdit d'insérer dans un imprimé, paquet d'imprimés, de papiers de commerce et d'affaires, aucune lettre ou note ayant le caractère d'une correspondance ou pouvant en tenir lieu.

En cas de contravention, les imprimés contenant de l'écriture ou un chiffre mis à la main, ainsi que les lettres ou notes insérées en fraude, sont saisis, et le contrevenant est poursuivi conformément aux prescriptions de l'arrêté du 27 prairial an IX et de la loi du 22 juin 1854 (2).

---

(1) La loi du 20 mai 1854, relative à la taxe des lettres, porte qu'en cas de refus de paiement par l'expéditeur du port d'imprimés non acquittés à destination, l'acte de poursuite pour le recouvrement dudit port s'opérera par voie de contrainte décernée par le directeur du bureau expéditeur, visée et declarée exécutoire par le juge de paix du canton.

(2) Ils frappent le contrevenant d'une amende de 150 à 300 fr., et en cas de récidive de 300 à 3000.

Art. 11. La présente loi est exécutoire à partir du 1er août 1856. (1)

28 Juin 1856. — Décret qui approuve les modifications aux statuts du *Crédit foncier* de France, réglant notamment les *prêts hypothécaires* à faire par cette compagnie.

17 Juillet 1856. — Loi relative à l'*arbitrage forcé* abrogeant les art. 51 à 63 du code de commerce et modifiant l'art. 631 du même code ainsi qu'il suit :

Art. 631. Les tribunaux de commerce connaîtront : 1° des contestations relatives aux engagements et transactions entre négociants, marchands et banquiers ; 2° des contestations entre associés, pour raison d'une société de commerce ; 3° de celles relatives aux actes de commerce entre toutes personnes.

17 Juillet. — Loi sur les *sociétés en commandite par actions*.

Art. 1er. Les sociétés en commandite ne peuvent diviser leur capital en actions ou coupons d'actions de moins de cent francs, lorsque ce capital n'excède pas deux cent mille francs, et de moins de cinq cents francs lorsqu'il est supérieur.

Elles ne peuvent être définitivement constituées qu'après la souscription de la totalité du capital social et le versement par chaque actionnaire du quart au moins du montant des actions par lui souscrites.

Cette souscription et ces versements sont constatés par une déclaration du gérant dans un *acte notarié*.

A cette déclaration sont annexés la liste des souscripteurs, l'état des versements faits par eux et l'acte de société.

2. Les actions des sociétés en commandite sont nominatives jusqu'à leur entière libération.

3. Les souscripteurs d'actions dans les sociétés en commandite sont, nonobstant toute stipulation contraire, responsables du paiement du montant total des actions par eux souscrites.

Les actions ou coupons d'actions ne sont négociables qu'après le versement de deux cinquièmes.

4. Lorsqu'un associé fait, dans une société en commandite par actions, un apport qui ne consiste pas en numéraire, ou stipule à son profit des avantages particuliers, l'assemblée générale des actionnaires en fait vérifier et apprécier la valeur.

(1) Nota. — Nous croyons devoir faire suivre cette loi d'un tableau qui peut être d'une utilité usuelle pour les notaires.

TABLEAU *des ports* de lettres, journaux, circulaires, *papiers d'affaires* et avis divers.

TAXE DES LETTRES de direction de poste à direction de poste y compris l'Algérie.

Indication du poids.	Lettres affranchies.	Lettres non affranchies.
jusqu'à 7 gr. 1/2 incl.	» 20	» 30
jusqu'à 15 gr. incl.	» 40	» 60
jusqu'à 100 gr. incl.	» 80	1 20
jusqu'à 200 gr. incl.	1 60	2 40
jusqu'à 300 gr. incl.	2 40	3 60

Et ainsi de suite en ajoutant par chaque 100 gr. ou fraction de 100 gr. excédant, 80 c. en cas d'affranchissement et 1 fr. 20 en cas de non affranchissement.

TAXE DES LETTRES d'une direction de poste pour une distribution relevant de cette direction et réciproquement et d'une ville pour la même ville (Paris excepté).

Indication du poids.	Lettres affranchies et non affranchies.
jusqu'à 7 gr. 1/2 incl.	» 10
jusqu'à 15 gr. incl.	» 20
de 15 à 30	» 30
de 30 à 60	» 40
de 60 à 90	» 50

Et ainsi de suite en ajoutant 10 c. par chaque 30 gr. en fraction de 30 gr. excédant.

JOURNAUX, RECUEILS et ouvrages périodiques traitant de matières politiques.

Indication du poids.	Prix de chaque exemplaire circulant : hors du département ou des départements limitrophes	Prix de chaque exemplaire circulant : dans l'intérieur du département ou dans les départ.s limitrophes
jusqu'à 40 gr.	» 04	» 02
jusqu'à 50 gr.	» 05	» 03
de 50 à 60 gr.	» 06	» 03
de 60 à 70 gr.	» 07	» 04
de 90 à 100 (1)	» 10	» 05
à 500 gr.	» 50	» 25
à 1.000 gr.	1 »»	» 50
à 3,000 g. *max*	3 »»	1 50

CIRCULAIRES, avis, livres, gravures, échantillons.

Indication du poids.	prix par paquet ou exemplaire isolé.
à 5 gr. et au dessous.	» 01
jusqu'à 10 gr.	» 02
de 10 à 15 gr	» 03
de 20 à 25 gr.	» 05
de 45 à 50 et 100 gr.	» 10
de 100 à 110 gr.	» 11
de 190 à 200 gr. (1).	» 20
à 1.000 gr.	1 »»
à 3.000 *maximum*	3 »»

PAPIERS d'affaires ou de commerce, actes de tous genres, copies, écrits sous seing-privés et toutes pièces qui n'ont pas le caractère d'une correspondance actuelle ou personnelle.

Indication du poids.	prix par paquet ou exemplaire isolé.
à 500 gr. et audessous	» 50
à 510 grammes	» 51
à 520 id.	» 52
de 590 à 600 (1)	» 60
à 900 grammes	» 90
à 1,000 id.	1 »»
à 2.000 id.	2 »»
à 3,000 g. *maximum.*	3 »»

(1) Et ainsi de suite en ajoutant 1 centime par chaque 10 grammes ou fraction de 10 gr. excédant, jusqu'à concurrence du poids de 3 kilog. et de la dimension de 45 centimètres, poids et dimension que les paquets ne doivent pas excéder.

Nota. — A défaut de poids on peut facilement reconnaître la nature d'une lettre en se servant de pièces de monnaie. 3 pièces de 50 c., ou 1 fr. 50 donnent le poids de 7 gr. 1/2, 3 pièces de 1 fr. pèsent 15 gr., 20 fr. en argent donnent le poids de 100 gr et 1,000 fr. le poids de 500 gr.

LETTRES CHARGÉES. Le port en est toujours perçu à l'avance, il se compose 1° du prix de port d'une lettre ordinaire, eu égard à son poids ;

2° D'une taxe supplémentaire fixée à 20 c.

Elles doivent être sous enveloppes, fermées de 3 ou 5 cachets de cire portant une empreinte particulière et identique.

ARTICLES D'ARGENT. Un droit de 2 0/0 est perçu sur chaque somme versée aux caisses des agents des postes, pour être payée dans les différents bureaux de poste de l'Empire, au moyen de mandats délivrés par le bureau où le dépôt a été effectué; au dessus de 10 fr, le mandat supporte un droit de timbre de 0,35 c.

Nota. — 1° Les journaux, circulaires, imprimés, échantillons, papiers de commerce ou d'affaires doivent être expédiés *sous bandes* mobiles couvrant au plus le tiers de la surface.

Les avis de naissance, mariage ou décès et tous autres avis (ainsi que les cartes de visite) peuvent être expédiés *sous forme de lettres* ou *sous enveloppes* ouvertes, moyennant un port de 10 c. par chaque avis du poids de 10 gr. circulant de bureau à bureau, et de 05 c. dans la circonscription d'un bureau. V. art. 7.

2° L'affranchissement est *obligatoire.*

3° Il y a des *timbres postes* de 5 centimes (vert), 10 centimes (bistre), 20 centimes (bleu), 40 centimes (orange) et 80 centimes (rouge).

L'emploi fait sciemment d'un timbre poste ayant déjà servi est puni d'une *amende* de 50 francs à 1000 francs. (Loi du 16 octobre 1849).

La société n'est définitivement constituée qu'après approbation dans une réunion ultérieure de l'assemblée générale.

Les délibérations sont prises par la majorité des actionnaires présents. Cette majorité doit comprendre le quart des actionnaires et représenter le quart du capital social en numéraire.

Les associés qui ont fait l'apport ou stipulé les avantages soumis à l'appréciation de l'assemblée n'ont pas voix délibérative.

5. Un conseil de surveillance, composé de cinq actionnaires au moins, est établi dans chaque société en commandite par actions.

Ce conseil est nommé par l'assemblée générale des actionnaires immédiatement après la constitution définitive de la société, et avant toute opération sociale.

Il est soumis à la réélection tous les cinq ans au moins ; toutefois le premier conseil n'est nommé que pour une année.

6. Est nulle et de nul effet, à l'égard des intéressés, toute société en commandite par actions constituée contrairement à l'une des prescriptions énoncées dans les articles qui précèdent.

Cette nullité ne peut être opposée aux tiers par les associés.

Lorsque la société est annulée aux termes de l'article précédent, les membres du conseil de surveillance peuvent être déclarés responsables, solidairement et par corps avec les gérants, de toutes les opérations faites postérieurement à leur nomination.

La même responsabilité solidaire peut être prononcée contre ceux des fondateurs de la société qui ont fait un apport en nature, ou au profit desquels ont été stipulés des avantages particuliers.

8. Les membres du conseil de surveillance vérifient les livres, la caisse, le portefeuille et les valeurs de la société.

Ils font, chaque année, un rapport à l'assemblée générale sur les inventaires et sur les propositions de distribution de dividendes faites par le gérant.

9. Le conseil de surveillance peut provoquer l'assemblée générale. Il peut aussi provoquer la dissolution de la société.

10. Tout membre d'un conseil de surveillance est responsable avec les gérants solidairement et par corps :

1° Lorsque, sciemment, il a laissé commettre dans les inventaires des inexactitudes graves, préjudiciables à la société ou aux tiers ;

2° Lorsqu'il a, en connaissance de cause, consenti à la distribution des dividendes non justifiés par des inventaires sincères et réguliers.

11. L'émission d'actions ou de coupons d'actions d'une société constituée contrairement aux articles 1 et 2 de la présente loi, est punie d'un emprisonnement de huit jours à six mois, et d'une amende de cinq cents francs à dix mille francs, ou de l'une de ces peines seulement.

Est puni des mêmes peines, le gérant qui commence les opérations sociales avant l'entrée en fonction du conseil de surveillance.

12. La négociation d'actions ou de coupons d'actions dont la valeur ou la forme serait contraire aux dispositions des articles 1 et 2 de la présente loi, ou pour lesquels le versement de deux cinquièmes n'aurait pas été effectué conformément à l'article 3, est punie d'une amende de cinq cents francs à dix mille francs.

Sont punies de la même peine toute participation à ces négociations et toute publication de la valeur desdites actions.

13. Sont punis des peines portées par l'article 405 du Code pénal, sans préjudice de l'application de cet article à tous les faits constitutifs du délit d'escroquerie :

1° Ceux qui, par simulation de souscriptions ou de versements ou par la publication faite de mauvaise foi de souscriptions ou de versements qui n'existent pas, ou de tous autres faits faux, ont obtenu ou tenté d'obtenir des souscriptions ou des versements ;

2° Ceux qui, pour provoquer des souscriptions ou des versements, ont, de mauvaise foi, publié les noms de personnes désignées contrairement à la vérité, comme étant ou devant être attachées à la société à un titre quelconque:

3° Les gérants, qui, en l'absence d'inventaires ou au moyen d'inventaires frauduleux, ont opéré entre les actionnaires la répartition de dividendes non réellement acquis à la société.

L'art 463 du Code pénal est applicable aux faits prévus par le présent article.

14. Lorsque les actionnaires d'une société en commandite par actions ont à soutenir collectivement et dans un intérêt commun, comme demandeurs ou comme défendeurs, un procès contre les gérants ou contre les membres du conseil de surveillance, ils sont représentés par des commissaires nommés en assemblée générale.

Lorsque quelques actionnaires seulement sont engagés comme demandeurs ou comme défendeurs dans la contestation, les commissaires sont nommés dans une assemblée spéciale composée des actionnaires parties au procès.

Dans le cas où un obstacle quelconque empêcherait la nomination des commissaires par l'assemblée générale ou par l'assemblée spéciale, il y sera pourvu par le tribunal de commerce sur la requête de la partie la plus diligente.

Nonobstant la nomination des commissaires, chaque actionnaire a le droit d'intervenir personnellement dans l'instance, à la charge de supporter les frais de son intervention.

---

17 Juillet 1856. — Loi relative aux *concordats par abandon* modifiant l'art. 541 du Code de commerce, ainsi qu'il suit:

Art. 541. Aucun débiteur commerçant n'est recevable à demander son admission au bénéfice de cession de biens,

Néanmoins, un concordat par abandon, total ou partiel de l'actif du failli peut être formé, suivant les règles prescrites par la section II du présent chapitre.

Ce concordat produit les mêmes effets que les autres concordats : il est annulé ou résolu de la même manière.

La liquidation de l'actif abandonné est faite conformément aux paragraphes 2, 3 et 4 de l'art. 529, aux art. 532, 533, 534, 535 et 536, et aux paragraphes 1 et 2 de l'art. 537.

Le concordat par abandon est assimilé à l'union pour la perception des droits d'enregistrement.

17 Juillet 1856. — Loi qui affecte une somme de cent millions à des prêts destinés à faciliter le *drainage* sous certaines conditions, et crée au profit du Trésor public un *privilège*, pour le recouvrement de ces prêts.

---

17 Juillet 1856. — Loi qui modifie plusieurs dispositions du Code d'instruction criminelle, (art. 55, 56, 61, 104, 114, 127 à 135, 218, 219, 229 à 233 et 239.)

9-10 Juin 1857. — Loi portant prorogation du privilége de la *Banque de France*, au 31 Xbre 1897, créant 91250 actions nouvelles à attribuer aux propriétaires des 91250 actions anciennes, à raison de 1100 fr. par action, et étendant les attributions de la Banque.

6, 13 Juin 1857. — Loi qui soumet au droit d'enregistrement fixe de 2 fr. les *adjudications* et marchés de toute nature ayant pour objet le *travail dans les prisons*.

19-26 Juin 1857. — Loi qui porte que les art. 2074, 2075 et 2078 du Code Napoléon ne sont pas applicables aux avances sur *dépôts d'obligations foncières* que la société du Crédit foncier de France est autorisée à faire.

23-27 Juin 1857. — Loi de finances qui soumet, indépendamment des droits établis par la loi du 5 juin 1850, toute *cession de titres* ou promesses d'actions ou obligations dans toute société ou compagnie française ou étrangère, comme toute conversion de titres au porteur en titres nominatifs, à un *droit de transmission* de 20 cent 0/0 de la valeur négociée, ou à une taxe annuelle de 12 c. par 100 fr. du capital desdits valeurs quand elles sont au porteur, et punit toute contravention d'une amende de 100 à 5000 fr. (1)

17-28 Juillet 1857. — Décret portant *règlement* de la loi précédente.

---

17 Juil et 1857. — Décret portant *règlement* pour l'exécution de la loi du 9 juin 1857, sur la *Banque de France*, et statuant sur l'effet des versements à faire par des *maris, tuteurs, etc.*

Art. 5. Pour les actions qui appartiennent à des personnes qui n'ont pas la libre disposition de leurs biens, le versement de onze cents francs par action sera un simple acte d'administration dispensé d'autorisations spéciales et de formalités de justice. Il en sera de même de la vente du nombre d'actions nécessaire pour libérer les actions à conserver par ces actionnaires.

Art. 6. Pour les actions dotales ou autres appartenant à des actionnaires qui n'en ont pas la libre disposition, les versements que feront, de leurs deniers personnels, les maris, administrateurs, tuteurs ou curateurs, seront considérés comme des impenses nécessaires, et, à ce titre, ils donneront à celui qui les aura faits le privilége établi en l'art. 2102, n° 3, du Code Napoléon, à la charge par lui de faire mentionner sur les registres de la Banque, au moment du versement, la provenance des deniers avec lesquels ce versement a été opéré. — S'il s'agit d'actions immobilisées, ceux qui auront fait les paiements pourront acquérir le privilége établi en l'art. 2103, n° 2, du Code Napoléon, en faisant, en outre, insérer la déclaration de la provenance des deniers au bureau des hypothèques.

Art. 7. Le propriétaire d'actions immobilisées aura la faculté de vendre le nombre d'actions nécessaire pour libérer celles qu'il doit conserver, et qui seront seules réputées immeubles.

Art. 8. Dans le cas prévu par le deuxième paragraphe de l'art. 5 et par l'art. 7, l'agent de change certificateur du transfert devra en employer le prix à la libération des actions conservées, et l'excédant, s'il en existe, sera par lui employé suivant les conditions qui régissent la capacité du titulaire ou en rentes sur l'État.

28 Février 1858. — Lettre de M. le Procureur impérial d'Amiens, recommandant aux notaires de lui envoyer exactement, au commencement de l'année, un état des *ventes judiciaires* conforme au modèle ci dessous. (2)

---

(1) En vertu de cette loi il n'existe plus aujourd'hui pour toute cession ou conversion de titres d'actions et obligations de compagnies, sociétés, etc., (indépendamment du droit de timbre proportionnel de 5 centimes pour cent pour les titres délivrés antérieurement au 1er janvier 1851, et pour les titres émis depuis, de 50 c. pour 100 du capital nominal, pour les sociétés dont la durée n'excédera pas 10 ans, et de 1 0/0 pour celles dont la durée dépassera 10 ans) *qu'un seul droit de transmission*, celui de 20 c. par 100 fr., et ce droit est exigible non plus à l'enregistrement des actes de cession, mais au moment du transfert sur les registres de la société et suivant le mode prescrit par l'art. 7 de cette loi; par conséquent, les actes notariés et les actes sous-seings privés portant cession de titres d'actions des compagnies, lorsqu'il est nécessaire de les faire enregistrer, doivent recevoir cette formalité moyennant un droit fixe de 2 f.

Les titulaires de certificats nominatifs qui voudront faire opérer le transfert à des tiers, ou la conversion au porteur de leurs titres par un mandataire, devront donner une *procuration notariée* en brevet et spéciale qui restera annexée à la demande de retrait.

28 Septembre 1857. — Instruction de la Régie en ce qui concerne le *timbre des certificats nominatifs d'actions et obligations*.

« La loi du 23 juin 1857, donne à tout propriétaire d'actions et d'obligations dans les sociétés qui admettent le titre au porteur, la faculté de convertir ses titres au porteur en titres nominatifs. La même loi détermine les règles de perception relatives, soit à la conversion, soit au transfert des titres nominatifs.

Il a été reconnu que les certificats nominatifs dont les compagnies doivent faire la remise aux titulaires d'actions ou d'obligations, ne constituent pas, à proprement parler, de nouveaux titres, mais de simples reconnaissances nominatives, se rapportant à des titres anciens, pour lesquels l'impôt du timbre a été déjà acquitté ou est payé annuellement, par suite d'abonnement.

En conséquence, S. Exc. le Ministre des finances a décidé le 6 septembre courant, qu'il n'est dû aucun droit de timbre sur les certificats nominatifs délivrés par les compagnies, sociétés ou entreprises, en représentation d'actions ou d'obligations déjà soumises à la perception du même impôt.

Cette décision comporte la dispense de toute formalité du timbre à l'extraordinaire ou de visa pour timbre. »

Par suite, les notaires peuvent mentionner dans leurs actes, sans crainte d'amende et par dérogation à l'art. 49 de la loi du 5 juin 1850, ces certificats nominatifs sans avoir besoin de déclarer s'ils sont ou non revêtus du timbre.

(2)

NOMS de VENDEURS.	NATURE DE LA VENTE. — Date du jugement.	NATURE des IMMEUBLES.	Date du dépôt du cahier des charges. — Mises à prix.	NOM du notaire qui a procédé.	INCIDENTS.	NOMBRE de Lots.	DATE de l'adjudication — PRIX.	MONTANT des frais taxés.	OBSERVATIONS.

21. 20 Mai 1858. — Loi contenant des *modifications au Code de procédure civile* **(art. 692, 696, 717, 749 à 779 et 838),** *en matière de saisie immobilière et d'ordre.* **(1)**

Art. 1er.

Les art. 692, 696 et 717 du Code de procédure civile sont modifiés ainsi qu'il suit :

Art. 692. Pareille sommation sera faite, dans le même délai de huitaine, outre un jour par cinq myriamètres :

1° Aux créanciers inscrits sur les biens saisis, aux domiciles élus dans les inscriptions. Si, parmi les créanciers inscrits, se trouve le vendeur de l'immeuble saisi, la sommation à ce créancier sera faite, à défaut de domicile élu par lui, à son domicile réel, pourvu qu'il soit fixé en France. Elle portera qu'à défaut de former sa demande en résolution et de la notifier au greffe avant l'adjudication, il sera définitivement déchu, à l'égard de l'adjudicataire, du droit de la faire prononcer ;

2° A la femme du saisi, aux femmes des précédents propriétaires, au subrogé tuteur des mineurs ou interdits, ou aux mineurs devenus majeurs, si, dans l'un et l'autre cas, les mariage et tutelle sont connus du poursuivant d'après son titre. Cette sommation contiendra, en outre, l'avertissement que, pour conserver les hypothèques légales sur l'immeuble exproprié, il sera nécessaire de les faire inscrire avant la transcription du jugement d'adjudication.

Copie en sera notifiée au procureur impérial de l'arrondissement où les biens sont situés, lequel sera tenu de requérir l'inscription des hypothèques légales existant du chef du saisi seulement sur les biens compris dans la saisie.

Art. 696. Quarante jours au plus tôt et vingt jours au plus tard avant l'adjudication, l'avoué du poursuivant fera insérer, dans un journal publié dans le département où sont situés les biens, un extrait signé de lui et contenant :

1° La date de sa saisie et de sa transcription ;

2° Les noms, professions, demeure du saisi, du saisissant et de l'avoué de ce dernier ;

3° La désignation des immeubles, telle qu'elle a été insérée dans le procès-verbal ;

4° La mise à prix ;

5° L'indication du tribunal où la saisie se poursuit, et des jour, lieu et heure de l'adjudication.

Il sera, en outre, déclaré dans l'extrait que tous ceux du chef desquels il pourrait être pris inscription pour raison d'hypothèques légales devront requérir cette inscription avant la transcription du jugement d'adjudication.

Toutes les annonces judiciaires relatives à la même saisie seront insérées dans le même journal.

Art. 717. L'adjudication ne transmet à l'adjudicataire d'autres droits à la propriété que ceux appartenant au saisi.

Néanmoins, l'adjudicataire ne pourra être troublé dans sa propriété par aucune demande en résolution fondée sur le défaut de payement du prix des anciennes aliénations, à moins qu'avant l'adjudication la demande n'ait été notifiée au greffe du tribunal où se poursuit la vente.

Si la demande a été notifiée en temps utile, il sera sursis à l'adjudication, et le tribunal, sur la réclamation du poursuivant ou de tout créancier inscrit, fixera le délai dans lequel le vendeur sera tenu de mettre à fin l'instance en résolution.

Le poursuivant pourra intervenir dans cette instance.

Ce délai expiré sans que la demande en résolution ait été définitivement jugée, il sera passé outre à l'adjudication, à moins que, pour des causes graves et dûment justifiées, le tribunal n'ait accordé un nouveau délai pour le jugement de l'action en résolution.

Si, faute par le vendeur de se conformer aux prescriptions du tribunal, l'adjudication avait eu lieu avant le jugement de la demande en résolution, l'adjudicataire ne pourrait pas être poursuivi à raison des droits des anciens vendeurs, sauf à ceux-ci à faire valoir, s'il y avait lieu, leurs titres de créances dans l'ordre et distribution du prix de l'adjudication.

Le jugement d'adjudication dûment transcrit purge toutes les hypothèques, et les créanciers n'ont plus d'action que sur le prix. Les créanciers à hypothèques légales qui n'ont pas fait inscrire leur hypothèque avant la transcription du jugement d'adjudication ne conservent de droit de préférence sur le prix qu'à la condition de produire, avant l'expiration du délai fixé par l'art. 754, dans le cas où l'ordre se règle judiciairement, et de faire valoir leurs droits avant la clôture, si l'ordre se règle amiablement, conformément aux art. 751 et 752.

Art. 2.

Les art. 749 à 779 du Code de procédure civile sont remplacés par les dispositions suivantes :

Art. 749. Dans les tribunaux où les besoins du service l'exigent, il est désigné, par décret impérial, un ou plusieurs juges spécialement chargés du règlement des ordres. Ils peuvent être choisis parmi les juges suppléants, et sont désignés pour une année au moins, et trois années au plus.

En cas d'absence ou d'empêchement, le président, par ordonnance inscrite sur un registre spécial tenu au greffe, désigne d'autres juges pour les remplacer.

Les juges désignés par décret impérial, ou nommés par le président, doivent toutes les fois qu'ils en sont requis, rendre compte à leurs tribunaux respectifs, au premier président et au procureur général, de l'état des ordres qu'ils sont chargés de régler.

Art. 750. L'adjudicataire est tenu de faire transcrire le jugement d'adjudication dans les quarante-cinq jours de sa date, et, en cas d'appel, dans les quarante-cinq jours de l'arrêt confirmatif, sous peine de revente sur folle enchère.

Le saisissant, dans la huitaine après la transcription, et à son défaut, après ce délai, le créancier le plus diligent, la partie saisie ou l'adjudicataire dépose au greffe l'état des inscriptions, requiert l'ouverture du procès-verbal d'ordre, et, s'il y a lieu, la nomination d'un juge-commissaire.

Cette nomination est faite par le président, à la suite de la réquisition inscrite par le poursuivant sur le registre des adjudications tenu à cet effet au greffe du tribunal.

Art. 751. Le juge-commissaire, dans les huit jours de sa nomination, ou le juge spécial, dans les trois jours de la réquisition, convoque les créanciers inscrits, afin de se régler amiablement sur la distribution du prix.

Cette convocation est faite par lettres chargées à la poste, expédiées par le greffier et adressées tant aux domiciles élus par les créanciers dans les inscriptions qu'à leur domicile réel en France ; les frais en sont avancés par le requérant.

La partie saisie et l'adjudicataire sont également convoqués.

Le délai pour comparaître est de dix jours au moins entre la date de la convocation et le jour de la réunion.

Le juge dresse procès-verbal de la distribution du prix par règlement amiable; il ordonne la délivrance des bordereaux aux créanciers utilement colloqués et la radiation des inscriptions des créanciers non admis en ordre utile.

Les inscriptions sont rayées sur la présentation d'un extrait, délivré par le greffier, de l'ordonnance du juge.

Les créanciers non comparants sont condamnés à une amende de vingt-cinq francs.

Art. 752. A défaut de règlement amiable dans le délai d'un mois, le juge constate sur le procès-verbal que les créanciers n'ont pu se régler entre eux, et prononce l'amende contre ceux qui n'ont pas comparu. Il déclare l'ordre ouvert et commet un ou plusieurs huissiers à l'effet de sommer les créanciers de produire. Cette partie du procès-verbal ne peut être expédiée ni signifiée.

Art. 753. Dans les huit jours de l'ouverture de l'ordre, sommation de produire est faite aux créanciers par acte signifié aux domiciles élus dans leurs inscriptions ou à celui de leurs avoués, s'il y en a de constitués, et au vendeur à son domicile réel situé en France, à défaut de domicile élu par lui ou de constitution d'avoué.

La sommation contient l'avertissement que, faute de produire dans les quarante jours, le créancier sera déchu.

L'ouverture de l'ordre est en même temps dénoncée à l'avoué de l'adjudicataire. Il n'est fait qu'une seule dénonciation à l'avoué qui représente plusieurs adjudicataires.

(1) Consulter l'*exposé des motifs* et le *rapport* de M. Riché, dans la collection de 1858, des lois et arrêts de M. Devilleneuve, à laquelle *la Chambre* est abonnée, et dans la jurisprudence générale de M. Dalloz, recueils où cette loi est annotée avec beaucoup de soin et où se trouvent reproduites les discussions auxquelles elle a donné lieu au Corps législatif.

Dans les huit jours de la sommation par lui faite aux créanciers inscrits, le poursuivant en remet l'original au juge, qui en fait mention sur le procès-verbal.

Art. 754. Dans les quarante jours de cette sommation, tout créancier est tenu de produire ses titres avec acte de produit signé de son avoué et contenant demande en collocation. Le juge fait mention de la remise sur le procès-verbal.

Art. 755. L'expiration du délai de quarante jours ci-dessus fixé emporte de plein droit déchéance contre les créanciers non produisants. Le juge la constate immédiatement et d'office sur le procès-verbal, et dresse l'état de collocation sur les pièces produites. Cet état est dressé au plus tard dans les vingt jours qui suivent l'expiration du délai ci-dessus.

Dans les dix jours de la confection de l'état de collocation, le poursuivant la dénonce, par acte d'avoué à avoué, aux créanciers produisants et à la partie saisie, avec sommation d'en prendre communication, et de contredire, s'il y échet, sur le procès-verbal, dans le delai de trente jours.

Art. 756. Faute par les créanciers produisants et la partie saisie de prendre communication de l'état de collocation et de contredire dans ledit délai, ils demeurent forclos sans nouvelle sommation ni jugement; il n'est fait aucun dire, s'il n'y a contestation.

Art. 757. Lorsqu'il y a lieu à ventilation du prix de plusieurs immeubles vendus collectivement, le juge, sur la réquisition des parties ou d'office, par ordonnance inscrite sur le procès-verbal, nomme un ou trois experts, fixe le jour où il recevra leur serment et le délai dans lequel ils devront déposer leur rapport.

Cette ordonnance est dénoncée aux experts par le poursuivant; la prestation de serment est mentionnée sur le procès-verbal d'ordre auquel est annexé le rapport des experts, qui ne peut être levé ni signifié.

En établissant l'état de collocation provisoire, le juge prononce sur la ventilation.

Art. 758. Tout contestant doit motiver son dire et produire toutes pièces à l'appui; le juge renvoie les contestants à l'audience qu'il désigne, et commet en même temps l'avoué chargé de suivre l'audience.

Néanmoins, il arrête l'ordre et ordonne la délivrance des bordereaux de collocation pour les créances antérieures à celles contestées; il peut même arrêter l'ordre pour les créances postérieures, en réservant somme suffisante pour désintéresser les créanciers contestés.

Art. 759. S'il ne s'élève aucune contestation, le juge est tenu, dans les quinze jours qui suivent l'expiration du délai pour prendre communication et contredire, de faire la clôture de l'ordre; il liquide les frais de radiation et de poursuite d'ordre qui sont colloqués par préférence à toutes autres créances; il liquide, en outre, les frais de chaque créancier colloqué en rang utile, et ordonne la délivrance des bordereaux de collocation aux créanciers utilement colloqués, et la radiation des inscriptions de ceux non utilement colloqués. Il est fait distraction, en faveur de l'adjudicataire, sur le montant de chaque bordereau, des frais de radiation de l'inscription.

Art. 760. Les créanciers postérieurs en ordre d'hypothèque aux collocations contestées sont tenus, dans la huitaine après les trente jours accordés pour contredire, de s'entendre entre eux sur le choix d'un avoué; sinon ils sont représentés par l'avoué du dernier créancier colloqué. L'avoué poursuivant ne peut, en cette qualité, être appelé dans la contestation.

Art. 761. L'audience est poursuivie, à la diligence de l'avoué commis, sur un simple acte contenant avenir pour l'audience fixée conformément à l'art. 758. L'affaire est jugée comme sommaire, sans autre procédure que des conclusions motivées de la part des contestés, et le jugement contient liquidation des frais. S'il est produit de nouvelles pièces, toute partie contestante ou contestée est tenue de les remettre au greffe trois jours au moins avant cette audience; il en est fait mention sur le procès-verbal. Le tribunal statue sur les pièces produites; néanmoins, il peut, mais seulement pour causes graves et dûment justifiées, accorder un délai pour en produire d'autres; le jugement qui prononce la remise fixe le jour de l'audience; il n'est ni levé ni signifié. La disposition du jugement qui accorde ou refuse un délai n'est susceptible d'aucun recours.

Art. 762. Les jugements sur les incidents et sur le fond sont rendus sur le rapport du juge et sur les conclusions du ministère public.

Le jugement sur le fond est signifié dans les trente jours de sa date à avoué seulement, et n'est pas susceptible d'opposition. La signification à avoué fait courir le délai d'appel contre toutes les parties à l'égard les unes des autres.

L'appel est interjeté dans les dix jours de la signification du jugement à avoué, outre un jour par cinq myriamètres de distance entre le siége du tribunal et le domicile réel de l'appelant; l'acte d'appel est signifié au domicile de l'avoué, et au domicile réel du saisi s'il n'a pas d'avoué. Il contient assignation et l'énonciation des griefs, à peine de nullité.

L'appel n'est recevable que si la somme contestée excède celle de quinze cents francs, quel que soit d'ailleurs le montant des créances des contestants et des sommes à distribuer.

Art. 763. L'avoué du créancier dernier colloqué peut être intimé s'il y a lieu.

L'audience est poursuivie et l'affaire instruite conformément à l'art. 761, sans autre procédure que des conclusions motivées de la part des intimés.

Art. 764. La Cour statue sur les conclusions du ministère public. L'arrêt contient liquidation des frais; il est signifié dans les quinze jours de sa date à avoué seulement, et n'est pas susceptible d'opposition. La signification à avoué fait courir les délais du pourvoi en cassation.

Art. 765. Dans les huit jours qui suivent l'expiration du délai d'appel, et en cas d'appel dans les huit jours de la signification de l'arrêt, le juge arrête définitivement l'ordre des créances contestées et des créances postérieures, conformément à l'art. 759.

Les intérêts et arrérages des créanciers utilement colloqués cessent à l'égard de la partie saisie.

Art. 766. Les dépens des contestations ne peuvent être pris sur les deniers provenant de l'adjudication.

Toutefois, le créancier dont la collocation rejetée d'office, malgré une production suffisante, a été admise par le tribunal sans être contestée par aucun créancier, peut employer ses dépens sur le prix au rang de sa créance.

Les frais de l'avoué qui a représenté les créanciers postérieurs en ordre d'hypothèque aux collocations contestées peuvent être prélevés sur ce qui reste de deniers à distribuer, déduction faite de ceux qui ont été employés à payer les créanciers antérieurs. Le jugement qui autorise l'emploi des frais prononce la subrogation au profit du créancier sur lequel les fonds manquent ou de la partie saisie. L'exécutoire énoncera cette disposition et indiquera la partie qui doit en profiter.

Le contestant ou le contesté qui a mis de la négligence dans la production des pièces peut être condamné aux dépens, même en obtenant gain de cause.

Lorsqu'un créancier condamné aux dépens des contestations a été colloqué en rang utile, les frais mis à sa charge sont, par une disposition spéciale du règlement d'ordre, prélevés sur le montant de sa collocation au profit de la partie qui a obtenu la condamnation.

Art. 767. Dans les trois jours de l'ordonnance de clôture, l'avoué poursuivant la dénonce par un simple acte d'avoué à avoué.

En cas d'opposition à cette ordonnance par un créancier, par l'adjudicataire ou la partie saisie, cette opposition est formée, à peine de nullité, dans la huitaine de la dénonciation, et portée dans la huitaine suivante à l'audience du tribunal, même en vacation, par un simple acte d'avoué contenant moyens et conclusions; et, à l'égard de la partie saisie n'ayant pas d'avoué en cause, par exploit d'ajournement à huit jours. La cause est instruite et jugée conformément aux art. 761, 762 et 764, même en ce qui concerne l'appel du jugement.

Art. 768. Le créancier sur lequel les fonds manquent et la partie saisie ont leur recours contre ceux qui ont succombé, pour les intérêts et arrérages qui ont couru pendant les contestations.

Art. 769. Dans les dix jours, à partir de celui où l'ordonnance de clôture ne peut plus être attaquée, le greffier délivre un extrait de l'ordonnance du juge pour être déposé par l'avoué poursuivant au bureau des hypothèques. Le conservateur, sur la présentation de cet extrait, fait la radiation des inscriptions des créanciers non colloqués.

Art. 770. Dans le même délai, le greffier délivre à chaque créancier colloqué un bordereau de collocation exécutoire contre l'adjudicataire ou contre la caisse des consignations.

Le bordereau des frais de l'avoué poursuivant ne peut être délivré que sur la remise des certificats de radiation des inscriptions des créanciers non colloqués. Ces certificats demeurent annexés au procès-verbal.

Art. 771. Le créancier colloqué, en donnant quittance du montant de sa collocation, consent la radiation de son inscription. Au fur et à mesure du payement des collocations, le conservateur des hypothèques, sur la représentation du bordereau et de la quittance du créancier, décharge d'office l'inscription jusqu'à concurrence de la somme acquittée.

L'inscription d'office est rayée définitivement, sur la justification faite par l'adjudicataire du payement de la totalité de son prix, soit aux créanciers colloqués, soit à la partie saisie.

Art. 772. *Lorsque l'aliénation n'a pas lieu sur expropriation forcée*, l'ordre est provoqué par le créancier le plus diligent ou par l'acquéreur.

Il peut être aussi provoqué par le vendeur, mais seulement lorsque le prix est exigible.

Dans tous les cas, l'ordre n'est ouvert qu'après l'accomplissement des formalités prescrites pour *la purge* des hypothèques.

Il est introduit et réglé dans les formes établies par le présent titre.

Les créanciers à hypothèques légales qui n'ont pas fait inscrire leurs hypothèques dans le délai fixé par l'art 2195 du Code Nap., ne peuvent exercer de droit de préférence sur le prix qu'autant qu'un ordre est ouvert dans les trois mois qui suivent l'expiration de ce délai et sous les conditions déterminées par la dernière disposition de l'art. 717.

Art. 773. Quel que soit le mode d'aliénation, l'ordre ne peut être provoqué s'il n'y a plus de *quatre* créanciers inscrits.

Après l'expiration des délais établis par les art. 750 et 772, la partie qui veut poursuivre l'ordre présente requête au juge spécial, et, s'il n'y en a pas, au président du tribunal, à l'effet de faire procéder au préliminaire de règlement amiable dans les formes et délais établis en l'art. 751.

A défaut de règlement amiable, la distribution du prix est réglée par le tribunal, jugeant comme en matière sommaire, sur assignation signifiée à personne ou à domicile, à la requête de la partie la plus diligente, sans autre procédure que des conclusions motivées. Le jugement est signifié à avoué seulement, s'il y a avoué constitué.

En cas d'appel, il est procédé comme aux art. 763 et 764.

Art. 774. L'acquéreur est employé par préférence pour le coût de l'extrait des inscriptions et des dénonciations aux créanciers inscrits.

Art. 775. Tout créancier peut prendre inscription pour conserver les droits de son débiteur; mais le montant de la collocation du débiteur est distribué, comme chose mobilière, entre tous les créanciers inscrits ou opposants avant la clôture de l'ordre.

Art. 776. En cas d'inobservation des formalités et délais prescrits par les art. 753 755, § 2, et 769, l'avoué poursuivant est *déchu* de la poursuite, sans sommation ni jugement. Le juge pourvoit à son remplacement, d'office ou sur la réquisition d'une partie, par ordonnance inscrite sur le procès-verbal; cette ordonnance n'est susceptible d'aucun recours.

Il en est de même à l'égard de l'avoué commis qui n'a pas rempli les obligations à lui imposées par les art. 758 et 761.

L'avoué déchu de la poursuite est tenu de remettre immédiatement les pièces sur le récépissé de l'avoué qui le remplace, et n'est payé de ses frais qu'après la clôture de l'ordre.

Art. 777. L'adjudicataire sur expropriation forcée qui veut faire prononcer la radiation des inscriptions avant la clôture de l'ordre doit consigner son prix et les intérêts échus, sans offres réelles préalables.

Si l'ordre n'est pas ouvert, il doit en requérir l'ouverture après l'expiration du délai fixé par l'art. 750. Il dépose à l'appui de sa réquisition le récépissé de la caisse des consignations, et déclare qu'il entend faire prononcer la validité de la consignation et la radiation des inscriptions.

Dans les huit jours qui suivent l'expiration du délai pour produire fixé par l'art. 754, il fait sommation par acte d'avoué à avoué, et par exploit à la partie saisie, si elle n'a pas avoué constitué, de prendre communication de sa déclaration, et de la contester dans les quinze jours, s'il y a lieu. A défaut de contestation dans ce délai, le juge, par ordonnance, sur le procès-verbal, déclare la consignation valable et prononce la radiation de toutes les inscriptions existantes, avec maintien de leur effet sur le prix. En cas de contestation, il est statué par le tribunal sans retard des opérations de l'ordre.

Si l'ordre est ouvert, l'adjudicataire, après la consignation, fait sa déclaration sur le procès-verbal par un dire signé de son avoué, en y joignant le récépissé de la caisse des consignations. Il est procédé comme il est dit ci-dessus, après l'échéance du délai des productions.

En cas d'aliénation autre que celle sur expropriation forcée, l'acquéreur qui, après avoir rempli les formalités de la purge, veut obtenir la libération définitive de tous priviléges et hypothèques par la voie de la consignation, opère cette consignation sans offres réelles préalables. A cet effet, il somme le vendeur de lui rapporter dans la quinzaine main-levée des inscriptions existantes, et lui fait connaître le montant des sommes en capital et intérêts qu'il se propose de consigner. Ce délai expiré, la consignation est réalisée, et, dans les trois jours suivants, l'acquéreur ou adjudicataire requiert l'ouverture de l'ordre, en déposant le récépissé de la caisse des consignations. Il est procédé sur sa réquisition conformément aux dispositions ci-dessus.

Art. 778. Toute contestation relative à la consignation du prix est formée sur le procès-verbal par un dire motivé, à peine de nullité : le juge renvoie les contestants devant le tribunal.

L'audience est poursuivie sur un simple acte d'avoué à avoué, sans autre procédure que des conclusions motivées; il est procédé ainsi qu'il est dit aux art. 761, 763 et 764.

Le prélèvement des frais sur le prix peut être prononcé en faveur de l'adjudicataire ou acquéreur.

Art. 779. L'adjudication sur folle enchère intervenant dans le cours de l'ordre, et même après le règlement définitif et la délivrance des bordereaux, ne donne pas lieu à une nouvelle procédure. Le juge modifie l'état de collocation suivant les résultats de l'adjudication, et rend les bordereaux exécutoires contre le nouvel adjudicataire.

Art. 3.

L'art. 838 du Code de procédure civile est modifié ainsi qu'il suit :

Art. 838. Le surenchérisseur, même au cas de subrogation à la poursuite, sera déclaré adjudicataire si, au jour fixé pour l'adjudication, il ne se présente pas d'autre enchérisseur.

Sont applicables en cas de surenchère les art. 701, 702, 705, 706 707, 711, 712, 713, 717, 731, 732 et 733 du présent Code, ainsi que les art. 734 et suiv. relatifs à la folle enchère.

Les formalités prescrites par les art. 705 et 706, 832, 836 et 837, seront observées à peine de nullité.

Les nullités devront être proposées, à peine de déchéance, savoir : celles qui concerneront la déclaration de surenchère et l'assignation, avant le jugement qui doit statuer sur la réception de la caution; celles qui seront relatives aux formalités de la mise en vente, trois jours au moins avant l'adjudication. Il sera statué sur les premières par le jugement de réception de la caution, et sur les autres avant l'adjudication, et, autant que possible, par le jugement même de cette adjudication.

Aucun jugement ou arrêt par défaut en matière de surenchère sur aliénation volontaire ne sera susceptible d'opposition.

Les jugements qui statueront sur les nullités antérieures à la réception de la caution, ou sur la réception même de cette caution, et ceux qui prononceront sur la demande en subrogation intentée pour collusion ou fraude, seront seuls susceptibles d'être attaqués par la voie de l'appel.

L'adjudication par suite de surenchère sur aliénation volontaire ne pourra être frappée d'aucune autre surenchère.

Les effets de l'adjudication à la suite de surenchère sur aliénation volontaire seront réglés, à l'égard du vendeur et de l'adjudicataire, par les dispositions de l'art. 717 ci-dessus; néanmoins, après le jugement d'adjudication par suite de surenchère, la purge des hypothèques légales, si elle n'a pas eu lieu, se fait comme au cas d'aliénation volontaire, et les droits des créanciers à hypothèques légales sont régis par le dernier alinéa de l'art. 772.

Art. 4.

Dispositions transitoires.

Les ordres ouverts avant la promulgation de la présente loi seront régis par les dispositions des lois antérieures.

L'art. 692, tel qu'il est modifié par la présente loi, sera appliqué aux poursuites de saisie immobilière commencées lors de sa promulgation dans lesquelles l'art. 692 de la loi précédente n'aura pas encore été mis à exécution.

28 Mai, 5 Juin 1858. — Loi qui substitue la société du *Crédit foncier* à l'État pour les prêts à faire jusqu'à concurrence de cent millions, en vertu de la loi du 17 juillet 1856 sur le *drainage*.

Cette loi a été suivie d'un décret portant règlement d'administration publique pour son exécution, du 23 septembre suivant, de conventions intervenues entre les ministres des finances, de l'agriculture et des travaux publics, et la société du Crédit foncier de France, et d'une circulaire ministérielle relative à ces décrets et conventions, du 2 octobre 1858. (1)

---

28 Mai, 5 Juin 1858. — Loi qui modifie l'art. 259 du Code pénal sur *l'usurpation des titres* de noblesse et la modification des *noms de famille*.

Art. unique. L'art 259 du Code pénal est modifié ainsi qu'il suit :

259. Toute personne qui aura publiquement porté un costume, un uniforme ou une décoration qui ne lui appartiendrait pas, sera punie d'un emprisonnement de six mois à deux ans.

Sera puni d'une amende de 500 f. à 10,000 f. quiconque, sans droit et en vue de s'attribuer une distinction honorifique, aura publiquement pris un titre, changé, altéré ou modifié le nom que lui assignent les actes de l'état civil.

Le tribunal ordonnera la mention du jugement en marge des *actes authentiques* ou des actes de l'état civil dans lesquels le titre aura été pris indûment ou le nom altéré.

Dans tous les cas prévus par le présent article, le tribunal pourra ordonner l'insertion intégrale ou par extrait du jugement dans les journaux qu'il désignera.

Le tout aux frais du condamné.

---

19 Juin 1858. — Circulaire de M. le Garde des Sceaux relative à l'exécution de la loi précédente du 28 mai.

La loi du 28 mai 1858, qui modifie l'art. 259 du Code pénal, vient d'être promulguée.

Cette loi rétablit, en la complétant, une disposition qui a existé dans nos Codes, de 1810 à 1832, et qui n'aurait jamais dû en être effacée. Elle a le double but de réprimer les entreprises et les usurpations d'une vanité coupable et de maintenir, aux titres légalement conférés ou glorieusement acquis, le respect et l'inviolabilité que le gouvernement de l'Empereur s'honore d'assurer à toute propriété légitime. Elle est enfin destinée à protéger l'intégrité de l'état civil, et à mettre un terme à la modification arbitraire et illicite des noms de famille.

Vous avez déjà compris qu'en présence des faits qu'une trop longue tolérance a laissés se produire, la loi nouvelle doit être appliquée avec autant de prudence que de fermeté. Sa force est moins aujourd'hui dans le nombre des condamnations qu'elle pourra entraîner, que dans les principes qu'elle pose et dans les scrupules qu'elle est appelée à ranimer.

J'aurai plus tard, en m'éclairant de l'expérience des faits, à vous retracer d'une manière générale les règles qui devront vous diriger.

Je dois, quant à présent, me borner à vous inviter à ne laisser intenter dans le ressort aucune poursuite, relative à des faits prévus par l'art. 259 rectifié du Code pénal, sans avoir provoqué et reçu mes instructions spéciales.

Je pourrai ainsi régulariser l'exécution de la loi sur tout le territoire de l'Empire et vous aider à maintenir, dans tous les cas, aux poursuites qui seraient jugées nécessaires, le caractère protecteur et le but élevé qu'elles devront toujours avoir.

Il faut également s'attacher, dès à présent, à prévenir les abus que la loi du 28 mai dernier a voulu atteindre.

Vous voudrez bien prendre et prescrire à vos substituts les mesures nécessaires pour que les cours, les tribunaux, les officiers de l'état civil, *les notaires* et généralement tous les officiers publics n'attribuent désormais aux parties, dans les arrêts, les jugements et les actes authentiques ou officiels, que les titres et les noms qu'elles justifieront être en droit de porter.

Je vous prie, Monsieur le procureur général, de m'accuser réception de cette circulaire et de me tenir au courant de tous les faits qui vous paraîtront intéresser l'exécution de la loi nouvelle. Je compte en cette circonstance, comme toujours, sur l'exactitude et la sagesse de votre concours.

---

21 Juillet 1858. — Lettre de M. le Procureur impérial d'Amiens à M. le président de la Chambre, sur l'exécution de la loi précédente.

. . . .

Je vous prie, Monsieur le Président, de recommander aux notaires de l'arrondissement d'Amiens de n'attribuer désormais aux parties dans leurs actes que les titres et les noms qu'elle justifieront être en droit de porter.

Dans tous les cas où la notoriété publique ne suffirait pas pour lever leurs doutes, ils devront exiger la production de l'acte de naissance ou des titres qui l'ont ultérieurement modifiée, et s'assurer ainsi de l'exactitude des noms et qualifications honorifiques de toute personne comparaissant dans les actes qu'ils rédigent. C'est le moyen le plus sûr de mettre un terme aux abus qui ont appelé l'attention du législateur, il doit être employé *avec fermeté*, mais en même temps avec *circonspection*.

---

15 Mai 1858. — Circulaire du Ministre de l'intérieur conseillant la *vente des biens* immeubles des hospices et établissements de bienfaisance, et la conversion de ces biens en *rentes* sur l'État.

Cette circulaire doit être sainement entendue et elle a besoin d'être interprétée et rapprochée des circulaires qui l'ont suivie et que nous réunissons ici; car, bien qu'elles n'aient qu'un rapport très indirect avec le notariat, comme elles ouvrent une ère d'affaires pour les notaires, il peut être utile de les trouver ici réunies, pour que ceux-ci puissent s'inspirer de leur esprit dans les conseils qu'ils peuvent être appelés à donner aux membres des commissions administratives.

« Monsieur le préfet, les biens immobiliers appartenant aux établissements de bienfaisance sont loin, vous ne l'ignorez pas, de donner un revenu proportionné à leur valeur vénale. D'après les dernières statistiques, ce revenu ne dépasse pas, en moyenne, 2 1/2 0/0, et il est même probable que, si l'on en avait toujours dégagé les charges inhérentes à la propriété, il se fût trouvé réduit à moins de 2 0/0. C'est là un résultat d'autant plus déplorable que, d'une part, la valeur capitale de ces immeubles est d'au moins 500 millions, et que, d'autre part, malgré l'importance de cette dotation, les établissements charitables sont généralement dans l'impuissance d'assister tous les nécessiteux qui ont besoin de leurs secours.

« Il importe, monsieur le préfet, de remédier à une pareille situation. La sollicitude de l'Empereur pour les classes souffrantes fait un devoir à l'administration de rechercher constamment les moyens de leur venir en aide, et le plus efficace serait évidemment celui qui élargirait pour elles l'accès des hôpitaux aux malades, des hospices aux vieillards ou aux infirmes, et qui augmenterait la quantité des secours distribués à domicile par les bureaux de bienfaisance.

« Il en est un fort simple, souvent recommandé aux commissions administratives des établissements charitables, mais auquel elles recourent peu, soit par incurie, soit par suite de certains préjugés contre les biens mobiliers. Je veux parler de la *vente des propriétés foncières pour les transformer en rentes sur l'État*. Cette opération doublerait au moins les revenus de l'assistance publique qui pourrait ainsi sou-

---

(1) Nous n'avons fait que citer dans ce travail, sans les rapporter, les lois, décrets et circulaires relatifs à la société du *Crédit foncier* français, et nous renvoyons pour le texte soit aux codes de MM. Bacqua, Paillet, Tripier, *Durand*, procureur impérial et *E. Paultre*, ancien notaire, (code nouveau et très complet avec supplément annuel, 1857), que nous recommandons aux notaires, soit aux instructions et opuscules publiés par le Crédit foncier, et pour le commentaire, à l'ouvrage spécial de M. Josseau.

lager un bien plus grand nombre de pauvres, et cet avantage ne serait pas le seul; on sait combien la gestion des immeubles entraîne de soins et de préoccupations; combien elle est sujette aux non-valeurs, exposée aux usurpations, troublée par des procès. Les administrateurs les plus zélés ne suffisent qu'imparfaitement à une pareille tâche. Si les commissions pouvaient en être affranchies par la substitution d'un revenu net et facile à percevoir au revenu incertain de la propriété foncière, elles porteraient alors toute leur attention sur le régime intérieur des établissements, trop souvent imparfait, et réaliseraient des améliorations vainement espérées jusqu'à ce jour.

» Ces résultats de la conversion sont tellement évidents que personne n'a songé à les contester. Seulement quelques esprits timorés, sans les nier, objectent que la valeur monétaire, et, par conséquent, celles des rentes sur l'État, décroît sans cesse, tandis que la même cause produit un effet contraire sur la valeur des immeubles, laquelle suit une progression constante. Ils font observer, en outre, qu'une certaine quantité de propriétés immobilières ont été données pour servir à des fondations charitables, dans un esprit de perpétuité qui ne paraîtrait plus avoir un gage aussi certain, si ces immeubles étaient convertis en rentes, et qu'en blessant ainsi les sentiments des fondateurs et de leurs familles, on s'exposerait à voir diminuer la source des libéralités qui alimentent le patrimoine des pauvres.

» Ces objections, spécieuses peut-être, ont depuis longtemps été appréciées à leur juste valeur par l'administration.

» Sans doute, il serait imprudent de transformer en rentes sur l'État tous les biens de l'assistance publique, sans se mettre en garde contre l'amoindrissement possible, dans l'avenir, de sa dotation ainsi constituée. Mais la précaution à prendre, dans ce cas, est bien connue et d'ailleurs mise en pratique tous les jours. Elle consiste à capitaliser une partie des arrérages de la rente; la proportion jugée suffisante n'est que de 10 0/0. Cette mesure, tout en garantissant l'avenir, procure de grands avantages actuels. Ainsi, par exemple, un immeuble donnant, à raison de 2 0/0, un revenu de 2.000 fr., est aliéné pour la somme de 100,000 fr., et le prix de vente est employé à l'acquisition d'une inscription de 4,284 fr. de rente 3 0/0, au cours de 70 fr. En capitalisant chaque année le dixième des arrérages, soit 428 fr., on obvie à l'amoindrissement futur de la rente, et l'on obtient immédiatement une augmentation de 1,836 fr. de revenu, c'est-à-dire presque le double de celui que rapportait l'immeuble. La première objection ne soutient donc pas un sérieux examen.

» Quant à l'objection tirée du danger de refroidir la charité privée si l'on vendait les immeubles affectés à certaines fondations, elle n'aurait quelque poids que dans l'hypothèse où l'administration entreprendrait systématiquement et d'une manière absolue l'aliénation de toutes les propriétés foncières des hospices et des bureaux de bienfaisance. Mais telle n'est point la pensée du Gouvernement. La plupart de ces propriétés ont été données sans autre condition que celle de les faire servir le plus utilement possible au soulagement des pauvres; par conséquent rien n'empêche de les convertir en rentes, pour en tirer un meilleur revenu : c'est même se conformer aux intentions tacites des bienfaiteurs. Que si, parmi les nombreux legs et donations charitables, il s'en trouve qui soient soumis à des conditions spéciales dont on ne pourrait s'écarter sans froisser de justes susceptibilités, l'administration ne commettra pas cette faute; elle est trop intéressée à ménager des sentiments louables en eux-mêmes et qui entretiennent l'esprit de charité. Mais ce seront là des exceptions trop rares pour diminuer sensiblement les résultats généraux de la conversion.

» Je vous invite donc, monsieur le préfet, à user de toute votre influence et, au besoin, de votre autorité, pour amener les commissions administratives des établissements de bienfaisance à voter l'aliénation des biens fonds dont le revenu net serait notablement inférieur aux neuf dixièmes des arrérages de la rente sur l'État, qui pourrait être achetée avec les prix de vente de ces biens. Vous leur adresserez immédiatement des instructions où, après avoir reproduit les considérations générales qui précèdent, vous signalerez à chaque commission, suivant la situation de l'établissement qu'elle administre, les motifs particuliers qu'elle aurait de s'en inspirer, à raison de la nature des biens possédés par l'établissement, ou de la modicité du revenu qu'ils procurent, ou de sa situation financière, ou enfin du défaut de proportion entre les besoins de la localité et les ressources qui peuvent y être actuellement affectées.

» J'aime à croire, monsieur le préfet, que ces instructions seront écoutées. Les membres des commissions administratives sont généralement trop éclairés et trop animés de l'amour du bien public pour ne pas s'empresser de répondre aux vues philanthropiques du gouvernement. Si quelques commissions y résistaient, sans justifier leur opposition, vous aviseriez aux moyens de vaincre leur refus de concours. Le règlement définitif de leurs budgets vous appartient, et cette attribution essentielle vous donne une action réelle, quoique indirecte, sur la gestion des biens.

» Je n'ai pas besoin de dire qu'à l'avenir *vous ne devrez, sous aucun prétexte, autoriser l'aliénation de rentes sur l'État*, lorsque l'établissement charitable aura des immeubles susceptibles d'être vendus; *vous n'autoriserez jamais non plus des acquisitions foncières, comme emploi* spéculatif de sommes disponibles, à moins que ce ne soit la condition expresse d'une donation ou d'un legs fait en argent. Enfin, si une commission, par ses préjugés ou son inertie, vous plaçait dans l'alternative de provoquer sa dissolution, ou de laisser se prolonger indéfiniment une mauvaise administration des biens, vous ne devriez pas balancer à prendre le premier parti, en m'adressant des propositions formelles.

» Je dois ajouter, et je vous invite à faire connaître aux commissions administratives, que j'ai résolu dès à présent, de ne point accorder de subventions ou secours aux établissements de bienfaisance qui, possédant des propriétés foncières, négligeraient le moyen, si naturel, d'augmenter leurs revenus ordinaires en aliénant ces propriétés. Je fais réviser en ce sens le travail de répartition du premier semestre de 1858, et beaucoup de demandes de secours seront probablement rejetées par suite de cet examen, ou du moins ajournées jusqu'à ce que j'aie reçu des explications satisfaisantes.

» Le gouvernement attachant une très-grande importance à la transformation qui fait l'objet de la présente circulaire, je suivrai attentivement, monsieur le préfet, le résultat de vos efforts dans votre département. A cet effet, vous m'adresserez, tous les trois mois, un état conforme au modèle ci-joint indiquant : 1° le nom des établissement charitables qui auront voté la vente d'immeubles pour employer le produit en achat de rentes sur l'État; 2° la nature, la contenance, l'évaluation et le prix de vente de ces immeubles; 3° le montant de la rente acquise et le taux du cours de la Bourse auquel elle aura été achetée; 4° enfin dans une colonne spéciale, l'étendue et la valeur des biens fonds restant à l'établissement et susceptibles d'être aliénés. Votre premier envoi devra me parvenir le 8 octobre prochain, au plus tard. Vous veillerez avec soin à ce que les états subséquents me soient adressés régulièrement dans les premiers huit jours de chaque trimestre, quand bien même vous n'auriez à constater aucune aliénation nouvelle; mais alors vous expliqueriez, dans la colonne d'observations, les causes de ce résultat négatif.

» Je n'ai pas à craindre qu'aucune précipitation regrettable soit apportée dans l'exécution de la mesure dont il s'agit; votre prudence et celle des commissions administratives me rassurent à cet égard. Mais je crois devoir vous recommander d'y apporter l'esprit de persévérance sans lequel les projets les plus utiles risquent d'avorter.

» Je compte donc, monsieur le préfet, sur vos efforts soutenus pour accomplir cette œuvre de transformation de la dotation immobilière de l'assistance publique. La part que vous y prendrez sera mise sous les yeux de l'Empereur, et je sais d'avance que Sa Majesté remarquera avec satisfaction ceux de MM. les préfets qui auront le plus contribué au succès d'une mesure dont le but est de soulager plus efficacement les malheureux.

» Vous voudrez bien m'accuser réception de la présente dès qu'elle vous sera parvenue. (1)

» Recevez, etc. »

---

(1) Avant d'engager l'avenir des hospices les commissions administratives feront sagement de peser les conséquences de l'acte auquel elles s'arrêteront, et de n'agir qu'après avoir mûrement réfléchi, l'administration les laissant, d'après les termes mêmes de la circulaire, libres de se prononcer. Les commissions trouveront donc dans la grandeur de la mission qui leur est confiée la force d'échapper à une influence qu'elles jugeraient contraire aux intérêts des hospices, mais lors que cet intérêt l'exigera elles devront s'occuper activement de la vente des immeubles qui seraient mal exploités et d'un revenu insuffisant pour les convertir en rentes sur l'État d'accord avec l'administration.

24 Aout 1858. — Circulaire de M. Delangle, ministre de l'intérieur, relative aux biens immeubles des hospices et à leur transformation en rentes sur l'État, et rendant à la circulaire du 15 mai son véritable esprit :

Monsieur le préfet,

La controverse soulevée par la circulaire du 15 mai, relative aux biens immeubles appartenant aux hôpitaux, hospices et bureaux de bienfaisance, n'est pas épuisée. On se demande quelle est la pensée de l'administration nouvelle, et mon silence est interprété par les uns comme une approbation, par les autres comme une désertion des mesures dont l'opinion publique s'est préoccupée. Il importe de mettre un terme à cette incertitude, et, en rassurant des intérêts à tort alarmés, de tracer aux agents de l'administration la voie qu'ils devront suivre.

Le gouvernement n'a jamais eu et ses ennemis seuls pourraient lui prêter la pensée de porter atteinte au droit sacré de la propriété. Il en est le gardien et le défenseur. Mieux que personne il comprend que si, en pareille matière, des distinctions étaient permises, la propriété des établissements de bienfaisance, patrimoine de la charité, destiné à consoler et adoucir les misères humaines, commanderait le respect à un plus haut degré que toute autre. Ce que le gouvernement ne veut pas faire directement, il en doit pas davantage le tenter par des voies obliques; il entend respecter, au même titre que la propriété elle-même, l'indépendance des commissions auxquelles est confiée l'administration des établissements charitables. Mais il abdiquerait son droit, il manquerait à ses devoirs de haute tutelle, s'il ne signalait à leur attention des réformes nécessaires, et s'il n'usait auprès d'elles, pour les y déterminer, de l'influence et de l'autorité légitimes qui lui appartiennent.

Quand on songe au but en vue duquel la charité privée a créé le patrimoine immobilier des pauvres, il est difficile de comprendre la vivacité des critiques adressées à la mesure qui tend à le transformer en rentes sur l'État. Est-ce qu'en effet le problème à résoudre n'est pas de faire participer le plus grand nombre possible d'infortunés au bienfait de l'assistance ? N'est-ce pas là ce que voulaient avant tout ceux dont la généreuse pitié a constitué la liste civile de bienfaisance ? Et comment y parvenir plus sûrement qu'en administrant les biens qu'ils ont donnés de façon à obtenir, sans compromettre le capital, la plus grande somme de revenus ?

Or, ce résultat, la rente sur l'État le donne avec certitude : accroissement d'intérêt, exonération à peu près complète des frais de gestion, sécurité, tous les avantages s'y rencontrent, et avec eux et par eux, le premier de tous, le moyen de soulager un plus grand nombre de misères. N'est ce donc pas méconnaître l'intention des bienfaiteurs du pauvre, n'est-ce pas manquer à l'humanité elle-même que de laisser, en face de richesses si faciles à féconder, des malheureux sans consolation et sans secours?

On oppose la stabilité de la propriété foncière comparée à la mobilité des valeurs destinées à la remplacer. Mais, sans examiner si la propriété foncière ne subit pas au même degré que la rente l'influence des crises ou des événements politiques, en quoi ces oscillations peuvent-elles atteindre ces établissements publics, dont le capital, même sous cette forme, est pour ainsi dire immobilisé ? Ce qui leur importe c'est le taux de l'intérêt, c'est le revenu de leur capital; or, il est invariable et à l'abri des mouvements de la Bourse.

Quant au capital, où lui trouver une assiette meilleure, une garantie plus large que le crédit même de l'État, et pour tout dire, comment un mode de placement recherché ardemment par les particuliers, jugé suffisant pour les incapables et les femmes mariées, serait-il, au nom de leur sécurité, repoussé par des établissements placés sous la tutelle de l'État, et dont, à certains égards, la vie se mêle à celle de l'Etat lui-même ?

N'est-il pas d'ailleurs contraire à la raison que certains de ces établissements puissent solliciter le gouvernement de leur venir en aide, lorsque l'insuffisance de leurs ressources aurait pour cause une immobilisation systématique de leur fortune, lorsque leurs revenus, assis sur une base différente, devraient subvenir et au-delà à leurs besoins ? Au lieu de grever les finances de l'Etat par les subventions, qu'ils se confient à son crédit et à sa fortune; que leur patrimoine se rattache, sans s'y confondre, à cette base puissante de la sécurité de tous : les malheureux, loin de souffrir de cette solidarité, n'en peuvent que tirer avantage.

Telles sont, Monsieur le préfet, les considérations qui recommandent la mesure en elle même. En faut-il conclure que tous immeubles des établissements charitables doivent être aliénés et transformés en rentes sur l'Etat ? Telle n'a jamais été la pensée de l'administration.

Deux raisons, entre autres, s'opposent à ce qu'il en soit ainsi :

La première, c'est que des propriétés foncières ont été données à charge d'inaliénabilité. Sans rechercher si cette condition était ou non légale, obligatoire, là où elle a été acceptée, elle doit être scrupuleusement accomplie.

La seconde, c'est qu'il n'y a pas d'intérêt à ce que des établissements dont la durée n'a pas de limites aliènent, sans nécessité, des immeubles gérés avec sollicitude et intelligence, cultivés avec zèle et dont le revenu, sans atteindre celui de la rente, ne diffère pas sensiblement du loyer de la propriété purement privée.

Mais il est des propriétés dont l'état matériel et le revenu accusent hautement, soit l'incurie des administrations, soit l'ignorance et l'apathie des fermiers. Qui ne sait que parmi les immeubles appartenant aux établissements de bienfaisance et dont la valeur vénale dépasse 500 millions, plusieurs ne donnent qu'un revenu de 1 et 1/2 et même 1 p. 100. Une propriété affermée 600 fr. n'avait-t-elle pas été vendue récemment moyennant le prix principal de 60,000 fr.?

Ici, des biens ruraux, faute de surveillance et de soins, s'épuisent entre les mains d'un fermier inintelligent et cupide; les pauvres y perdent un revenu sacré; l'État y perd des produits utiles, une richesse que la terre mieux traitée ne refuserait pas.

Là, des maisons tombent en ruine par l'incurie calculée d'un locataire, qui détruit ainsi le capital et le revenu.

L'utilité publique se confond avec l'utilité des établissements charitables, pour que des propriétés dans ces conditions ne soient pas conservées. Les aliéner, c'est les arracher à une immobilité stérile : c'est, en les faisant rentrer dans le mouvement qui donne la vie à tous les intérêts, accroître la richesse publique. C'est, en un mot, accomplir la plus salutaire et la plus désirable réforme.

Telle est donc, Monsieur le préfet, la règle que vous aurez à suivre; je la résume en deux mots :

S'agit-il de propriétés utilement exploitées, entretenues avec soin, présentant pour l'avenir des chances d'accroissement, ou que les donateurs ont grevées d'une clause d'inaliénabilité : les commissions administratives auront le droit d'en subordonner la conservation ou la vente à l'intérêt actuel des établissements dont la gestion leur est confiée.

S'agit-il, au contraire, de biens mal exploités, mal entretenus et dont l'amélioration imposerait des sacrifices considérables, ou encore d'immeubles dont le revenu ne suffit point aux besoins des établissements qui les possèdent, tandis que le prix, s'il était converti en rente, donnerait les ressources nécessaires : c'est votre devoir, parce qu'ainsi l'exige l'intérêt de ces établissements, d'en réclamer la transformation.

J'espère que ces observations, communiquées aux commissions administratives et aux conseils généraux, calmeront les susceptibilités qui se sont manifestées et qu'elles écarteront sans retour la fausse idée que, infidèle à son origine et à ses traditions, le gouvernement ne respecterait pas la propriété des établissements charitables.

Recevez, Monsieur le préfet, l'assurance de ma considération très distinguée.

---

26 Octobre 1858. — Circulaire du Ministre de l'intérieur, relative à la conversion du prix des biens immeubles des hospices en rentes sur l'État et à la *capitalisation* de tout ou partie *des arrérages de ces rentes.*

Monsieur le préfet, la circulaire du 15 mai dernier, relative à la transformation des biens immobiliers des établissements de bienfaisance en rentes sur l'État, porte que, pour obvier à la dépréciation du signe monétaire, on devra capitaliser le dixième des arrérages de ces rentes.

Il m'a été demandé :

1° Si les arrérages des rentes nouvelles à provenir de cette capitalisation devront se cumuler en entier, chaque année, avec le dixième des arrérages de la rente primitive, ou bien s'ils pourront être considérés et employés comme revenus ordinaires ;

2° Si, dans l'hypothèse du cumul intégral, la capitalisation devra s'opérer indéfiniment, ou si elle aura pour terme l'époque où la rente subirait une réduction.

Sur la première question, je pense, Monsieur le préfet, que le système d'une capitalisation restreinte n'obvierait qu'imparfaitement à la dépréciation des valeurs monétaires. En effet, même en supposant qu'on n'employât pas, comme revenus ordinaires, la totalité des arrérages des rentes nouvelles acquises, chaque année, au moyen de la capitalisation, et qu'on en réservât le 10e pour le réunir au 10e des arrérages de la rente primitive, l'accroissement du capital et du revenu, au bout de cinquante ans, ne dépasserait pas 28 p. 100. Or, cette proportion paraît insuffisante pour prémunir les établissements charitables contre leurs besoins futurs.

En cumulant, au contraire, la totalité des arrérages des rentes nouvelles avec le 10e annuel des arrérages de la rente primitive, pour les capitaliser ensemble, au fur et à mesure de leur échéance, on doublera, à peu près dans la même période de temps, le capital et le revenu. On ne doit pas hésiter à suivre ce dernier système, qui, par son application facile et ses résultats certains, est de nature à dissiper toutes les inquiétudes qu'a pu faire naître, à ce point de vue, le projet de conversion des biens immeubles de l'assistance publique en rentes sur l'État.

Quant à la seconde question, touchant la durée de la capitalisation, il n'est pas possible, Monsieur le préfet, de la résoudre dès à présent, ni de fixer à cet égard une règle uniforme pour tous les établissements charitables. En principe, on devra capitaliser aussi longtemps que les circonstances générales et la situation particulière de chaque établissement rendront nécessaire cette mesure de prévoyance.

C'est seulement dans des cas exceptionnels qu'on pourrait la suspendre ou même y renoncer, comme, par exemple, si les désastres d'un incendie exigeaient l'emploi immédiat de toutes les ressources disponibles, ou, dans une hypothèse bien différente, si des libéralités faites à un établissement étaient tellement importantes, eu égard à ses besoins ordinaires, qu'on n'eût plus de motifs de s'inquiéter de son avenir financier; mais ces exceptions seront rares, et d'ailleurs, lorsqu'elles se présenteront, vous les mentionnerez dans vos rapports trimestriels pour me mettre à même de vous adresser des instructions spéciales.

Je vous prie de m'accuser réception des présentes instructions et d'en donner connaissance aux commissions administratives des établissements de bienfaisance de votre département.

Recevez, Monsieur le préfet, l'assurance de ma considération distinguée.

APPENDICE

EXPOSÉ DES MOTIFS du projet de loi sur l'organisation du Notariat, présenté au Corps législatif par M. Réal, Conseiller d'État, rapporteur dans la séance du 14 Ventôse an XI.

TABLEAU DES CONTRAVENTIONS NOTARIALES, des amendes auxquelles elles sont assujetties, des nullités et peines qu'elles entraînent.

NOTE BIBLIOGRAPHIQUE SUR LE NOTARIAT.

EXPOSÉ

DES MOTIFS DU PROJET DE LOI

SUR L'ORGANISATION DU NOTARIAT,

PRÉSENTÉ AU CORPS LÉGISLATIF,

PAR LE CONSEILLER D'ÉTAT RÉAL.

(Séance du 14 ventôse an XI.)

Législateurs,

Pour établir sur des bases inébranlables le droit de propriété, la liberté civile et le repos des familles, ce n'est pas assez d'avoir institué des tribunaux chargés de prononcer sur les différends que l'intérêt fait naître ; d'avoir placé dans chaque canton, et pour ainsi dire auprès de chaque famille, un conciliateur, un juge de paix, dont la principale fonction est d'assoupir à leur naissance toutes les contestations : ce n'est point assez qu'à ces deux garanties de la tranquillité publique, le rétablissement des cultes ait ajouté l'intervention puissante du ministre qui, au nom de la Divinité, invite les hommes aux sacrifices mutuels qui maintiennent la concorde. Une quatrième intervention est nécessaire ; et, à côté des fonctionnaires qui concilient et qui jugent les différends, *la tranquillité appelle d'autres fonctionnaires, qui, conseils désintéressés des parties, aussi bien que rédacteurs impartiaux de leurs volontés, leur faisant connaître toute l'étendue des obligations qu'elles contractent, rédigeant ces engagements avec clarté, leur donnant le caractère d'un acte authentique et la force d'un jugement en dernier ressort, perpétuant leur souvenir et conservant leur dépôt avec fidélité, empêchent les différends de naître entre les hommes de bonne foi, et enlèvent aux hommes cupides, avec l'espoir du succès, l'envie d'élever une injuste contestation. Ces conseils désintéressés, ces rédacteurs impartiaux, cette espèce de juges volontaires qui obligent irrévocablement les parties contractantes, sont les notaires : cette institution est le notariat.*

Cette institution, telle qu'elle est connue en France, est toute moderne : elle n'offre que quelques points d'imparfaite ressemblance avec le collége des tabellions de Rome, et n'en présente aucune avec la profession de ceux qui, connus chez les Romains sous la désignation de *notarii*, ont donné leur nom à notre moderne institution. Ceux-ci n'étaient que de simples copistes dont pouvait se servir le tabellion; mais les notes, les actes, les engagements que dictaient, rédigeaient et conservaient les uns et les autres, n'étaient toujours que des écrits privés : leur présence et leur signature ne donnaient point à leurs actes, comme à ceux de nos notaires, le caractère de l'autorité publique.

La nécessité de l'ordre actuel fut sentie par Charlemagne; et dans ses *Capitulaires*, en désignant sous les noms de *Judices chartularii* les notaires qu'il voulait créer, il donnait, par cette précise et énergique dénomination, la véritable définition du notaire actuel, de ce juge volontaire, dont la présence et la signature impriment, aux actes passés devant lui, le caractère, la force et les effets d'un jugement en dernier ressort.

Le régime féodal, les invasions, les guerres et l'ignorance, qui affligèrent la France sous les règnes suivants, condamnèrent à l'oubli les *Capitulaires* de Charlemagne. L'idée qu'il avait conçue du notariat ne reçut point d'exécution ; et cette institution, comme presque toutes les autres conceptions de ce grand homme, furent, pour ainsi dire, ensevelies dans sa tombe, et y restèrent oubliées pendant plusieurs siècles.

Enfin Louis IX parut. Il trouva toutes les parties du gouvernement dans la plus complète anarchie : le droit de rendre la justice s'adjugeait avec les autres parties du domaine; et le dernier enchérisseur devenait en même temps receveur du domaine et juge : il percevait, comme receveur, les amendes et confiscations qu'il prononçait comme juge; et le greffe et le notariat faisaient partie de l'adjudication ; sous un pareil régime toutes les idées de justice, de sûreté et de propriété étaient anéanties.

Louis IX voulut changer cet état de choses ; et pour arriver à un meilleur ordre, il fallut bien que le droit de juger cessât d'être mis à l'enchère. Il nomma le prévôt, ne lui laissa d'autre soin que celui de rendre justice. Un receveur fut chargé de l'administration du domaine, et, pour compléter cette grande réforme, il créa soixante notaires chargés de recevoir les actes de la juridiction volontaire, et de donner à ces actes le caractère de l'autorité publique.

Tous les historiens s'accordent à reconnaître que ce fut à l'époque de ces salutaires établissements, que l'on connut à Paris ce que c'était que justice, propriété, et liberté civile.

La prévôté de Paris fut la seule qui éprouva alors ces salutaires réformes ; c'était la seule où ce grand homme pût mettre à exécution ses projets de réforme et d'amélioration : partout ailleurs l'intérêt de ses vassaux, conservateurs si jaloux des droits si évidemment usurpés, paralysait sa bonne volonté ; mais cette grande expérience faite à Paris, ses résultats heureux, rapides, incontestables, firent bien plus que n'aurait pu faire une loi qui aurait étendu et généralisé la réforme.

Louis IX fit, dans cette circonstance, ce qu'il a constamment pratiqué : ne pouvant commander la réforme générale par une loi, il la conseilla et la détermina par l'exemple : et c'est sans doute à cette manière particulière d'administrer par des faits, par des institutions proposées pour modèles, que les actes de son administration doivent le nom qui les caractérise si bien, celui d'*établissements de Saint-Louis*.

Les espérances que Louis IX avait conçues de l'établissement de ces soixante notaires, ne furent point déçues. Philippe IV établit, dans tous ses domaines, des notaires créés à l'instar de ceux de Paris, exerçant les mêmes fonctions, imprimant à leurs actes le même caractère ; et, dans peu d'années, cette institution fut adoptée dans toute la France.

Bientôt après, quelques lois bursales établirent, à côté des notaires, des tabellions, des gardes-notes et autres officiers, dont l'existence surabondante, momentanément utile au trésor public, portait un grand préjudice à l'institution.

Enfin Henri IV, par son édit de mai 1597, fit cesser tous ces abus. Il réunit à son domaine et supprima tous ces offices dont le royaume était surchargé : il créa de nouveaux officiers ; et, réunissant dans les mêmes mains des fonctions inutilement divisées, il institua ces nouveaux officiers sous le titre de *notaires, tabellions, gardes-notes*. C'est sous ce nom, c'est avec les attributions dont les avait investis *Louis IX*, que ces officiers existaient au moment où la Constituante s'occupa du notariat.

Dans son décret du 29 septembre, sanctionné le 6 octobre 1791, la Constituante, après avoir aboli la vénalité et l'hérédité des offices royaux de notaires, tabellions et autres, et supprimé les offices des notaires seigneuriaux, apostoliques et autres du même genre, créa de nouveaux *notaires publics*, détermina les attributions, fixa leurs ressorts respectifs, régla de quelle manière ils seraient institués ; conserva, par des dispositions transitoires, tous les notaires qui se trouvaient en exercice au jour de la publication de la loi ; prescrivit de sages dispositions pour le dépôt et la conservation des minutes ; rappela quelques règlements relatifs à la forme des actes ; créa la nouvelle forme suivant laquelle, on pourvoit encore aujourd'hui aux remplacements que les circonstances exigent, et enfin fixa le prix du remboursement des offices supprimés.

La majeure partie des dispositions que contient cette loi, et notamment toutes celles relatives aux attributions des notaires, à la forme des actes, au dépôt et à la conservation des minutes, sont dictées par la sagesse, méritent d'être conservées, et se trouveront dans le projet que nous vous présentons.

Mais la même loi contient des dispositions nouvelles, bonnes peut-être, même nécessaires dans des circonstances où la loi fut rendue, mais dont une expérience de plus de dix années a démontré la faiblesse, l'inconvenance ou l'inutilité : de ce nombre sont toutes celles relatives à la nouvelle forme introduite pour le remplacement des notaires.

Quelques autres dispositions de cette loi n'étaient plus, depuis longtemps, d'accord avec les intentions qui l'ont suivie, et doivent disparaître de cette législation.

Ces considérations seules suffisaient sans doute pour exiger de la sollicitude du gouvernement la réforme de la loi d'octobre 1791 ; mais les lacunes que l'on apercevait dans cette loi, les abus qui ont suivi sa publication, abus plus graves et plus nombreux peut-être que ceux auxquels elle avait remédié ; la nécessité de mettre un frein à l'intérêt personnel, qui foulait aux pieds toutes les dispositions relatives aux résidences, et d'arrêter cette création nouvelle et répétée sans cesse, cette surabondance de places de notaires, portée bien au delà du besoin, et qui ne peut tourner qu'à l'avilissement de l'institution et au désavantage des administrés ; tout faisait un devoir de présenter, non pas une réforme de la loi subsistante, mais un code complet qui opposât à l'immoralité, des moyens de répression plus efficaces sans être plus sévères ; qui se conciliât davantage avec les idées bien appréciées du respect dû à la propriété, et qui fût enfin en harmonie parfaite avec les institutions qui nous régissent aujourd'hui.

La nécessité de cette loi complète avait été proclamée par le Directoire, par les législatures de l'an VI et l'an VII, ainsi que par les commissions législatives créées après la journée régénératrice du 18 brumaire an VIII.

Dès le 18 nivôse an VI, un message du Directoire demandait une prompte organisation du notariat. Le 23 germinal suivant, un projet de résolution fut présenté au conseil des Cinq-Cents. Le 12 prairial an VII, la commission des Anciens proposa l'adoption de cette résolution : quelques articles défectueux la firent rejeter.

Un nouveau projet amendé fut présenté au Conseil des Cinq-Cents, le 13 thermidor an VII, et converti en résolution. Le 13 brumaire an VIII, une commission spéciale en proposa l'adoption au Conseil des Anciens. L'urgence fut même décrétée ; l'adoption paraissait certaine, elle fut suspendue par la révolution du 18. Le 29 du même mois, la commission des Anciens, ayant rejeté l'urgence, la résolution resta sans exécution.

Mais ces différents projets, les rapports qui les ont précédés, les discussions auxquelles ils ont donné lieu, ont été, pour le gouvernement, une source d'utiles et précieux matériaux, dans laquelle il a puisé la presque totalité des dispositions que vous retrouverez dans le projet de loi que nous avons l'honneur de vous présenter.

Dans l'exposé rapide que nous allons tracer de ses principales dispositions, nous vous ferons remarquer les différences importantes qui se trouvent entre la loi existante, les projets présentés aux dernières législatures, et le projet soumis à votre sanction. Nous vous exposerons sommairement les motifs qui ont provoqué ces différences, ainsi que les raisons des innovations jugées nécessaires.

Le projet que nous présentons est divisé en trois titres.

Le premier, qui traite des notaires et des actes notariés, est divisé en deux sections. La première définit les fonctions, fixe le ressort, et établit les devoirs des notaires. Ce sont des « fonctionnaires publics établis pour recevoir tous les actes et contrats auxquels les parties *doivent* (1) ou *veulent* faire donner le caractère d'authenticité attaché aux actes de l'autorité publique, et pour en assurer la date, en conserver le dépôt, en délivrer des grosses et des expéditions. »

---

(1) Ces mots *doivent* ou *veulent* indiquent qu'il y a des actes qui exigent nécessairement pour leur validité le ministère des notaires et d'autres qui n'en ont pas besoin et qui peuvent alors être rédigés sous signatures privées.

Nous allons énumérer ici les actes et contrats auxquels les parties *doivent* faire donner le caractère d'authenticité par le ministère des notaires, nous mentionnerons la loi, l'ordonnance ou le décret en vertu desquels ceux-ci doivent les recevoir ; cette indication sommaire, résumera et complètera au besoin la nomenclature des lois, décrets, ordonnances contenus ou cités dans la première partie de ce manuel.

Les actes et contrats qui doivent être nécessairement passés devant notaires, sont :

Les acceptations de donation, (C. Nap. 932 et L. 21 juin 1843.)

Les actes respectueux, (C. Nap. 154, idem.)

Les actes de notoriété, pour rectification d'erreurs de noms dans les inscriptions sur le grand livre, (L. 8 fruct., an 5, art. 1 ; L. 28 floréal. an 7, art. 6.)

Les comptes et partages avec des mineurs, (C. N. 828 ; C. pr. 976.)

Les baux des biens des communes (ord. 7 oct. 1818), des hospices et autres établissements (déc. 12 août 1807) ou des biens des fabriques (déc. 3 déc. 1809), des biens affectés à la légion d'honneur (arr. 23 mess., an 10,) des lieux destinés au débit ou au dépôt des boissons (déc. 5 mai 1806).

Les consentements à mariage, (C. N. 73.)

Les constitutions d'hypothèques, (C. N. 2127.)

Les certificats de propriété, pour transférer une rente sur l'État, (L. 28 floréal, an 7, art. 6,) ou pour le remboursement du cautionnement d'un titulaire (déc. 18 sept. 1806), ou pour l'obtention, par les veuves de militaires et orphelins, des arrérages de pension échus ou de secours. (ordon. 16 oct. 1822.)

Les certificats de vie, (D. 21 août 1806 et ord. 6 juin 1839.)

Les consentements soit à l'ordination d'un mineur de vingt-cinq ans, (déc. 28 fév. 1810,) soit au noviciat d'une mineure de vingt-et-un ans. (déc. 18 fév. 1809, art. 7.)

Les cessions de brevets d'invention, (L. 5 juillet 1844, art. 20), après le paiement de la totalité de la taxe fixée par l'art. 4 ; ces cessions ne sont valables, à l'égard des tiers, qu'après avoir été enregistrées au secrétariat de la préfecture du département dans lequel l'acte aura été passé, sur le dépôt d'un extrait authentique de l'acte de cession ou mutation.

Les contrats de mariage, (C. N. 1384, 1394.)

Les actes qui rétablissent la communauté, (C. N. 1451), par le consentement des époux après la séparation de corps ou de biens.

La constitution de société anonyme, C. C. Com. 40.)

Par l'article 2, *ils sont institués à vie*. Cette disposition fut reconnue nécessaire par la Constituante, lors même qu'elle prononçait que les juges n'auraient que des fonctions temporaires ; à plus forte raison, doit-on la maintenir aujourd'hui, qu'elle s'applique aux juges comme aux notaires.

Et, s'il est une circonstance où l'institution à vie ne présente aucun inconvénient, c'est sans doute lorsqu'elle s'applique au notaire. Quoiqu'il soit nommé à vie, il est à chaque instant soumis à un choix, à une véritable élection, dans laquelle l'électeur, parfaitement libre, ne peut être déterminé dans son choix que par une probité et des talents dont il aura fait l'expérience, ou qui lui auront été attestés par la voix publique.

L'article 4 prononce que « chaque notaire devra résider dans le lieu qui lui sera fixé par le gouvernement. En cas de contravention, le notaire sera considéré comme démissionnaire; en conséquence, le Grand Juge, ministre de la justice, après avoir pris l'avis du tribunal, pourra proposer au gouvernement le remplacement. »

Le fond de cette disposition se trouve dans toutes les lois anciennes : on la revoit dans la loi d'octobre 1791, et dans les projets soumis aux deux conseils. L'abus que cette disposition veut réprimer est, pour ainsi dire, aussi ancien que l'institution. Sous l'ancien régime, il fut la source d'une foule de procès : les troubles de la révolution permirent à cet abus de se développer avec une nouvelle énergie; tous les points de la république, et même la capitale, offrent des preuves d'atteintes multipliées, portées, par cet abus, à la propriété. Toutes les lois dont nous avons parlé, ont prononcé des peines contre leur infraction; mais, ou ces peines n'étaient point assez fortes pour les arrêter, ou ces lois étaient facilement éludées : la disposition de l'article 4 du projet offrant une peine puisée dans la nature du délit, ne pouvant être facilement éludée, offrant un moyen facile et rapide d'exécution, écartant cependant toute idée d'arbitraire par l'intervention du tribunal, fera disparaître cet abus, et l'empêchera de renaître.

L'article 5 détermine les divers ressorts dans lesquels les notaires peuvent exercer. D'après cet article, les notaires des villes où est établi le tribunal d'appel exerceront dans l'étendue du ressort de ce tribunal. Ceux des villes où il n'y a qu'un tribunal de première instance, exerceront dans le ressort de ce tribunal. Enfin, ceux des autres communes exerceront dans l'étendue du ressort du tribunal de paix.

Cette disposition, qui se rapproche un peu des anciens usages, contrarie les dispositions analogues qui se trouvent dans la loi d'octobre 1791, et dans les projets soumis aux deux législatures.

L'article 11 de la 2e section du titre 1er de la loi d'octobre 1791, l'article 26 du dernier projet adopté par les Cinq-Cents, et l'article 24 du projet présenté à la commission législative des Anciens, « défendent aux notaires établis dans un département, d'exercer leurs fonctions hors des limites des départements dans lesquels ils se trouveront placés, mais permet à tous les notaires du même département d'exercer concurremment entre eux, dans toute son étendue. »

D'après ce système, le notaire de la plus petite commune, pourvu qu'il conservât l'apparence de la résidence dans le lieu de son établissement, pouvait venir dans les grandes villes exercer ses fonctions en concurrence avec les notaires qui y étaient fixés; et, d'un autre côté, le notaire de Paris, par exemple, ne peut recevoir un acte à trois lieues de cette capitale.

L'effet presque nécessaire de la seconde partie de cette disposition était d'inviter les notaires à violer ou à éluder la loi relative à la fixation des résidences : d'autres abus graves y prenaient naissance.

Sans doute il fallait anéantir les privilèges, et circonscrire les ressorts exagérés, accordés sous l'ancien régime aux notaires trop favorisés de Paris, d'Orléans, de Montpellier et quelques autres lieux, qui pouvaient instrumenter par toute la France, et qui, par l'attribution du scel, attiraient à la juridiction dont ils dépendaient toutes contestations qui pouvaient naître relativement à l'exécution des actes qu'ils avaient reçus; mais on pouvait faire disparaître cet abus sans tomber dans l'abus contraire.

Il faut d'abord reconnaître que, si l'étude des lois, si la lecture des bons auteurs, sont des éléments nécessaires à l'instruction de l'homme qui se destine au notariat, la perfection de cette instruction le seul moyen de l'utiliser par l'application, dépend essentiellement, je dirai presque uniquement de l'expérience ; et, par conséquent, l'instruction sera incontestablement plus grande, et le talent sera plus parfait, là où les affaires seront plus avantageuses, plus variées, et où le commerce et une population forte, compliquant les intérêts, présenteront dans les transactions, des questions plus délicates à traiter, plus difficiles à résoudre.

Il faut reconnaître une seconde vérité, qui n'est que le corollaire et la conséquence nécessaire de la première; c'est que le notaire d'une campagne où il ne se présente qu'un nombre très-borné, et, pour ainsi dire, qu'une seule espèce d'affaires, n'aura point les talens et l'expérience exigés pour les transactions difficiles et compliquées qui ont lieu entre les habitants des grandes communes.

Ainsi des affaires plus difficiles exigeant une instruction plus parfaite, la nature des choses condamne la concurrence, et la loi doit, dans la distribution des ressorts qu'elle donne aux notaires, établir une

---

Les déclarations de gérants de sociétés en commandite constatant la souscription de la totalité du capital social et le versement du 1/4 des actions souscrites, pour constituer une société en commandite, (L. 17 juillet 1856, art. 1.)

Les décharges à donner aux monts-de-piété, (D. 27 juillet 1805, art. 69,) avec le cautionnement d'une personne solvable, pour retirer les objets engagés ou le *boni* résultant de la vente des objets déposés, quand la reconnaissance a été perdue.

Les déclarations de command, (L. 22 frim., an 7, art. 68; 28 avril 1816, art. 24.)

Les déclarations des titulaires de cautionnement au profit des bailleurs de fonds, (déc. 21 déc. 1812.)

Les actes de dépôt par ordonnance des *testaments olographes*, (C. N. 1007.)

Les donations et les procurations pour les faire et pour les accepter, (C. N. 931, 933.)

Les échanges de biens de l'État ou de la couronne, (déc. 11 juillet 1812, ord. 12 déc. 1827.)

Les inventaires, (L. 6 mars 1791, art. 10), excepté ceux dressés en cas de faillite, (C. Com. 486.)

Les mainlevées d'hypothèques, (C. N. 2158.)

Les actes d'opposition au mariage, (C. N. 66.)

Les procurations pour désaveu, (C. p. 353.)

Les procurations pour se faire représenter aux actes de l'État civil (C. N. 36.)

— pour s'inscrire en faux, (C. pr. 218, L. 15 avril 1829, art. 56.)

— pour récuser un juge, (C. pr. 384,) ou le prendre à partie, (C. pr. 511.)

— pour toucher les rentes ou pensions sur l'État, (ord. 1er mars 1816, 13 oct. 1819.)

— pour vendre les rentes sur l'État, actions de la banque, actions et obligations des compagnies de chemin de fer, etc.

Les reconnaissances d'enfant naturel, (C. Nap. 334 et les *procurations* à cet effet, L. 21 juin 1843.)

Les liquidations et partages avec des absents, mineurs et interdits, (C. N 828, C. pr. 976).

Les partages anticipés d'ascendants, (C. N. 1076.)

Les procès-verbaux de carence, après décès, (L. 27 mars 1791.)

Les quittances de paiement avec subrogation (C. N. 1250.)

La quittance de paiement des droits et reprises de la femme après séparation de biens, (C. N. 1444.)

Les révocations de testament autre que celles faites en la forme olographe, (C. N. 1035.)

Les suscriptions de testaments mystiques. (C. N. 976.

Les testaments autres que le testament olographe, (C. N. 971-976.)

Les ventes par adjudication des coupes de bois de haute-futaie, (L. 5-11 juin 1851.)

Les notaires sont aussi chargés de certifier l'individualité des parties, la vérité de leurs signatures et celles des pièces produites, notamment dans le cas de vente et transfert d'une inscription départementale de rente à défaut d'un agent change, lors de l'émargement sur le grand livre auxiliaire et de la déclaration de transfert reçue sur les registres tenus par le receveur général. — Ord. 14 avril 1819, art. 6.

Et aussi dans le cas ou des personnes veulent faire usage de la correspondance télégraphique privée, (L. 17 juin 1852.)

différence proportionnée à la différence qu'elle suppose dans l'instruction.

Et lorsque la Constituante établissait entre les notaires, nécessairement inégaux en lumières et en expérience, une concurrence égale, non seulement elle exagérait, mais, dans le fait, elle blessait les principes de la bonne égalité.

Le principe consacré par l'art. 5 ne fait donc autre chose que rétablir l'égalité des droits, et qu'énoncer une vérité qui ne peut être méconnue.

Les motifs qui interdisent aux notaires des petites communes le droit d'exercer dans les grandes villes, permettent évidemment aux notaires des grandes villes d'exercer dans les résidences inférieures. La concurrence, dans ce cas, est toute à l'avantage des administrés, et au profit des lumières et de l'instruction.

D'autres motifs d'ailleurs conseillent et exigent pour les grandes villes, et notamment pour Paris, un ressort plus étendu que celui fixé par la loi du 6 octobre 1791. En effet, les affaires qui se traitent au chef-lieu ont presque toujours des suites dans les résidences inférieures; et, pour qu'il y ait un parfait accord dans les détails, pour que les opérations relatives, par exemple, à une seule succession, ne soient pas scindées en vingt parties, par l'intervention inutile ou dangereuse de vingt officiers différents, il faut, autant qu'il est possible, que tout soit dirigé par le même esprit, par le même officier.

D'un autre côté, un particulier faisant un séjour momentané dans une résidence inférieure, où il est retenu par une maladie grave, peut, par des motifs sages, ne pas vouloir se confier au notaire de la résidence, et cependant n'être pas en état de se transporter ailleurs. Suivant l'usage, ce particulier a, dans son notaire, son conseil, le dépositaire de ses secrets, de sa fortune, l'homme qui connaît souvent mieux que lui l'ensemble et le détail de tous ses intérêts : pourquoi priver inutilement cet homme de la plus grande consolation d'un mourant, celle de dicter des volontés qui seront bien entendues, bien appréciées, fidèlement rendues par le seul homme qui, depuis vingt ans, mérita sa confiance ?

Appliquée aux habitants des grandes villes, et surtout aux nombreux habitants de Paris, la disposition de la loi du 6 octobre, qui resserrait le ressort dans les limites du département, était d'une souveraine injustice. Les habitants de la capitale sont propriétaires de tous les monuments qui, dans un rayon de vingt lieues, environnent cette grande cité. Les premières autorités ont des habitations hors des limites du département.

Et parce que des considérations purement politiques ont déterminé la Constituante à renfermer le département de la Seine dans une circonférence de quatre lieues de diamètre, faudra-t-il condamner l'immense quantité des habitants de Paris, que leur santé ou leur intérêt force à un séjour habituel au-delà de ces limites resserrées, à ne pouvoir, en cas de nécessité, recourir aux lumières des hommes qui ont leur confiance, ou les forcer à consentir des faux matériels qui, aujourd'hui inaperçus, peuvent, étant un jour relevés et prouvés, renverser leur fortune, porter le trouble dans les familles, et le ravage dans les successions ?

Ces considérations, n'en doutons pas, ont dû frapper les auteurs de la loi de 1791 et des projets que j'ai analysés ; mais des obstacles, qui ne subsistent plus, ont dû paralyser leur volonté. A l'époque où la loi de 1791 fut promulguée, à l'époque où les projets des dernières législatures furent adoptés, il n'existait d'autre démarcation judiciaire que celle des tribunaux de district, et d'autre démarcation civile que celle des départements ; et la Constituante avait choisi le ressort qui présentait plus d'étendue. Le même esprit qui la conduisit dans ce choix l'aurait sans doute conduite à former des classifications, et peut-être à donner aux notaires des grandes villes le ressort que le projet leur accorde, si, comme aujourd'hui, des tribunaux d'appels eussent existé.

La 2e section traite des actes des notaires, de leur forme, des minutes, grosses, expéditions et répertoires. Cette partie du titre 1er ne contient point de disposition nouvelle ; il a l'avantage de rassembler, dans un petit nombre d'articles, les dispositions relatives à la matière, qui se trouvaient éparses dans une multitude de lois anciennes et modernes.

Et, pour ne nous arrêter qu'aux dispositions importantes que cette section renferme, l'art. 9 établit, en règle générale, « que les actes seront reçus par deux notaires, ou par un notaire assisté de deux témoins. »

L'art. 11 veut que « l'état et la demeure des parties soient connus des notaires, ou leur soient attestés dans l'acte par deux citoyens connus d'eux, et ayant les mêmes qualités que celles requises pour les témoins instrumentaires. » Exiger davantage eût été interdire aux notaires de prêter leur ministère dans un nombre infini de circonstances, et réduire, en particulier, les notaires des villes frontières à l'impossibilité presque absolue de recevoir aucun acte.

L'art. 19 prononce « que tous les actes notariés feront foi en justice, et seront exécutoires dans toute l'étendue de la République. » Et, par cette disposition, la loi constitue véritablement le notariat, en donnant aux actes que le notaire reçoit, le caractère et la force que la loi donne aux jugements qui sont passés en force de chose jugée.

Mais, pour éviter les interprétations forcées que l'on pourrait donner à ce principe véritablement conservateur de la tranquillité des familles et de la propriété ; pour empêcher qu'il ne puisse, dans la main d'un faussaire, être une arme dont rien ne pourrait arrêter les funestes effets, le projet présente la disposition suivante « néanmoins, en cas de plainte en faux principal, l'exécution de l'acte argué de faux sera suspendue par la déclaration du jury d'accusation, prononçant *qu'il y a lieu à accusation;* en cas d'inscription de faux, faite incidemment, les tribunaux pourront, suivant la gravité des circonstances, suspendre provisoirement l'exécution de l'acte. »

L'exception circonscrite ainsi dans des limites très-bornées, loin de porter au principe la plus légère atteinte, lui donne, au contraire, une nouvelle énergie : elle lui laisse toute sa force, en le dégageant de tous les abus qu'on en pourrait faire. Cette disposition est aussi bien applicable au prétendu titre qui paraîtrait sous la forme d'un jugement, qu'à celui qui emprunterait la forme des actes de notaires. Le législateur qui voudrait qu'un acte quelconque, évidemment, matériellement faux, reçut toujours son exécution provisoire, donnerait au faussaire le plus audacieux et le plus impudent, le droit de bouleverser provisoirement toutes les fortunes : ce serait bien alors qu'il n'existerait plus de propriété. D'un autre côté, le législateur indiscret et trop facile qui voudrait que l'exécution de toute espèce d'acte fût de droit suspendue, à l'instant où il serait argué de faux, prêterait des armes bien dangereuses à la mauvaise foi, ébranlerait toutes les transactions, et laisserait toutes les propriétés incertaines.

La disposition présentée évite ces deux extrêmes; elle distingue le faux principal du faux incident, parce qu'ils sont jugés par des tribunaux différents. Tant que le jury d'accusation n'a point prononcé, l'acte contre lequel il y a plainte en faux doit s'exécuter ; mais il y aurait de l'absurdité à ordonner l'exécution provisoire, après que le jury spécial aurait admis l'accusation, et aurait, par conséquent, jugé qu'il y a probabilité légale que le faux existe. Lorsqu'il s'agit d'un faux incident, la loi doit s'en rapporter à la prudence du tribunal; mais, pour qu'il puisse prononcer, elle veut que l'*inscription en faux* existe : et les dommages-intérêts auxquels cette *inscription* donne ouverture, nous garantissent déjà que cette ressource offerte à la bonne foi ne donnera naissance à aucun abus : mais cette *inscription en faux* ne suffira point : elle ne forcera point la volonté du tribunal, qui ne devra prononcer la suspension qu'autant qu'il y sera d'ailleurs déterminé par la gravité des circonstances.

Ce titre 2 traite du *régime du notariat*. Ce titre est divisé en quatre sections. Dans la première, le législateur s'occupe du nombre, du placement et du cautionnement des notaires. Dans la seconde, il déterminera les conditions d'admission, et le mode de nomination au notariat. Dans la troisième, il parle des chambres de discipline et des suites des suspensions, destitutions, ou remplacements prononcés. La quatrième section règle tout ce qui est relatif à la garde, transmission, table des minutes et recouvrements.

L'art. 31 (1re section), ordonne : 1o que le nombre des notaires sera déterminé ; 2 que la fixation sera faite par le gouvernement ; et, pour base principale de cette fixation, le même article propose la population.

La Constituante avait reconnu qu'il y aurait des inconvénients graves à ne point limiter le nombre des notaires : « L'on verrait bientôt, disait le rapporteur, s'accroître outre mesure cette classe de fonctionnaires, qui ne serait bientôt plus qu'un rassemblement d'hommes médiocrement éclairés, se disputant peu la confiance, mais le produit de la confiance de leurs concitoyens, et tous trop rarement employés pour être satisfaits d'un légitime salaire. »

Mais, en consacrant le principe qu'il fallait limiter le nombre des notaires, la constituante n'se trouvait pas en état de pouvoir établir pour la limitation, aucune base fixe et généralement applicable à toutes les parties de la France ; et elle attendit, pour prendre une détermination, des instructions, des renseignements, et des demandes particulières, qui devaient être fournis par divers départements, et qui n'arrivèrent point.

Parmi les troubles qui suivirent, non seulement ces instructions, ces renseignements attendus par la Constituante n'ont point été fournis aux législatures suivantes ; mais, dans l'exécution, cette partie de la loi sembla être anéantie ou tombée en désuétude ; et le nombre des notaires qui existait alors, et qui était déjà reconnu trop considérable, loin de diminuer, s'augmenta d'une manière exagérée. Des renseignements assez exacts portent aujourd'hui à plus de treize mille le nombre des notaires qui exercent dans tous les départements de la république; et, sur ce nombre, il y en avait déjà, au premier ventôse, huit mille cent vingt-huit qui avaient déposé leur cautionnement à la caisse d'amortissement.

Le gouvernement, qui a déjà ces éléments généraux, en obtiendra de plus particuliers, et les combinera avec ceux que la loi lui donne pour règle principale. Les connaissances déjà acquises permettent de penser qu'en respectant les limites que la loi aura tracées, le gouvernement pourra déterminer une fixation assez étendue pour qu'elle suffise aux besoins des administrés, mais assez limitée pour que l'homme probe et instruit, qui voudra se livrer aux longues études que l'état de notaire exige, puisse le faire avec l'espoir d'y trouver une honnête existence.

Mais, en posant cette règle, en donnant ces espérances d'un ordre de choses plus parfait, le législateur est trop jaloux conservateur de la tranquillité publique et du droit sacré de la propriété, pour ne pas annoncer en même temps, par l'article qui suit immédiatement, que les suppressions ou réductions de places ne seront effectuées que par mort, démission ou destitution.

Le gouvernement actuel, tout en s'occupant des générations à venir, n'a garde de sacrifier les intérêts et le repos de la génération présente; voulant faire le bien sans secousse, il le fait avec discrétion ; il ne craint point d'associer le temps à des travaux que le temps doit consolider.

L'art. 33 contient deux dispositions importantes Par la première, il prononce que *les notaires exercent sans patente*. Cette disposition est le rétabli sement d'une disposition pareille que prononçait l'art. 16 de la sect. 2 du tit. 2 de loi d'oct. 1791 ; elle est la conséquence nécessaire de la disposition contenue en l'art. 1er, qui définit le notaire *un fonctionnaire public*, établi pour donner aux actes qu'il reçoit le caractère d'authenticité attaché aux actes de l'autorité publique ; c'est le *judex chartularius* des *Capitulaires*.

Par la seconde disposition, *les notaires continuent d'être assujétis à un cautionnement*. Pour justifier cette disposition, pour prouver de plus en plus que ces cautionnements, que la tranquillité publique exige, n'ont rien de commun avec le prix des offices, il suffit de rappeler que ce sont les mêmes hommes qui ont aboli la vénalité des charges ; que c'est dans la même loi où la vénalité des offices de notaires a été anéantie; que cette garantie, inconnue alors, fut spécialement créée pour le notariat.

« Ils sont destinés à remplir des fonctions trop importantes, pour que rien ne garantisse à la société la réparation de leurs erreurs, et, même autant qu'il est possible, celle de leurs prévarications.

« Donnés aux citoyens comme instrument de leur volonté, les notaires sont comptables envers tous de la vérité des actes qu'ils souscrivent. Ils sont les conservateurs des traités les plus précieux des familles, les dépositaires de tous leurs intérêts. Sous cet aspect, l'immense responsabilité de ces officiers est sans doute peu facile à évaluer, ou plutôt elle est inappréciable, si l'on veut parcourir toutes les chances où elle peut être exercée. »

Comme la Constituante, le gouvernement a consulté les convenances raisonnables, persuadé comme elle « que la fixation de ces sortes de garanties ne peut jamais être qu'arbitraire par la nature des choses, et que, s'il existait des bases certaines pour l'établir, elles donneraient des résultats impossibles à réaliser. »

Mais en adoptant les motifs de la Constituante, le gouvernement, dans le projet qu'il vous adresse, s'est écarté des résultats qu'elle avait présentés. La disposition nouvelle offre quatre différences importantes :

1° L'échelle adoptée par la loi de 1791 n'établissait que six degrés ; le projet actuel en présente huit, et se concilie par conséquent davantage avec la justice.

2° Le taux du cautionnement de 1791 était beaucoup trop élevé. Le moindre était de 2,000 francs, et les notaires de Paris payaient 40,000 francs.

Les cautionnements exigés par le projet sont calculés de manière que les plus élevés ne montent qu'à 12,000 fr., et que les notaires des justices de paix puissent ne fournir que 500 fr.

3° La population seule servait de base à la fixation portée dans la loi de 1791. Le projet actuel ne se contente point de cet élément; il le combine avec l'importance des établissements judiciaires que renferme la ville où le notaire fait sa résidence. Ainsi deux villes peuvent être égales en population; mais l'une d'elles renferme dans son sein un tribunal d'appel, et l'autre ville ne contient aucun établissement; le notaire résidant dans la première ville fournira un cautionnement plus élevé que le notaire qui sera fixé dans la seconde.

4° Enfin, la loi de 1791, ne prenant d'autre base que la population, n'admettait ni *maximum*, ni *minimum*. Le projet soumis à votre sanction est plus conforme à la nature des choses. Plusieurs accidents peuvent, entre deux villes de population égale, établir une différence considérable : le commerce, la situation, l'industrie, le plus ou moins d'éloignement de la ville capitale, et mille autres faits, peuvent produire des inégalités évidentes auxquelles le projet permet d'avoir égard, en établissant, par chaque degré de l'échelle, un *maximum* et un *minimum;* et tout a été calculé pour que le fonctionnaire ne fût point inutilement surchargé, et que cependant la garantie ne fût pas rendue illusoire.

C'est surtout dans la *section* 2 du même titre, dans les *conditions qu'il exige pour être admis au notariat, et dans le mode de nomination*, que le projet qui vous est soumis s'est écarté, et des dispositions relatives aux mêmes objets, adoptées par la loi de 1791, et de celles renfermées dans les projets présentés, soit aux deux législatures de l'an VI et de l'an VII, soit aux commissions législatives créées en brumaire an VIII.

Il faut l'avouer, quelques établissements de la Constituante se ressentent de la situation pénible et souvent fausse dans laquelle elle se trouvait vis-à-vis du pouvoir exécutif. C'était un ennemi contre les entreprises duquel elle était toujours en garde ; il était impossible que les choses fussent autrement. La révolution opérée, loin d'être l'ouvrage ou le vœu du pouvoir exécutif, était pour lui un objet de haine ; et, malgré les modifications importantes faites à la constitution par la révision, la Constituante ne pouvait se dissimuler que le monarque n'avait qu'un désir, celui de reconquérir tous les privilèges, toute la puissance qu'il avait perdue.

Dans cette situation, la Constituante ne donnait au monarque que ce qu'elle ne pouvait pas absolument lui refuser ; et le choix des fonctionnaires publics était trop important pour qu'elle pût l'abandonner à l'homme qui, remplissant toutes les places de ses créatures, aurait pu préparer avec facilité la destruction de toutes ces institutions nouvelles qui entravaient, qui anéantissaient sa puissance.

Le rapporteur s'explique à cet égard sans aucune précaution ; et lorsqu'il développe la théorie de la partie de la loi relative à l'élection des notaires, « il ne se présente, dit-il, que trois modes divers pour le choix de ces officiers : la nomination du roi, l'élection du peuple, la forme du concours. Vous pressentez, ajoute-t-il, que vos comités ne se sont pas fort appesantis sur le premier moyen. »

Il prouve ensuite que l'élection populaire, considérée comme moyen d'obtenir un bon choix, pouvant être bonne pour d'autres élections, est inadmissible lorsqu'il s'agit de l'élection du notaire ; et en conséquence il adopte le concours.

L'expérience prouva bientôt l'inefficacité de cette mesure, telle que la loi de 1791 l'avait organisée. D'après cette loi, chaque année, au 1er septembre, il s'ouvre un concours auquel sont admis, sous certaines conditions, et en concurrence, des clercs de notaire et des hommes de loi.

Ce concours consiste dans un interrogatoire fait à chacun séparément sur les principes de la constitution, les fonctions et les devoirs du notaire public, et dans la rédaction d'un acte dont le programme est donné par les juges, et rempli sans désemparer par les aspirants.

Ceux qui sont reconnus capables sont déclarés habiles à remplir les fonctions de notaire public, et inscrits aussitôt sur un tableau, suivant le nombre de voix. Ce tableau est continué d'année en année ; et lorsqu'une place de notaire devient vacante, le directoire de département doit la conférer au premier par rang et date d'inscription.

Ainsi, indépendamment des inconvénients attachés, dans cette circonstance, et pour cette sorte d'élection, aux concours en général, celui-ci présentait plusieurs inconvénients particuliers qui étaient très-graves. Il créait à l'avance, et sans besoin, une armée d'aspirants, dont le nombre s'accroissait tous les uns, sans aucune proportion avec les besoins et les places.

Il résultait de cet ordre de choses que le dernier nommé du concours de l'an VI, par exemple, ou même qu'un des premiers nommés, mais qui n'aurait dû cette priorité qu'à la faiblesse des concurrents de cette année, primait de droit celui qui, l'année d'après, dans un concours composé d'aspirants beaucoup plus instruits, aurait été placé en tête de la liste.

Enfin, une fois placé sur cette liste, l'aspirant n'avait plus aucun motif d'émulation. Il pouvait attendre, dans l'insouciance, que ceux qui le précédaient fussent placés, bien sûr d'obtenir alors la première étude qui viendrait à vaquer.

Ces défauts frappèrent les auteurs des projets présentés aux deux législatures; et, pour les faire disparaître, il imaginèrent deux concours. Le premier, en tout semblable à celui de la Constituante, mais procurant des résultats moins étendus, était appelé *concours d'examen*; et le candidat admis ne retirait d'autre fruit de cette première épreuve que d'être porté sur une liste de candidats. Cet examen était annuel. Il était suivi d'un autre que l'on appelait *concours de primauté*, auquel n'étaient admis que les candidats déjà portés sur la liste, et qui avait lieu toutes les fois qu'il existait une vacance.

Ce nouveau mode, s'il eût été admis, aurait, à la vérité, remédié à une partie des inconvénients que nous avons relevés dans le travail de la Constituante; mais l'un et l'autre étaient viciés d'un défaut essentiel au mode du concours, lorsqu'il s'agit d'une pareille élection. Le concours était encore alors une de ces idées brillantes que l'on peut caresser lorsque l'on rêve une théorie, mais qui, réalisées, ont été reconnues injustes, inefficaces, et ne donnant, au lieu de l'évaluation exacte qu'elle promettait, qu'une vague et très-incertaine probabilité.

En effet, c'est par les réponses plus ou moins satisfaisantes aux questions que l'on faisait au candidat; c'est par la rédaction plus ou moins heureuse, et faite sans désemparer, d'un *seul acte* dont le programme était dicté, que l'on était admis ou rejeté. L'inefficacité d'une pareille mesure et son injustice sont évidentes.

Combien d'individus pleins d'instruction, mais aussi chez qui la timidité est égale à la modestie, donnent facilement, dans la solitude du cabinet, la solution des questions les plus difficiles, mais qui, transportés dans une assemblée publique et devant des juges, ne répondent qu'avec peine aux questions les plus simples! Combien d'autres, au contraire, n'ayant que des connaissances superficielles, mais armés d'une audace qui en impose, se tirent heureusement de ces sortes d'exercices, parce qu'ils n'ont pas plus de timidité que de modestie.

La rédaction, faite sans désemparer, d'un acte présenté au candidat, ne fournira pas plus de lumières. Puisque cet acte doit être rédigé sans désemparer, il ne peut être ni long ni difficile. Les liquidations et partages, dont la confection exige du temps, et qui pourraient prouver une instruction profonde, ne peuvent faire la matière de ces programmes. Le concours ne conduisait donc point au résultat cherché, et ne donnait que de vagues présomptions.

Le projet que nous vous offrons présente d'autres moyens beaucoup plus faciles, beaucoup plus sûrs de connaître la moralité et l'instruction des candidats, et il se concilie d'ailleurs avec des aperçus plus moraux et des idées mieux appréciées de la propriété

Il est développé dans la *section* 2 du même titre.

Il faudra, pour être admis aux fonctions de notaire,

1° Jouir de l'exercice des droits de citoyen;

2° Avoir satisfait aux lois sur la conscription;

3° Etre âgé de vingt-cinq ans accomplis;

4° Et justifier d'un temps de travail, d'un stage plus ou moins prolongé, selon que la place à remplir sera de première, de seconde ou de troisième classe.

C'est surtout dans la stricte et rigoureuse exécution de cette dernière disposition, dans un nombre plus ou moins grand d'années employées sans interruption dans l'étude d'un notaire ou dans les exercices du barreau; c'est dans l'expérience longue, résultat de ce long travail, bien plus que dans un interrogatoire de quelques minutes, que la loi trouvera la garantie de l'instruction qu'elle exige : à cet égard, les précautions de détail, prises par les huit premiers articles, ne laisseront rien à désirer.

Sans doute qu'à la probabilité imposante que procure ce stage, on ajoutera d'autres garanties d'instruction, lorsque les écoles de droit seront rétablies, et qu'on exigera surtout du candidat qui se destinera aux places de première classe, quelques unes des preuves d'étude et de savoir qui seront demandées à ceux qui voudront remplir les autres fonctions judiciaires;

Mais, comme toutes ces probabilités, quelque fortes qu'elles soient, comme toutes ces garanties tirées d'une présomption forte, peuvent n'être pas la vérité, et comme il faut supposer qu'un individu aurait pu passer inutilement bien des années dans une étude sans y acquérir le degré suffisant de connaissances nécessaires, le projet exige, art. 43, que l'aspirant se présente à la chambre de discipline du ressort dans lequel il devra exercer, pour y obtenir un certificat de capacité qui suppose un examen préalable.

Enfin, pour dernière garantie, et pour éviter toute espèce de surprise, le même article exige l'intervention de l'homme établi pour conserver dans toute leur pureté les institutions, et pour maintenir dans leur devoir tous les fonctionnaires; et le certificat de moralité et de capacité ne pourra être délivré qu'après que la chambre de discipline aura fait parvenir au commissaire du gouvernement près le tribunal de première instance l'expédition de la délibération qui l'aura accordé.

Après avoir pris toutes ces précautions pour empêcher qu'un individu sans mœurs et sans talents puisse remplir une place aussi importante, le projet présente un moyen pour que l'intérêt personnel ou des préventions mal fondées ne puissent priver du fruit de ses travaux l'homme qui réunirait des mœurs pures à une grande instruction. La chambre de discipline n'est point constituée juge; et son avis, dont, en cas de refus, elle doit donner les motifs, sera remis par elle au commissaire, adressé par celui-ci au grand-juge, apprécié, rejeté ou approuvé par le gouvernement.

Nous avons insinué que cette mesure se conciliait avec des aperçus moraux, avec des idées bien appréciées de propriété, que contrariait ou même anéantissait tout système de concours.

C'est aussi *une propriété* sans doute que cette confiance méritée, *que cette clientelle acquise par une vie entière consacrée à un travail opiniâtre et pénible*; mais si, dans la place qu'il occupe, le fonctionnaire ne peut jamais espérer de pouvoir, en aucune manière, disposer de cette propriété; s'il ne peut avoir une influence, même indirecte, sur la disposition qui en sera faite, si, comme dans le système du concours, il est convaincu que toutes les peines qu'il se donne ne profiteront qu'à lui seul; que jamais son fils, ou l'homme dont il aura soigné l'instruction, qui aura secondé ses travaux, agrandi ses succès, ne pourront retirer le moindre profit de ses veilles, il se regardera comme un simple usufruitier, et il exploitera son emploi comme l'usufruitier exploite la terre dont un autre a la nue-propriété. Le concours enlevait ainsi aux notaires un des plus grands motifs de travail et d'émulation, une des plus douces consolations de la vie, et peut-être le lien le plus fort qui puisse attacher l'homme à la probité, à sa réputation. Aussi, dans le projet soumis aux commissions législatives créées après le 18 brumaire, on avait inséré un article qui permettait les *dispositions en faveur*. C'était, à la vérité, une contradiction manifeste du principe sur lequel la loi reposait; c'était l'abrogation de la loi même; c'était enfin ériger dangereusement en loi ce qui, dans notre système de législation, ne doit être que de conseil et de convenance. Le projet que nous présentons ne prononce rien à ce sujet, parce qu'il ne défend rien; parce que les principes sur lesquels l'élection repose, parce que toute la théorie de cette partie de la loi, loin d'être en opposition, comme le concours, est en harmonie parfaite, se concilie parfaitement avec ce que pourront exiger les convenances et les circonstances.

Cette section présente, dans l'art. 42, une disposition transitoire bien essentielle; c'est celle qui prononce que le gouvernement pourra dispenser de la justification du temps d'étude des individus qui auront exercé des fonctions administratives ou judiciaires. Cette disposition est essentiellement transitoire, et le gouvernement désire voir arriver promptement le moment où il en proposera l'abrogation; mais il faudrait ignorer qu'il s'est fait une révolution en France, pour contester la nécessité de cette mesure; il faudrait, d'un autre côté, méconnaître quelles sont les intentions, quels sont les intérêts du gouvernement; il faudrait surtout méconnaître avec quelle précaution, avec quelle prudence et avec quelle sagesse le gouvernement fait ses choix, pour craindre que cette mesure fût dans sa main la source d'aucun abus.

Enfin, toute cette théorie des élections repose sur le choix libre du gouvernement éclairé par tous les renseignements provoqués par les articles qui précèdent.

Autrefois le gouvernement accordait éventuellement la provision ; celui qui en était pourvu subissait ensuite des examens, et, d'après les épreuves, les tribunaux admettaient ou refusaient d'admettre le pourvu au serment. Cet ordre de choses n'est point dans les convenances. Il répugne de penser qu'un gouvernement puisse conférer ainsi une *institution conditionnelle*. Le gouvernement qui donne une commission doit savoir que celui qu'il a choisi est propre à la place qu'il lui destine; et l'examen qui précède est bien aussi efficace que celui qui suivait la nomination. C'est d'après ces principes que les art. 4 , 46 et suivants ont été rédigés.

La 3e *section* du 2e titre traite des *Chambres de discipline*. Cette institution ne se trouvait, ni dans la loi de 1791, ni dans les projets dont nous avons parlé. Cependant, lorsqu'il s'agit de donner à une pareille institution toute sa splendeur, il est difficile de ne pas lui rendre le moyen le plus sûr, le seul efficace peut-être, de maintenir ces fonctionnaires publics dans les règles de cette probité sévère et scrupuleuse que leur profession exige.

Ce n'est pas assez d'avoir prévu les cas de destitution, de suspension, et d'avoir exigé un cautionnement qui garantit le public contre la malversation; la loi qui ne réprime que les délits ne suffit pas à cette institution : il faut, pour ceux qui en exercent le beau ministère, un code pénal plus sévère, un tribunal plus austère, que pour le commun des hommes. Dans le commerce ordinaire de la vie, l'homme qui manque aux lois de la délicatesse, celui qui ne fait pas tout ce que la probité commande, est presque toujours hors des atteintes des lois, aucun tribunal ne peut lui infliger des peines ; mais, lorsqu'il s'agit d'un notaire un manque de délicatesse est déjà un délit répréhensible, et le défaut de probité est un crime qui doit être sévèrement puni. Ce code pénal plus sévère, ce tribunal plus austère, nous le trouverons dans l'institution des chambres de discipline. L'expérience actuelle, réunie à l'expérience du passé, proclame hautement la bonté, l'efficacité de cette mesure. Il faut que le notaire que la loi ne pourrait atteindre, il faut que le notaire que les tribunaux ne pourraient intimider, voie sans cesse dans ses confrères des juges aussi éclairés, aussi infaillibles que sa conscience, aussi inévitables que ses remords.

Les dispositions que contient la 4e *section*, toutes relatives à la *garde, transmission, table des minutes et recouvrements* ne sont presque que la répétition et la rédaction dans un ordre plus méthodique, plus abrégé, plus clair, des dispositions qui se trouvent, sur les mêmes objets, répandues dans les lois rendues avant et pendant la révolution.

Dans le *titre* 3, le projet règle le sort *des notaires actuels*. Les dispositions qu'il contient sont essentiellement transitoires.

Par l'art. 62. tous les notaires qui, au jour de la promulgation de la loi, seront en exercice, sont définitivement maintenus. Sans doute que quelques nominations abusives qui ont été faites pendant des temps de trouble ; sans doute que l'ignorance évidente de quelques-uns de ces nouveaux notaires, exigeraient que l'on adoptât les mesures que proposent les projets qui furent soumis aux législatures, et que l'on fît subir un examen nouveau, de nouvelles épreuves, à ces hommes qui ont profité de l'obscurité pour s'introduire dans ce tribunal de famille; mais, à côté de ces hommes peu délicats et peu instruits, il en est d'autres, pleins de talent et de probité, qui, à la vérité, ne craindraient pas ces épreuves nouvelles, mais qui pourraient se trouver en butte à la haine, à la malveillance : ce serait d'ailleurs renouveler des occasions de troubles et de dissensions; et certes tous les vœux, tous les soins du gouvernement sont pour ensevelir le passé dans un éternel oubli.

En maintenant définitivement tous les notaires qu'elle trouvera en exercice, la loi veut que tous reçoivent une commission nouvelle qui, sans nuire aux droits d'ancienneté, leur donne à tous une commune origine. Cette mesure aura le triple avantage de donner en peu de temps la connaissance exacte du nombre des notaires qui exercent aujourd'hui, d'éteindre des souvenirs affligeants, des espérances trompeuses, et de fixer enfin les résidences.

Enfin, sous le titre de *Dispositions générales*, l'art. 68, en prononçant, d'après les anciens principes, que les actes faits en contravention aux articles qu'il énonce, sont nuls s'ils ne sont pas revêtus de la signature de toutes les parties, laisse à ces actes, revêtus de signatures, la force d'un engagement sous seing privé.

Telles sont, Législateurs, les dispositions principales de cette loi si long-temps attendue.

La France entière la demande avec une sorte d'impatience, parce que l'institution qu'elle consolide, qu'elle réorganise, et qu'elle rend à sa pureté native, est une de celles sur lesquelles repose la tranquillité publique : s'il est peu de lois plus importantes, il y en a peu qui aient été plus long-temps soumises à la méditation; il y en a peu dont les dispositions principales aient été examinées par un plus grand nombre de législatures, discutées plus solennellement, adoptées avec moins d'opposition. Le gouvernement vous la présente avec confiance, bien convaincu que vous trouverez dans les modifications qu'il lui a fait éprouver, et dans les raisons qui ont dicté ces modifications, un motif de plus pour déterminer votre acceptation. (1)

---

(1) Nous croyons devoir reproduire à la suite de l'Exposé des motifs si remarquable de la loi sur le notariat par M. Réal, les principaux passages du rapport non moins remarquable fait au tribunat par M. Favard, au nom de la section de législation, et de celui de M. Jaubert, et qui méritent d'être inscrits en tête de toute œuvre sur le notariat.

TRIBUNS. Toutes les institutions qui avaient vieilli avec la monarchie ont été détruites ou réformées ; celle du notariat est la seule qui se soit soutenue au milieu des décombres de la révolution sans avoir été réorganisée. Il est vrai que les notaires exerçant une juridiction volontaire, consacrant dans leurs actes la volonté des contractants, et cette volonté étant subordonnée aux lois, il était juste et conséquent d'organiser, avant le notariat, toutes les autres institutions, car, si je ne me trompe, *le notaire, qui est le confident de toutes les pensées de ses concitoyens, qui est le régulateur des engagements qu'ils veulent contracter, qui donne par son caractère la sanction pratique à toutes les lois, remplit une magistrature qui se présente à mon idée comme la clef de l'édifice social*, qu'on place la dernière. Aussi l'Assemblée Constituante avait-elle terminé ses opérations par une loi sur l'organisation du notariat ; mais cette organisation n'a pas été exécutée... Le Gouvernement vous présente un projet nouveau qui pour nous servir de ses expressions, « a été formé et mûri dans des conférences entre des commissions du Conseil-d'État et du Tribunat. »

Votre section a d'abord reconnu que l'attribut le plus essentiel du notariat pour toutes les classes de citoyens, c'est d'authentiquer les conventions, d'en certifier la date, et de leur donner, en les recevant, le caractère et la force de l'exécution parée. *Le notaire exerce ici une partie de l'autorité de la justice; ce qu'il écrit fait la loi des parties* (1)

Aussi on ne saurait trop faire pour environner les notaires de toute la dignité qui commande et inspire la confiance. C'est dans cette vue que la loi de 1791 les avait placés au rang des fonctionnaires publics. C'est aussi la qualification que leur donne l'art. 1 du projet. (V. cet art. ci-dessus). Cette définition a paru exacte; elle présente une juste idée du caractère dont la loi a revêtu les notaires, de la destination de leur ministère, et de la nature de leurs fonctions.

Si les parties ont en général la libre faculté de passer à volonté leurs actes devant notaires, pour leur donner la forme et le caractère d'authenticité légale, il est certain que plusieurs lois (V. l'ord. de janv. 1535, chap. 19, art. 15 ; celle de janv. 1629, art. 130 ; celle de février 1731, art. 1er, et la loi du 14 flor. an II) imposent l'obligation de recourir au ministère des notaires pour un grand nombre d'actes qui sont les plus importants pour la société, soit par leurs effets, soit par leurs suites. Ainsi les notaires exercent leur ministère, tantôt par suite de la volonté libre du contractant, tantôt en vertu des dispositions impératives de la loi.

Mais doivent-ils être institués à vie? — L'art. 2 prononce l'affirmative, comme l'avait fait la Constituante. — Il faut convenir que, sans l'institution à vie, il serait difficile d'avoir de bons notaires. Au lieu d'un état bienfaisant et utile, au lieu d'une espèce de magistrature populaire, on ne trouverait plus dans le notariat qu'une profession mercenaire et versatile : la permanence seule forme des notaires instruits, et peut-être garantit-elle leur probité. Ils tiennent tout de la confiance et de la volonté libre des citoyens : or, la confiance est le fruit tardif du temps et d'un long exercice. Dès lors, il n'est pas d'individu qui voulût se consacrer sérieusement à un état qu'il pourrait perdre d'un instant à l'autre. La société est elle-même intéressée à ce qu'un notaire exerce et conserve son état toute sa vie; sans cela, elle pourrait en être privée au moment où ses lumières lui deviendraient plus précieuses.

(1) *Quod cumque notamus lex*, c'était la devise des notaires d'Amiens inscrite sur leurs jetons d'argent, lorsqu'en 1852 en changeant l'emblème politique on a modifié la sentence en la généralisant et on l'a remplacé par celle-ci, qui, malgré les mêmes mots, n'a plus la même signification : lex est quod cumque notamus.

L'art. 4 exige que chaque notaire réside dans le lieu qui lui sera fixé, à peine d'être considéré comme démissionnaire, si le notaire pouvait transférer à son gré, sa résidence, la loi aurait manqué son but, tant pour l'avantage de la société que pour celui des notaires en particulier.

Par l'art. 5 le projet détermine les divers ressorts dans lesquels les notaires pourront exercer.

De tout temps l'exercice du notariat a été circonscrit dans des limites territoriales, hors desquelles les notaires n'avaient plus de caractère. Le projet consacre le même principe; il l'a accommodé au plan général du système judiciaire. Il a paru juste que les officiers de la juridiction volontaire eussent la même étendue de ressort que les magistrats de la juridiction contentieuse. — Distribuer les notaires par ressort, les circonscrire dans le même ressort, c'est les attacher à leur place; c'est se préparer le moyen de les réduire au nombre nécessaire, c'est enfin les rendre plus utiles aux citoyens pour lesquels ils sont rétablis.

Par ce moyen la surveillance du gouvernement sera plus facile et plus efficace; il pourra aisément corriger ou même prévenir les malversations dont on se plaint depuis que les notaires sont trop *ambulants. Qu'ils attendent dans leurs études, comme l'avocat dans son cabinet, la confiance des citoyens, et qu'ils cherchent à les attirer par toutes les qualités qui la commandent*; alors leur ressort s'étendra sur toute la surface de la république, puis qu'ils sont compétents pour recevoir les actes de toutes les personnes qui se présentent chez eux : c'est alors qu'ils donneront à leur ministère toute la dignité dont il est susceptible.

Si les notaires sont nécessaires, il est essentiel pour la société que leur nombre soit sagement établi. «Une profession, dit avec raison un écrivain (V. considérations sur le notariat par L. Bonnomet), ne peut être bien remplie qu'autant que celui qui s'y adonne trouve, dans son exercice honnête, intelligent et assidu, des moyens d'existence pour lui et sa famille... Il vaut mieux faire quelques pas pour aller chercher un notaire occupé et instruit, ou l'attendre quelques moments, que d'en avoir plusieurs à sa porte dont le désœuvrement traîne à sa suite l'ignorance, la misère et les vices.» Il ne faut pas croire que les frais des actes soient moins considérables, en raison du plus grand nombre des notaires; il est au contraire reconnu que, dans les cantons où se trouvent le plus de notaires, on voit se répéter journellement une foule d'actes souvent inutiles, et qui plus souvent encore deviennent par leur mauvaise rédaction, la source de procès ruineux.

L'établissement des chambres de discipline est une des mesures les plus morales. Par elles les notaires en général seront maintenus dans les bornes des fonctions et devoirs qui leur sont imposés. La loi sera plus fidèlement exécutée, les intérêts des particuliers moins compromis, la considération due aux notaires et à leur ministère plus affermie. C'est en quelque sorte un tribunal de famille créé en faveur de ces fonctionnaires. Les jugements émanés de ce tribunal auront le précieux avantage de concentrer tout ce qui pourrait les déconsidérer, en même temps qu'il en éloignera les désordres et les malversations. Des règlements organiseront ces chambres; elles seront obligées de se conformer aux dispositions qui leur seront prescrites pour prévenir toute espèce d'arbitraire. Le projet défère aux tribunaux la connaissance des suspensions, destitutions, condamnations d'amendes et dommages-intérêts, auxquels les notaires se trouvent exposés dans les cas prévus par la loi. Il n'était pas possible de leur donner une sauvegarde plus rassurante contre toute espèce d'acte arbitraire. L'impartialité qui doit siéger dans les tribunaux leur fera discerner le coupable de l'innocent que l'on voudrait persécuter, et si le premier tribunal s'égarait, celui d'appel offrirait une seconde garantie au notaire qui se croirait illégalement condamné. L'appel, il est vrai, ne suspend que les condamnations pécuniaires : mais conviendrait-il qu'un notaire destitué ou suspendu par un jugement pût, avant de le faire réformer, continuer ses fonctions ?

« M. Favard après avoir passé successivement en vue les dispositions « nouvelles de la loi et présenté sur chaque titre les principales ré- « flexions qui ont déterminé le vœu de la section dont il était l'organe, « et qu'il est inutile de donner ici, après le rapport si complet de M. « Réal, termine ainsi :

Tel est, Tribuns, l'ensemble des dispositions de ce projet de loi; tel est l'esprit dans lequel elles ont été conçues et rédigées. Partout votre section y a vu l'intérêt public combiné avec l'intérêt particulier. — Il ne nous reste qu'un vœu à énoncer. Puissent les notaires se rendre dignes des bienfaits que cette loi veut leur procurer ! Ils le seront, s'ils réunissent aux connaissances nécessaires une délicatesse et une probité plus nécessaires encore. — Puissent-ils sentir dans tous les moments de leur vie publique la dignité de leur ministère ! Ils la sentiront s'ils se pénètrent bien de cette vérité, que *c'est sur leur vertus et sur leurs lumières que reposent l'union des citoyens, la fidélité des engagements et la garantie des propriétés.*

EXTRAIT DU DISCOURS PRONONCÉ AU CORPS LÉGISLATIF PAR LE TRIBUN JAUBERT.

Législateurs, si chaque jour de cette session ne voyait réaliser des vœux inutilement formés pendant plusieurs siècles, nous pourrions vous faire remarquer que le projet de loi soumis à votre délibération vient enfin accomplir des espérances que les précédentes assemblées législatives n'avaient pu que laisser entrevoir. Tout ce que l'assemblée constituante elle-même avait obtenu, c'était d'établir quelques dispositions sur le notariat, en se référant aux anciennes ordonnances et aux règlements. Maintenant il s'agit d'un Code complet sur le notariat : il devait naturellement paraître à la même époque où s'élève le Code civil, puisque l'institution du notariat se mêle à tous les actes de la société.

Le Tribunat n'avait pas à délibérer sur la nécessité du notariat. Sans doute si la foi et la pudeur naturelles exerçaient également leur empire chez tous les hommes, il faudrait beaucoup moins d'actes publics ; mais toujours faudrait-il des notaires pour transmettre aux générations qui succèdent la trace de ce qui a été fait par les générations qui ont précédé.

Les actes des notaires doivent avoir le même caractère d'authenticité qui est attaché aux actes de l'autorité publique. Les fonctions des notaires sont donc une émanation de l'autorité publique, et de là la conséquence que les notaires doivent être institués et librement nommés par le chef de l'autorité publique.

Une autre conséquence, c'est que le gouvernement puisse et doive remplacer le notaire qui ne résiderait pas dans le lieu qui lui aurait été fixé. Les notaires sont nommés pour les besoins des citoyens. Leur nombre et leur placement seront, en effet, déterminés d'après les localités. Si donc un notaire ne réside pas au milieu d'eux, le gouvernement ne doit voir qu'un démissionnaire dans celui qui renonce par son fait au pacte solennel qu'il avait formé avec la société. Un jugement ne doit pas être nécessaire pour un cas qui rentre dans l'administration générale.

L'admission des candidats présentera-t-elle une garantie suffisante pour l'ordre public? Si le choix du gouvernement ne doit jamais être forcé, il doit du moins être éclairé en proportion de la délicatesse et de l'importance des fonctions qu'il s'agira de déléguer. Sur ce point le projet satisfait également la raison. Les candidats devront justifier d'un temps d'étude suffisant, de leur moralité et de leur capacité. Une condition essentielle pour l'admission sera donc le temps d'étude ou le stage. Eh ! quelle profession plus que celle des notaires exige une éducation analogue ? Ne sait-on pas que la plus savante théorie ne suffirait pas pour faire un bon notaire ; qu'il faut aussi une pratique assidue pour apprendre les formes, pour connaître les lois relatives, pour exprimer avec clarté des conventions qui se diversifient à l'infini, pour éviter des pièges qui trop souvent sont tendus à la candeur et à la bonne foi? Pour tout cela sans doute il faut de la perspicacité naturelle, mais il faut aussi de l'habitude. Loin de nous de considérer le ministère des notaires comme l'œuvre d'une routine vulgaire : mais chaque profession a ses règles ; celle du notaire a de plus son style particulier ; l'habitude seule peut donner ce genre d'instruction. Un des plus grands avantages du stage doit être aussi d'aider les candidats à se bien pénétrer de l'esprit de la profession. Lorsqu'un homme estime sa profession, il sait prendre les moyens de se faire estimer lui-même.

Le nouveau projet de loi a recueilli tout ce dont l'expérience avait prouvé la sagesse, et il a introduit dans cette partie de la législation des dispositions nouvelles dont l'expérience a aussi démontré l'utilité. Il détermine les fonctions des notaires, il prescrit tout ce qui est relatif aux parties contractantes, aux témoins, aux minutes, aux grosses, aux expéditions, aux répertoires ; il explique quels sont les cas où l'inexécution des formes prescrites rend l'acte absolument nul, et ceux où l'acte ne peut être considéré que comme un écrit privé.

M. Jaubert résume les principales dispositions du projet et termine ainsi: « Harmonie parfaite entre la source du notariat et l'investiture des notaires ; précautions sages pour l'admission des candidats ; règles positives et claires ; considération attachée à l'état ; surveillance de la loi ; censure paternelle : tout se réunit pour organiser dignement, et pour conserver une des plus nécessaires, des plus importantes et des plus honorables professions. C'est d'après ces motifs, législateurs, que le Tribunat nous a chargés de vous proposer l'adoption du projet de loi.»

TABLEAU DES CONTRAVENTIONS NOTARIALES.

AMENDES auxquelles elles sont assujéties, NULLITÉS et PEINES qu'elles entraînent.

AMENDES.

ENREGISTREMENT.

Défaut de transcription littérale dans un acte notarié de l'enregistrement d'un acte sous signature privée ou passé en pays étranger qui y est énoncé, à moins qu'il ne soit annexé à cet acte. (L. 22 frim. an VII, art. 41).. 5

Défaut de mention sur les expéditions et extraits de la quittance littérale des droits d'enregistrement. (L. 22 frim. an VII, art. 44)........................ 5

Défaut d'enregistrement dans le délai prescrit, de chaque acte notarié sujet au droit fixe, ou dont le droit proportionnel ne s'élève pas à 10 fr. (Idem, art. 33). 10

« Les actes assujettis à un droit proportionnel excédant 10 fr. sont passibles du *double droit*. Si l'acte est un testament et qu'il n'a pas été enregistré dans les trois mois du décès du testateur, il est dû aussi *un droit en sus*. »

Délivrance, sans enregistrement préalable, de tout brevet, copie ou expédition d'acte assujetti à cette formalité. (Idem, art. 41).......................... 10

Acte fait en conséquence d'un acte public non enregistré. (Idem)................................... 10

Acte fait en vertu d'un acte sous signature privée ou passé en pays étranger, s'il n'a été préalablement enregistré. (Idem, 42)........................... 10

« Les *notaires* peuvent cependant instrumenter en vertu et par suite d'actes sous seings privés non enregistrés, et les énoncer dans leurs actes, mais sous la condition que chacun de ces actes sous seings privés demeurera annexé à celui dans lequel il se trouvera mentionné, qu'il sera soumis *avant lui* à la formalité de l'enregistrement et que les notaires seront personnellement responsables non seulement des droits d'enregistrement et de timbre, mais encore des amendes auxquelles les actes sous seings privés se trouveront assujettis. (L. du 16 juin 1824, art. 13). »

Acte reçu en dépôt sans qu'il ait été dressé un acte pour constater ce dépôt, à l'exception cependant des testaments olographes. (L. 22 frim. an VII, art. 43).. 10

Voir en outre ci-après au mot *répertoire*.

NOTARIAT.

Refus de communication de minutes aux préposés de l'enregistrement. (L. 22 frim. an VII, art. 54).... 10

Additions, interlignes, ratures non constatées ni approuvées, surcharges. (Loi du 25 ventôse an XI, art. 16). 10

Défaut de mention dans les contrats de mariage de la lecture aux parties du dernier aliéna des art. 1391, 1394 du Code Napoléon. (L. du 10 juillet 1850)..... 10

Défaut de dépôt dans le mois de leur date des extraits des contrats de mariage des commerçants. (Code de comm., art. 68)................................ 20

Défaut d'indication des nom et résidence du notaire. (Idem, art. 12)................................ 20

Défaut d'écriture lisible en un seul et même contexte, abréviations, blancs, lacunes ou intervalle, défaut d'énonciation des noms, qualités et demeures des parties et des témoins. (Idem, art. 13).................... 20

Sommes et dates mises en chiffres, défaut de mention de la lecture des actes aux parties, procurations non annexées. (Idem, art. 13).................... 20

Contravention aux lois et arrêtés concernant les clauses et expressions abolies, les poids et mesures métriques et la numération décimale. (Idem, art. 17). 20 fr. et en cas de récidive 40 fr.................. 20

Expédition délivrée ou communication donnée à d'autres qu'aux parties intéressées. (Idem, art. 23).. 20

En cas de retard de la remise des minutes et répertoires d'un notaire remplacé. (Idem, art. 57)....... 20

Défaut de signature et paraphe de pièces arguées de faux. (C. d'instr. crim., art. 449).................. 50

Révélation des secrets connus à l'occasion des actes des notaires ou de leurs fonctions. (C. pén., 378). 100 à 500

RÉPERTOIRE.

Omission ou intercalation sur les répertoires, pour chaque contravention. (Loi du 22 frim. an VII, art. 49). 5

Retard de présentation des répertoires au visa trimestriel du receveur de l'enregistrement. (Idem, art. 51).. 5

Retard d'effectuer au greffe le dépôt annuel de la copie du répertoire (Loi du 16 florial an IV, art. 1).. 10

Refus de communiquer aux préposés de l'enregistrement les répertoires et titres publics dont ils sont chargés. (Loi du 22 frim. an VII, art. 52-54)........ 10

Retard d'un mois d'effectuer la remise des minutes et répertoires d'un notaire remplacé. (Loi du 25 ventôse, art. 57).. 20

TIMBRE.

Altération de l'empreinte du timbre. (Loi du 13 brum. an VII, art. 26)............................ 5

Expédition contenant plus de 25 lignes à la page de papier à 1 fr. 25 c. (Idem) 5

Emploi de papier non timbré pour les actes ou écrits sous signatures privées. (Idem) 5

Expédition ou extrait sur papier d'un timbre inférieur à 1 fr. 25 c. (Idem) 10

Défaut de déclaration qu'un titre, certificat d'action, registre, effet de commerce ou tout acte sujet au timbre et cité dans un acte public, est ou n'est pas revêtu du timbre prescrit, et défaut d'énonciation du montant du droit de timbre payé, par chaque contravention. Loi du 13 brum. an VII, art. 24; loi du 5 juin 1850, art. 49) 10

Acte public et expédition sur papier libre, ou à la suite d'un autre acte sur la même feuille de papier timbré, ou sur papier ayant servi à un autre acte inachevé ou sur timbre hors d'usage, ou en conséquence d'un acte non timbré. (Loi du 13 brum. an 7, art. 12, 22, 23, 24 et 26) 20

Emploi de papier non timbré pour les répertoires et la copie à déposer annuellement au greffe (art. 12). 20

Apposition et distribution d'affiches non timbrées. (L. 28 avril 1816, art. 69) 20

Apposition d'affiches sur papier blanc. (L. 25 mars 1817, art. 77) 20

Protêt d'effets négociables ou de commerce non écrit sur papier du timbre prescrit ou non visé pour timbre. (L. 24 mai 1834, art. 23) 20

Vente habituelle de papier timbré, amende de 20 fr. pour la première fois et de 50 fr. en cas de récidive. (L. 13 brum. an 7, art. 27) 20

Défaut d'un registre spécial et timbré pour les polices d'assurances maritimes soumis au visa des préposés de l'enregistrement. (L. 7 mars, 14 juil. 1850, art. 47) 50

Rédaction d'une police d'assurance maritime ou délivrance d'une expédition ou extrait d'une de ces polices sur papier non timbré, outre les peines disciplinaires, amende de 500 fr. et en cas de récidive de 1,000 fr. (Même loi, art. 48) 500

VENTES DE MEUBLES.

Défaut de transcription en tête du procès-verbal de vente aux enchères de la déclaration préalable (Loi du 22 pluviôse an 7, art. 6) 5

Pour chaque article non écrit en toutes lettres dans le procès-verbal de vente aux enchères, et pour prix énoncé en chiffres, (idem) 5

Pour chaque altération de prix des articles adjugés (id), indépendamment de la restitution du droit et des peines de faux 20

Pour chaque article adjugé et non porté au procès-verbal (id) 20

Défaut de déclaration préalable à la vente (id), ainsi que de comprendre dans le procès-verbal des articles exposés en ventes livrés par les propriétaires aux prix de la prisée ou retirés. — (Ord. 1 mai 1816) 20

Défaut d'officier public compétent pour la vente aux enchères d'objets mobiliers, (id.) de 50 à 1,000 fr... 50

Vente aux enchères de marchandises neuves. (L. 25 juin 1841, art. 7), de 50 à 3,000 fr. 50

Insuffisance d'évaluation, simulation de prix, défaut d'enregistrement en matière de transmission d'office, *double droit*. (Loi du 25 juin 1841, art. 11, 12, 13)...

Contre-lettre connue portant augmentation de prix: *triple droit*.(sauf en matière de cession d'office où le droit n'est que double. L. 22 frim. an 7, art. 40....

NULLITÉS.

§ 1. *Résultant des contraventions à la loi du 25 ventôse an XI.*

Les actes et contrats des notaires sont nuls :

S'ils ont été faits par lui hors de son ressort,(art. 6).

S'ils ne sont pas reçus par deux notaires ou par un notaire, assisté de deux témoins,(art. 9).

Si les notaires ou les témoins instrumentaires sont parents ou alliés avec les parties, en ligne directe à tous les degrés, et en ligne collatérale jusqu'au degré d'oncle et de neveu inclusivement. (art. 8, 10 et 60.)

Si les deux notaires qui reçoivent un acte sont parents ou alliés entre eux aux mêmes degrés, (art. 10 et 68).

Si les témoins d'un acte reçu par un notaire seul sont parents avec lui aussi aux mêmes degrés, (mêmes articles).

Si le notaire a employé comme témoin ses clercs ou ses serviteurs (idem).

Quand les témoins ne sont pas citoyens français et domiciliés dans l'arrondissement communal où l'acte est passé. (Il pourrait en être ainsi si les notaires se laissaient tromper sur l'identité des parties ou sur l'aptitude des témoins,(art. 13).

Lorsque l'acte n'est pas signé par les parties qui savent signer, par les deux notaires, ou par le notaire et les témoins instrumentaires, (art. 14 et 68.)

Si, dans les actes déterminés par la loi du 21 juin 1843 sur la forme des actes notariés, il n'est pas fait mention expresse que la lecture de l'acte par le notaire et la signature des parties (ou leur déclaration à cet égard) ont eu lieu en présence du notaire en second ou des deux témoins instrumentaires.

Par défaut de mention, à la fin de l'acte, que les parties ne savent ou ne peuvent signer, le cas échéant, et de leur déclaration à cet égard, (art. 14 et 68).

Pour omission, 1° des noms et demeures des témoins instrumentaires, (art. 12 et 68).

2° Du lieu, de l'année et du jour où les actes sont passés, (art. 12).

S'ils sont délivrés en brevet quand ils doivent être retenus en minute,(art. 20 et 70).

S'ils ont été reçus par un notaire suspendu, destitué ou remplacé, après la notification de sa suspension, de sa destitution ou de son remplacement, (art. 52 et 68).

Il est observé néanmoins que l'acte notarié nul pour défaut de forme, vaut comme écriture privée, s'il a été signé par les parties, sauf, s'il y a lieu, les dommages-intérêts contre le notaire qui l'a reçu, (art. 68).

§ 2. *Nullités concernant les donations et les testaments.*

La loi prononce la nullité des donations et testaments à l'égard desquels les formalités prescrites par les art. 931 à 952 et 967 à 1,000 du Code civil n'ont pas été observées, (art. 1,001 du Code).

PEINES, SUSPENSION, DESTITUTION ET DÉMISSION.

Des cas donnant lieu à la suspension, à la destitution et à la démission d'un notaire.

SUSPENSION.

Il y a lieu de suspendre un notaire :

1° Lorsqu'il instrumente hors de son ressort. (Loi du 25 ventôse an XI, art. 6) : *Suspension* de trois mois ; *destitution* en cas de récidive, et *dommages-intérêts*.

2° S'il délivre expédition ou donne connaissance, sans y être autorisé par ordonnance du président du tribunal de première instance, d'un acte à d'autres personnes qu'aux intéressés en nom direct, héritiers ou ayants-droit. (Idem, art. 23) : Amende de 20 fr. ; *suspension* de trois mois en cas de récidive.

3° Si son cautionnement a été employé, en tout ou en partie, au paiement des condamnations prononcées contre lui par suite de l'exercice de ses fonctions. (Id., art. 33.) *Suspension* jusqu'à ce que le cautionnement ait été entièrement rétabli, et après 6 mois, démission forcée.

4° S'il a procédé à un inventaire après le décès d'un titulaire de majorat sans se faire représenter le certificat de notification de ce décès, et sans en faire mention dans l'intitulé de l'inventaire.

5° S'il concourt activement ou passivement à des contre-lettres tendant à frustrer les droits du Trésor.

6° S'il a perçu un honoraire plus élevé que celui porté au tarif légal, notamment à celui du 5 novembre 1851 pour les ventes de fruits et récoltes.

DESTITUTION.

Un notaire peut être destitué :

1° S'il instrumente hors de son ressort après avoir encouru la peine de la suspension pour une première infraction à l'art. 6 de la loi du 25 ventôse an XI, ou s'il refuse son ministère. (Même loi, art. 3).

2° En cas de surcharge, interligne ou addition dans le corps d'un acte, s'il est reconnu qu'il y a eu fraude de sa part, en outre de l'amende et des dommages-intérêts. (Id, art 16).

3° S'il a délivré, même à la partie intéressée, une seconde grosse, sans une ordonnance du président du tribunal de première instance. (Idem, art. 26).

4° Dans le cas où, soit ouvertement, soit par actes simulés, soit par interposition de personnes, il aura pris ou reçu quelqu'intérêt que ce soit dans les adjudications, entreprises ou régies dont il avait l'administration ou la surveillance, en tout ou en partie, au temps de l'acte. (Code pénal, art. 175).

5° S'il a omis de faire le dépôt, par extrait, dans le mois de sa date, d'un contrat de mariage entre époux, dont l'un est commerçant, aux greffes et chambres désignés, (art. 872 du Code de procédure) pour être exposé au tableau, conformément au même article, dans le cas où il est prouvé que l'omission est la suite d'une collusion, et sous peine de responsabilité envers les créanciers. (C. Com., 67, 68.)

6° Pour avoir omis de laisser copie exacte des protêts, et de les inscrire en entier, jour par jour et par ordre de dates, dans un registre particulier, côté et paraphé, et tenu dans les formes prescrites pour les répertoires, sous peine aussi de responsabilité envers les parties. (Idem, art. 167.)

7° S'il n'a pas versé à la Caisse des dépôts et consignations les sommes dont il était dépositaire, dans les cas prévus par l'ord. du 3 juil. 1816, relative aux allocations de ladite Caisse créée par la loi du 18 avril 1816, art. 10.

8° S'il a perçu, soit directement, soit indirectement, un honoraire plus élevé que celui alloué par le tarif du 5 novembre 1851, sur les ventes de fruits et récoltes.

D'après la généralité des termes de l'art. 53 de la loi de ventôse il appartient aux tribunaux de prononcer encore, soit la suspension, soit la destitution, toutes les fois que les fautes commises par les notaires sont jugées assez graves pour que l'intérêt de la société exige l'application de l'une ou l'autre de ces peines : ainsi s'il prête son ministère à des actes contraires aux lois, à la morale et à l'ordre public ; et même dans tous les cas de faute lourde.

DÉMISSION FORCÉE.

La loi sur le notariat prévoit trois cas dans lesquels un notaire peut ou doit être réputé démissionnaire. Ces trois cas sont :

1° Si le notaire ne réside pas dans le lieu qui lui a été fixé par le gouvernement, (art. 4 et 5) ;

2° S'il accepte des fonctions incompatibles avec celles du notariat, (art. 7 et 66) ;

3° Enfin s'il ne rétablit pas dans les 6 mois l'intégralité de son cautionnement absorbé en tout ou en partie par l'effet de la garantie à laquelle ce cautionnement est affecté. (art. 33).

Toutes suspensions et destitutions sont prononcées contre les notaires par le tribunal civil de leur résidence, à la poursuite des parties intéressées ou d'office à la poursuite et diligence du procureur impérial.

Ces jugements sont sujets à l'appel et exécutoires par provision, excepté quant aux condamnations pécuniaires.

La question de démission présumée est administrative et dans les attributions du ministre de la justice qui peut seul proposer le remplacement, sauf à lui à prendre l'avis du tribunal.

Le notaire est responsable de toutes les conséquences et est *passible de dommages et intérêts*, s'il surcharge, interligne ou ajoute dans le corps d'un acte, s'il ne tient pas affiché dans son étude, le tableau des interdits de son ressort. (L. 25 ventôse an XI, art. 16, 18.

Suivant l'art. 68 de la loi de ventôse les notaires ne sont pas de plein droit responsables des nullités ayant pour cause les omissions ou irrégularités qu'ils auraient commises lors de la rédaction de leurs actes, (art. 6, 8, 9, 10, 14, 20, 52, 64 à 68.) Cet art. ne les assujétit à des dommages-intérêts que *s'il y a lieu.*

Le code Napoléon stipule plusieurs cas de responsabilité déjà rappelés ci dessus. V. art. 1397, 1497, 2063.

La *contrainte par corps* lui est infligée s'il n'est toujours prêt à restituer les pièces à lui confiées, les deniers qu'il a reçus pour ses clients, et à représenter ses minutes. (2060).

Toutes les prescriptions du Code pénal lui sont applicables, comme citoyen, mais avec de notables aggravations, comme fonctionnaire. (V. C. pénal, art. 123, 126, 145, 146, 169, 174, 175, 224, 258, 378, 480, 486.)

BIBLIOGRAPHIE NOTARIALE.

Augan. Cours du notariat, suivi d'un tarif alphabétique et raisonné des droits d'enregistrement, 2 v. in-8°, 1846.

Bavoux. Manuel du notariat ou recueil de formules avec une introduction historique, 1 v. in-32, 1846.

Bataillard. De la propriété et transmission des offices ministériels, 1 v. in-8°, 1840.

Bellet. Offices et officiers ministériels, 1 v. in-8°, 1850.

Berthelot Sost. Esprit, législation et jurisprudence du notariat, avec un commentaire de la loi du 25 ventôse an XI et derniers conseils d'un notaire à son fils, 1 v.

Bruno Lesage. Législation et jurisprudence du notariat résumées en 100 tableaux synoptiques, avec notes et bibliographie complète, suivies du code Napoléon en tableaux, 1 v. in-folio, 1857.

Brutoz Hilton. La vénalité des offices, le taxateur des notaires ou tarif de tous les actes notariés, 2 v., 1830.

Clerc et Dalloz. Traité théorique et pratique, ou formulaire général du notariat, par Ed. Clerc, suivi d'un code des notaires, expliqué par Ed. Dalloz, et d'un traité de la responsabilité, par Vergé, 3 Ed., 2 v. gr. in-8°, 1853. — Traité du notariat pour servir aux examens de capacité.

Cellier. Cours de rédaction notariale, 1 v. gr. in-8°. Réforme notariale, vénalité des offices, etc. 1 v. in-8°, 1848.

Dard. Traité des offices, 1 v. in-8°, 1838.

Dumas. Précis alphabétique de la science notariale, 1 v.

Debaube. Formulaires pour inventaires et contrats de mariage, in-4°, 1853.

Dictionnaire des notaires et des conservateurs des hypothèques avec un formulaire nouveau, 4 v. gr. in-8°, 1842.

Dictionnaire du notariat par les notaires et jurisconsultes, rédacteurs du journal des notaires et des avocats, 4 Ed., 1855, refondue et complétée avec soin, 12 v. gr. in-8°. La même administration a édité un *formulaire Pocket*, 3 Ed., 1858, 1 v. in-18, de 1200 p.

Favier Coulomb. De l'admission au notariat, 1 v. in-8°, 1844. — Législation du notariat, 1 v. in-8°.

Favard de Langlade. Répertoire de la législation du notariat, 2 v. in-4°, 1837.

Feuilleret. Ecole théorique et pratique du notariat, 1 v.

Fournier. Eléments de comptabilité et de tenue des études de notaires, des tarifs des honoraires, 1 v. gr. in-8°.

Gagneraux. Commentaire de la loi du 25 ventôse an XI, 2 v. in-8°, 1834.

Gaillard. Manuel alphabétique des aspirants au notariat, 1 v. in-8°, 1844.

Gand. Traité de législation nouvelle du notariat, 1 v. in-8°,

Garnier. Tenue de livres à l'usage des notaires, 1 v. in-8°.

Garnier Deschesnes. Traité élémentaire du notariat et formules, 1808 et 1812.

Jeannest St-Hilaire. Du notariat et des offices, 1857, 1 v.

— L'histoire du notariat, sa comparaison avec le notariat étranger, la propriété des offices des notaires comme droit absolu, la question du tarif, les rapports des notaires avec le pouvoir et avec la magistrature, les devoirs et la discipline des notaires et les moyens d'améliorer l'institution, sont traités complètement dans cet ouvrage recommandable.

Journal du notariat.

Journal des notaires et des avocats (1808 à 1858), formant le complément périodique et mensuel du dictionnaire du notariat par les mêmes auteurs.

Cette administration a composé aussi un *nouveau formulaire annoté* du notariat, 2 v. in-8°.

Lebru. La clef du notariat, formulaire pratique, 1 v. in-8°,

Loret. Eléments de la science notariale avec un commentaire de la loi du 25 ventôse an XI, 3 v. in-4°, 1807.

Massé. Le parfait notaire ou la science du notariat, 3 v. in-4°, 6 Ed., 1828.

Molineau. Des contraventions notariales et tarif des droits d'enregistrement pour la Belgique, 1 v. in-8°.

Massé et Lherbette. Jurisprudence et style du notaire, 9 v. in-8°, 1830.

Oudin. De la vénalité des offices, d'un impôt à leur appliquer ou de la réforme du notariat, in-8°, 1848.

Le nouveau parfait notaire, par 2 avocats, 2 v. in-8°, 1828.

Pagès. De la responsabilité des notaires, 1 v. in-8°.

Pont. De la responsabilité des notaires, dissertation, in-8°.

Poirson. Histoire numismatique du Chatelet et du notariat de Paris, du 9e au 19 siècle, 1840.

Raingeet. Le notariat considéré dans ses rapports avec la morale, avec une introduction historique, 1843, in-8°.

Rolland de Villargues. Répertoire de la jurisprudence du notariat; œuvre d'un éminent magistrat, cet excellent ouvrage ne saurait être trop recommandé, 9 v. in-8°. — Jurisprudence du notariat, 1828 à 1858, formant le complément périodique du répertoire. — Code du notariat et des droits d'enregistrement, etc., 2 v. in-8°.

Rousset. Memento du notaire, indiquant la substance des actes d'après les lois et la jurisprudence, 3 éd., 1 v. in-18.

Sellier. Manuel des notaires, contenant un dictionnaire des formules de tous les actes et un commentaire, 4 v. in-4°.

Velaine. Cours élémentaire de notariat, 1 v. in-8°, 1851.

ENREGISTREMENT.

Nous nous contenterons de citer sur cette matière les 2 excellents ouvrages suivants que tout notaire devrait avoir:

Championnière et Rigaud. Traité des droits d'enregistrement et des principes du Code civil sur les matières ayant rapport à l'enregistrement avec un dictionnaire, et un supplément au traité, par M. Pont, 7 v. in-8.

Garnier. Répertoire général et Dictionnaire de l'enregistrement avec tables, ou droit civil et droit fiscal comparés 4e tirage 3 v. in-4°, 1857;

(Ouvrage méthodique et complet, où s'allie heureusement la science du jurisconsulte, l'expérience pratique de l'employé supérieur et l'impartialité honorable de l'écrivain indépendant qui a su sacrifier sa position dans l'administration à ses convictions et à sa conscience.)

Ces deux ouvrages sont continués par des recueils périodiques et mensuels, leur faisant suite.

Dalloz. Nous nous reprocherions, avant de clore la liste des principaux auteurs qui ont écrit sur le notariat et sur l'enregistrement, de ne pas citer spécialement et de ne pas recommander en première ligne à nos confrères le grand ouvrage si complet et si remarquable élevé à la science du droit, par MM. Dalloz, leur *répertoire de législation, de doctrine et de jurisprudence*, 44 v. in-4°, 1845 à 1859.

II.

USAGES ET STATUTS PARTICULIERS

DE LA

COMPAGNIE DES NOTAIRES DE L'ARRONDISSEMENT D'AMIENS

RÉDIGÉS EN FORME DE RÉGLEMENT INTÉRIEUR.

OBSERVATIONS PRÉLIMINAIRES.

Par délibération des 7 et 14 mai 1844, l'assemblée générale des notaires de l'arrondissement d'Amiens a adopté un projet de réglement intérieur, destiné à remplacer celui du 9 octobre 1827 et rédigé par la chambre chargée de cette mission en vertu d'une délibération de l'assemblée générale du 2 mai 1843, et composée de MM. Dournel, président; Dubois, syndic; Magnier, rapporteur; Allart, secrétaire; Coppin et Jumel de Saint-Saulieu, membres.

Conformément à l'article 23 de l'ordonnance royale du 4 janvier 1843, ce projet a été immédiatement remis à M. le Procureur du Roi, pour être soumis à l'approbation de M. le Ministre de la Justice.

Par une autre délibération du 7 août 1849, l'assemblée générale, considérant que ce réglement nouveau étant plus complet que l'ancien, il y avait intérêt à substituer l'un à l'autre, a décidé que provisoirement, et jusqu'à la promulgation de celui qui serait approuvé par le Gouvernement, le projet de réglement adopté les 7 et 14 mai 1844, amendé en quelques points le 7 août 1849 serait mis à exécution.

Tous les notaires de l'arrondissement s'y sont volontairement soumis, l'ont signé et se sont engagés à l'exécuter; et aux termes de l'article 95 de ce réglement, tous les candidats, qui se présentent pour entrer dans la Compagnie, y donnent leur adhésion par écrit.

L'impression en a été ordonnée le 2 novembre 1852 par la Chambre, sur la réquisition du syndic.

Depuis son adoption et son impression plusieurs décisions importantes sont venues s'ajouter aux règles édictées en 1844 et 1849; ces décisions ont été portées en notes sous les chapitres et les articles auxquels elles se rapportaient: un chapitre spécial a été ajouté comme supplément, pour tout ce qui concernait le nouvel hôtel de la Chambre, les devoirs et obligations de l'agent de la Compagnie.

Ce réglement n'a pas encore reçu l'approbation officielle de M. le Ministre de la Justice, le chapitre 5 seul sur la Bourse commune a été approuvé par décision ministérielle du 1er mai 1854 lors de l'acquisition de l'hôtel de la Chambre; en conséquence et jusqu'à l'approbation ministérielle ces Statuts locaux rédigés en forme de réglement intérieur ne pouvont être considérés que comme l'expression constatée et reconnue des usages des notaires de l'arrondissement d'Amiens, comme raison écrite édictée par l'usage et sanctionnée par la convention et la signature de tous, mais n'ayant pas la force obligatoire ni l'autorité coercitive d'un réglement officiel.

RÈGLEMENT

CHAPITRE PREMIER.

Des devoirs des Notaires.

Indépendamment des devoirs imposés aux Notaires par les lois et ordonnances qui les concernent, notamment par l'ordonnance du 4 janvier 1843, les Notaires de l'arrondissement d'Amiens sont tenus de se conformer aux dispositions réglementaires qui suivent.

Art. 1er. — Les Notaires devant se consacrer entièrement à l'exercice de leurs fonctions, toute autre profession leur est interdite.

Art. 2. — Ils ne peuvent accepter, ni permettre à leurs clercs d'accepter les fonctions d'agent ou de mandataire des maisons d'assurance et de remplacement militaire, ni s'immiscer en aucune manière dans les opérations de ces maisons.

Art. 3. — Il leur est interdit de souscrire, accepter ni endosser aucune lettre de change ; ils ne peuvent non plus créer aucun billet à ordre ou autre effet de commerce, si ce n'est pour prix d'acquisition de leurs charges ou de biens immeubles.

Art. 4. — Ils devront s'abstenir de faire, par la voie des journaux ou par celle des affiches, l'annonce de capitaux à placer ou à emprunter, si ce n'est en viager.

Art. 5. — Ils doivent s'abstenir de faire des avances considérables ou des crédits trop longs à leurs clients; ces crédits et ces avances étant bien souvent un moyen périlleux d'acquérir une nombreuse clientèle au préjudice de leurs collègues.

Art. 6. — Ils doivent refuser leur ministère :

1° Aux personnes qui se trouvent dans un état d'ivresse ;

2° A celles qui, sans être interdites, ne leur paraissent pas jouir de leurs facultés intellectuelles ;

3° A celles dont les conventions leur paraîtraient porter un cachet de fraude ou de déloyauté.

Art. 7. — Les minutes des actes doivent être écrites par le Notaire lui-même où l'un de ses clercs, par son prédécesseur, par l'un de ses collègues ou l'un de leurs clercs: en aucun cas elles ne peuvent être écrites par des étrangers ou par les parties.

Art. 8. — Il est défendu aux Notaires de confier leurs minutes à qui que ce soit, même aux employés de l'enregistrement, le receveur excepté, et sauf aussi les cas prévus par la loi.

Art. 9. — Les études des Notaires seront indiquées par des panonceaux aux armes de France, sans aucune légende, ces panonceaux seront au nombre de deux au moins et de quatre au plus; toute autre indication est prohibée.

Art. 10. — Les Notaires doivent, autant que possible, éviter de recevoir des actes et de faire des adjudications dans les auberges, cafés et cabarets; dans tous les cas, ils ne permettront pas que, pendant le cours des adjudications, il se fasse aucune distribution de boissons.

(V. la lettre de M. le procureur général, du 16 novembre 1855, p. 54.)

Art. 11. — Les Notaires seront tenus de soumettre à la Chambre les difficultés qui pourront s'élever entre eux, à l'occasion de leurs fonctions et de se conformer à sa décision.

Il leur est interdit d'avoir préalablement aucune discussion en présence des parties, relativement au droit de concours ou de partage des honoraires dans les affaires qu'ils sont appelés à traiter en commun.

Ils ne peuvent intenter, directement ou indirectement, aucune action judiciaire contre leurs confrères, qu'après avoir pris l'avis de la Chambre. (1)

Art. 12. — Tout Notaire inculpé, ou dans le cas de subir une action quelconque, à l'occasion de ses fonctions, devra, avant toute poursuite ou immédiatement après les premières poursuites, s'il n'a pu les prévoir, faire connaître à la Chambre la position dans laquelle il se trouve relativement à cette inculpation.

Art. 13. — Les Notaires doivent s'abstenir de solliciter ou de détourner, directement ou indirectement, les clients de leurs confrères ; et de priver ceux-ci, en totalité ou en partie, des actes et des affaires qui leur appartiennent, soit en faisant faire ou en faisant eux mêmes des démarches ; soit en offrant leur ministère au rabais ; soit en employant tout autre moyen réprouvé par la délicatesse et l'honneur.

Il leur est formellement interdit de suggérer à leurs clients des conditions tendant à intervertir l'ordre établi pour la garde des minutes, ou à empêcher le concours d'un second Notaire.

Ils ne pourront déférer à des conditions qui auraient ce résultat, quand même elles seraient imposées par leurs clients et de leur propre mouvement.

Art. 14. — Toutes conventions et remises, tous marchés et arrangements entre le Notaire, à raison de ses fonctions, et les officiers ministériels, les agents et solliciteurs d'affaires, ou toute autre personne étrangère au notariat, sont prohibés.

Le Notaire convaincu d'avoir contrevenu à la disposition précédente sera tenu, outre les peines disciplinaires, de verser à la bourse commune une somme double de celle à laquelle la Chambre aura évalué les honoraires de l'acte ou de l'affaire.

(1) Les notaires d'Amiens, dans l'intérêt du notariat et pour maintenir et resserrer la bonne harmonie entre eux, ont fondé une conférence qui se réunit une fois par mois et alternativement chez chacun de ses membres et dans laquelle ils traitent les questions se rattachant au notariat et à la discipline intérieure.

Art. 15. — Le Notaire ne pourra, pour l'exercice de ses fonctions, se transporter hors de sa résidence à des époques périodiques, ni établir un cabinet autre que celui qui forme le siége de son étude; il ne devra instrumenter hors de son domicile, que lorsqu'il en sera spécialement requis.

Art. 16. — Le Notaire qui aura cédé son étude ne pourra être admis à traiter d'une autre étude du même canton, d'un des cantons limitrophes, ou du chef-lieu d'arrondissement, sans le consentement de son successeur.

Art. 17 — Les Notaires d'une même résidence ne pourront habiter une maison qui aura été occupée par l'un de leurs confrères, que deux ans après la sortie de celui-ci; à moins que ce dernier n'y ait donné son consentement.

Art. 18 — Aucun Notaire ne pourra admettre un clerc dans son étude, sans le consentement du Notaire de chez lequel il sortira; et en cas de refus sans l'autorisation de la Chambre.

Les Notaires ne pourront non plus recevoir dans leur étude le principal clerc d'un Notaire démissionnaire ou décédé, sans le consentement de son successeur, de sa veuve, de ses héritiers ou de la Chambre, que six mois après la prestation de serment du successeur.

Art. 19. — Lorsqu'un Notaire sera malade, absent, ou momentanément empêché, il sera remplacé par un de ses confrères qui n'agira que comme le substituant, sans pouvoir rien prétendre aux honoraires et vacations.

La minute restera dans l'étude du Notaire substitué, et l'acte sera porté sur les deux répertoires.

Art. 20. — Le Notaire requis d'instrumenter ou de donner son avis sur un acte où il reconnait soit une erreur, soit un vice de forme, doit, autant que possible, en informer préalablement le Notaire rédacteur.

Art. 21. — Il est du devoir des Notaires d'aider de leurs conseils la veuve et les enfants d'un Notaire decédé; et, si la veuve et leurs enfants le désirent, la Chambre nommera trois Notaires, parmi ceux en exercice, ou parmi les Notaires honoraires, pour leur servir de conseil.

Art. 22. — En cas de décès d'un Notaire, sa veuve et ses enfants, auront droit aux honoraires des actes reçus par le Notaire qui aura été commis en conformité de l'article 61 de la loi du 25 ventôse XI.

CHAPITRE II.

DROIT DE CONCOURIR AUX ACTES. — DROIT D'EN RETENIR LA MINUTE. — RANG D'ANCIENNETÉ.

§ 1er. — Droit de concourir aux actes.

Art. 23. — Il ne pourra y avoir plus de deux Notaires coopérant à un acte, et le droit d'y concourir appartient aux deux Notaires plus anciens en ordre de réception; sauf les exceptions ci-après.

Art. 24. — Les Notaires appelés par les parties ayant un même intérêt, ne pourront exclure le Notaire plus jeune qu'eux, choisi par d'autres parties ayant un intérêt différent; dans ce cas, l'acte est reçu par les deux Notaires plus anciens pris dans les intérêts opposés.

Art. 25. — Lorsqu'il est appelé plusieurs Notaires pour procéder à un inventaire ou récolement, à un partage ou liquidation, et à tout autre acte entre co-héritiers ou co-intéressés dans une succession ou dans une communauté, la préférence appartient dans l'ordre suivant :

1° Au Notaire de l'époux survivant, commun en biens ou marié sous le régime dotal avec société d'acquêts;

2° Au Notaire de l'exécuteur testamentaire ayant ou non la saisine ;

3° Au plus ancien des Notaires appelés par les héritiers à réserve ;

4° Au plus ancien des Notaires des légataires universels ;

5° Au plus ancien des Notaires appelés par les enfants naturels reconnus ;

6° Au plus ancien des Notaires appelés par les héritiers non réservataires ;

7° Au plus ancien des Notaires des légataires à titre universel.

Art. 26. — Le Notaire choisi par l'exécuteur testamentaire ne peut exercer son droit de concours qu'à l'égard des actes pour la validité desquels la présence de ce dernier est légalement nécessaire.

Art. 27. — Dans les inventaires et récolements, le droit de préférence pour le concours est définitivement réglé lorsque l'intitulé du procès-verbal est signé par les parties.

Cependant, si la première vacation a été faite par un seul Notaire en nom, et qu'il en survienne un autre dans le cours des vacations suivantes, le concours de ce dernier ne pourra être refusé pour les opérations restant à faire (1).

§ 2. — Droit de retenir la Minute.

Art. 28. — Les doubles minutes sont interdites parmi les Notaires d'une même résidence.

---

(1) Par délibération du 7 août 1855, l'Assemblée générale a décidé ce qui suit :

Art. 27 bis. — Lorsque deux ou plusieurs notaires sont appelés par leurs clients pour concourir à une liquidation, vente ou autre opération dont le renvoi devra être fait en justice, il leur est enjoint de faire décider par la chambre, lequel des Notaires appelés par les parties sera désigné au tribunal.

S'il y a urgence cette désignation sera faite par le président de la chambre ou par le syndic assisté de deux membres de la chambre présents et à leur défaut de deux membres de la compagnie les plus anciens présents à Amiens.

Défense est faite aux notaires non désignés par la chambre de laisser présenter au tribunal, au nom de leurs clients, aucune note ni observation orale ou écrite, ayant pour but de se soustraire aux prescriptions de la discipline réglementaire qui précède.

Il est aussi enjoint aux notaires d'empêcher leurs clients de se pourvoir *en référé* pour faire décider les questions de concours ou de rétention de minute dans les inventaires et autres actes à la vacation.

Les notaires appelés pour procéder à ces opérations seront tenus de déférer à la chambre la solution des différends survenus entre eux ou entre leurs clients sur ces questions de concours ou de rétention de minute.

Art. 29. — Le droit de retenir la minute d'un acte appartient au Notaire plus ancien en exercice, sauf les exceptions qui vont être expliquées.

Art. 30. — La conservation de la minute d'un inventaire appartient dans l'ordre ci-après, savoir :

Dans les inventaires après décès.

1° Au Notaire de l'époux survivant, commun en biens ou marié sous le régime dotal avec société d'acquêts ;

2° Au Notaire de l'exécuteur testamentaire ayant ou non la saisine ;

3° Au Notaire des héritiers à réserve ;

4° Au Notaire du légataire universel ;

5° Au Notaire de l'enfant naturel légalement reconnu ;

6° Au Notaire des héritiers non réservataires ;

7° Au Notaire des légataires à titre universel ;

8° Au Notaire des légataires à titre particulier ;

9° Au Notaire des créanciers.

Dans les inventaires après absence.

1° Au notaire du conjoint présent, commun en biens ou marié sous le régime dotal avec société d'acquets ;

2° Au Notaire des envoyés en possession.

Dans les inventaires après interdiction.

1° Au Notaire du conjoint requérant, s'il est commun en biens ou marié sous le régime dotal avec société d'acquêts ;

2° Au Notaire du tuteur.

Dans les inventaires pour raison de l'exercice de la tutelle.

Au Notaire du tuteur en exercice ou entrant en fonctions.

Dans les inventaires après séparation de biens.

Au Notaire de la femme.

Dans les inventaires après séparation de corps.

Au Notaire de l'époux qui a obtenu la séparation.

Art. 31. — Si chacun des époux séparés de biens appelle un Notaire pour la confection de l'inventaire d'une succession échue à la femme, la minute appartiendra au Notaire de cette dernière.

Art. 32. — Le droit de conserver la minute des licitations, liquidations, partages et autres opérations de succession et communauté, est réglé, pour ces sortes d'actes, de la même manière et dans le même ordre que pour les inventaires.

S'il y a eu inventaire, la minute de ces actes appartiendra au Notaire qui aura fait l'inventaire.

Art. 33. — Lorsque l'exécuteur testamentaire a terminé sa mission et qu'il n'a plus le droit de participer aux actes, la minute appartient au Notaire qui vient en ordre après celui de l'exécuteur testamentaire.

Art. 34. — Dans les inventaires, récolements et autres procès-verbaux à la vacation, le droit de retenir la minute est définitivement fixé lorsque l'intitulé est signé de toutes les parties.

Art. 35. — Indépendamment des exceptions qui viennent d'être apportées au principe de l'ancienneté, il y sera encore dérogé dans les circonstances qui vont être expliquées, et la minute des actes dont la nomenclature suit appartiendra, savoir :

Dénomination des actes.	Indication des notaires auxquels les minutes appartiennent.	
1° Abandonnement ou cession volontaire par un débiteur à ses créanciers	Au Notaire	du cédant.
2° Acceptation de donation	»	du donateur.
3° Acceptation de transport ou délégation	id.	du créancier.
4° Affectation hypothécaire	id.	du créancier.
5° Antichrèse	id.	du créancier.
6° Bail à ferme ou à loyer	id.	du bailleur.
7° Bail à vie	id.	du bailleur.
8° Brevet d'apprentissage	id.	de l'apprenti.
9° Cautionnement	id.	du créancier.
10° Cession de bail avec le concours du bailleur	id.	du bailleur.
11° Cession de bail sans le concours du bailleur	id	du cédant.
12° Compte de tutelle et autres	id.	du rendant compte
13° Concordat	id.	du failli.
14° Constitution de rente perpétuelle ou viagère	id.	du créancier.
15° Contrat de mariage	id.	de la future épouse
16° Délégation et transport	id.	du cessionnaire.
17° Devis et marchés	id.	de l'entrepreneur.
18° Donation	id.	du donateur.
19° Échange avec soulte	id.	de l'échangiste qui paie la soulte.
20° Main-levée d'inscription	id.	du débiteur.
21° Nantissement	id.	du créancier.
22° Obligation portant créance en pleine propriété	id.	du créancier.
23° Obligation portant créance en usufruit au profit d'une personne et en nue-propriété au profit d'une autre	Au Notaire de l'usufruitier s'il a donné caution, ou s'il en est dispensé ; à défaut, au Notaire du nu-propriétaire.	
24° Ordre amiable et distribution par contribution ne contenant pas quittance	Au Notaire	du débiteur.
25° Ouverture du crédit	id.	du créancier.
26° Procès-verbaux de comparution et autres	id.	du requérant.
27° Quittance sans subrogation ou avec subrogation légale	id.	du débiteur.
28° Quittance avec subrogation conventionnelle	id.	du créancier subrogé.
29° Quittance par suite d'ordre judiciaire ou amiable	Au Notaire de l'acquéreur ou des acquéreurs, réunissant la plus forte somme.	
30° Ratification	Au Notaire	de la partie dans l'intérêt de qui elle est faite.
31° Réméré (Exercice du droit de)	id.	de la partie qui l'exerce
32° Remplacement aux armées	id.	du remplaçant si le prix reste dû, sinon au Notaire du remplacé.
33° Résiliation	id.	de la partie à laquelle la chose retourne.
34° Retrait successoral	id	de l'héritier qui l'exerce.
35° Titre nouvel	id.	du créancier.
36° Vente en toute propriété	id.	de l'acquéreur.
37° Vente en usufruit au profit de l'un et en nue-propriété au profit de l'autre	id	du nu-propriétaire.

§ 3. — Rang d'ancienneté.

Art. 36. — Le rang d'ancienneté entre les Notaires est fixé par l'antériorité de prestation du serment, et en cas de prestation de serment le même jour, par l'investiture du Gouvernement.

S'il arrivait qu'il y eût parité de dates, le rang d'ancienneté serait dévolu au plus âgé.

Art. 36 — Si un Notaire démissionnaire vient à exercer ensuite dans un autre ressort, son rang d'ancienneté ne date que du jour de sa nouvelle prestation de serment.

Art. 38. — Il sera dressé chaque année un tableau des Notaires de l'arrondissement, classés par rang d'ancienneté; il contiendra leurs noms, prénoms et résidences, ainsi que le nom de leurs prédécesseurs immédiats; à la fin seront indiqués les Notaires honoraires, les officiers et les membres de la Chambre.

Un exemplaire de ce tableau sera affiché dans la salle des séances de la Chambre, et sera envoyé à chaque Notaire par les soins du Secrétaire.

Il sera également adressé aux autorités et aux corporations qui seront indiquées par la Chambre.

CHAPITRE III.

DE LA FIXATION ET DU PARTAGE DES HONORAIRES. — DE L'ANNEXE DES PIÈCES. — ET DE LA DÉLIVRANCE DES EXPÉDITIONS.

§ 1er. — De la fixation des honoraires.

Art. 39. — Les honoraires doivent être fixés d'après la nature des actes, la difficulté de leur rédaction et basés principalement sur l'importance des valeurs ou de l'intérêt qu'ils présentent, conformément à l'art. 173 du tarif de 1807 et à la lettre de M. le Garde des Sceaux, du 10 juin 1822. (1)

Art. 40. — Le Notaire qui recevrait au delà de ce qui lui est dû, nuirait à ses clients et se rendrait coupable d'une cupidité très blamable; celui qui accepterait moins qu'il ne lui appartient légitimement, nuirait à sa profession et à ses confrères; dans l'un et l'autre cas, il manquerait à la délicatesse et à la probité.

Par respect pour leur considération, les Notaires doivent s'abstenir de toute transaction en cette matière; cependant il ne leur est pas défendu selon les circonstances, de faire remise de latotalité de leurs vacations et honoraires.

Art. 41. — En cas de difficulté sur le réglement de leurs honoraires, les Notaires doivent prendre l'avis de la Chambre.

§ 2. — Du partage des honoraires.

Art. 42. — Les honoraires des actes auxquels deux Notaires auront concouru, seront également partagés entr'eux; néanmoins lorsqu'il s'agira d'inventaire et de procès-verbaux qui se paient à la vacation, chaque Notaire aura droit à ses vacations.

Art. 42 bis. — Par délibération du 3 janvier, la chambre a décidé que le partage des honoraires réclamés par un notaire du dehors ou de la compagnie, pour un acte passé là où le notaire intervenant ne peut pas instrumenter, n'est pas dû; que ce partage d'honoraires ne devient obligatoire que lorsque le notaire instrumentant l'a accordé ou consenti avant la signature de l'acte.

Art. 43. — Lorsqu'un Notaire aura été spécialement chargé de la vente ou de la location d'une propriété, qu'il l'aura fait annoncer, soit par des affiches, soit par des insertions dans les journaux de l'arrondissement, et que le contrat en sera passé devant l'un de ses confrères, il aura droit à la moitié des honoraires de la minute de l'acte, comme s'il y avait assisté.

Ce partage d'honoraires ne pourra être demandé par le Notaire qui aura fait la publication, qu'en justifiant qu'il est resté chargé depuis moins d'un an de la vente ou de la location.

Art. 44. — Dans tous les cas, les droits de grosse, expédition et extrait des actes de toute nature appartiendront au Notaire détenteur de la minute.

§ 3. — De l'annexe des pièces et de la délivrance des expéditions.

Art. 45. — Les notaires étant tenus de conserver par voie d'annexe ou de dépôt, les brevets, extraits ou expéditions des procurations, substitutions et autres consentements, en vertu desquels les parties agissent, doivent strictement se conformer à ces obligations; mais ils ne peuvent délivrer expéditions ou extraits de pièces ainsi annexées ou déposées, lorsqu'il en existe minute dans l'étude d'un Notaire du même canton, qu'à la suite des grosses ou ou expéditions de l'acte où elles se trouvent annexées. (2)

Art. 46. — Les Notaires pourront annexer aux partages et aux autres actes, les grosses ou expéditions des actes constitutifs de rentes ou créances et les titres de propriétés d'immeubles auxquels plusieurs parties se trouveront avoir droit par suite de partage ou autrement; mais ils ne pourront, en se conformant d'ailleurs à la loi, que délivrer des ampliations de grosses, lorsque le Notaire détenteur de la minute résidera dans le même canton.

Art. 47. — Le Notaire auquel appartient le droit de délivrer un certificat de propriété peut recevoir en dépôt, pour garantie de sa responsabilité, toutes les pièces qui se rattachent à la mutation, sans pouvoir délivrer extrait ou expédition des pièces dont les minutes seraient dans l'étude de l'un de ses confrères du canton.

Art. 48. — Hors les cas prévus ci-dessus, aucun Notaire, même ayant instrumenté en second, ne pourra recevoir en dépôt ou par voie d'annexe, ni expédier ex-

(1) Suivant délibération prise le 2 août 1858 par l'assemblée générale, les notaires de l'arrondissement d'Amiens ont constaté leurs usages pour la fixation de leurs honoraires, et adopté un tarif de frais, uniforme pour tous et proportionnel suivant la classe et l'importance des actes, sur le rapport de la commission nommée à cet effet et composée de MM Duparc, Jume', Vasselle, notaires à Amiens, Decaudaveine, notaire à Airaines et Chatrlier, notaire à Poix, pour être mis à exécution entre eux à compter du 1er octobre 1858.

Ce nouveau tarif remplace celui qui était en usage depuis le 1er août 1828 et qui avait été rédigé par une commission composée de MM. Dournel et Tournière, notaires à Amiens et Gibert, notaire à Picquigny, sur les bases du précédent tarif d'Amiens, du 21 avril 1807.

(2) Une circulaire du Garde des Sceaux du 28 avril 1832, décide que les procurations des héritiers doivent être *annexées* non au procès-verbal de levée de scellés du juge-de-paix, mais à l'inventaire dressé par le Notaire.

trait, grosse, expédition, ou copie collationnée d'actes passés devant un Notaire du même canton ; ce droit demeurant exclusivement réservé au Notaire dépositaire de la minute.

CHAPITRE IV.

DES ASSEMBLÉES GÉNÉRALES. — DE CELLES DE LA CHAMBRE DE DISCIPLINE. — ET DU MODE DE PROCÉDER EN LA CHAMBRE.

§ 1er. — Dispositions générales sur la tenue des séances.

ART. 49. — La police des assemblées générales et des réunions de la Chambre appartient au Président, qui accorde la parole et maintient l'ordre dans la discussion.

ART. 50. — Lorsqu'on procède, en assemblée générale, à la nomination des membres de la Chambre, et, dans les réunions de la Chambre, à l'élection des officiers, si le dépouillement du premier scrutin ne donne pas de résultat, il est procédé à un second tour de scrutin ; et lorsque la majorité absolue n'est point encore obtenue, il est passé à un ballotage entre les deux membres qui ont obtenu le plus grand nombre de voix ; à égalité de suffrages, le plus ancien en exercice a la préférence.

ART. 51. — Il est distribué à chacun des Notaires assistant aux assemblées générales et à celles de la Chambre, un jeton en argent, qui est frappé au coin et aux frais de la Compagnie.

Lorsqu'une réunion de Chambre aura lieu le même jour qu'une assemblée générale, il n'y aura pas de seconde distribution de jetons entre les membres de la Chambre.

ART. 52. — Les Notaires ne pourront se dispenser de se rendre aux assemblées générales et aux assemblées de la Chambre, que pour cause de maladie dûment constatée, ou pour motif grave dont l'appréciation est laissée à la Chambre.

Les Notaires qui ne se rendront pas aux assemblées, et dont les motifs d'absence ne seront pas admis, ceux qui arriveraient tardivement, et ceux qui quitteraient la réunion avant la clôture de la séance sans l'autorisation du Président, verseront à la bourse commune, savoir : un Notaire d'Amiens, douze francs et un Notaire de canton, six francs.

Le versement sera dû par un Notaire manquant à l'appel, et cet appel devra avoir lieu quinze minutes après l'heure fixée pour la réunion.

Il sera double dans le cas où le même Notaire manquerait à deux réunions consécutives.

Sera en outre privé de son jeton de présence le Notaire qui, lors d'une assemblée générale ou d'une assemblée de Chambre, arrivera une heure après celle fixée pour la réunion.

Le tout sans préjudice aux peines disciplinaires.

ART. 53. — Les décisions auxquelles pourra donner lieu l'application de l'article précédent seront prises par la Chambre.

ART. 54. — Lorsqu'il s'agira de voter, soit en assemblée générale, soit en assemblée de Chambre, le vote aura lieu au scrutin secret ; toutefois la Chambre pourra admettre le vote par assis et levé, excepté en matière d'élection et dans toute question concernant les personnes.

§ 2. — Des assemblées générales.

ART. 55. — Les assemblées générales ne peuvent délibérer valablement qu'autant qu'elles réunissent moitié plus un des membres composant la corporation ; les délibérations doivent être prises à la majorité des membres présents.

ART. 56. — Les deux assemblées générales, prescrites par l'ordonnance du 4 janvier 1843, auront lieu de plein droit et sans convocation : la première, le premier mardi de mai, à midi, et la seconde, le premier mardi d'août, à la même heure ; dans le cas où une assemblée générale tomberait un jour de fête légale, la réunion serait remise de droit, et sans convocation, au premier mardi suivant.

ART. 57. — L'assemblée du mois de mai est principalement destinée au renouvellement partiel de la Chambre.

Celle du mois d'août a pour objet principal : 1° d'entendre le rapport, que devra faire le Président, des décisions les plus remarquables de la Chambre et des faits qui auront mérité son attention particulière ; 2° d'entendre le Syndic dans ses observations et réquisitions, sur les abus qui pourraient s'introduire dans la corporation ; 3° de délibérer sur la cotisation annuelle relative à la bourse, comme aussi sur toutes autres propositions concernant le notariat.

ART. 58. — Les assemblées générales extraordinaires sont convoquées par le Président ou le Syndic, dix jours avant l'époque de la réunion, à moins que les circonstances n'exigent plus de célérité. La lettre de convocation indiquera autant que possible les objets à l'ordre du jour.

ART. 59. — Les séances des assemblées générales sont ouvertes et présidées par le Président de la Chambre ; en cas d'empêchement ou d'absence par le Syndic, et à son défaut par le Rapporteur.

Le bureau se compose des membres de la Chambre présents à la séance.

Le Secrétaire de la Chambre remplit les mêmes fonctions auprès des assemblées générales ; à défaut du Secrétaire en titre, le bureau en choisit un parmi ses membres.

Quand il y a lieu de voter au scrutin, le bureau appelle deux scrutateurs qui sont le plus ancien et le plus jeune des Notaires présents.

ART. 60. — Sont décidées par le bureau ainsi composé, toutes les difficultés qui peuvent s'élever sur le dépouillement et le résultat du scrutin, ainsi que sur les votes par assis et levé ; en cas de partage d'opinions, la voix du Président est prépondérante.

ART. 61. — La nomination des membres de la Chambre a lieu par bulletin de liste et par deux scrutins ; le premier, pour les membres à prendre dans les deux premiers tiers du tableau, et le second, pour ceux à prendre dans la totalité de ce même tableau.

Art. 62. — Le Président, après avoir déposé les bulletins dans l'urne, clot le scrutin ; vérifie si le nombre des bulletins est égal à celui des votants ; procède au dépouillement avec l'assistance des scrutateurs et proclame le résultat du scrutin.

Le bureau ordonne la radiation des derniers noms qui sont portés sur les bulletins, outre le nombre des membres à élire.

Art. 63. — Il sera procédé, par des scrutins particuliers, à la nomination de chacun des membres qui doivent remplacer ceux qui cessent leurs fonctions de membres de la Chambre, avant l'expiration de la période pour laquelle ils avaient été nommés ; ces nouveaux membres ne resteront en fonctions que le temps nécessaire pour achever le triennal de ceux qu'ils remplacent.

§ 3. — De la Chambre de discipline.

—

Art. 64. — Dans la première quinzaine du mois de mai, les membres composant la nouvelle Chambre se réunissent pour la constituer.

Le plus ancien dans l'ordre du tableau occupe le fauteuil, le plus jeune remplit les fonctions de secrétaire ; les officiers de la Chambre sont ensuite nommés conformément aux dispositions de l'ordonnance du 4 janvier 1843 ; aussitôt que le résultat du dernier scrutin est proclamé, les officiers entrent en fonctions.

Art. 65. — La Chambre ainsi constituée reçoit des mains du Trésorier sortant le compte de sa gestion, les pièces justificatives, le reliquat de son compte et les jetons ; elle reçoit pareillement des mains de l'ancien Secrétaire les titres, pièces, archives et sceaux de la Chambre, et elle en saisit le nouveau Trésorier et le nouveau Secrétaire.

Art. 66. — Le Secrétaire de la Chambre est autorisé à recevoir, comme par le passé, le produit des dépôts faits à la Chambre pour exposition de contrats de mariage, séparations de biens et autres actes soumis à l'exposition.

Dans sa séance du 1er juin 1858, la Chambre a autorisé le Secrétaire à percevoir par extrait qui lui est demandé du registre d'inscription des clercs un droit de 5 fr. pour le premier et de 1 fr. pour chaque extrait subséquent.

Art. 67. — La Chambre se réunit de droit, et sans convocation, le premier mardi de chaque mois, à midi, à l'effet de délibérer sur toutes les affaires qui sont de sa compétence.

Si une séance tombait un jour de fête légale, la réunion serait remise de droit, et sans convocation, au premier mardi suivant.

La Chambre est en outre convoquée extraordinairement par le Président ou par le Syndic, toutes les fois qu'ils le jugent nécessaire.

Art. 68. — En exécution de l'ordonnance précitée, la Chambre est chargée de représenter tous les Notaires de l'arrondissement ; en conséquence, elle intervient en leur nom collectif dans toutes les affaires judiciaires et autres, où elle juge qu'il y a lieu de soutenir les droits et intérêts de la Compagnie ; mais elle ne peut se pourvoir en appel, ni en cassation, sans avoir obtenu l'autorisation spéciale de la Compagnie réunie en assemblée générale.

Les frais d'instance sont payés par la bourse commune et alloués dans les comptes du Trésorier.

§ 4. — Du mode de procéder en la Chambre dans les affaires disciplinaires.

—

Art. 69. — Lorsqu'une plainte est formulée contre un Notaire, elle doit être remise au Président qui la renvoie au Syndic.

Celui-ci en remet une copie certifiée de lui au Notaire inculpé, avec invitation d'y répondre dans un délai qui ne doit pas être moindre de huit jours.

Si l'affaire est assez grave pour mériter un rapport, toutes les pièces sont ensuite communiquées au Rapporteur, qui prend les renseignements nécessaires et dresse son rapport.

Lorsque l'affaire est en état, elle est soumise à la Chambre qui statue.

Art. 70. — Lorsque le Syndic dirige d'office des poursuites contre un Notaire, il dresse un précis des faits et le dépose au secrétariat de la Chambre ; il en adresse ensuite une copie au Notaire inculpé, avec invitation de fournir ses moyens de défense dans un délai qui ne doit pas être moindre de quinze jours, sauf le cas d'urgence.

A l'expiration de ce délai, une autre copie du précis avec la réponse du notaire inculpé, s'il en a fait une, et toutes les pièces relatives à l'affaire sont remises au rapporteur qui procède de suite à une enquête sur les faits reprochés.

L'enquête terminée, l'affaire est soumise à la Chambre.

Art. 71. — Au jour fixé pour entendre les débats, le Rapporteur, s'il y a eu une enquête, et le Syndic, dans le cas contraire, expose l'affaire, ensuite le Notaire inculpé et les témoins, s'il y en a, sont entendus.

Après les réquisitions du Syndic et la réplique du Notaire inculpé, le Président prononce la clôture des débats, et la Chambre statue.

Art. 72. — Dans toutes les affaires disciplinaires, la Chambre délibère particulièrement et à la majorité des voix ; en cas de partage la voix du Président est prépondérante.

Si le Syndic est partie poursuivante, il ne prend pas part à la délibération.

Art. 73. — Les délibérations de la Chambre, en matière disciplinaire, sont notifiées, s'il y a lieu, et exécutées à la diligence du Syndic.

Art. 74. — Le Notaire cité devant la Chambre, qui, sans motif légitime, ne comparaîtrait pas devant elle, ou qui refuserait de se soumettre à ses décisions, pourra être condamné aux peines prévues par l'art. 14 de l'ordonnance du 3 janvier 1843.

CHAPITRE V.

BOURSE COMMUNE. (1)

Art. 75. — En exécution de l'ordonnance précitée, il est établi une bourse commune pour faire face à toutes les dépenses de la Compagnie.

Art. 76. — Les dépenses ordinaires auxquelles la bourse commune est destinée à faire face sont :

1° Le loyer des locaux servant à la tenue des séances et à la conservation des archives et de la bibliothèque ;

2° L'achat et l'entretien du mobilier garnissant les locaux ;

3° Les frais de bureau, impression de tableaux, lettres, règlements et autres documents ;

4° La confection et l'achat des jetons destinés à être remis aux membres dont la présence sera constatée aux assemblées générales et aux assemblées de la Chambre ;

(Usage ancien qui était déjà en vigueur en 1681.)

5° Les frais et faux frais de justice, de conseil et autres, pour faire valoir et défendre les intérêts de la Compagnie ;

6° L'augmentation de la bibliothèque de la Compagnie ;

7° L'indemnité allouée à l'huissier de la Compagnie.

Art. 77. — La bourse commune est formée et alimentée : 1° par une cotisation annuelle à la charge de chaque Notaire, fixée quant à présent, savoir :

Pour les Notaires d'Amiens, à 40 francs ;

Et pour les Notaires de cantons, à 20 francs

2° Par le versement que chaque Notaire nouvellement nommé sera tenu de faire avant sa prestation de serment, savoir : les Notaires d'Amiens, d'une somme de *deux cents francs* et les Notaires de canton, d'une somme de *cent francs*, le tout une seule fois payé ;

3° Par les autres sommes dont le versement aura été ordonné en exécution du présent règlement ;

4° Et par les appels de fonds qui seront faits extraordinairement, lorsque les circonstances l'exigeront, en vertu d'une délibération spéciale de l'assemblée générale.

Art. 78. — Les cotisations annuelles sont rendues exécutoires par M. le premier Président de la Cour impériale, sur un role dressé par le Secrétaire de la Chambre, et visé par le Président.

Il en sera de même des cotisations extraordinaires votées par l'assemblée générale.

Art. 79. — Toutes les sommes qui doivent entrer dans la bourse commune, en vertu du présent règlement, seront recouvrées par le Trésorier à qui les roles exécutoires seront remis, ainsi que toutes les autres pièces nécessaires.

Art. 80. — Le Trésorier ne pourra payer aucune somme qu'en vertu d'un mandat signé du Président, et à son défaut du Syndic, et acquitté par la partie recevante.

Art. 81. — Les recettes et dépenses devront être régulièrement inscrites sur un registre coté et paraphé par le Président de la Chambre, et tenu par le Trésorier.

Art. 82. — La Chambre arrêtera à la fin de chaque trimestre les comptes du Trésorier, et lui en donnera décharge.

Art. 83. — Elle arrêtera en outre, chaque année, le budget de l'année suivante, en distinguant les recettes ordinaires et extraordinaires, ainsi que les dépenses fixes, variables et imprévues.

CHAPITRE VI.

DES ASPIRANTS AU NOTARIAT.

§ 1er. — **Stage et discipline.**

Art. 84. — Le stage des aspirants au Notariat est constaté dans les formes prescrites par l'ordonnance du 4 janvier 1843.

Art. 85. — Quand un clerc inscrit quitte une étude, le Notaire chez lequel il travaillait doit, dans le délai d'un mois, en prévenir le Secrétaire de la Chambre, qui est tenu d'en faire mention sur le registre d'inscription. (2)

Art. 86. — Le Notaire qui aura des griefs à reprocher à l'un de ses clercs ne pourra cependant lui refuser de certificat de stage, s'il n'a pas fait prononcer la Chambre sur le mérite de ces griefs.

En cas de refus, la Chambre délivrera ce certificat, s'il y a lieu, après avoir entendu le Notaire et l'aspirant.

Art. 87. — Lorsqu'un Notaire est décédé sans avoir donné de certificats de stage aux clercs travaillant dans son étude, ou est dans l'impossibilité de les donner, les certificats sont délivrés par la Chambre.

Art. 88. — Toute décision qui prononcera des peines disciplinaires contre un clerc sera notifiée par le Syndic au Notaire dans l'étude duquel il travaillera.

Si la peine porte une suppression de stage, il en sera en outre fait mention par le Secrétaire sur le registre d'inscriptions.

§ 2. — **Du certificat de capacité et de moralité.**

Art. 89. — L'aspirant qui se présente pour succéder à un Notaire remet au Président une demande à l'effet d'être admis à passer son examen et d'obtenir son certificat de moralité et de capacité.

Il joint à sa demande la démission du Notaire titulaire, ou son acte de décès, le traité de l'étude et toutes les pièces prescrites par la loi et le règlement pour être admis aux fonctions de Notaire.

---

(1) Par décision du 1er mai 1854, M. le Garde des Sceaux a approuvé tout le chapitre 5 du présent règlement sur la bourse commune, à l'exception du n° 3 de l'art 77 qui a été omis, parce qu'il y est question du règlement que la chancellerie ne connait pas.

(2) Par délibération du 1er février 1853, la Chambre a décidé qu'un principal clerc de notaire ne peut être en même temps greffier de justice de paix.

Par délibération du 2 décembre 1856, la Chambre a décidé qu'elle demanderait aux candidats la justification des produits de l'étude. (1)

Il doit en outre se faire connaître en se présentant chez tous les membres de la Chambre individuellement.

Art. 90. — Le Président envoie immédiatement les pièces au Rapporteur qui est spécialement chargé de prendre tous les renseignements nécessaires sur la moralité de l'aspirant et d'en faire son rapport à la Chambre ; sans préjudice au droit qui appartient toujours aux autres membres de fournir à la Chambre les éclaircissements qu'ils auraient recueillis sur le compte de l'aspirant.

Art. 91. — Aucune délibération concernant l'aspirant ne pourra être prise avant l'expiration de la quinzaine qui suivra la réception de ces pièces par le Rapporteur, et la visite faite aux membres de la Chambre ; sauf les cas d'urgence reconnus par la Chambre.

Art. 92. — Indépendamment des garanties de capacité et de moralité que la Chambre est appelée à apprécier, elle peut encore prendre en considération les conditions du traité et les autres garanties qu'offre l'aspirant pour faire honneur à ses engagements.

Art. 93. — Lorsque la Chambre trouve qu'il y a lieu d'admettre l'aspirant à l'examen, elle y procède immédiatement, ou en fixe l'époque.

Art. 94. — L'examen consiste dans des épreuves théoriques et pratiques dont le programme est arrêté par la Chambre.

Chacun des membres peut, en outre, après épuisement du programme, et avec l'assentiment de la Chambre, proposer les questions qui lui paraîtront devoir être résolues pour former sa conviction sur la capacité de l'aspirant.

Art. 95. — S'il résulte de l'examen et des certificats obtenus, que le certificat de capacité et de moralité doit être délivré, il en est dressé une délibération dont expédition est adressée à M. le Procureur impérial, avec les pièces à l'appui.

Lorsque ce magistrat a fait connaître à la Chambre qu'il n'a rien à opposer à la délivrance du certificat de capacité et de moralité, ce certificat est délivré.

Avant la délivrance de ce certificat, l'aspirant donne son adhésion par écrit au règlement.

Art. 96. — Aussitôt que l'aspirant a reçu sa nomination aux fonctions de Notaire, il en donne connaissance à la Chambre en la personne du Président, prête serment et dépose sa signature aux lieux prescrits par la loi.

Dans les six mois qui suivent sa prestation de serment, il dépose au secrétariat de la Chambre un double de l'inventaire qui doit être dressé, entre lui et son prédécesseur, des minutes, actes et répertoires appartenant à l'étude.

(1) Nous avons donné dans un *appendice* ci-après l'énumération de toutes les pièces exigées pour être admis aux fonctions de Notaire, avec les instructions de la Chancellerie à la suite ; nous avons cru, en ajoutant à ce travail ces renseignements importants, rendre un véritable service aux aspirants au Notariat.

CHAPITRE VII.

DES NOTAIRES HONORAIRES.

Art. 97. — La présentation à l'Honorariat, ne pourra être effectuée que six mois après la cessation des fonctions du titulaire ; la Chambre prendra préalablement l'avis de l'assemblée générale.

Art. 98. — Dans le cas où un Notaire aurait rendu des services importants à la Compagnie, ou se serait distingué par des travaux utiles au Notariat, la Chambre, avec un avis favorable de l'assemblée générale, pourrait, si ce Notaire avait plus de quinze années d'exercice, solliciter son admission à l'Honorariat.

Art. 99. — Les Notaires honoraires jouiront des droits et privilèges ci-après.

Ils assisteront aux assemblées générales, quand ils le jugeront convenable ; ils seront convoqués comme les Notaires en exercice, lors des assemblées générales extraordinaires.

Ils auront voix consultative dans les assemblées, où il leur sera réservé une place d'honneur.

Ils recevront un jeton chaque fois qu'ils seront présents à ces assemblées.

Enfin, ils se trouveront compris de droit dans les invitations qui seront faites au corps des Notaires, auquel ils pourront toujours se réunir.

Art. 100. — S'il arrivait qu'un Notaire honoraire vînt à démériter, le retrait de son titre serait demandé par la Chambre, après avoir préalablement consulté l'assemblée générale.

CHAPITRE VIII.

DEVOIRS FUNÉRAIRES, APPOSITION DE SCELLÉS, RETRAIT DU CACHET NOTARIAL.

Art. 101. — Les Notaires de la commune, et ceux du même canton, seront tenus d'assister aux obsèques de leur collègue mort en exercice, ou dans l'année de la cessation de ses fonctions.

Il en sera de même, lorsqu'il s'agira de décès des Notaires honoraires.

Les Notaires en exercice se rendront à cet effet au domicile mortuaire, et conduiront le convoi jusqu'au cimetière.

Art. 102. — Aussitôt qu'il est instruit du décès d'un Notaire en exercice, le Président, et à son défaut le Syndic de la Chambre, doit faire apposer les scellés sur les minutes et répertoires du Notaire décédé.

Art. 103. — Le cachet notarial d'un Notaire décédé en exercice est retiré par la Chambre, au moment de l'apposition des scellés, ou aussitôt que faire se peut.

Celui du Notaire démissionnaire doit être remis à la Chambre dans les six mois qui suivent la nomination de son successeur.

Art. 104. — Les cachets retirés, ou remis en exécution des dispositions qui précèdent, seront détruits par les soins de la Chambre, et il en sera tenu état par le Secrétaire.

CHAPITRE IX.

DU COSTUME.

Art. 105. — Lorsque les Notaires paraissent aux assemblées générales, ou lorsqu'ils assistent comme Notaires aux audiences des Tribunaux et aux cérémonies publiques, ils ne peuvent se présenter qu'en costume noir et cravate blanche.

Les contravenants verseront à la bourse commune une somme de cinq francs, qui sera doublée en cas de récidive dans l'année.

Art. 105 bis. — Par délibération du 13 mai 1854, la Chambre a décidé que le costume officiel sera obligatoire aux réunions de la Chambre, toutes les fois que le Président ou le Syndic en avertiront les membres de la Chambre, et que cet avertissement devra toujours être donné par le Président quand il s'agira de l'examen d'un candidat.

CHAPITRE X.

DISPOSITIONS GÉNÉRALES.

Art. 106. — Les Notaires qui auront connaissance de quelqu'infraction aux lois et ordonnances sur le Notariat, et au présent règlement, sont requis d'en avertir le Syndic de la Chambre, qui doit alors prendre tous les renseignements nécessaires et saisir la Chambre, s'il y a lieu.

Art. 107. — Le présent règlement sera exécutoire à compter de ce jour, pour tous les Notaires de l'arrondissement.

Art. 108. — Ce règlement sera transcrit en entier sur le registre des délibérations, et sera ensuite imprimé et distribué à tous les Notaires en exercice, ainsi qu'aux Notaires honoraires.

Art. 109. — Les statuts et règlements qui ont été arrêtés antérieurement seront et demeureront abrogés à partir de ce jour. (1)

SUPPLÉMENT AUX STATUTS.

CHAPITRE XI.

§ I — De l'hôtel de la Chambre des Notaires. — Acquisition. — Paiement — Administration.

Par sa délibération du 2 août 1853, l'assemblée générale des Notaires de l'arrondissement d'Amiens, prenant en considération l'incommodité du local affecté aux réunions de la Chambre et de l'assemblée générale,

A conféré à la Chambre les pouvoirs les plus étendus à l'effet de se procurer un local convenable, notamment ceux de passer et résilier tous baux, au besoin même faire toutes acquisitions et constructions, passer tous devis et marchés, le tout aux prix, charges et conditions que la Chambre avisera.

En vertu de ce pouvoir, la Chambre a acheté, au nom de la Compagnie, un terrain sis à Amiens, place du palais de justice, qui, par sa position centrale et sa disposition retirée, a réuni tous les suffrages des membres de la Chambre; le contrat d'acquisition de ce terrain, d'une contenance de 289 mètres 24 centimètres, moyennant 13,136 fr. 70, a été fait, sous signatures privées, le 2 mai 1854, et déposé ce même jour, après reconnaissance des écritures, en l'étude de Me Topin, notaire à Amiens.

L'assemblée générale desdits Notaires, dans sa séance du 2 mai 1854, après discussion, a adopté les résolutions suivantes :

Ratification et décharge.

Art. 110. — L'assemblée générale approuve et ratifie purement et simplement, et en tant que de besoin, tout ce que la Chambre a fait en vertu du mandat sus-rappelé et spécialement l'acquisition du terrain, le choix de l'architecte et de l'entrepreneur, les plans et devis proposés, et elle confirme lesdits pouvoirs, pour la Chambre en user, jusqu'à l'entière appropriation de l'immeuble à sa destination d'hôtel de la Chambre.

Voies et Moyens.

Art. 111. — L'assemblée vote une somme de trente-deux mille francs pour subvenir au paiement du prix d'acquisition dudit terrain et aux dépenses de constructions et appropriation de ce terrain aux besoins de la Compagnie, frais de contrat, honoraires de l'architecte, dépenses imprévues, et en cas d'excédant à l'acquisition du mobilier.

Le 1er mars 1855, l'assemblée générale a voté une somme de 4150 fr. pour solder les dépenses d'établissement et d'ameublement dudit hôtel, payable comme la première somme votée.

Cette somme sera divisée par cinquante-deuxièmes et sera payée, savoir : deux cinquante-deuxièmes par les Notaires résidant à Amiens et un cinquante-deuxième par les autres Notaires de la Compagnie.

Les versements en seront effectués en tout ou partie, à mesure des besoins, sur la demande de la Chambre, transmise par le trésorier. (2)

Cas de retraite, remboursement.

Art. 112. — En cas de retraite de l'un des membres actuels et futurs de la Compagnie, son successeur devra verser à la bourse commune une somme égale à celle versée par son prédécesseur, pour l'acquisition, la cons-

(1) Ces statuts rédigés par M. Dournel père, arrêtés et approuvés les 2 août et 9 octobre 1827, en assemblée générale, étaient obligatoires depuis le 1er janvier 1828.

(2) La somme à verser par les Notaires entrant dans la Compagnie et à rembourser à la bourse commune est, par suite des deux appels de fonds précités, pour les Notaires d'Amiens, de . . . . . 1350 fr.
Et pour les Notaires du dehors de 693

truction et l'ameublement de l'hôtel, en vertu de la présente délibération ; ce versement sera fait aussitôt après la prestation de serment du nouveau titulaire.

Après cette prestation de serment, le Notaire sortant, ses héritiers ou ayants-cause auront le droit de réclamer le remboursement de ladite somme, qui leur sera payée par le trésorier de la Chambre, sur les fonds de la bourse commune, après avis par lui donné officieusement à qui de droit.

Pouvoir spécial d'administration.

Art. 113. — La Chambre aura tous les pouvoirs pour administrer l'immeuble dont s'agit; elle pourra déléguer tout ou partie de ses pouvoirs à l'un de ses membres.

Elle est spécialement chargée de louer l'employé qui servira de concierge, huissier, agent de la Compagnie, et de fixer ses émoluments.

Art. 114. — Les adjudications pourront être faites, dans la Chambre des Notaires, sans autres frais pour le Notaire instrumentant, que ceux occasionnés par cette adjudication et notamment par les dégradations qui en seraient résultées.

Art. 115. — Par délibération du 18 mai 1858, la Chambre a décidé que le secrétaire de la Chambre déjà gardien des archives, en vertu de l'art. 6 de l'ordonnance de 1843, serait administrateur de la Chambre et de son mobilier.

Elle lui a conféré tous pouvoirs nécessaires à cet effet.

§ 2. — De l'agent de la Chambre.

Suivant délibération du 1er août 1854, l'assemblée générale a décidé relativement aux devoirs et droits de l'agent de la Compagnie, ce qui suit :

Devoirs et obligations.

Art. 116. — L'agent sera choisi par la Chambre et sera tenu, sous la surveillance de l'administrateur qu'elle désignera :

1° D'habiter par lui même et sa famille les locaux qui lui sont destinés dans l'hôtel de la Compagnie ; de tenir la porte de cet hôtel constamment ouverte et de ne pouvoir s'en absenter pour un ou plusieurs jours, sans en avoir obtenu la permission de l'administrateur.

2° De remplir les fonctions d'huissier dans les assemblées générales et dans les séances de la Chambre ; à cet effet de recevoir les membres de la Compagnie lorsqu'ils se présenteront et de les introduire lorsque besoin sera ;(1) de ne laisser pénétrer dans les appartements destinés aux séances et réunions de la Compagnie et de la Chambre, aucune personne étrangère, si elle n'est munie d'une permission de l'administrateur.

3° De tenir l'hôtel dans un état permanent de propreté, ainsi que toutes ses dépendances ; à cet effet faire balayer, nettoyer, frotter et cirer les meubles et les appartements, toutes les fois que cela sera nécessaire, et sans que, pour raison de ce, il en résulte aucune dépense pour la Compagnie.

4° De soigner la bibliothèque et de ne laisser emporter aucun volume sans l'autorisation de l'administrateur : auquel cas d'autorisation, qui ne pourra jamais être donnée qu'à un membre de la Compagnie, l'agent sera tenu de consigner sur un registre spécial le nom de la personne et le titre du volume emporté.

5° De veiller à la conservation et au retrait, en temps opportun, des affiches constatant les publications légales.

6° De pourvoir à l'approvisionnement du combustible et de l'éclairage nécessaires aux séances de la Chambre et aux assemblées générales ; faire, à cet effet, les courses et achats nécessaires, toujours sous la surveillance et d'après les ordres de l'administrateur.

7° De donner avis audit administrateur, aussitôt qu'il en aura connaissance, des réparations et entretiens qui deviendront nécessaires aux bâtiments et autres dépendances de l'hôtel, de même qu'aux meubles et effets mobiliers qui s'y trouveront renfermés.

8° De se conformer en tous points aux règlements de police de la ville, en ce qui concerne le balayage, la fermeture des portes, etc., sous peine d'être personnellement passible des peines et amendes qui pourraient être prononcées à cet égard.

Indemnités et rétributions.

Art. 117. — L'agent ne paiera aucune indemnité de logement.

Il recevra chaque année une somme de deux cents francs, qui lui sera comptée par le trésorier de la Chambre en quatre termes et paiements égaux de cinquante francs chacun, aux jours des séances des mois de janvier, avril, juillet et octobre, pour le premier versement être effectué à la séance de janvier prochain.

Indépendamment de cette indemnité l'agent aura droit aux rétributions, suivantes :

Par chaque récipiendaire :

Comme Notaire à Amiens, quinze francs.

Comme Notaire dans les cantons ruraux, dix francs.

Par chaque affiche de contrat de mariage et de séparation de biens, cinquante centimes.

Par chaque légalisation qu'il sera chargé d'obtenir, y compris le retrait et le renvoi, vingt-cinq centimes.

Par chaque pièce qu'il sera chargé de déposer aux hypothèques ou aux autres endroits, y compris le retrait et le renvoi, cinquante centimes.

Par chaque course, autre que celles relatives aux pièces sus-mentionnées, cinquante centimes.

Par chaque séance d'adjudication quel que soit le nombre des lots et qu'il y ait ou non vente, cinq francs.

FIN.

(1) L'agent se charge aussi d'être l'intermédiaire entre MM. les notaires de l'arrondissement qui ont dans leurs études des places vacantes de clercs, et les aspirants au notariat.

TABLE DU RÉGLEMENT.

APPENDICE

TABLEAU DES PIÈCES EXIGÉES PAR LA CHANCELLERIE POUR ÊTRE ADMIS AUX FONCTIONS DE NOTAIRE AVEC LES INSTRUCTIONS NECESSAIRES EN NOTE.

TABLEAU ALPHABÉTIQUE DES NOTAIRES AYANT EXERCÉ DANS L'ARRONDISSEMENT D'AMIENS AVEC RENVOI AU TABLEAU GENÉRAL DES NOTAIRES DRESSÉ PAR LA CHAMBRE EN 1858, PRÉCÉDÉ DE CELUI DES NOTAIRES EN EXERCICE AU 1er JANVIER 1859.

NOMENCLATURE

DES PIÈCES EXIGÉES PAR LA CHANCELLERIE POUR ÊTRE ADMIS AUX FONCTIONS DE NOTAIRE, AVEC LES INSTRUCTIONS EN NOTE.

1° Démission pure et simple du Notaire titulaire (ou son acte de décès) et présentation d'un successeur à l'agrément de Sa Majesté. (1)

2° Traité de cession d'office passé entre le candidat et le titulaire. (2)

3° Etat certifié véritable et fait en double des produits de l'étude contenant le relevé détaillé des actes faits pendant les cinq dernières années de l'exercice du titulaire, le revenu moyen et les droits d'enregistrement. (3)

4° Expédition de l'acte de naissance du candidat. (4)

5° Certificat de libération du service militaire ; dans le cas où il y a eu remplacement, on joint l'acte administratif passé devant le préfet et un certificat de non désertion du remplaçant, et dans le cas de substitution de numéros, l'acte administratif délivré par le préfet.

6° Extrait des casiers judiciaires délivré par le greffier du tribunal civil de l'arrondissement dans le quel est né l'aspirant.

7° Certificat de bonnes vie et mœurs, délivré par le maire de la commune où le candidat a son domicile, et si celui-ci a quitté ce domicile depuis longtemps aussi par le maire de la commune où il a résidé comme clerc.

8° Certificat du maire de la commune où l'aspirant a son domicile, constatant que celui ci jouit de ses droits civils, civiques et politiques.

9° Certificats de stage délivrés par le notaire ou les notaires chez lesquels le candidat a travaillé comme clerc. (5)

10° Extraits du registre de stage des clercs, tenu par la chambre des notaires de ou des arrondissements dans lesquels le candidat a travaillé comme clerc.

11° Pétition à M. le Garde des Sceaux pour être agréé par Sa Majesté comme successeur du Notaire démissionnaire.

12° Expédition de la délibération de la Chambre des Notaires de l'arrondissement où le candidat se présente, accordant ou refusant le certificat de capacité et de moralité.

13° Certificat de moralité et de capacité délivré par la Chambre des Notaires après l'avis préalable de procureur impérial sur le vû de la délibération qui l'accorde

14° Démission de fonctions incompatibles exercées par le candidat, ou engagement de la donner avant de prêter serment. (6)

Nota. Toutes les pièces ci-dessus *doivent être sur timbre et légalisées.* (7)

(1) En cas de révocation ou lorsqu'après une injonction de céder, faite par M. le garde des sceaux et demeurée sans effet, le titulaire ou ses héritiers sont déclarés déchus du droit de présentation, le président du tribunal et le procureur impérial dressent une liste de candidats qui est envoyée au procureur général par son substitut.

L'usage est de consulter préalablement les chambres de discipline qui examinent les candidats et les classent par ordre de mérite dans leurs délibérations.

Chacun d'eux doi prendre l'engagement de payer l'indemnité qui sera fixée par la chancellerie sur l'avis du tribunal.

(2) § 1 Forme du traité.

Le traité peut être fait par acte notarié ou sous seings-privés.

S'il est sous seings-privés, il doit être produit en original; une copie peut cependant suffire, mais il faut alors qu'elle soit visée par le procureur impérial.

Le traité doit avoir été préalablement enregistré, (L. 25 juin 1841, art. 6.) Il doit en être ainsi des actes qui modifient les conventions primitives. Mention sera faite sur la pièce produite du paiement des droits d'enregistrement. — Les droits perçus ne doivent pas être inférieurs au 10e du cautionnement du titulaire.

Le cédant ne peut faire stipuler dans le traité ses enfants majeurs ou mineurs.

En cas de décès du titulaire on doit produire un acte de notoriété ou intitulé d'inventaire constatant que les cédants sont les seuls ayants-droit du défunt. Si les héritiers sont mineurs la cession doit être approuvée par un avis du conseil de famille homologué par le tribunal, et les expéditions de ces deux délibérations sont jointes au dossier. Quand le titulaire est décédé depuis le traité, il est nécessaire que les héritiers et la veuve ayants-droit y donnent leur approbation et le ratifient si la chancellerie ne l'a pas encore consacré.

Si la transmission de l'office résulte d'un legs ou d'un don entre-vifs, on joint aux pièces l'expédition du testament ou de la donation dûment enregistrée.

Dans le cas où il reste des titres à éteindre, le cessionnaire est tenu de justifier de l'engagement pris par lui de contribuer à leur extinction.

La cession ne peut résulter d'une vente aux enchères, même lorsque l'office appartient à des mineurs (D. M. 24 nov. 1832, 4 fév. 1834.)

§ 2 Clauses inadmissibles.

La cession ne doit porter que sur la charge, ses produits et ses accessoires, sans comprendre le titre que le gouvernement peut seul conférer.

Certaines clauses fréquemment stipulées ne sauraient être admises, telles sont celles qui ont pour objet des *réserves de priviléges*, des *délégations* et des *compensations de prix*, des *paiements anticipés*, sous quelque forme qu'ils soient convenus, des obligations de payer soit exclusivement en *or* ou *argent*, soit en *lettres de change*, ou *effets de commerce* pouvant entraîner exercice de la contrainte par corps, il faut toujours que le prix soit ferme au moment de la cession sans jamais dépendre d'éventualités ultérieures. (C. 28 juin 1840.)

Le prix compté d'avance doit être restitué en présence du procureur impérial.

Sont encore inadmissibles les clauses portant :

Que le traité aura sa pleine exécution lors même que le cessionnaire ne pourrait obtenir sa nomination, sauf à lui à disposer de l'office en faveur d'une autre personne.

Que le cédant se réserve la faculté de reprendre son étude ou d'en provoquer la vente si le cessionnaire venait à manquer à ses engagements.

Que le prix sera payable en billets à ordre, ou en rente viagère.

Que le candidat devenu titulaire ne pourra traiter de son office de notaire avant d'avoir payé la totalité ou une partie du prix convenu.

Que l'aspirant prendra la direction de l'étude du jour de son admission par la chambre.

Que la cession sera nulle dans le cas du décès du cessionnaire avant son installation.

Que l'entrée en jouissance de l'office aura lieu à partir *du jour* de la prestation de serment, (on doit dire à partir de la prestation.)

On ne peut pas stipuler davantage que le paiement du prix aura lieu le jour de la prestation de serment.

La chancellerie n'admet ni prête-noms, ni intérimaires.

Est inadmissible aussi toute clause de participation temporaire de la part du cédant ou des tiers à l'exploitation de l'office ou aux revenus qu'il pourra produire.

On ne peut comprendre dans le traité la vente de choses étrangères telles que livres, bureaux, etc., à moins que l'évaluation n'en soit faite d'une manière distincte dans l'acte même.

Le cédant ne peut se réserver le droit de compulser les minutes de son successeur, ni stipuler que les grosses et expéditions dont il pourra avoir besoin pour le paiement de ses honoraires lui seront remises par le cessionnaire de l'office. Une pareille stipulation serait contraire à l'ordre régulier des choses et à l'art. 23 de la loi du 25 vent. an XI.

Est également sujet à rectification le traité portant soumission de la part du candidat aux *règlements* de la corporation. — Vente ou cession des *minutes* interdite.

§ 3 Prix. — Base d'évaluation. — Recouvrements.

Le prix doit être en général dans un tel rapport avec le produit moyen de l'office pendant les cinq dernières années, que le cessionnaire puisse retirer du capital qu'il engage 12 à 15 0/0.

Le titulaire a l'option de *conserver* ou de *céder* ses recouvrements à son successeur. (Circ. 28 juin 1840.)

§ 4 Formule de traité.

Pardevant Me et

ont comparu :

M. demeurant à d'une part ;

Et M.

demeurant à d'autre part ;

Lesquels, par ces présentes, sont convenus de ce qui suit :

M étant dans l'intention de cesser ses fonctions de Notaire, à , cède et abandonne sous la simple garantie de ses faits et promesses ;

A M. , ce acceptant ;

1° Son office de Notaire à la résidence de

2° La clientèle y attachée ;

3° Et les objets mobiliers détaillés en l'état, demeuré ci-annexé, après avoir été signé par les soussignés, *ne varietur*. (Dans cet état doit être nécessairement comprise la presse du sceau notarial.)

Pour, par M. (acquéreur), prendre possession du tout aussitôt après la prestation de son serment, comme Notaire remplaçant Me (vendeur), et avoir droit, à partir de la même époque, aux produits et bénéfices de l'étude.

M. (acquéreur), reconnaît que Me (vendeur), lui a remis à l'instant sa démission, portant présentation à Sa Majesté l'Empereur des Français de la personne dudit sieur (acquéreur).

Me (vendeur), s'oblige à le présenter immédiatement comme son successeur à la chambre des notaires et à ses clients.

Cette vente est faite aux charges et conditions qui suivent, que les parties s'obligent respectivement d'exécuter, savoir : De la part de M. (acquéreur) :

De solliciter de Sa Majesté l'Empereur des Français sa nomination et de se faire recevoir à ses frais.

De verser le cautionnement qu'il devra fournir avant sa prestation de serment, de supporter les charges de la compagnie aux lieu et place de Me (vendeur) et comme il en est tenu, à compter de la mise en possession.

Me (vendeur), se réserve le cautionnement qu'il a fourni comme notaire pour en toucher le remboursement.

Et il s'oblige de remettre à M. (acquéreur), aussitôt après sa prestation de serment, ses minutes et celles de ses prédécesseurs, les répertoires où elles sont portées, les testaments authentiques ou mystiques confiés soit à lui, soit à ses prédécesseurs, les registres autres que ceux relatifs à sa comptabilité personnelle, les règlements de la compagnie, arrêtés et instructions de la chambre, les tableaux d'interdictions et généralement toutes les pièces et tous les papiers et renseignements étant dans l'étude.

Il sera fait immédiatement, après la prestation de serment, sur les répertoires, un récolement des minutes qui sera constaté par un état dont un double sera remis à M. (acquéreur), à Me (vendeur), à qui il servira de décharge, et un autre double devra être déposé dans les six mois de ladite prestation de serment, aux archives de la compagnie.

Enfin la présente vente est faite moyennant le prix de que M s'oblige à payer, savoir :

Si contre toute attente, M (acquéreur), n'était pas admis aux fonctions de notaire en remplacement de Me (vendeur), sur sa présentation ou celle de ses héritiers, le présent traité sera nul et résolu de plein droit sans indemnité de part ni d'autre.

(Intervention des cautions et stipulations relatives au cautionnement.)

Les frais des présentes seront supportés par M.

(l'acquéreur).

Dont acte :

Nota. La cession du bail ou la vente de la maison doivent faire l'objet d'une convention particulière et ne pas être comprises dans le traité.

(2) Cet état de produits doit comprendre pendant cinq ans.

1° Les ventes d'immeubles; 2° les baux; 3° les adjudications immobilières; 4° les contrats de mariage; 5° les donations; 6° les testaments; 7° les liquidations; 8° les inventaires; 9° les actes en brevet; 10° les actes divers; 11° les ventes mobilières et les prisées; 12° le nombre des actes de toute nature; 13° les droits payés à l'enregistrement; 14° les produits.

Dans tout état on indiquera le produit moyen de l'acte ou de l'affaire pour chaque nature d'affaires et pour chaque nature d'actes. — On posera en outre le chiffre représentant la moyenne annuelle des produits eu égard aux recettes des cinq dernières années.

Cet état doit être fait en double et l'un des doubles peut-être écrit sur papier libre.

Nota. Un modèle de cet état est déposé à la chambre et à la disposition des candidats.

(3) Tous les candidats doivent justifier par la production de leur acte de naissance qu'ils ont 25 ans accomplis. L. 25 vent. an XI, art 35.

Le gouvernement n'accorde pas de dispenses d'âge.

Si l'acte de naissance n'existe pas sur les registres de l'état civil, un acte de notoriété ne peut y suppléer qu'autant qu'il est revêtu des formalités prescrites par l'art. 46 du Code Napoléon.

Quand le nom du candidat est écrit de diverses manières dans son acte de naissance il y a lieu de le faire rectifier conformément aux art. 99 et suiv. du Code Nap. et 855 et suiv. du Code de procédure civile. — S'il ne signe pas son nom tel qu'il est écrit dans son acte de naissance il doit s'obliger à y conformer sa signature ou à faire rectifier cet acte. — Il ne peut ajouter dans son traité un nom au sien sans en avoir obtenu l'autorisation du gouvernement.

(4) Le stage doit être *continu, non interrompu* et ne peut avoir lieu durant l'exercice d'un autre emploi.

Ne serait pas toutefois considéré comme invalidant un stage d'ailleurs complet le temps consacré à des travaux théoriques ou pratiques se rattachant à l'étude de la législation. — L'interruption d'un stage déjà suffisant n'est pas non plus un obstacle absolu à la nomination d'un candidat si la lacune signalée n'a pas été longue ou si elle a été remplie par l'exercice de fonctions publiques.

Les certificats de stage préciseront l'époque à laquelle il a commencé et celle à laquelle il a fini et qu'il n'y a pas eu d'interruption.

Lorsque le stage est attesté par le successeur de l'officier ministériel chez lequel il a eu lieu, il faut qu'il soit certifié de plus par la chambre. — Il en doit être ainsi lorsque le certificat de cléricature émane du cédant.

Pour la durée du stage, voir les dispositions des art. 36, 37 à 42 de la loi de ventôse; on les trouvera du reste résumées dans le tableau synoptique suivant :

CLASSE du notariat pour lequel l'aspirant se présente.	TEMPS PENDANT LEQUEL L'ASPIRANT DOIT AVOIR TRAVAILLÉ — COMME CLERC. Classes.	Années.	COMME 1er CLERC. Classes.	Années	Comme avocat ou avoué.	Stage supplémentaire. AN.	MS.	TOTAL des années de travail. ANNÉES.	Articles de la loi du 25 vent
1re	Toutes	3	1re	1	»	»	»	6 »	36
	1re	3	1re	1	2	»	»	6 »	39
	1re	3	2me	1	»	2	»	6 »	36 40
	2me	3	2me	1	»	2	»	8 »	36 40
	2me	3	2me	1	2	2	»	8 »	39 40
2me	1re	3	1re	1	»	»	»	4 »	37
	1re	3	2me	1	»	»	»	4 »	37
	2e et 3e	3	2me	1	»	»	»	6 »	36
	2me	3	2me	1	2	»	»	6 »	39
	3me	3	3me	1	»	2	»	8 »	36 40
3me	1re	3	»	»	»	»	»	3 »	41
	2me	3	»	»	»	»	»	3 »	41
	2me	3	3me	1	»	»	»	6 »	36
	toute cl.	4	»	»	2	»	»	5 »	41

(5) Un officier ministériel ne peut être investi d'une autre charge avant d'avoir fait agréer son successeur, mais les pièces de cette double cession peuvent être transmises en même temps.

(6) Toutes les pièces (du dossier) doivent, conformément à l'art. 12 de la loi du 13 brumaire, an 7, être soumises à la formalité du timbre. — N'en sont exceptés ni la supplique du candidat ni le certificat de libération du service militaire.

Toutes les signatures, sauf celles des greffiers sur des actes judiciaires, et celles des présidents, préfets et sous-préfets devront être légalisées.

La légalisation est donnée pour les actes de l'état civil et les actes notariés par le président du Tribunal et pour les autres par le maire du domicile du signataire.

La signature du maire est elle même légalisée par le préfet ou le sous-préfet de l'arrondissement. (L. 6 mars 1791, art. 6, L. 25 vent. art. 28.)

TABLEAU DES NOTAIRES DE L'ARRONDISSEMENT D'AMIENS

en exercice au 1er Janvier 1859.

	NOMS ET PRÉNOMS.	OFFICIERS de la CHAMBRE.	RÉCEPTIONS DATES.	RÉCEPTIONS Nos d'ordre	Pages du tableau général	RÉSIDENCES.	Nombre par cantons	CANTONS.
	MM.							
1	DUPARC (Alphonse-Louis)...........	Président.	9 Fév. 1835.	5	23	Amiens.	12	Amiens.
2	BAZOT (Adolphe-Pierre-Marie).......		6 Mars 1837.	6	25	Amiens.		
3	DUBOS (Pierre-Adolphe-Aug.in-David)..		15 Juin 1840.	7	15	Amiens.		
4	DIGEON (Alexandre-J.-B.-Hyacinthe)..		13 Juil. 1842.	8	19	Amiens.		
5	JUMEL (Casimir-Florent)............	Syndic.	26 Juin 1843.	13	3	Amiens.		
6	VASSELLE (François-Eugène).........		18 Déc. 1843.	14	13	Amiens.		
7	NAVARRE (Jean-Baptiste-Alexandre)...		10 Juin 1846.	15	21	Amiens.		
8	TOPIN (François-Joseph-Édouard).....		6 Oct. 1847.	18	7	Amiens.		
9	DOURNEL (François-Michel-Furcy)....	Secrétaire.	17 Sept. 1851.	21	9	Amiens.		
10	RIQUIER (Henri-Charles)............		16 Mars 1857.	32	11	Amiens.		
11	CORBY (Louis-Ernest)..............		1er Août 1857.	33	17	Amiens.		
12	QUIGNON (Stanislas-Alfred-Eugène)...		4 Août 1857.	34	5	Amiens.		
13	COUTURIER (Louis-Pierre)...........		14 Sept. 1842.	10	31	Conty.	3	Conty.
14	PINGUET (Pierre)..................		17 Août 1852.	24	27	Lœuilly.		
15	CRIGNON (Jean-Baptiste-Michel)......		27 Sept. 1854.	29	29	Conty.		
16	CRÉPIN (Louis-Éléonor-Rigobert).....		26 Sept. 1849.	20	39	Warloy-Baillon.	4	Corbie.
17	MORVILLEZ (Antoine-Marie-Pierre-Ch.),		21 Juil. 1852.	23	33	Corbie.		
18	ROBERT (Alexis-Zéphir).............	Membre.	23 Août 1852.	25	37	Corbie.		
19	LEROY (Charles-Alcide).............		30 Août 1858.	39	35	Lamotte-en-Santerre.		
20	PILLON (Charles-Zéphir-Honoré)......		9 Mai 1832.	2	45	Hornoy.	3	Hornoy.
21	GRAVET (Jules-Théodore-Cirille)......		21 Mars 1853.	26	41	Hornoy.		
22	BENNETOT (Antoine-Hormidas).......	Membre.	8 Fév. 1851.	28	43	Liomer.		
23	DECAUDAVEINE (Louis)..............		25 Sept. 1832.	3	53	Airaines.	4	Molliens-Vidame.
24	ANDRIEU (Félix-Fortuné-Prosper).....	Trésorier.	19 Oct. 1842.	12	47	Quevauvillers.		
25	DECAUX (Cyrille-Attanaïsse).........		12 Mai 1847.	16	49	Airaines.		
26	BON (Jean-Louis-Amédée)...........		5 Nov. 1851.	22	51	Molliens-Vidame.		
27	PEAUCELLIER (Vast-L.s-Max.me-Isidore),		31 Août 1847.	17	57	Aumâtre.	3	Oisemont.
28	HENOCQ (Clément-Augustin).........		28 Sept. 1853.	27	59	St-Maulvis.		
29	OPÉRON (Marie-Victor-Émile)........		28 Oct. 1857.	35	55	Oisemont.		
30	COPIN (Nicolas-Lugle-Luglien).......		10 Oct. 1826.	1	63	Vignacourt.	3	Picquigny.
31	LEGENDRE (Louis-Nicéphor)..........		13 Juil. 1842.	9	65	Picquigny.		
32	TOUPART (Pierre-Constant)..........		19 Juil. 1858.	37	61	Flixecourt.		
33	DHARDIVILLER (Joseph-Benjamin).....		21 Sept. 1842.	11	71	Poix.	3	Poix.
34	JUMEL (Pre-Fois-Mie-He-Ed.-Philogone),	Rapporteur.	24 Mai 1849.	19	67	Poix.		
35	DEMOLLIENS (Ferdinand-Antoine).....		14 Août 1855.	30	69	Lignières-Chatelain.		
36	JUMEL (Marie-Alexandre-Joseph).....		3 Juin 1833.	4	73	St-Saufflieu.	2	Sains.
37	CORNU (Jean-Baptiste-Théodule)......		20 Juil. 1858.	38	75	Boves.		
38	DOUCHET (Louis-Joseph)............		5 Août 1856.	31	79	Rubempré.	3	Villers-Bocage.
39	GRAIRE (Auguste-Élonore)..........		7 Juil. 1858.	36	77	Villers-Bocage.		
40	DUFOURMANTEL (Évariste-Égésippe)....		22 Nov. 1858.	40	81	Querrieux.		

TABLE ALPHABÉTIQUE

DU

TABLEAU GÉNÉRAL DES NOTAIRES

QUI ONT EXERCÉ DANS L'ARRONDISSEMENT D'AMIENS.

NOMS DES NOTAIRES.	RÉSIDENCES.	Pages.	Numéros.
Cousin (Jean-François)	Airaines.	49	12
Couturier (Louis-Pierre)	Conty.	31	7
Crampon (Casimir-Rose)	Amiens.	25	21
Crépin (Louis-Éléonor-Rigobert)	Warloy.	39	8
Créту (Nicolas)	Amiens.	7	2
Crignon (Jean-Baptiste-Michel)	Conty.	29	5
Cuel (Pierre-Alexandre-Félix)	Lignières-Ch.	69	5
Cuisset (Noël)	Amiens.	23	7
Cumont (Charles-François)	Airaines.	53	4
Cumont (François)	Airaines.	53	2
Cumont (Joseph-Alexandre)	Airaines.	53	3
Cuvillier	Corbie.	7	10
D			
Daiz (Jean)	Amiens.	13	2
Daiz (Jean)	Amiens.	13	3
Damay (Pierre-Jacques)	Amiens.	13	7
Danzel	Corbie.	33	19
Darras (Jean-Baptiste)	Warloy.	39	4
Darras (Pierre)	Warloy.	39	3
Debacq (Antoine)	Amiens.	25	12
Debacq (François)	Amiens.	11	22
Debacq (François)	Amiens.	25	2
Debacq (Henri)	Amiens.	11	11
Debeaumont	Airaines.	49	3
Debeauvais	Essertaux.	21	3
Debray (Louis-Jean-Baptiste)	Lamotte.	35	4
Debrecq	Boves.	75	4
Debrie (Claude)	Amiens.	7	4
Debrye (Claude)	Amiens.	11	10
Debuigny (Charles)	Amiens.	25	6
Decaieu (Augustin)	Oisemont.	59	6
Decaieu (Jean)	Oisemont.	59	3
Decaieu (Philippe)	Oisemont.	59	5
Decaieu (Philippe-Antoine)	Oisemont	59	9
Decaisne (Louis-Augustin)	Amiens.	17	12
Decaix (Claude-Alexis)	Corbie.	37	8
Decaudaveine (Louis)	Airaines.	53	6
Decaux (Cyrille-Attanaïsse)	Airaines.	49	18
Decrept (Denis-Etienne)	Poix.	67	16
Dehangest (François)	Amiens.	25	10
Dehangest (François)	Amiens.	25	11
Dehangest (François)	Corbie.	33	6
Dehen	Querrieux.	81	3
Dehen (Adrien)	Amiens	19	4
Dehen (Adrien)	Amiens.	9	7
Dehen (Firmin)	Amiens.	3	9
Dehen (Guillaume)	Amiens.	19	6
Dehen (Guillaume)	Amiens.	17	11
Dehodeng (Antoine)	Poix.	67	1
Dehodeng (Balthazar)	Poix.	67	3
Dehodeng (Claude)	Poix.	67	5
Dehodeng (Joachim)	Poix.	67	2
Delambre (Jean-Baptiste-Nicolas)	Amiens.	14	3
Delaporte (Florent-Joseph-André)	Boves.	75	7
Delasaux (Antoine)	Amiens.	23	17
Delasaux (Frédéric-Joseph)	Hornoy.	41	6
Delassus (Louis)	Airaines	49	13
Delattre	Picquigny.	65	2
Delattre (Nicolas-François-Stanislas)	Amiens.	24	33
Delewarde (Augustin)	Amiens.	14	2
Delewarde (Claude)	Amiens.	14	1

NOMS DES NOTAIRES.	RÉSIDENCES.	Pages.	Numéros.
Delewarde (Jean-Marie)	Amiens.	23	21
Deligny (Charles)	Amiens.	23	15
Deligny (Jean-Baptiste)	Amiens.	25	16
Demachy (Antoine)	Airaines.	49	14
Demachy (Boniface)	Hallencourt.	49	15
Demachy (Charles-François)	Airaines.	49	10
Demachy (François)	Airaines.	49	7
Demachy (Jacques)	Airaines.	49	5
Demachy (Marie-Charles-F.-Joseph-Désiré)	Airaines.	49	16
Demaneus	Picquigny.	65	3
Demarsène (Nicolas)	Amiens.	17	5
Demerlière (Pierre)	Amiens.	11	3
Demolliens (Ferdinand-Antoine)	Lignières-Ch.	69	6
Denis (Jean)	Amiens.	11	18
Denis (Jean-Baptiste)	Amiens.	17	4
Dennel (Nicolas)	Airaines.	49	6
Depeigne (Pierre)	Lamotte.	35	1
Dépréaulx	Oisemont.	55	3
Dequen (Hyacinthe-Parfait-Constant)	Amiens.	14	4
Dequen (Paul-Narcisse)	Amiens.	17	17
Derouvroy (Charles-Nicolas-François)	Amiens.	23	26
Derouvroy (Jean)	Amiens.	23	10
Derveloy (Samson)	Poix.	67	4
Dervillé (Antoine)	Amiens.	9	14
Desaint-Fuscien	Amiens.	17	1
Desaint-Fuscien (François)	Amiens.	9	2
Desaint-Fuscien	Amiens.	11	19
Desguingatte (Alexis-Martin)	Liomer.	43	6
Desjardins (Clément)	Corbie.	37	20
Desjardins	Picquigny.	65	1
Despréaux (Yves-François)	Hornoy.	43	4
Despréaux (Jacques)	Airaines.	49	1
Despréaux (Jean-Baptiste-Roch)	Hornoy.	43	5
Despréaux (Jean-François)	Hornoy.	45	1
Despréaux (Léon)	Hornoy.	41	1
Desprez (Antoine)	Corbie.	37	9
Desprez (Antoine)	Corbie.	37	4
Desprez (Charles)	Corbie.	37	3
Destregard	Boves.	75	3
Devalois (Jean-François-Philippe-Honoré	Bernapré.	57	5
Devalois (J.-B.-Martin-Clément)	Aumatre.	57	6
Devillers (Prosper-Vast-Côme)	Oisemont.	55	14
Dhavernas (Pierre-François)	Amiens.	12	39
Dhardiviller (Joseph-Benjamin)	Poix.	71	6
Digeon (Alexandre-J.-B.-Hyacinthe)	Picquigny. Amiens.	65 19	14 13
Dizengremel (Jean-Baptiste-Joseph)	Amiens.	21	5
Doizy (François-Armand)	Amiens.	13	11
Dollée (Jean-Baptiste-François-Joseph)	Amiens.	9	19
Dollée (Jean-Joseph)	Amiens.	9	16
Douchet (Nicolas-Henri)	Bresle.	33	8
Douchet (Louis-Joseph)	Rubempré.	79	13
Dournel (Daniel-Furcy-Robert)	Amiens.	9	24
Dournel (François-Michel-Furcy)	Amiens.	10	25
Dubois (Antoine)	Corbie.	37	6
Dubois (Antoine)	Corbie.	37	10
Dubois (Firmin)	Villers-Bretonn.	37	11
Dubois (Louis-Jean-Baptiste-Nicolas)	Amiens.	13	12
Dubos (Pierre-Adolphe-Augustin-David)	Amiens.	14	6
Dubuc (Nicolas-Antoine)	Vignacourt.	65	2
Dufresne (Eugène)	Corbie.	33	11
Dulac	Essertaux.	21	4
Dufoumantel (Evariste-Egésippe)	Querrieux.	81	9

NOMS DES NOTAIRES.	RÉSIDENCES.	Pages.	Numéros.
LEVIEL	Airaines.	49	2
LIMEUX (Antoine)	Amiens.	23	1
LIMEUX (Claude)	Amiens.	25	5
LOCQUET (Abraham)	Hornoy.	67	8
LOCQUET (Jean)	Hornoy.	67	10
LOUETTE (Henri)	Amiens.	13	4
LUCET (Armand-François)	Amiens.	23	27
LUCET (Jean-Baptiste)	Amiens.	23	23
LUCET (Pierre)	Molliens-Vidame.	51	1
LUCQUET (Charles-Josse)	Amiens.	25	19
LYMEC (Antoine)	Amiens.	25	3
LYMEC (Antoine)	Amiens.	25	7
LYON (Antoine-Joseph-Marie)	Amiens.	19	11
M			
MACHART (Charles)	Amiens.	12	32
MACHART (Charles-Marie)	Amiens.	17	13
MACHART (François)	Amiens.	11	25
MACHART (Jean-Baptiste)	Amiens.	12	34
MACHART (Jean-Baptiste-Claude-Augustin)	Amiens.	17	10
MAGDELEINE (Bénigne)	Amiens.	11	21
MAGNIER (Adrien-Balthasar)	Rubempré.	79	10
MAGNIER (François-Joseph)	Amiens.	13	8
MAGNIER (Jean-François)	Hornoy.	41	5
MAGNIER (Jean-François)	Lignières-Ch.	69	4
MAGNIER (Parfait)	Molliens Vidame.	51	7
MALOT (Antoine)	Flixecourt.	61	1
MANCHON (Alexis)	Andainville.	57	2
MANIER (Firmin)	Amiens.	17	7
MARCHANT	Amiens.	11	1
MARGUERY	Oisemont.	53	12
MARION (Antoine-Auguste)	Amiens.	21	8
MARQUIS (François)	Corbie.	37	15
MARQUIS (Jean-Baptiste-Augustin-Nicolas).	St.-Maulvis.	59	17
MARTIN	Amiens.	11	2
MARTIN	Amiens.	25	1
MARTIN (Antoine)	Amiens.	11	9
MARTIN (Antoine)	Conty.	31	3
MARTIN-CARON	Amiens.	11	20
MARTIN (Charles-Honoré)	Oisemont.	55	13
MARTIN de MIRAULMONT	Amiens.	11	5
MARTIN de MIRAULMONT	Amiens.	11	6
MARTIN de MIRAUMONT	Amiens.	7	1
MARTIN (Honoré)	Oisemont.	55	10
MARTIN (Michel	Amiens.	9	8
MARTIN	Hornoy.	41	8
MASSIAS (Antoine-Athanase)	Lamotte.	33	2
MASSON (Claude)	Amiens.	9	10
MASSON (François-Remi)	Amiens.	9	17
MEFRAY (François)	Poix.	67	6
MÉHAYE (Charles-Adrien-François)	Hornoy.	41	4
MÉHAYE (Charles Adrien-François)	Poix.	71	4
MICHAUT de GRIBONNAL (Louis)	Lœuilly.	27	9
MILLE (François-Benoit)	Lœuilly.	27	13
MIRAULMONT	Amiens.	11	6
MONFLIER (Jacques)	Amiens.	23	15
MONTIGNY (Louis)	Picquigny.	63	6
MONTIGNY (Louis-Charles)	Picquigny.	63	8
MOREL (Antoine-Thibaut)	Amiens.	19	8
MORVILLEZ (Antoine M.-Pierre-Charles)	Corbie.	33	12
MORVILLEZ (Pierre-Guillaume)	Corbie.	33	9

NOMS DES NOTAIRES.	RÉSIDENCES.	Pages.	Numéros.
N			
NANTOIS (Nicolas)	Epaumesnil.	59	8
NAVARRE (Jean-Baptiste-Alexandre)	Amiens.	21	10
NAVET (Adrien)	Amiens.	9	5
NAVET (Joseph)	Hornoy.	41	3
NERLANDE (Jean-Baptiste)	Amiens.	13	5
NOLLENT (Jean-François)	Amiens.	9	21
O			
OBRÉ (Louis-Henri)	Villers-Bocage.	77	3
OPÉRON (Louis-Laurent)	Poix.	71	5
OPÉRON (Marie-Victor-Emile)	Oisemont.	55	15
P			
PAILLART (Patrice)	Hornoy.	45	3
PATOUR	Jumelle.	75	1
PAVIE (Jean)	Corbie.	37	1
PEAUCELLIER (Vast Louis-Maxime-Isidore)	Aumatre.	57	7
PÉCOUL (André)	Amiens.	11	4
PÉCOUL (Firmin)	Amiens.	3	1
PELLIEUX (Nicolas-Louis-Auguste-Antoine)	St.-Sauflieu.	73	6
PERDU (Antoine)	Amiens.	19	1
PERDU (Augustin)	Amiens.	19	2
PETIT (Jean-François)	Rubempré.	79	7
PEZÉ (Antoine)	Amiens.	13	1
PEZÉ (Noël)	Amiens.	11	13
PICARD (Adrien)	Amiens.	19	5
PICARD (Antoine)	Amiens.	19	7
PILLON (Charles-Zéphir-Honoré)	Hornoy.	43	7
PILLON (Pierre-René)	Oisemont.	55	11
PINGUET (Pierre)	Lœuilly.	27	16
PLICHON (Alexandre)	Poix.	67	9
PLICHON (Alphonse)	Poix.	67	7
PORTEBOIS (Thomas-Auguste)	Amiens.	19	10
POULLET (Jean-Baptiste)	Lignières-Ch.	67	13
POULLET (Jean-Baptiste)	Lignières-Ch.	69	13
POUPEL	Oresmaux.	21	1
POURCELLE (Charlemagne-Brutus)	Lœuilly.	27	14
PROPHETTE (Louis)	Picquigny.	65	7
PROPHETTE (Robert)	Molliens-Vidame.	51	2
Q			
QUEVAUVILLERS	Amiens.	11	26
QUIGNON (Gabriel)	Amiens.	11	7
QUIGNON (Gabriel)	Amiens.	9	3
QUIGNON (Jehan)	Amiens.	9	1
QUIGNON (Stanislas-Alfred-Eugène)	Amiens.	3	7
R			
RAMBAUT (Louis)	Heilly.	37	17
RAULT (Grégoire)	Amiens.	12	31
REGNAULT	Amiens.	11	28
REGNAULT (Jean-Prosper)	Amiens.	25	23
RENARD (Augustin-Magloire)	Amiens.	21	7
RENARD (J. B. Nicolas-Théodore François)	Warloy.	30	2
RENARD (François-Antoine)	St.-Maulvis.	59	18
RENARD (Nicolas)	Warloy.	39	1
RETOURNÉ (Joseph-Hyacinthe)	Poix.	67	12
RÉVEL (Pierre-Louis-François)	Hornoy.	41	9

TABLE ALPHABÉTIQUE ET ANALYTIQUE

DES

MATIÈRES CONTENUES DANS LE CODE MANUEL DES NOTAIRES

AVEC RENVOI AUX LOIS, ORDONNANCES, DÉCRETS, ARRÊTÉS, CIRCULAIRES ET RÈGLEMENTS QUI Y SONT INSÉRÉS ET CITÉS. (1)

A

B

C

(1) Quelques lois, décrets et décisions qui n'avaient pas trouvé place dans le cours du présent travail, ont encore été cités dans cette table sous les mots auxquels ils se rapportent; les notaires pourront les consulter dans les codes qu'ils ont entre les mains, car nous n'avons pas eu en composant ce manuel la prétention de remplacer un code ou un bulletin des lois.

CAISSES des dépôts et consignations. L. 28 niv. an 13; 28 avril 1816; Ord. 3 juil 1816; Cir. P. G. 7 juin 1818; D. 4 mai 1851, p. 22 et note.

CAISSES de retraites pour la vieillesse. Actes gratuits dispensés de timbre et d'enregistrement, L. 18 juin 1850.

CAUTIONNEMENT des notaires. Tableau, L. 25 vent. p. 9; — Remboursement L. 15 janv. 1804; 18 sept. 1806;— Augmentation, 21 fév. 1805; Ord. 28 avril 1816, p. 14; — Intérêts réduits, L. 4 août 1844.

CALENDRIER (1). L. 4 frim. an 2, Sén. 22 fruct., an 13.

CERTIFICATS de vie. Ord. 20 juin, 12 août 1817; 6 et 27 juin 1839;— tarif, D. 6 nov. 1853 et cir. 20 janv. 1854, p. 30.

CERTIFICATS de moralité et de capacité. L. 25 vent., art. 10; Cir. G. S. 22 vent. an 12, 8 mai 1833; Règlement, art. 89, p. 64. — de libération de service militaire, Appendice 2, p. 69. — de propriété, L. 28 floréal an 7; L. 7 mai 1853, note, p. 28.

CESSION d'offices. Enregistrement, L. 25 juin 1841; instruc. min. 28 juin 1849, p. 23, et Appendice, p. 73.

CHAMBRE de discipline. L. 25 vent. an XI, art. 50; Ord. 4 janv. 1843, p. 17: — assemblées, O, art. 21; attributions, art. 2; avis, art. 2; citation, art. 7; composition, art. 4; délibérations, art. 16, 20, 24; élection, art. 28; nomination, art. 25 s; registre des délib., art. 3; des clercs, art. 33 et Règlement, art. 64, p. 63.

CONTRAVENTIONS (mode de constatation des). Ins. de la régie, 5 juin 1837, p. 15; Tableau p. 55.

CLERCS. Stage, L. 25 vent. art. 36 s; Ord. 4 jan. 1843; art. 31 s;— certificat, registre, peines, v. Règlement d'Amiens, art. 84 et s, p. 64.

COMMISSAIRES-PRISEURS. L. 28 avril 1816; incompatibilité, L. 25 vent., art. 7: Ord. 31 juil. 1822.

COMMUNES (actes intéressant les). Cir. 21 mai 1806; C. m. 6 sept. 1853, p. 30.

COMPULSOIRES. Lettres patentes du 12 août 1779; L. 25 vent., an XI, art. 24.

CONCORDATS par abandon. L. 17 juillet 1856.

CONTRE-LETTRE. Circ. P. G. 21 juillet 1852.

CONSENTEMENTS à mariage (spécialité des). Circ. 6 nov. 1852.

CONTRAINTE par corps. L. 13 déc. 1848, c. p. 23; V. art. 2060, C. N. c. p. 55.

CONTRATS de mariage (publicité des). L. 18 juillet 1850, p. 25. — dépôt. D. 19 oct. 1813; C 30 avril 1824; — Droits sur les donations, L. 18 mai 1850, p. 24.

COSTUME. Règlement, art. 105, p. 66.

COPIE collationnée. D. 13 juillet 1804.

CRÉDIT foncier de France. — Décrets 28 fév., 28 mars, 10 déc. 1852; 21 déc. 1853: 26 juin 1854; 28 juin 1856; Lois 10 juin 1853; 28 mai, 8 juin 1858. p. 41. (2)

(1) NOTA. Le Calendrier Français ou Grégorien n'a pas été suivi pendant la 1re République, la loi du 4 frimaire, an 2, avait distribué l'année en 12 mois de 30 jours chacun, suivis de cinq jours complémentaires pour les années ordinaires et de six pour les années bissextiles. Un senatus consulte du 22 fructidor, an 13, porte qu'à dater du 11 nivôse, an 14, 1er janvier 1806, le calendrier Grégorien sera remis en usage dans tout l'empire français. Le calendrier républicain embrasse donc une période de plus de 14 ans, du 22 septembre 1792 au 31 décembre 1805, quoiqu'il n'ait pas été suivi la 1re année et qu'il n'ait été réellement mis en usage que le 22 septembre 1793, correspondant au 1er vendémiaire, an 2

Nous donnons ci-dessous une table de concordance des 2 calendriers, aussi simple et plus courte que celles ordinaires, dont on aura facilement la clef, en n'omettant pas les jours complémentaires du mois de septembre et en ne perdant pas de vue que les mois de janvier, mars, mai, juillet, août, octobre, décembre ont 31 jours, que ceux d'Avril, juin, septembre et novembre ont 30 jours, et que le mois de février varie suivant que l'année est ou n'est pas bissextile; depuis 1793 jusque et compris l'an 12, le mois de février des années 1796, 1800, 1804, 1808 et 1812 a eu 29 jours; celui des autres années n'en a eu que 28.

(2) LE CRÉDIT FONCIER DE FRANCE est une institution créée par le gouvernement, sous forme de société anonyme, pour aider les propriétaires d'immeubles à se procurer les capitaux dont ils ont besoin. — Dans ce but il leur consent des *prêts* et leur livre en échange de leurs engagements notariés ses propres obligations. — Ces *obligations* ou *lettres de gages* présentent les avantages de la

CONCORDANCE DES CALENDRIERS RÉPUBLICAIN ET GRÉGORIEN.

Années républic.	1er Vend.	1er Brum.	1er Frim.	1er Niv.	1er Pluv.	1er Vent.	1er Germ.	1er Flor.	1er Prair.	1er Messid	1er Therm	1er Fruct.
*	Septemb.	Octobre.	Novemb.	Décemb.	Janvier.	Février.	Mars.	Avril.	Mai.	Juin.	Juillet.	Août.
2	22-1793	22-1793	21-1793	21-1793	20-1794	19-1794	21-1794	20-1794	20-1794	19-1794	19-1794	18-1794
	1 Oct.-10 V.	1 Nov.-11 B.	1 Déc.-11 Fr.	1 Jan.-12 N.	1 Fév.-13 P.	1 Mars-11 V	1 Avr.-12 G.	1 Mai.-12 Fl.	1 Juin.-13 P.	1 Juil.-13 M.	1 Août-14 T	1 Sep.-15 Fr.
3	22 1794	22 1794	21 1794	21 1794	20 1795	19 1795	21 1795	20 1795	20 1795	19 1795	19 1795	18 1795
4	23 1795	23 1795	22 1795	22 1795	21 1796	20 1796	21 1796	20 1796	20 1796	19 1796	19 1796	18 1796
5	22 1796	22 1796	21 1796	21 1796	21 1797	19 1797	21 1797	20 1797	20 1797	19 1797	19 1797	18 1797
6	22 1797	22 1797	21 1797	21 1797	20 1798	19 1798	21 1798	20 1798	20 1798	19 1798	19 1798	18 1798
7	22 1798	22 1798	21 1798	21 1798	20 1799	19 1799	21 1799	20 1799	20 1799	19 1799	19 1799	18 1799
8	23 1799	23 1799	22 1799	22 1799	21 1800	20 1800	22 1800	21 1800	20 1800	20 1800	20 1800	18 1800
9	23 1800	23 1800	22 1800	22 1800	21 1801	20 1801	22 1801	21 1801	20 1801	20 1801	20 1801	19 1801
10	23 1801	23 1801	22 1801	22 1801	21 1802	20 1802	22 1802	21 1802	21 1802	20 1802	20 1802	19 1802
11	23 1802	23 1802	22 1802	22 1802	21 1803	20 1803	22 1803	21 1803	21 1803	20 1803	20 1803	19 1803
12	24 1803	24 1803	23 1803	23 1803	22 1804	21 1804	22 1804	21 1804	21 1804	20 1804	20 1804	19 1804
13	23 1804	23 1804	22 1804	22 1804	21 1805	20 1805	22 1805	21 1805	21 1805	20 1805	20 1805	19 1805
14	23 1805	23 1805	22 1805	22 1805								

D

DÉCIME de guerre. L. 26 mai 1799.— Double décime depuis juillet 1855 jusqu'au 1er janv. 1858, L. 14 juil. 1855, 23 juin 1857.

DÉCHARGE et quittance de prix de vente. Avis C. E. 21 oct. 1809; D. min. 11 nov. 1819.

DÉPOT de signature et paraphe. L. 25 vent. art. 49; Circ. 6 nov. 1821.

DÉMISSION, DESTITUTION. L. 25 vent., art. 4, 5, 6, 7, 16, 23, 32, 33, 52, 66; L. 4 mai 1809; Ord. 3 juil. 1816; Ord. 23 juin 1832; D. 10 août 1833.— V. tableau, p. 55.

DÉPORTATION. Interdiction légale, exercice des droits civils, L. 8 juin 1850.

DETTE publique. Grand-livre, L. 24 août 1793. Livres auxiliaires, L. 14 avril 1819;— transfert, L. 8 juil. 1852.

DEVOIRS des notaires. Exposé des motifs et rapports sur la loi du 25 ventôse an xi, par MM. Réal, Favard et Jaubert, V. Appendice, p. 45; Règlement, p. 58.

DISCIPLINE. Ord. 4 jan. 1843, art. 12 et s; Règlement, art. 69, p. 63.

DON manuel. L. 18 mai 1850; Tableau des droits d'enregistrement, en note, p. 24.

DONATION. *idem*; L. 21 juin 1843.

DOUBLE minute. D. minis. 18 août 1808; Règlement, art. 28, p. 59.

DOTATION de l'armée. Rengagements et remplacements militaires, L. 26 avril 1855, p. 31.

DRAINAGE (prêts pour le). L. 17 juil. 1856; L. 28 mai, 8 juin 1858.

E

EFFET ou billet de commerce. Il doit être souscrit sur timbre proportionnel (de cinq centimes pour 100 francs), L. 5 juin 1850. — Défense aux notaires de souscrire des effets de commerce, billets à ordre, etc, Règlement, art. 3.

ENREGISTREMENT. Lois des 22 frim. an 7; 27 vent. an 9; 28 avril 1816; 16 juin 1824; 25 juin 1841; 3 juil. 1846; 18 mai, 5 juin, 7 août, 10 déc. 1850; 8 juil. 1852.

ÉTABLISSEMENTS de bienfaisance. — V. acceptation, avis de dons et legs.

ÉTAT de frais. V. à la note le modèle de l'état de frais à soumettre à la chambre de discipline en matière de taxe.(1)

---

disponibilité du titre, du paiement régulier des intérêts et d'un remboursement assuré.

Le Crédit foncier est aussi autorisé à recevoir, avec ou sans intérêt, des capitaux en dépôt ou en comptes courants réglés les 30 juin et 31 décembre de chaque année.

Il est enfin substitué à l'Etat pour l'exécution de la loi sur le *drainage*.

Nous transcrivons ici quelques renseignements officiels qui pourront être utiles aux notaires sur les *prêts* et *obligations foncières* du Crédit foncier.

Prêts.

Le Crédit foncier a pour objet de faire aux propriétaires d'immeubles des prêts à long terme qui se remboursent par annuités, c'est-à-dire qu'au moyen d'une faible somme payée chaque année, en sus de l'intérêt, l'emprunteur remboursera peu à peu le capital de sa dette, laquelle, après le délai fixé, se trouve complétement éteinte. — L'emprunteur peut, d'ailleurs, sans atteindre le terme convenu, faire à sa volonté des versements plus forts qui diminuent d'autant la somme dont il reste débiteur. — Ces versements se font en numéraire ou en obligations de la même nature que celles délivrées par la Société à l'emprunteur en réalisation du prêt.

Le Crédit foncier ne prête que sur première hypothèque, et le montant du prêt ne peut dépasser la moitié de la valeur de l'immeuble, leur durée est de 10 ans au moins et de 50 ans au plus.

Le *notaire* de l'emprunteur a droit à l'intégralité des honoraires du prêt, quand même la Société se fait représenter par un notaire.

Le Crédit foncier fait aussi des prêts à court terme et sans amortissement.

Le chiffre des prêts réalisés jusqu'au 22 décembre 1858 est de 113,332,830 fr.

Le Crédit foncier réalise ses prêts en obligations foncières ou lettres de gages.

Obligations foncières.

Le Crédit foncier de France a le privilège de créer et de *négocier* des *obligations foncières* ou *lettres de gage* pour une valeur égale au montant des engagements souscrits par les emprunteurs. Ces obligations sont remises aux emprunteurs qui les négocient ensuite à la bourse pour se procurer les capitaux dont ils ont besoin.

Les titres ont pour garantie :

1° Des immeubles dont la valeur est au moins double de la somme prêtée, et dont le revenu ne peut être inférieur à l'annuité payée par l'emprunteur.

2° Le capital social du Crédit foncier.

Aucune opposition ne peut être reçue contre le paiement des arrérages ou du capital de ces obligations, si ce n'est de la part du propriétaire, en cas de perte de ses titres. (D 28 fév 1852, art. 18.)

Elles sont désignées par la loi pour servir, comme la *Rente sur l'Etat*, à l'emploi des fonds appartenant aux incapables, aux communes, aux établissements publics ou d'utilité publique. (Id., art. 46.)

Elles sont admises au bénéfice des avances sur dépôt consenties par la Banque de France, à Paris et dans ses succursales, et sont *exemptes de l'impôt* sur les valeurs mobilières, établi par la loi du 23 juin 1857.

Les intérêts en sont payés dans toutes les Recettes générales et particulières des finances.

Les obligations foncières rapportent un intérêt de 3, 4 ou 5 p. %.

Obligations de 3 ou 4 p. %. — Elles sont négociées à la Bourse. Elles participent à des tirages trimestriels de lots dont le montant, par année, est de 800,000 francs. Dans ces tirages, les titres de 1,000 francs ont droit à l'intégralité du lot échu à leur numéro; les titres de 500 francs, à la moitié; les titres de 100 francs, au dixième.

Elles sont remboursables en 50 ans, à partir du 1er mai 1854, savoir :

Les titres de 4 p. %, au pair; — les titres 3 p. %, avec une prime de 20 p. %: soit ceux de 1,000 francs, à 1,200 francs; ceux de 500, à 600; ceux de 100, à 120 francs.

Les tirages ont lieu les 22 mars, 22 juin, 22 sept. et 22 décembre.

Elles sont toutes au porteur, mais peuvent rester déposées dans les caisses de la Société qui délivre en échange un certificat nominatif de dépôt et en demeure responsable.

Obligations 5 p. %. — Elles ne sont pas en ce moment négociables à la Bourse. — Elles doivent être remboursées au pair dans le délai de 50 ans à partir du 1er novembre 1856. — Elles sont nominatives ou au porteur et peuvent être converties en un certificat de dépôt délivré au nom du souscripteur.

---

(1) *Etat des déboursés et honoraires* dus à M.
notaire à par M.
13 janvier 186 , *Vente* par M à M. d'une maison à moyennant.

	AVIS de la Chambre.	TAXE du Juge.
Enregistrement		
Timbre de minute		
Honoraires		
Expédition { Timbre		
Expédition { Rôles à. . . .		
Transcription et état. . . .		
Vacation.		
Total. . .		
A le 186 (Signature)		
La Chambre de discipline de l'arrondissement d'Amiens. Vu l'art. 51 de la loi du 25 ventôse an xi et l'art 2 nº 4 de l'ordonnance du 4 janvier 1843. Vu l'art. 41 du règlement et les pièces produites. Est d'avis qu'il y a lieu de taxer l'état de frais qui précède à la somme totale de		
En séance à Amiens, le 186 .		

EXPÉDITIONS. L. 25 vent. an XI, art. 21, 23 ; Cir. m. 19 mars 1805; Tarif de 1807, art. 174 ; D. m. 22 juin 1813; Ord. 4 janv. 1843, art. 16 ; L. 20 juin 1843. — Copie, Circ. 6 sept. 1853; —Grosses, formules exécutoires, D. 2 déc. 1852 ; Règlement, art. 45.

EXPROPRIATION pour cause d'utilité publique. L. 16 sept. 1807 ; 30 mars 1831; 3 mai 1841.

F

FÉODALITÉ. Défense d'employer des expressions qui la rappellent, D. 27 sept. 1791 ; L. 8 pluv. an 2; L. 25 vent. art. 17 ; D. 1 mars 1808 ; L. 28 mai 1858.

FÊTES légales. Lois et avis des 10, 20 germinal an 10, cités en note, p. 23.

FOI due aux actes. Les actes notariés font foi en justice et sont exécutoires dans toute l'étendue de l'Empire, L. 25 vent. an XI, art. 19.

FONCTIONNAIRE. Les notaires sont *les fonctionnaires publics* établis pour recevoir les actes et contrats, L. 25 vent., art. 1; Code pén. art. 222.

FRAIS paiement de. V. honoraires, taxe, tarif.

G

GRAINS en vert (vente de). L. 4 juin et 11 juil. 1795.

GROSSES. Ord. 1541 ; L. 25 vent. art. 21, 25, 26 ; D. m. 18 avril 1809. — Formule, D. 2 déc. 1852.

H

HONORAIRES. Règlement amiable, L. 25 vent. an XI, art. 51 ; Lettre G. S., 10 juin 1822; D. m. 30 nov. 1829; Règlement, art. 39 ; Tarif de 1807, art. 173.

HONORARIAT. Ord. 4 janv. 1843, art. 29; Règlement, art. 97, et s.

HOTEL de la chambre, à Amiens. Acquisition, remboursement de prix : v. Règlement, supplément. p. 66.

HUISSIER. Vente publique de meubles, 21 août 1775: 13 nov. 1778; 22 pluviôse an 7 ; 5 juin 1851.

HYPOTHÈQUE (droits d'). L. 21 vent. an 7; 6 messidor an 7; 24 mars 1806; 16 juin 1824 ; 18 avril 1831; 23 mars 1855 ; Inst. 24 nov., 10 déc. 1855.

I

INCOMPATIBILITÉ de fonctions. — Énumération, L. 25 vent. an 7. — Receveur d'enreg. L. 21 ger. an 5. Conserv. des hyp. L. 9 mess. an 3. Control. des contrib. D. M. 8 prair. an 13. Directeur des postes D. M. 5 fév. 1805. Conseiller de préfecture, Sous-préfet, Avis C. E. 10 vent. an 13. L. 24 vent. an 3. Avocat D. 14 déc. 1810. O. 20 nov. 1820. Prudhomme D. M. 1808. Commissaire-Priseur. Ord. 31 juil. 1822.

INVENTAIRE. L. 27 mars 1791 ; D. 1 nov. 1806; 4 mars 1809; — Ar. 18 fév. 1622, 3 janv. 1802.

J

JETONS de présence. D'après un ancien usage, des jetons en argent, frappés au coin de la compagnie, sont donnés aux notaires présents aux assemblées générales et aux membres de la chambre qui assistent aux réunions mensuelles ; Règlement, art. 51, 52, 76, p. 64.

JUSTICES de paix. L. 2 mai 1855.

L

LANGUE française. Ord. de 1539 portant que les actes publics doivent être écrits en français ; L. 2 therm. an 2; Un arrêté du 24 prairial an XI, porte que les officiers publics pourront écrire à mi-marge de la minute française la traduction en idiome du pays, lorsqu'ils en seront requis par les parties. — Idem, pour les testaments, 24 thermidor an 12.

LÉGALISATION. L. 25 vent., art. 28. Appendice 2, p. 69 et 71. (1)

M

MARIAGE des officiers. Ar. M. 17 déc. 1813. — des indigents, L. 18 nov. 1850. — Publicité, 18 juil. 1850 : 6 nov. 1852.

MAJORATS. D. 1 mars 1808; D. 4 mai 1809; L. 12 mai 1835 ; D. 7 mai 1849. Majorat *de propre mouvement* formé de biens donnés par le prince, C. N. 896. — Majorat *sur demande* formé par un chef de famille de ses propres biens.

---

(1) Nota. — Tous les actes destinés à être envoyés dans les pays étrangers et dans les colonies ou provenant des colonies et de l'étranger doivent être légalisés à Paris par les autorités compétentes Ces actes doivent être écrits sur timbre suffisant pour recevoir en marge ou à la suite les légalisations nécessaires.

Actes français pour l'étranger.

Les actes des notaires et tous les actes des autorités de France et d'Algérie qui ont été légalisés par les présidents des tribunaux de première instance, reçoivent à Paris, la légalisation des ministres de la justice et des affaires étrangères, de plus celle de l'ambassadeur et agent diplomatique ou consulaire du pays dans lequel il doit en être fait usage.

Si les actes émanent d'une autorité administrative, militaire ou autre, la légalisation du ministre de la justice est remplacée par celle du ministre dans les attributions duquel est placé le fonctionnaire qui a signé l'acte ou la légalisation.

Actes pour les Colonies.

Légalisation du ministre compétent et du ministre de la marine.

Actes venant des Colonies.

Légalisation du ministre de la marine.

Actes et titres émanant des ambassadeurs et agents français.

Légalisation par le ministère des affaires étrangères.

Actes provenant d'autorités étrangères sans être revêtus de la légalisation des agents français.

Légalisation par l'ambassadeur étranger résidant à Paris, et légalisation par le ministre des affaires étrangères.

Droits perçus pour les légalisations.

Les actes *concernant les français*, reçus par un notaire ou par une autorité française sont légalisés *gratis* par tous les ministres.

Il est perçu un droit de *un franc* par le ministre des affaires étrangères pour tous les actes qui concernent les étrangers, par quelques fonctionnaire, ambassadeur, agent diplomatique ou autre qu'ils aient été reçus.

Les ambassadeurs et agents diplomatiques résidant à Paris, *perçoivent* par chaque pièce soumise à la légalisation, *des droits qui varient de un franc à dix francs.*

MENTION marginale. Circ. m. 30 août 1825.

MEUBLES (vente de). L. 21 août 1775; 27 vent. an 5; 22 pluv. an 7; 25 juin 1841; C. P. G. 10 août 1850.

MINUTES de notaires. Ord. 1510; 1539; 1567; 1693; 1716. L. 25 vent. an XI, art. 20, 22, 51; Circ. m. 6 sept. 1853; Règlement, art. 29 à 36.

MORT civile (abolition de la). L. 31 mai 1854.

MUTATIONS entre vifs et par décès. Droits. L. 18 mai 1850; Tableau en note.

N

NATURALISATION. L. 22 mars 1849; L. 22 jan. 1851.

NOMS (modification ou usurpation de). L. 28 mai, 5 juin 1858.

NOTAIRES. Création. Ord. 1270, 1302, 1510, 1515, 1791, 1803 ou L. 25 vent. an XI.— Définition et fonctions, *idem*, art. 1 etc; institués à vie, ressort, résidence, incompatibilités, parenté, patente, cautionnement, nomination, serment, suspension, destitution ou remplacement, actes, minutes, nullités, *Même loi*; V. Ord. 4 janv. 1843. — En Algérie, les notaires sont révocables et ne peuvent traiter de leurs offices; Arrêté min. 30 déc. 1842.— Règlement, art. 1 et s.— Notaires d'Amiens et de l'arrondissement de 1500 à 1859, p. 72, s.— Notaires honoraires. Ord. 4 janv. art. 29, 30; Règlement, art. 97 et s., p. 65.

NUMÉRATION des espèces. Le notaire convaincu d'avoir faussement énoncé dans un acte, une numération de deniers qu'il n'aura pas vu compter, doit être poursuivi criminellement, sans préjudice à l'action disciplinaire dans le cas où il serait acquitté. Cir. min. 11 sept. 1823.

O

OFFICES. — Propriété. L. 29 sept. 1791; 28 avril 1816; 25 juin 1841; 30 déc. 1842; C. 6 mars 1856. Exposé des motifs, L. 25 vent., p. 50.

ORDRE amiable. Loi des 21-29 mai 1858, p. 38.

OUVRAGES d'or et d argent à controler. — Vente publique, L. 7 nov. 1797; Cir. 28 juin 1823.

P

PANONCEAUX. Écussons aux armes du gouvernement français que les notaires ont à la porte extérieure de leur maison pour annoncer qu'ils ont un dépôt public placé sous la sauvegarde du souverain, Lettres 23 avril 1411; Mai 1805. — Nombre, Règlement, art. 9.

PAPIERS d'affaires (envoi par la poste). L. 25 juin 1856; tableau, p. 35.

PAPIER-MONNAIE. — Assignats ou mandats qui ont eu cours forcé en France, de 1791 à 1794, pour suppléer le numéraire, L. 12 sept. 1790; 11 avril 1793; 28 vent. an 4; 16 pluv. an 5.— La loi du 5 mess. an 5, a ordonné que pour régler la valeur d'opinion du papier monnaie, il serait fait dans chaque département un tableau de dépréciation de ses valeurs successives à partir du 1er janvier 1791. Ce tableau a été dressé et est devenu officiel. — Les lois des 5 mess, 15 fruct. an 5; 11 frim., 16 niv., 6 flor. an 6, ont statué sur les conventions et les aliénations d'immeubles, licitations, partages, constitutions de dot et avantages matrimoniaux passés de 1790 à 1794.

PARAPHE. L. 25 vent. an XI, art. 15, 49; C. 6 n. 1821.

PARENTÉ des notaires, des témoins et des parties. — Même loi, art. 10.

PARTAGE d'ascendants. Droits de soultes, L. 18 m. 1850.

PATENTE. L. 7 brum. an 6; L. 25 vent., art. 33; L. 25 avril 1844; 18, 22 mai 1850.

PRÉSÉANCE. Arrêt 16 juillet 1611 qui accorde la préséance aux notaires sur les procureurs. — Aujourd'hui que le notariat n'existe comme corporation que par sa Chambre de discipline, il n'y a que la Chambre qui puisse dans une cérémonie publique représenter le notariat et occuper la place qui doit lui être assignée parmi les corps judiciaires et administratifs de la ville où se fait la cérémonie. — Aucune loi ne détermine le rang que doit occuper la Chambre des notaires.

PEINES disciplinaires. — Poursuite, rappel à l'ordre, censure, suspension, destitution; L. 25 vent., art. 52 et s; Ord. 4 janv. 1843, art. 13; Appendice, p. 53.

POLICES d'assurances maritimes. La loi des 7 mars et 14 juillet 1850, oblige les notaires à tenir un registre spécial et timbré sur lequel ils doivent écrire les polices d'assurances faites par leur ministère. V. à l'appendice le tableau des amendes, p. 54.

POSTE. Transport de lettres, journaux, papiers d'affaires et autres, L. 25 juin 1856, V. le tableau, p. 35. (1)

PRISÉE. L. 16 janv. 1797; Ord. 1 mai 1816.

PROTETS. Les notaires sont tenus d'avoir un registre, non soumis au visa du receveur, sur lequel ils inscrivent les protêts qu'il sont obligés de faire, D. M. 9 mars 1809; V. D. M. 6 juin 1829; L. 24 mai 1834.

PROTOCOLE. Registre sur lequel autrefois les notaires inscrivaient leurs actes, O. août 1539, 1665. L. 25 v. a. 20.

R

RECEVEUR d'enregistrement. Ouverture de leurs bureaux, pendant 8 h. par jour.— Inst. Rég. 11 mars 1849.

RECEVEUR général. — L. 14 avril 1819; 24 avril 1833; D. M. 6 juin 1848. Les receveurs généraux sont chargés d'office, à la volonté des particuliers, d'opérer pour leur compte et sans frais, sauf ceux de courtage justifiés par bordereau d'agent de change, tous les achats et ventes de rentes qu'on juge à propos de leur confier; et au Trésor les commissions doivent être transmises aux agents de change, le lendemain où, en cas de jour férié,

---

(1) Le Gouvernement s'occupe en ce moment d'un projet de loi pour le transport par la poste, *avec garantie*, des billets de banque ou valeurs au porteur *déclarés*, moyennant un droit de 0,10 c. 0/0, outre le port, pourvu que la lettre ne contienne pas plus de 2,000 f. de valeurs, et porte sur son enveloppe le montant des valeurs expédiées.

Le poids de ces lettres et des lettres chargées serait porté à 10 gr. et le prix fixé à 0,20 c., de 10 gr. à 20 gr. à 0,40 c., de 20 gr. à 100 gr. à 0,80 c. et par 100 gr. ou fraction de 100 gr. au-dessus 0,80.

Le droit fixé de chargement, en sus du port ordinaire, serait porté à 0,40 c. pour les lettres simples, (et non pour celles contenant des valeurs déclarées); il serait interdit de déclarer des valeurs supérieures et même des valeurs inférieures à celles insérées dans la lettre, et d'insérer dans des lettres, même chargées, des billets de banque et autres valeurs au porteur, sans accomplir les formalités prescrites pour les lettres contenant des valeurs déclarées.

le surlendemain de la réception des bordereaux par la direction du mouvement général des fonds.

RECONNAISSANCE de dette. — Toute promesse ou reconnaissance de dette pure et simple au-dessous de 300 fr. doit être souscrite sur un timbre de 15 c. au moins; toute promesse de 500 fr. et au-dessous sur un timbre de 25 c. et cela sous peine d'amende; tandis que les billets et effets de commerce peuvent être souscrits sur toute espèce de coupons, pourvu que la somme indiquée sur le timbre soit au-dessous ou au plus égale à celle portée par le billet. L. 13 brum. an 7; 5 juin 1850.

REFUS d'instrumenter. L. 25 vent., art. 3; Règlement, art. 6.

REGLEMENTS de notaire. — Autorisés par l'art. 23 de l'ord. 4 janv. 1843. — Règlement intérieur de la compagnie des notaires d'Amiens, p. 57 et s.

REGISTRE des délibérations de la chambre. Circ. 22 vent. an 12, et 28 vent. an 13; — dispensés du timbre, L. 15 mai 1818, art. 80; V. D. M. 28 sept. 1829; Ord. 4 janv. 1843, art. 3. — Registre des clercs *idem*, art. 33. Registre des protêts, D. M. 9 mars 1809. — Registre constatant la remise des extraits des contrats de mariage des commerçants, des jugements et arrêts d'interdiction ou de nomination de conseil judiciaire déposés à la chambre, tenu par le secrétaire, D. 4 mes. an 13; Cir. 5 mai, 19 oct. 1813 et 30 avril 1824.

REMPLACEMENTS militaires et rengagements. L. 26 avril 1855 et 21 juin 1856, p. 31.

RENTES sur l'État. Transferts de rentes. L. 28 flor. an 7; — appartenant à des mineurs, L. 24 mars 1806; — achats de rente dans les départements, L. 14 avril 1819. V. Receveur général; — soumises à l'impôt des successions, L. 18 mai 1850; — certificat de paiement des droits et prescription de 35 ans, L. 8 juil. 1852; — mode de calcul des rentes. *Note*, p. 28, 29. — Conversion des biens immeubles des hospices en rentes sur l'état, Cir. m. 16 mai, 24 août et 26 oct. 1858.

RÉPERTOIRE des notaires. Ord. 1539, 1665; L. 3 mai 1796; D. M. 9 sept. 1806; 9 sept. 1812. — L. 25 vent., art. 29, 30, 54 et s. — Amendes, p. 53.

RÉSIDENCE. — RESSORT. L. 25 vent., art. 4, 5, 6; et l'exposé des motifs, p. 15 et 52; Règlement, art. 15.

S

SCELLÉS (apposition de). L. 25 vent., art. 61; Règlement, art. 102.

SCEAU et cachet notarial. L. 25 vent., art. 27; — forme, D. 2 déc. 1852; Règlement, art 103.

SECRÉTAIRE de la chambre des notaires. — Ses fonctions. Ord. 4 janv. 1843, art. 6 et s., 33; Règlement, art. 59, 66, 115.

SERMENT. L. 25 vent. art., 47 et Règ., art. 96.

SIGNATURE. Même loi, art. 14, 49; Cir. 6 nov. 1821.

SOCIÉTÉS en commandite. L. 17 juillet 1856.

STAGE. L. 25 vent., art. 36 et s; Ord. 12 oct. 1829; Ord. 4 janv. 1843, art. 32 et s; Règlement, art. 84, p. 64; Tableau résumé, p. 71.

SURCHARGES. L. 25 vent., art. 16; 4 déc. 1829, Décision min. portant que la surcharge des mots cesse d'être une contravention dès qu'elle est approuvée régulièrement.

SUBSTITUANT (notaire). D. m. 11 nov. 1819; Règlement, art. 19.

SUBSTITUTIONS abolies. L. 7 mai 1849.

SYNDIC de la chambre de discipline des notaires. Ord. 4 janv. 1843, art. 6 et s; Règlement, art. 69 et s. p. 63.

SYSTÈME décimal. L. 6 mai 1799. — Monétaire, 4 nov. 1800; L. 4 juil. 1837.

T

TABELLION. C'est le nom qu'on donnait autrefois à des officiers publics dont la fonction consistait à grossoyer, ou délivrer des expéditions en forme exécutoire des actes que recevaient les *notaires*. Ord. 1539, nov. 1542, 15 déc. 1543. — Il y avait aussi des *garde-notes* aux quels on confiait le dépôt des minutes qui se trouvaient chez les notaires au temps de leur résignation ou de leur mort, et des *garde-scel* dont l'office était de sceller les grosses que les tabellions expédiaient. — Tous ces titres furent réunis successivement à celui de notaire, Ord. mai 1597; la loi du 6 oct. 1791 supprima tous ces offices et remplaça tous ces divers officiers par des *notaires publics*. V. Notaire; L. 25 vent. an XI et l'exposé des motifs de M. Réal, p. 15.

TABLEAU des amendes et contraventions notariales, des nullités et peines qu'elles entraînent p. 53.

TABLEAU des interdits. L. 25 vent., art. 18; D. 16 fév. 1807, art. 175.

TARIF. D. 16 fév. 1807, art. cités p. 5; Ord. 10 oct. 1841, art. 14, 16; D. 5 nov. 1851; D. 9 nov. 1853, art. 46. (1)

---

(1) Nous croyons devoir donner ici le texte des articles du tarif de 1807 spéciaux aux notaires, et que ceux-ci ont souvent besoin de consulter. — *Extrait du décret du 16 février 1807.*

Art. 151 *in fine*. — Il ne sera passé aux notaires et à tous officiers ministériels que *trois vacations* par jour, quand ils opèreront dans le lieu de leur résidence, deux par matinée et une seule l'après-dinée.

Art. 166. — Il sera taxé aux dépositaires qui devront représenter les pièces de comparaison en vérification d'écriture ou arguées de faux, en inscription de faux incident, indépendamment de leurs frais de voyage, par chaque vacation de trois heures devant le juge-commissaire ou le greffier; savoir: (*art.* 201, 204, 205, 221 et 225. C. proc.)

Aux Notaires	1° De Paris	9 fr.	» c.
	2° Des départements	6	75

Art. 168. — Il sera taxé aux notaires, pour tous les actes indiqués par le Code Nap. et par le Code de procédure.

Pour chaque vacation de trois heures.

1° Aux compulsoires faits en leur étude (*art.* 849, *Code proc.*);

2° Devant le juge, en cas que le transport devant lui ait été requis (*art.* 852, *Code proc.*);

3° A tout acte respectueux et formel, pour demander le conseil du père et de la mère, ou celui des aïeuls ou aïeules, à l'effet de contracter mariage (*art.* 151, 152, 153 *et* 154, *Code Nap.*);

4° Aux inventaires contenant estimation des biens meubles et immeubles des époux qui veulent demander le divorce par consentement mutuel (*art.* 279, *Code Nap.*);

5° Aux procès-verbaux qu'ils doivent dresser de tout ce qui aura été dit et fait devant le juge, en cas de demande en divorce par consentement mutuel (*art.* 821, 284 *et* 285, *Code Nap.*);

6° Aux inventaires après décès (*art.* 941 *et suiv.*, *Code proc.*);

7° En référé devant le président du tribunal, s'il s'élève des difficultés ou s'il est formé des réquisitions pour l'administration de la commu-

TAXE. En cas de contestation les honoraires des notaires doivent être taxés par le président du tribunal sur l'avis préalable de la chambre. L. 25 vent., art. 51 ; D. 16 fév. 1807, art. 173 ; Lettre G. S. 10 juin 1822 ; Règlement, art. 39, 41. (1).

TESTAMENT. Minute, dépôt, A. 12 mai 1633 ; Mars, 1693 ; 9 sept. 1812 ; 7 avril 1821 ; L. 26 juin 1843.

TÉMOINS des actes. L. 25 vent., art. 10.

TIMBRE. L. 13 brumaire an 7 ; 6 prairial an 7 ; L. 28 avril 1816 ; 15 mai 1818 ; 16 juin 1824 ; Inst. 5 juin 1837 ; L. 5 juin et 16 juil. 1850 ; 8 juil. 1852.— Tableau des amendes, p 53 - Timbre-poste, L 25 j. 1856.-Timbre mobile(2)

TITRES (usurpation de) V. féodalité. — Punie d'une amende de 500 f. à 10,000 f. L. 28 mai 1858 et Cir., p. 41. — Conseil du sceau des titres, D. 9 janv. 1859. — Titres étrangers portés par un Français, D. 5 mars 1859, p. 86.

TRANSCRIPTION. L. 23 mars 1855, p. 30 ; Inst. Rég, 24 nov. et 10 déc. 1855.

TRAITÉS d'offices. L. 28 avril 1816 ; L. 25 juin 1841 ; Inst. min. 8 juin 1849. — Tableau des pièces à produire, forme, clauses inadmissibles, prix, formule, p. 70.

TRÉSORIER de la chambre. Ord. 4 janv. 1843 ; Règlement, art. 65, 79. — Registre des recettes et dépenses assujetti au timbre ; L. 13 brum. an 7, art. 12.

U

USURE. Juin 1510 ; L. 15 juin et 19 déc. 1850.

USURPATION de titres. L. 28 mai, 5 juin 1858.

V

VACATION. Mode de les constater, 10 brum. an 14 ; Tarif du 16 fév. 1807, art. 151, 168.

VENALITÉ des offices de notaires. — Abolie par la loi du 29 sept. 1791.— Rétablie par l'art. 91 de la loi du 28 avril 1816 ; L. 25 juin 1841 ; Let. G. S. mars 1856.

VENTES. de meubles, fruits et récoltes, 21 août 1775 ; 27 vent. an 5 ; L. 22 pluv. an 7 ; Ord. 1 mai 1816 ; 5 juin 1851 ; C. 18 août 1850 ; — de marchandises neuves, L. 25 juin 1841 ; — judiciaire de biens immeubles, 2 juin 1841 ; C. 21 nov. 1826 ; C. P. G. 21 juil. 1852 ; — des biens des mineurs, C. m. 28 flor. an 12 ; 21 nov. 1826 ; — des communes, Cir. 21 mai 1806 ;— des biens des hospices, Cir. M. 16 mai, 24 août et 26 oct. 1858.—Amendes, p. 54.

VEUVE de notaire. Nomination de conseil, Règlement, art. 21.— Droits aux honoraires, id., art. 22, p. 59.

VISA du receveur d'enregistrement. D. 9 sept. 1806. — Du notaire, L. 17 juin 1852, sur la télégraphie privée.

VOYAGES (indemnités et frais de). V. tarif, art. 170.

FIN.

---

nauté ou de la succession, ou pour tous autres objets (*art.* 944, *Code proc.*) ;

8° A tous les procès-verbaux qu'ils dresseront en tous autres cas, et dans lesquels ils seront tenus de constater le temps qu'ils y auront employé (*art.* 977, 978, *etc.*) ;

9° Au greffe, pour y déposer la minute du procès-verbal des difficultés élevées dans les partages, contenant les dires des parties (*art.* 977).

A Paris . . . . 9 fr. » c.
Dans les villes où il y a tribunal de première instance. 6
Partout ailleurs. 4

ART. 159. — Dans tous les cas où il est alloué des vacations aux notaires, il ne leur sera rien passé pour les minutes de leurs procès-verbaux.

ART. 170. — § 1. Quand les notaires seront obligés de se transporter à plus d'un myriamètre de leur résidence, indépendamment de leur journée, il leur sera alloué pour tous frais de voyage et nourriture, par chaque myriamètre, un cinquième de leurs vacations, et autant pour le retour.

§ 2 Et par journée, qui sera comptée à raison de cinq myriamètres, aussi pour l'aller et le retour, quatre vacations.

ART. 171. — Il sera passé aux notaires, pour la formation des comptes que les copartageants peuvent se devoir, de la masse générale de la succession, des lots et des fournissements à faire à chacun des copartageants, une somme correspondante au nombre des vacations que le juge arbitrera avoir été employées à la confection de l'opération.

ART. 172. — NOTA. *Cet article a été abrogé par l'art.* 20 *de l'ord. du* 10 *oct.* 1841 *contenant le tarif des ventes judiciaires, et remplacé par les dispositions suivantes* (*art.* 14, 16), *résumées dans le tableau ci-dessous.*

Tarif des ventes judiciaires d'immeubles renvoyées devant notaires :

jusqu'à 10,000 fr . . .	pour le notaire,	1 » 0/0	» »	1 50 0/0
	pour l'avoué,	» »	» 50	
de 10 à 50,000 fr. . .	pour le notaire,	» 50	» »	1 »
	pour l'avoué,	» »	» 50	
de 50 à 100,000 fr. . .	pour le notaire,	» 25	» »	1 »
	pour l'avoué,	» »	» 75	
au delà de 100,000 fr.	pour le notaire,	» 12 1/2	» »	» 50
	pour l'avoué,	» »	» 37 1/2	

Les notaires ont droit en outre pour la grosse du cahier des charges par rôle de 25 lignes à la page et de 12 syllables à la ligne, savoir :

Au siége d'une cour autre qu'à Paris, Marseille, Lyon, Bordeaux et Rouen (2 fr.) . . . . 1 fr. 80 c.
Partout ailleurs sans réduction du 1/10 (art. 16). 1 50

Moyennant les allocations ci-dessus, les notaires sont chargés de la rédaction du cahier des charges, de la réception des enchères et de l'adjudication ; ils ne pourront rien exiger pour les minutes de leurs procès-verbaux d'adjudication.

Les avoués restent chargés des autres actes de la procédure ; ils auront droit aux émoluments fixés par ces actes, et lorsque l'expertise est facultative et n'aura pas été ordonnée ils ont droit, (mais seulement alors,) à la remise portée ci-dessus.

Il est expressément défendu de stipuler dans le cahier des charges d'autres et plus grands droits que ceux énoncés au présent tarif.

ART. 173. — Tous les autres actes du ministère des notaires, notamment les partages et ventes volontaires qui auront lieu par devant eux, seront *taxés* par le président du tribunal de première instance de leur arrondissement, suivant leur nature et les difficultés que leur rédaction aura présentées, et sur les renseignements qui lui seront fournis par les notaires et les parties.

ART. 174.— Les expéditions de tous les actes reçus par les notaires, y compris celles des inventaires et de tous procès-verbaux, contiendront vingt-cinq lignes à la page et quinze syllabes à la ligne, et leur seront payées par chaque rôle,

A Paris. . . . . 3 fr. » c.
Dans les villes où il y a tribunal de première instance. 2 »
Partout ailleurs. 1 50

Un décret du 16 *février* 1807 rend commun aux cours d'appel, tribunaux de première instance et justices de paix de Lyon, Bordeaux et Rouen, le tarif des frais et dépens et des frais de taxe décrété le même jour pour Paris, et *réduit d'un dixième* dans les autres cours et tribunaux toutes les autres sommes portées and tarif pour le ressort de la cour de Paris.

(1) L'art. 51 de la loi du 25 ventôse an XI, avait chargé le tribunal civil de la résidence du notaire, de taxer, à défaut de règlement amiable, les honoraires et vacations des notaires, sur l'avis de la chambre ; mais le décret de 1807, art. 173 a modifié en partie cette loi, en chargeant de ce soin le président au lieu du tribunal, et bien que ce décret ne reproduise pas la disposition de cette loi qui exigeait préalablement à la taxe l'avis de la chambre, cette disposition doit encore logiquement subsister et elle est reproduite à l'art. 41 du Règlement comme une obligation spéciale pour les notaires de l'arrondissement d'Amiens : en effet, on ne peut penser que le législateur en confiant dans un décret à un seul magistrat la juridiction en matière de taxe ait voulu priver le président taxateur des lumières et renseignements que dans la loi de ventôse il avait jugés indispensables pour le tribunal tout entier, et enlever ainsi aux notaires une garantie donnée par cette loi, et aux chambres de discipline un élément d'autorité et de salutaire influence. C'est dans ce sens que M. le ministre de la justice consulté sur cette question l'a toujours décidée. V. Déc. M. 10 juin 1822, 30 nov. 1829.

(2) Le Gouvernement s'occupe en ce moment de la création de *timbres mobiles* (dans le genre des timbres-poste) pour les effets de commerce, venant de l'étranger et destinés à remplacer avantageusement pour les négociants la formalité du visa pour timbre, exigée pour les effets de commerce étrangers.

ERRATA

10e page, art. 43, 3e ligne, lire *et* au lieu de ou, certificat de capacité *et* de moralité.
11e — 2 nivose an 12, lire 24 *décembre* 1803, au lieu de 23 janvier 1804.
12e — 25 nivose an 13, lire 15 janvier 1804 au lieu de 1803.
» — 10 brumaire an 14, lire 1er novembre 1805 au lieu de 1806.
» — 24 mars 1806, 7e ligne, lire *stipule* et non stipulent.
13e — 9 septembre 1812, 3e ligne, lire *contra* au lieu de contrat.
16e — 27 juin 1839, 3e ligne, lire *contenant* au lieu de contient.
» — 25 juin 1841, art. 13, 1re ligne, lire *titre d'office.*
26e — 10 août 1850, 3e ligne lire *mobilières* au lieu de judiciaires.
28e — loi 22 juin 1845 en note, ligne 2, ajouter : *art.* 1er.
35e — en bas du tableau sur la poste, ajouter : *voir à la table la note au mot poste.*
41e — 1re colonne, 10e ligne, 28 mai, 5 juin 1858 au lieu de 1856.
» — à la note, 6e ligne, fermer la parenthèse après notaire, et non après 1857.
» — 21 juillet 1858, 6e ligne, *qu'elles* au lieu de qu'elle.
71e — au lieu de (2), (3), (4), (5) et (6), lire (3), (4), (5), (6) et (7).
» — dernière ligne, lire 1791 au lieu de 1701.

ADDITION.

5 **Mars** 1859. **Décret** *relatif aux titres étrangers portés par des Français.*

Art. 1er. Aucun Français ne peut porter, en France, un titre conféré par un souverain étranger, sans y avoir été autorisé par un décret impérial rendu après avis du conseil du sceau des titres. (V. décret 9 janv. 1859.)

Cette autorisation n'est accordée que pour des causes graves et exceptionnelles.

Art. 2. L'impétrant est assujetti au droit de sceau qui serait perçu en France pour la collation du même titre ou du titre correspondant.

Art. 3. L'ordonnance du 31 janvier 1819 est abrogée.

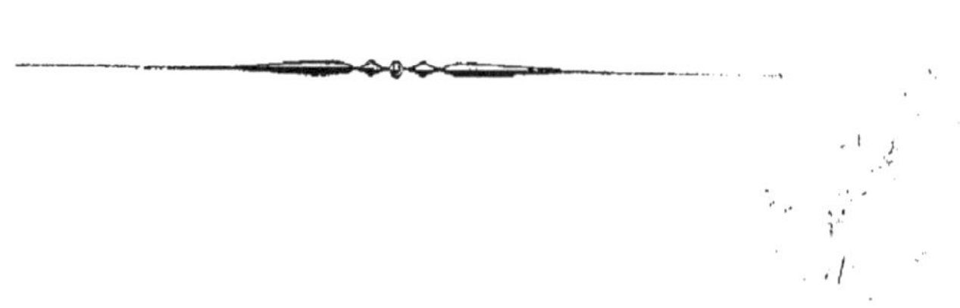

Amiens. — Imprimerie de E. YVERT, rue Sire-Firmin-Leroux, 24.

CODE-MANUEL

A L'USAGE

DES NOTAIRES

DE L'ARRONDISSEMENT D'AMIENS

Par Mᵉ DOURNEL

Notaire, Président de la Chambre

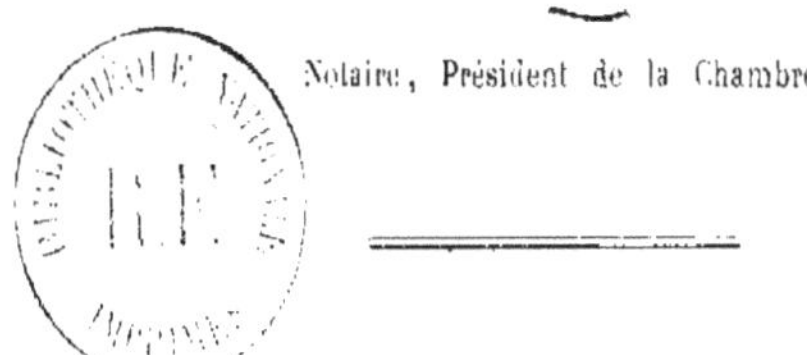

SUITE ET SUPPLÉMENT

A L'ÉDITION DE **1859**

AMIENS

IMPRIMERIE DE E. YVERT, RUE DES TROIS-CAILLOUX, 64

—

1873

PREMIERE PARTIE.

LOIS ET DÉCRETS PRINCIPAUX

Relatifs au Notariat ou intéressant les Notaires.

16 Juin 1859. — Loi sur l'extension des limites de *Paris*, qui divise la nouvelle commune de Paris en 20 arrondissements, formant autant de cantons, de justices de paix, ayant un maire, deux adjoints, etc. (Par cette loi les notaires de la banlieue sont devenus notaires de Paris.)

---

13 octobre 1859. — Décret qui autorise les *Agents de change à Paris* à s'adjoindre un ou deux *Commis principaux*, lesquels ne pourront faire aucune opération pour leur compte personnel, agiront au nom des agents, sous leur responsabilité, et ne pourront *vendre* ni *céder leurs fonctions* moyennant un prix ou redevance quelconque.

---

19 Octobre 1859. — Décret autorisant les Juges de paix d'Algérie, dans les localités autres que les chefs-lieux de tribunaux civils, à *légaliser la signature des Notaires* et des officiers de l'état-civil de leurs cantons respectifs.

---

16 Novembre 1859. — Décret qui répartit en trois bureaux le service de la conservation des hypothèques du département de la Seine, par suite de l'agrandissement de Paris.

---

28 Juillet 1860. — Loi relative à la mise en valeur des *marais* et des terres incultes appartenant aux *communes*.

---

2 Août 1860. — Décret relatif aux *traitements de la légion d'honneur et de la médaille militaire*.

Art. 3. Les certificats de vie nécessaires pour toucher lesdits traitements devront, lors que le titulaire n'appartiendra plus aux armées de terre et de mer, être délivrés par les *Notaires*.

La rétribution pour la délivrance de ces certificats est fixée ainsi :

Pour chaque semestre à percevoir :

de 600 fr. et au-dessus . .	0,50
de 600 à 300	0,35
de 300 à 100	0,25
de 100 à 50	0,20
au-dessous de 50 fr.	» »»

---

25 Août 1860. — Décret appliquant en Savoie et à Nice les lois civiles, commerciales et de procédure civile qui régissent la France.

---

1 Décembre 1860. — Décrets sur l'*organisation du notariat* dans le ressort de la Cour d'appel de Chambéry, pour les départements de la Savoie et de la Haute-Savoie, et dans le ressort du tribunal de première instance de Nice.

---

13 Avril 1861. — Décret sur la *décentralisation administrative*, modifiant celui du 25 mars 1852.

---

2 Mai 1861. — Loi relative à la *légalisation par les juges de paix des signatures des Notaires*.

Art. 1. Les juges de paix qui ne siégent pas au chef-lieu du ressort d'un tribunal de première instance sont autorisés à légaliser, concurremment avec le président du tribunal, les signatures des notaires qui résident dans leur canton (L. 25 Ventôse an XI, art. 28), et celles des officiers de l'état-civil des communes qui en dépendent. (Art. 45, Code civil).

2. Les notaires et officiers de l'état-civil déposeront leurs signatures et leurs paraphes au greffe de la justice de paix où la légalisation peut être donnée.

3. Il est alloué aux greffiers de justice de paix une rétribution de 0,25 c. par chaque légalisation. Néanmoins cette rétribution ne sera pas exigée, si l'acte, la copie ou l'extrait sont dispensés de timbre.

---

12 Juin 1861. — Loi relative à la *caisse des retraites* pour la vieillesse. (Modifiée par la loi du 4 mai 1864 qui autorise un maximum de rente de 1,500 fr.)

---

3 Juillet 1861. — Loi sur les ventes publiques de marchandises en gros.

Art. 1er. Les tribunaux de commerce peuvent, après décès ou cessation de commerce, et dans tous les autres cas de nécessité dont l'appréciation leur est soumise, autoriser la vente aux enchères en gros de marchandises de toute espèce et de toute provenance.

2. Les ventes (ainsi) autorisées et toutes celles qui sont autorisées ou ordonnées par la justice consulaire dans les divers cas prévus par le Code de commerce, sont faites par le *ministère des courtiers*.

Néanmoins, il appartient toujours au tribunal, ou au juge qui autorise ou ordonne la vente, de désigner, pour y procéder, une *autre classe d'officiers publics* ; dans ce cas, l'officier public, quel qu'il soit, est soumis aux dispositions qui régissent les courtiers, relativement aux formes, aux tarifs et à la responsabilité.

3. Les dispositions des cinq articles 2 à 7 inclus, de la loi du 28 mai 1858, sur les ventes publiques, sont applicables aux ventes autorisées ou ordonnées comme il est dit dans les deux articles qui précèdent.

Nota. — Un Décret du 6 juin 1863 décide que les annonces, affiches et procès-verbal de vente, énonceront la décision judiciaire qui a autorisé la vente, et que le minimum de la valeur des lots est fixé à 100 fr., sauf au juge à l'abaisser.

27 Juillet 1861. — Décret portant règlement de la caisse de retraite pour la vieillesse.

Art. 28. Les certificats de vie à produire, soit pour l'inscription des rentes viagères de la vieillesse, soit pour le paiement des arrérages, sont exemptés des droits de timbre et peuvent être délivrés soit par les *notaires*, soit par le maire de la résidence du rentier.

---

4 Février 1862. — Décret relatif au transfert d'inscriptions de rentes sur l'État.

Art. unique. Les transferts d'inscriptions de rentes directes ou départementales pourront s'opérer, tant à Paris que dans les départements, sur la production de *procurations sous signature privée*, légalisées par les maires, et qui seront soumises, quant au droit d'enregistrement, au *minimum du droit déterminé par la loi*. Elles ne seront point assujetties à la formalité du dépôt.

---

12 Février 1862. — Loi sur la conversion facultative des rentes 4 1/2 0/0, 4 0/0 et des obligations trentenaires en rentes 3 0/0 qui prescrit le visa pour timbre et l'enregistrement gratuit des titres et expéditions à produire.

---

13 Février 1862. — Décret relatif à *l'acceptation des dons et legs faits aux fabriques des églises*.

Art. 1er. L'acceptation des dons et legs faits aux fabriques des églises sera désormais autorisée par les préfets, sur l'avis préalable des évêques, lorsque ces libéralités n'excéderont pas la valeur de 1,000 fr., qu'elles ne donneront lieu à aucune réclamation et ne seront grevées d'autres charges que l'acquit de fondations pieuses dans les églises paroissiales, et de dispositions auprès des communes, des hospices des pauvres ou des bureaux de bienfaisance.

2. L'autorisation ne sera accordée qu'après l'approbation provisoire de l'évêque diocésain, s'il y a charge de services religieux.

---

3 Mai 1862. — Loi modifiant les *délais en matière civile et commerciale*. (Art. 160, 169, 373, 375 et 645, C. com.)

---

2 Juin 1862. — Loi concernant *les délais (deux mois) des pourvois* devant la Cour de cassation en matière civile.

---

22 Juin 1862. — Décret qui soumet les recouvrements de créances ou des successions opérées, pour le compte des particuliers, par les soins des chancelleries diplomatiques et consulaires, à une taxe proportionnelle de 2 0/0 sur le montant des sommes recouvrées.

---

2 Juillet 1862. — Loi imposant un nouveau décime, fixant les droits de timbre sur le papier, à raison de la dimension, à 0,50, 1 fr., 1,50 et 2 fr., et édictant une *amende de 50 fr.* pour chaque acte ou écrit sous signature privée, sujet au timbre et fait sur papier non timbré.

---

2 Juillet 1862. — Loi de finances sur le *remploi en rentes sur l'État*.

Art. 46. Les sommes dont le placement ou le remploi en immeubles est prescrit ou autorisé par la loi, par un jugement, par un contrat ou par une disposition à titre gratuit entre vifs ou testamentaire, peuvent être employés en rentes trois pour cent de la dette française, à moins de clause contraire.

Dans ce cas et sur la réquisition des parties, l'immatricule de ces rentes au grand livre de la dette publique en indique l'affectation spéciale.

1er Octobre 1862. — Décret concernant les *agents de change* et qui les *autorise à présenter des successeurs* agréés préalablement par la chambre syndicale et réunissant certaines conditions prescrites.

---

2 Juillet 1862. — Loi modifiant les art. 74, 75 et 90 du Code de commerce.

---

6 et 23 Mai 1863. — Lois modifiant les articles 27 et 28, et le titre 6 du Code de commerce sur le *gage*, art. 93.

---

13 Mai 1863. — Loi de finances qui soumet à un droit de timbre les titres de rentes, emprunts et autres effets publics des gouvernements étrangers.

---

23 Mai 1863. — Loi sur les sociétés à responsabilité limitée (Abrogée par l'art. 47, loi du 24 juillet 1867.

---

30 Juillet 1863. — Décret concernant les *legs au profit des communes, des pauvres, etc.*

Art. unique. Tout *notaire*, dépositaire d'un testament contenant un ou plusieurs legs au profit des communes, des pauvres, des établissements publics ou d'utilité publique, des associations religieuses et des titulaires énumérés dans l'art. 3 de l'ordonnance du 2 avril 1817, devra transmettre au *préfet* du département, sans délai, après l'ouverture du testament, un état sommaire de l'ensemble des dispositions de cette nature insérées au testament, indépendamment de l'avis qu'il est tenu de donner aux légataires, en exécution de l'art. 5 de l'ordonnance précitée.

---

19 Mars 1864. Loi sur la réhabilitation des officiers ministériels destitués (applicable aux colonies par décret du 18 nov. 1869).

Art. 1. Les *notaires*, les greffiers et les officiers ministériels destitués peuvent être relevés des déchéances et incapacités résultant de leur destitution.

2. Toutes les dispositions du code d'instruction criminelle relatives à la réhabilitation des condamnés à une peine correctionnelle sont déclarés applicables aux demandes formées en vertu de l'art. 1.

Le délai de trois ans fixés par le dernier paragraphe de l'art. 620 du Code d'instruction criminelle court du jour de la cessation des fonctions.

---

14 juin 1864. — Décret portant *organisation du notariat* à la Martinique et à la Guadeloupe.

---

18 juin 1864. — Décret autorisant les propriétaires de rentes 3 0/0 à avoir des titres nominatifs munis de feuilles de coupons au porteur.

---

28 Avril 1865. — Décret qui établit une *Faculté de droit à Douai*

---

14 juin 1865. — Loi concernant les *chèques*.

Art. 1. Le chèque est l'écrit qui sous la forme d'un mandat de paiement, sert au tireur à effectuer le retrait, à son profit ou au profit d'un tiers, de tout ou partie de fonds portés au crédit de son compte chez le tiré et disponibles.

Il est signé par le tireur et porte la date du jour où il est tiré.

Il ne peut être tiré qu'à vue.

Il peut être souscrit au porteur ou au profit d'une personne dénommée.

Il peut être souscrit à ordre et transmis même par voie d'endossement en blanc.

2. Le chèque ne peut être tiré que sur un tiers ayant provision préalable ; il est payable à présentation.

3. Le chèque peut être tiré d'un lieu sur un autre ou sur la même place.

4. L'émission d'un chèque, même lorsqu'il est tiré d'un lieu sur un autre, ne constitue pas, par sa nature, un acte de commerce.

Toutefois, les dispositions du Code de commerce relatives à la garantie solidaire du tireur et des endosseurs, au protêt et à l'exercice de l'action en garantie, en matière de lettre de change, sont applicables aux chèques.

5. Le porteur d'un chèque doit en réclamer le paiement dans le délai de cinq jours, y compris le jour de la date, si le chèque est tiré de la place sur laquelle il est payable, et dans le délai de huit, y compris le jour de la date, s'il est tiré d'un autre lieu.

Le porteur d'un chèque qui n'en réclame pas le paiement dans les délais ci-dessus, perd son recours contre les endosseurs ; il perd aussi son recours contre le tireur, si la provision a péri par le fait du tiré, après lesdits délais.

6. Le tireur qui émet un chèque sans date ou qui le revêt d'une fausse date est passible d'une amende égale à six pour cent de la somme pour laquelle le chèque est tiré. L'émission d'un chèque sans provision préalable est passible de la même amende, sans préjudice de l'application des lois pénales s'il y a lieu.

7. Les chèques sont exempts de tout droit de timbre pendant dix ans à partir de la promulgation de la présente loi. (Abrogé par l'art. 18 de la loi du 23 août 1871, qui assujettit les chèques à un droit de timbre de 10 centimes.)

---

8 juillet 1865. — Loi de finances portant que le *timbre des quittances* de produits et revenus de toute nature, délivrées par les comptables des deniers publics est *réduit à 20 centimes*. (Porté à 25 centimes par l'art. 2 de la loi du 23 août 1871.)

---

14 juillet 1865. — Loi sur la mise en liberté provisoire, abrogeant les articles 91, 94, 113 à 126, 206 et 613 du Code d'instruction criminelle.

---

21 Novembre 1865. — Décret portant : 1. que les fonctions de receveur général et de payeur dans chaque département sont réunies et confiées à un fonctionnaire qui prendra le titre de *trésorier-payeur général* ; 2. que les trésoriers-payeurs généraux seront substitués aux droits et obligations attribués aux receveurs généraux et aux payeurs.

---

27 juin 1866. — Loi concernant les crimes, les délits et les contraventions commis à l'étranger, et modifiant les art. 5, 6, 7 et 187 du Code d'instruction criminelle.

---

14 juillet 1866. — Décret qui dispense les *communes* de l'accomplissement des formalités de la *purge des hypothèques*, pour les acquisitions d'immeubles faites de gré à gré et dont le prix n'excède pas cinq cents francs.

---

18 juillet 1866. — Loi de finances qui fixe le droit de *timbre des affiches* d'après la dimension du papier à 05, 10, 15 et 20 centimes, et rend exigible le maximum du droit quand l'affiche contient plusieurs annonces distinctes.

---

18 juillet 1866. — Décret réglant l'exercice de la profession de courtiers de marchandises et l'*indemnité à payer aux courtiers* actuellement en exercice, en compensation du droit qui leur est enlevé de présenter leur successeur, et qui leur avait été accordé par la loi 28 avril 1816, art. 91.

---

29 Juin 1867. — Loi sur la *révision des procès* criminels et correctionnels, modifiant les art. 443 à 447 du Code d'instruction criminelle.

---

29 juin 1867. — Loi relative à la *naturalisation*.

Art. 1er. Les articles 1 et 2 de la loi du 3 décembre 1849 sont remplacés par les dispositions suivantes :

1° L'étranger qui après l'âge de 21 ans accomplis, a, conformément à l'art. 13 du Code Napoléon, obtenu l'autorisation d'établir son domicile en France, et y a résidé pendant trois années, peut être admis à jouir de tous les droits de citoyens français.

Les trois années courront à partir du jour où la demande d'autorisation aura été enregistrée au ministère de la justice.

Est assimilé à la résidence en France le séjour en pays étranger pour l'exercice d'une fonction conférée par le Gouvernement français.

Il est statué sur la demande en naturalisation, après enquête sur la moralité de l'étranger, par un décret de l'Empereur rendu sur le rapport du ministre de la justice, le conseil d'Etat entendu.

2° Le délai de trois ans fixé par l'article précédent, pourra être réduit à une seule année en faveur des étrangers qui auront rendu à la France des services importants, qui auront introduit en France soit une industrie, soit des inventions utiles, qui y auront apporté des talents distingués, qui y auront formé de grands établissements ou créé de grandes exploitations agricoles.

3. L'art. 5 de la loi du 3 décembre 1849 est abrogé.

---

22 juillet 1867. — Loi relative à la *contrainte par corps* supprimée en matière commerciale, civile et contre les étrangers, maintenue en matière criminelle, correctionnelle et de simple police. (V. loi du 19 déc. 1871.)

---

24 juillet 1867. — Loi sur les *Sociétés en commandite* par actions, *Sociétés anonymes*, à capital variable, tontines et Sociétés d'assurances.

TITRE I. — *Des sociétés en commandite par actions.*

Art. 1. — Les sociétés en commandite ne peuvent diviser leur capital en actions ou coupons d'actions de moins de 100 francs, lorsque ce capital n'excède pas deux cent mille francs, et de moins de cinq cents francs, lorsqu'il est supérieur. — Elles ne peuvent être définitivement constituées qu'après la souscription de la totalité du capital social, et le versement, par chaque actionnaire, du quart au moins du montant des actions par lui souscrites. — Cette souscription et ces versements sont constatés par une déclaration du gérant dans un *acte notarié*. — A cette déclaration sont annexés la liste des souscripteurs, l'état des versements effectués, l'un des doubles de l'acte de société, s'il est sous seing privé, et une expédition, s'il est *notarié* et s'il a été passé devant un *notaire* autre que celui qui a reçu la déclaration. — L'acte sous seing privé, quel que soit le nombre des associés, sera fait en double original, dont l'un sera annexé, comme il est dit au paragraphe qui précède, à la déclaration de souscription du capital et de versement du quart, et l'autre restera déposé au siége social.

2. Les actions ou coupons d'actions sont négociables après le versement du quart.

3. Il peut être stipulé, mais seulement par les statuts constitutifs de la société, que les actions ou coupons d'actions pourront, après avoir été libérés de moitié, être convertis en actions au porteur par délibération de l'assemblée générale. — Soit que les actions restent nominatives après cette délibération, soit qu'elles aient été converties en actions au porteur, les souscripteurs primitifs qui ont aliéné les actions et ceux auxquels il les ont cédés avant le versement de moitié restent tenus au paiement du montant de leurs actions pendant un délai de deux ans, à partir de la délibération de l'assemblée générale.

4. Lorsqu'un associé fait un apport qui ne consiste pas en numéraire, ou stipule à son profit des avantages particuliers, la première assemblée générale fait apprécier la valeur de l'apport ou la cause des avantages stipulés. — La société n'est définitivement constituée qu'après l'approbation de l'apport ou des avantages, donnée par une autre assemblée générale, après une nouvelle convocation. — La seconde assemblée générale ne pourra statuer sur l'approbation de l'apport ou des avantages qu'après un rapport qui sera imprimé et tenu à la disposition des actionnaires, cinq jours au moins avant la réunion de cette assemblée. — Les délibérations sont prises par la majorité des actionnaires présents. Cette majorité doit comprendre le quart des actionnaires et représenter le quart du capital social en numéraire. — Les associés qui ont fait l'apport ou stipulé des avantages particuliers soumis à l'appréciation de l'assemblée n'ont pas voix délibérative. — A défaut d'approbation, la société reste sans effet à l'égard de toutes les parties. — L'approbation ne fait pas obstacle à l'exercice ultérieur de l'action qui peut être intentée pour cause de dol ou de fraude. — Les dispositions du présent article, relatives à la vérification de l'apport qui ne consiste pas en numéraire, ne sont pas applicables au cas où la société à laquelle est fait ledit apport est formée entre ceux seulement qui en étaient propriétaires par indivis.

5. Un conseil de surveillance, composé de trois actionnaires au moins, est établi dans chaque société en commandite par actions. — Ce conseil est nommé par l'assemblée générale des actionnaires immédiatement après la constitution définitive de la société et avant toute opération sociale. — Il est soumis à la réélection aux époques et suivant les conditions déterminées par les statuts. — Toutefois, le premier conseil n'est nommé que pour une année.

6. Ce premier conseil doit, immédiatement après sa nomination, vérifier si toutes les dispositions contenues dans les articles qui précèdent ont été observées.

7. Est nulle et de nul effet à l'égard des intéressés toute société en commandite par actions constituée contrairement aux prescriptions des articles 1, 2, 3, 4 et 5 de la présente loi. — Cette nullité ne peut être opposée aux tiers par les associés.

8. Lorsque la société est annulée, aux termes de l'article précédent, les membres du premier conseil de surveillance peuvent être déclarés responsables, avec le gérant, du dommage résultant, pour la société ou pour les tiers, de l'annulation de la société. — La même responsabilité peut être prononcée contre ceux des associés dont les apports ou les avantages n'auraient pas été vérifiés et approuvés conformément à l'article 4 ci-dessus.

9. Les membres du conseil de surveillance n'encourent aucune responsabilité en raison des actes de la gestion et de leurs résultats. — Chaque membre du conseil de surveillance est responsable de ses fautes personnelles, dans l'exécution de son mandat, conformément aux règles du droit commun.

10. Les membres du conseil de surveillance vérifient les livres, la caisse, le portefeuille et les valeurs de la société. — Il font, chaque année, à l'assemblée générale, un rapport dans lequel il doivent signaler les irrégularités et inexactitudes qu'ils ont reconnues dans les inventaires, et constater, s'il y a lieu, les motifs qui s'opposent aux distributions des dividendes proposés par le gérant. — Aucune répétition de dividendes ne peut être exercée contre les actionnaires, si ce n'est dans le cas où la distribution en aura été faite en l'absence de tout inventaire ou en dehors des résultats constatés par l'inventaire. — L'action en répétition, dans le cas où elle est ouverte, se prescrit par cinq ans, à partir du jour fixé pour la distribution des dividendes. — Les prescriptions commencées à l'époque de la promulgation de la présente loi, et pour lesquelles il faudrait encore, suivant les lois anciennes, plus de cinq ans, à partir de la même époque, seront accomplies par ce laps de temps.

11. Le conseil de surveillance peut convoquer l'assemblée générale et, conformément à son avis, provoquer la dissolution de la société.

12. Quinze jours au moins avant la réunion de l'assemblée générale, tout actionnaire peut prendre par lui ou par un fondé de pouvoir, au siége social, communication du bilan, des inventaires et du rapport du conseil de surveillance.

13. L'émission d'actions ou de coupons d'actions d'une société constituée contrairement aux prescriptions des art. 1, 2 et 3 de la présente loi, est punie d'une amende de cinq cents à dix mille francs. — Sont punis de la même peine : — Le gérant qui commence les opérations sociales avant l'entrée en fonctions du conseil de surveillance ; — Ceux qui, en se présentant comme propriétaires d'actions ou de coupons d'actions qui ne leur appartiennent pas, ont créé frauduleusement une majorité factice dans une assemblée générale, sans préjudice de tous dommages-intérêts, s'il y a lieu, envers la société ou envers les tiers ; — Ceux qui ont remis les actions pour en faire l'usage frauduleux. — Dans les cas prévus

par les deux paragraphes précédents, la peine de l'emprisonnement de quinze jours à six mois peut, en outre, être prononcée.

14. La négociation d'actions ou de coupons d'actions dont la valeur ou la forme serait contraire aux dispositions des art. 1, 2 et 3 de la présente loi, ou pour lesquels le versement du quart n'aurait pas été effectué conformément à l'art. 2 ci-dessus, est punie d'une amende de cinq cents à dix mille francs. — Sont punies de la même peine toute participation à ces négociations et toute publication de la valeur desdites actions.

15. Sont punis des peines portées par l'art. 405 du C. pén., sans préjudice de l'application de cet article à tous les faits constitutifs du délit d'escroquerie : — 1° ceux qui, par simulation de souscriptions ou de versements ou par publication, faite de mauvaise foi, de souscriptions ou de versements qui n'existent pas, ou de tous autres faits faux, ont obtenu ou tenté d'obtenir des souscriptions ou des versements ; — 2° ceux qui, pour provoquer des souscriptions ou des versements, ont, de mauvaise foi, publié les noms de personnes désignées, contrairement à la vérité, comme étant ou devant être attachées à la société à un titre quelconque ;— 3° les gérants qui, en l'absence d'inventaires ou au moyen d'inventaires frauduleux, ont opéré entre les actionnaires la répartition de dividendes fictifs. — Les membres du conseil de surveillance ne sont pas civilement responsables des délits commis par le gérant.

16. L'art. 463 du C. pén. est applicable aux faits prévus par les trois articles qui précèdent.

17. Des actionnaires représentant le vingtième au moins du capital social peuvent, dans un intérêt commun, charger à leurs frais un ou plusieurs mandataires de soutenir, tant en demandant qu'en défendant, une action contre les gérants ou contre les membres du conseil de surveillance, et de les représenter, en ce cas, en justice, sans préjudice de l'action que chaque actionnaire peut intenter individuellement en son nom personnel. (V. art. 39.)

18. Les sociétés antérieures à la loi du 17 juillet 1856, et qui ne se seraient pas conformées à l'art. 15 de cette loi, seront tenues, dans un délai de six mois, de constituer un conseil de surveillance, conformément aux dispositions qui précèdent. — A défaut de constitution du conseil de surveillance dans le délai ci-dessus fixé, chaque actionnaire a le droit de faire prononcer la dissolution de la société.

19. Les sociétés en commandite par actions antérieures à la présente loi, dont les statuts permettent la transformation en société anonyme autorisée par le gouvernement, pourront se convertir en société anonyme dans les termes déterminés par le titre 2 de la présente loi, en se conformant aux conditions stipulées dans les statuts pour la transformation.

20. Est abrogée la loi du 17 juillet 1856.

TITRE II. — *Des sociétés anonymes.*

21. A l'avenir, les sociétés anonymes pourront se former sans l'autorisation du gouvernement.— Elles pourront, quel que soit le nombre des associés, être formées par un acte sous seing privé fait en double original. — Elle seront soumises aux dispositions des art. 29, 30, 32, 33, 34 et 36 du C. de commerce et aux dispositions contenues dans le présent titre.

22. Les sociétés anonymes sont administrées par un ou plusieurs mandataires à temps, révocables, salariés ou gratuits, pris parmi les associés. — Ces mandataires peuvent choisir parmi eux un directeur, ou, si les statuts le permettent, se substituer un mandataire étranger à la société et dont ils sont responsables envers elle.

23. La société ne peut être constituée si le nombre des associés est inférieur à sept.

24. Les dispositions des articles 1, 2, 3 et 4 de la présente loi sont applicables aux sociétés anonymes. — La déclaration imposée aux gérants par l'art. 1er est faite par les fondateurs de la société anonyme ; elle est soumise, avec les pièces à l'appui, à la première assemblée générale, qui en vérifie la sincérité.

25. Une assemblée générale est, dans tous les cas, convoquée, à la diligence des fondateurs, postérieurement à l'acte qui constate la souscription du capital social et le versement du quart du capital, qui consiste en numéraire. Cette assemblée nomme les premiers administrateurs ; elle nomme également, pour la première année, les commissaires institués par l'art. 32 ci-après. — Ces administrateurs ne peuvent être nommés pour plus de six ans : ils sont rééligibles, sauf stipulation contraire. — Toutefois, ils peuvent être désignés par les statuts, avec stipulation formelle que leur nomination ne sera point soumise à l'approbation de l'assemblééé générale. En ce cas, ils ne peuvent être nommés pour plus de trois ans. — Le procès-verbal de la séance constate l'acceptation des administrateurs et des commissaires présents à la réunion. — La société est constituée à partir de cette acceptation.

26. Les administrateurs doivent être propriétaires d'un nombre d'actions déterminé par les statuts. — Ces actions sont affectées en totalité à la garantie de tous les actes de la gestion, même de ceux qui seraient exclusivement personnels à l'un des administrateurs. — Elles sont nominatives, inaliénables, frappées d'un timbre indiquant l'inaliénabilité et déposées dans la caisse sociale.

27. Il est tenu, chaque année au moins, une assemblée générale à l'époque fixée par les statuts. Les statuts déterminent le nombre d'actions qu'il est nécessaire de posséder, soit à titre de propriétaire, soit à titre de mandataire, pour être admis dans l'assemblée, et le nombre de voix appartenant à chaque actionnaire, eu égard au nombre d'actions dont il est porteur. — Néanmoins, dans les assemblées générales, appelées à vérifier les apports, à nommer les premiers administrateurs et à vérifier la sincérité de la déclaration des fondateurs de la société, prescrite par le deuxième paragraphe de l'art. 24, tout actionnaire, quel que soit le nombre des actions dont il est porteur, peut prendre part aux délibérations avec le nombre de voix déterminé par les statuts, sans qu'il puisse être supérieur à dix.

28. Dans toutes les assemblées générales, les délibérations sont prises à la majorité des voix. — Il est tenu une feuille de présence ; elle contient les noms et domicile des actionnaires et le nombre d'actions dont chacun

d'eux est porteur. — Cette feuille, certifiée par le bureau de l'assemblée, est déposée au siége social et doit être communiquée à tout requérant.

29. Les assemblées générales qui ont à délibérer dans des cas autres que ceux qui sont prévus par les deux articles qui suivent, doivent être composées d'un nombre d'actionnaires représentant le quart au moins du capital social. — Si l'assemblée générale ne réunit pas ce nombre, une nouvelle assemblée est convoquée dans les formes et avec les délais prescrits par les statuts et elle délibère valablement, quelle que soit la portion du capital représenté par les actionnaires présents.

30. Les assemblées qui ont à délibérer sur la vérification des apports, sur la nomination des premiers administrateurs, la sincérité de la déclaration faite par les fondateurs aux termes du § 2, de l'art. 24, doivent être composées d'un nombre d'actionnaires représentant la moitié au moins du capital social. — Le capital social, dont la moitié doit être présentée pour la vérification de l'apport, se compose seulement des apports non soumis à vérification. — Si l'assemblée générale ne réunit pas un nombre d'actionnaires représentant la moitié du capital social, elle ne peut prendre qu'une délibération provisoire. Dans ce cas, une nouvelle assemblée générale est convoquée. Deux avis, publiés à huit jours d'intervalle, un mois à l'avance, dans l'un des journaux désignés pour recevoir les annonces légales, font connaître aux actionnaires les résolutions provisoires adoptées par la première assemblée, et ces résolutions deviennent définitives si elles sont approuvées par la nouvelle assemblée, composée d'un nombre d'actionnaires représentant le cinquième au moins du capital social.

31. Les assemblées qui ont à délibérer sur des modifications aux statuts ou sur des propositions de continuation de la société au-delà du terme fixé pour sa durée, ou de dissolution avant ce terme, ne sont régulièrement constituées et ne délibèrent valablement qu'autant qu'elles sont composées d'un nombre d'actionnaires représentant la moitié au moins du capital social.

32. L'assemblée générale annuelle désigne un ou plusieurs commissaires, associés ou non, chargés de faire un rapport à l'assemblée générale de l'année suivante sur la situation de la société, sur le bilan ou sur les comptes présentés par les administrateurs. — La délibération contenant approbation du bilan et des comptes est nulle, si elle n'a été précédée du rapport des commissaires. — A défaut de nomination des commissaires par l'assemblée générale, ou en cas d'empêchement ou de refus d'un ou de plusieurs des commissaires nommés, il est procédé à leur nomination ou à leur remplacement par ordonnance du président du tribunal de commerce du siége de la société, à la requête de tout intéressé, les administrateurs dûment appelés.

33. Pendant le trimestre qui précède l'époque fixée par les statuts pour la réunion de l'assemblée générale, les commissaires ont droit, toutes les fois qu'ils le jugent convenable, dans l'intérêt social, de prendre communication des livres et d'examiner les opérations de la société. — Ils peuvent toujours, en cas d'urgence, convoquer l'assemblée générale.

34. Toute société anonyme doit dresser, chaque semestre, un état sommaire de sa situation active et passive. — Cet état est mis à la disposition des commissaires. — Il est, en outre, établi chaque année, conformément à l'art. 9 du Code de commerce, un inventaire contenant l'indication des valeurs mobilières et immobilières et de toutes les dettes actives et passives de la société. — L'inventaire, le bilan et le compte des profits et pertes sont mis à la disposition des commissaires le quarantième jour, au plus tard, avant l'assemblée générale. Ils sont présentés à cette assemblée.

35. Quinze jours au moins avant la réunion de l'assemblée générale, tout actionnaire peut prendre, au siége social, communication de l'inventaire et de la liste des actionnaires, et se faire délivrer copie du bilan, résumant l'inventaire, et du rapport des commissaires.

36. Il est fait annuellement, sur les bénéfices nets, un prélèvement d'un vingtième au moins, affecté à la formation d'un fonds de réserve. — Ce prélèvement cesse d'être obligatoire lorsque le fonds de réserve a atteint le dixième du capital.

37. En cas de perte des trois quarts du capital social, les administrateurs sont tenus de provoquer la réunion de l'assemblée générale de tous les actionnaires, à l'effet de statuer sur la question de savoir s'il y a lieu de prononcer la dissolution de la société. — La résolution de l'assemblée est, dans tous les cas, rendue publique. — A défaut par les administrateurs de réunir l'assemblée générale, comme dans le cas où cette assemblée n'aurait pu se constituer régulièrement, tout intéressé peut demander la dissolution de la société devant les tribunaux.

38. La dissolution peut être prononcée sur la demande de toute partie intéressée, lorsqu'un an s'est écoulé depuis l'époque où le nombre des associés est réduit à moins de sept.

39. L'art. 17 est applicable aux sociétés anonymes.

40. Il est interdit aux administrateurs de prendre ou de conserver un intérêt direct ou indirect dans une entreprise ou dans un marché fait avec la société ou pour son compte, à moins qu'ils n'y soient autorisés par l'assemblée générale. — Il est, chaque année, rendu à l'assemblée générale un compte spécial de l'exécution des marchés ou entreprises par elle autorisés, aux termes du paragraphe précédent.

41. Est nulle et de nul effet à l'égard des intéressés toute société anonyme pour laquelle n'ont pas été observées les dispositions des art. 22, 23, 24 et 25 ci-dessus.

42. Lorsque la nullité de la société ou des actes et délibérations a été prononcée aux termes de l'article précédent, les fondateurs auxquels la nullité est imputable et les administrateurs en fonctions au moment où elle a été encourue, sont responsables solidairement envers les tiers, sans préjudice des droits des actionnaires. — La même responsabilité solidaire peut être prononcée contre ceux des associés dont les apports ou les avantages n'auraient pas été vérifiés et approuvés conformément à l'article 24.

43. L'étendue et les effets de la responsabilité des commissaires envers la société sont déterminés d'après les règles générales du mandat.

44. Les administrateurs sont responsables, conformément aux règles du droit commun, individuellement ou solidairement suivant les cas, envers la société ou envers les tiers, soit des infractions aux dispositions de la présente loi, soit des fautes qu'ils auraient commises dans leur gestion, notamment en distribuant ou en laissant distribuer sans opposition des dividendes fictifs.

45. Les dispositions des articles 13, 14, 15 et 16 de la présente loi sont applicables en matière de sociétés anonymes, sans distinction entre celles qui sont actuellement existantes et celles qui se constitueront sous l'empire de la présente loi. Les administrateurs qui, en l'absence d'inventaire ou au moyen d'inventaires frauduleux, auront opéré des dividendes fictifs, seront punis de la peine qui est prononcée dans ce cas par le n° 3 de l'art. 15 contre les gérants des sociétés en commandite. — Sont également applicables en matière de sociétés anonymes les dispositions des trois derniers paragraphes de l'art. 10.

46. Les sociétés anonymes actuellement existantes continueront à être soumises, pendant toute leur durée, aux dispositions qui les régissent. — Elles pourront se transformer en sociétés anonymes dans les termes de la présente loi, en obtenant l'autorisation du gouvernement et en observant les formes prescrites pour la modification de leurs statuts.

47. Les sociétés à responsabilité limitée pourront se convertir en sociétés anonymes dans les termes de la présente loi, en se conformant aux conditions stipulées pour la modification de leurs statuts. — Sont abrogés les art. 31, 37 et 40 du Code de commerce et la loi du 23 mai 1863 sur les sociétés à responsabilité limitée.

TITRE III. — *Dispositions particulières aux sociétés à capital variable.*

48. Il peut être stipulé, dans les statuts de toute société, que le capital social sera susceptible d'augmentation par des versements successifs faits par les associés ou l'admission d'associés nouveaux, et de diminution par la reprise totale ou partielle des apports effectués. — Les sociétés dont les statuts contiendront la stipulation ci-dessus seront soumises, indépendamment des règles générales qui leur sont propres suivant leur forme spéciale, aux dispositions des articles suivants.

49. Le capital social ne pourra être porté par les statuts constitutifs de la société au-dessus de la somme de deux cent mille francs. — Il pourra être augmenté par des délibérations de l'assemblée générale, prises d'année en année; chacune des augmentations ne pourra être supérieure à deux cent mille francs.

50. Les actions ou coupons d'actions seront nominatifs, même après leur entière libération; ils ne pourront être inférieurs à cinquante francs. — Ils ne seront négociables qu'après la constitution définitive de la société. — La négociation ne pourra avoir lieu que par voie de transfert sur les registres de la société, et les statuts pourront donner soit au conseil d'administration, soit à l'assemblée générale, le droit de s'opposer au transfert.

51. Les statuts détermineront une somme au-dessous de laquelle le capital ne pourra être réduit par les reprises des apports autorisées par l'art. 48. — Cette somme ne pourra être inférieure au dixième du capital social. — La société ne sera définitivement constituée qu'après le versement du dixième.

52. Chaque associé pourra se retirer de la société lorsqu'il le jugera convenable, à moins de conventions contraires et sauf l'application du paragraphe 1er de l'article précédent. — Il pourra être stipulé que l'assemblée générale aura le droit de décider, à la majorité fixée pour la modification des statuts, que l'un ou plusieurs des associés cesseront de faire partie de la société. — L'associé qui cessera de faire partie de la société, soit par l'effet de sa volonté, soit par suite de décision de l'assemblée générale, restera tenu, pendant cinq ans, envers les associés et envers les tiers, de toutes les obligations existant au moment de sa retraite.

53. La société, quelle que soit sa forme, sera valablement représentée en justice par ses administrateurs.

54. La société ne sera point dissoute par la mort, la retraite, l'interdiction, la faillite ou la déconfiture, de l'un des associés; elle continuera de plein droit entre les autres associés.

TITRE IV. — *Dispositions relatives à la publication des actes de société.*

55. Dans le mois de la constitution de toute société commerciale, un double de l'acte constitutif, s'il est sous seing privé, ou une expédition, s'il est *notarié*, est déposé au greffe de la justice de paix et du tribunal de commerce du lieu dans lequel est établie la société. — A l'acte constitutif des sociétés en commandite par actions et des sociétés anonymes, sont annexées : 1° une expédition de l'*acte notarié* constatant la souscription du capital social et le versement du quart; 2° une copie certifiée des délibérations prises par l'assemblée générale dans les cas prévus par les art. 4 et 24. — En outre, lorsque la société est anonyme, on doit annexer à l'acte constitutif la liste nominative, dûment certifiée, des souscripteurs, contenant les nom, prénoms, qualités, demeure et le nombre d'actions de chacun d'eux.

56. Dans le même délai d'un mois, un extrait de l'acte constitutif et des pièces annexées est publié dans l'un des journaux désigné pour recevoir les annonces légales. — Il sera justifié de l'insertion par un exemplaire du journal certifié par l'imprimeur, légalisé par le maire et enregistré dans les trois mois de sa date. — Les formalités prescrites par l'article précédent et par le présent article seront observées, à peine de nullité, à l'égard des intéressés; mais le défaut d'aucune d'elles ne pourra être opposé aux tiers par les associés.

57. L'extrait doit contenir les noms des associés autres que les actionnaires ou commanditaires; la raison de commerce ou la dénomination adoptée par la société et l'indication du siége social; la désignation des associés autorisés à gérer, administrer et signer pour la société; le montant du capital social et le montant des valeurs fournies ou à fournir par les actionnaires ou commanditaires; l'époque où la société commence, celle où elle doit finir, et la date du dépôt fait aux greffes de la justice de paix et du tribunal de commerce.

58. L'extrait doit énoncer que la société est en nom collectif ou en commandite simple, ou en commandite par actions, ou anonyme, ou à capital variable. — Si la société est anonyme, l'extrait doit énoncer le montant du capital social en numéraire et en autres objets, la quotité à prélever sur les bénéfices pour composer le fonds de réserve. — Enfin, si la société est à capital variable, l'extrait doit contenir l'indication de la somme au-dessous de laquelle le capital social ne peut être réduit.

59. Si la société a plusieurs maisons de commerce situées dans divers arrondissements, le dépôt prescrit par l'art. 55 et la publication prescrite par l'art. 56 ont lieu dans chacun des arrondissements où existent les maisons de commerce. — Dans les villes divisées en plusieurs arrondissements, le dépôt sera fait seulement au greffe de la justice de paix du principal établissement.

60. L'extrait des actes et pièces déposés est signé, pour les actes publics, par le *notaire*, et, pour les actes sous seing privé, par les associés, en nom collectif, par les gérants des sociétés en commandite ou par les administrateurs des sociétés anonymes.

61. Sont soumis aux formalités et aux pénalités prescrites par les art. 55 et 56 : — Tous actes et délibérations ayant pour objet la modification des statuts, la continuation de la société au-delà du terme fixé pour sa durée, la dissolution avant ce terme et le mode de liquidation, tout changement ou retraite d'associés et tout changement à la raison sociale. — Sont également soumises aux dispositions des art. 55 et 56 les délibérations prises dans les cas prévus par les art. 19, 37, 46, 47 et 49 ci-dessus.

62. Ne sont pas assujettis aux formalités de dépôt et de publication les actes constatant les augmentations ou les diminutions du capital social opérées dans les termes de l'art. 48, ou les retraites d'associés, autres que les gérants ou les administrateurs, qui auraient lieu conformément à l'art. 52.

63. Lorsqu'il s'agit d'une société en commandite par actions ou d'une société anonyme, toute personne a le droit de prendre communication des pièces déposées aux greffes de la justice de paix et du tribunal de commerce, ou même de s'en faire délivrer à ses frais expédition ou extrait par le greffier ou par le *notaire* détenteur de la minute. — Toute personne peut également exiger qu'il lui soit délivré au siége de la société une copie certifiée des statuts, moyennant paiement d'une somme qui ne pourra excéder un franc. — Enfin, les pièces déposées doivent être affichées d'une manière apparente dans les bureaux de la société.

64. Dans tous les actes, factures, annonces, publications et autres documents *imprimés* ou *autographiés*, émanés des sociétés anonymes ou des sociétés en commandite par actions, la dénomination sociale doit toujours être précédée ou suivie immédiatement de ces mots, écrits lisiblement en toutes lettres : *société anonyme*, ou *société en commandite par actions*, et de l'énonciation du montant du capital social. — Si la société a usé de la faculté accordée par l'art. 48, cette circonstance doit être mentionnée par l'addition de ces mots : *à capital variable*. — Toute contravention aux dispositions qui précèdent est punie d'une amende de cinquante francs à mille francs.

65. Sont abrogées les dispositions des art. 32, 43, 44, 45 et 46 du C. de comm.

TITRE V. — *Des tontines et des sociétés d'assurances.*

66. Les associations de la nature des tontines, et les sociétés d'assurances sur la vie, mutuelles ou à primes, restent soumises à l'autorisation et à la surveillance du gouvernement. — Les autres sociétés d'assurances pourront se former sans autorisation. Un règlement d'administration publique déterminera les conditions sous lesquelles elles pourront être constituées.

67. Les sociétés d'assurances désignées dans le paragraphe 2 de l'article précédent, qui existent actuellement, pourront se placer sous le régime qui sera établi par le règlement d'administration publique, sans l'autorisation du gouvernement, en observant les formes et les conditions prescrites pour la modification de leurs statuts.

---

22 janvier 1868. — Décret portant règlement d'administration publique pour la constitution des sociétés d'assurances à primes et mutuelles, leur administration, la formation de l'engagement social, les charges sociales, les déclarations, estimations et paiement des sinistres, enfin les dispositions relatives à la publication des actes de société (lesquelles intéressant particulièrement les notaires seront seules reproduites ici.)

Art. 38. Dans le mois de la constitution de toute société d'assurances mutuelles, une *expédition de l'acte notarié* et de ses annexes est déposée au greffe de la justice de paix, et, s'il en existe, du tribunal civil du lieu où est établie la société.

A cette expédition est annexée une copie certifiée des délibérations prises par l'assemblée générale dans les cas prévus par l'art. 12.

39. Dans le même délai d'un mois, un extrait de l'acte constitutif et des pièces annexées est publié dans l'un des journaux désignés pour recevoir les annonces légales. Il sera justifié de l'insertion par un exemplaire du journal certifié par l'imprimeur, légalisé par le maire et enregistré dans les trois mois de sa date.

40. L'extrait doit contenir la dénomination adoptée par la société et l'indication du siége social, la désignation des personnes autorisées à gérer, administrer et signer pour la société, le nombre d'adhérents et le minimum des valeurs assurées au-dessous desquels la société ne pouvait être valablement constituée, l'époque où la société a commencé, celle où elle doit finir, et la date du dépôt fait au greffe de la justice de paix et du tribunal de première instance. Il indique également si la société doit ou non constituer un fonds de réserve.

L'extrait des actes et pièces est signé, pour les actes publics par le *notaire*, et pour les actes sous seing privé par les membres du conseil d'administration.

41. Sont soumis aux formalités ci-dessus prescrites tous actes et délibérations ayant pour objet la modification des statuts, la continuation de la société, sa dissolution et tout changement à la dénomination, ainsi qu'à

la transformation de la société dans les conditions de l'art. 67, L. 24 juil. 1867.

42. Toute personne a le droit de prendre communication des pièces déposées au greffe de la justice de paix et du tribunal, ou même de s'en faire délivrer à ses frais expédition ou extrait par le greffier ou par le *notaire* détenteur de la minute.

Toute personne peut également exiger qu'il lui soit délivré, au siège de la société, une copie certifiée des statuts, moyennant paiement d'une somme qui ne pourra excéder un franc.

Enfin, les pièces déposées doivent être affichées d'une manière apparente dans les bureaux de la société.

---

24 juillet 1867. — Loi sur les *Conseils municipaux*.

---

1 Février 1868. — Loi sur le recrutement de l'armée et l'organisation de la *garde mobile*. (V. décret du 28 mai 1868.)

---

2 Août 1868. — Loi qui *abroge* purement et simplement *l'art.* 1781 du Code civil.

---

22 Septembre 1869. — Décret sur l'*organisation du notariat* en Cochinchine.

Art. 2. Les fonctions de *notaire* dans le ressort des tribunaux de la Cochinchine seront à l'avenir remplies par des officiers ministériels, nommés par le ministre de la marine et des colonies, sur la proposition du gouverneur de la Cochinchine.

Ces fonctions sont *incessibles*.

3. L'organisation du *notariat*, le nombre des charges à créer, les conditions d'âge et d'aptitude seront réglées par des arrêtés provisoirement exécutoires du gouverneur, pris en conseil et soumis à l'approbation du ministre de la marine et des colonies.

Hors du ressort des tribunaux français, les fonctions de *notaire* seront exercées par des officiers ou fonctionnaires désignés par le gouverneur.

---

27 juillet 1870. — Loi de finances modifiant les *droits d'enregistrement des échanges d'immeubles contigus* et créant des *timbres mobiles* pour les effets de commerce.

Art. 4. A partir de la promulgation de la présente loi, il ne sera perçu sur les *échanges d'immeubles ruraux* non bâtis que 20 c. par cent francs pour tout droit proportionnel d'enregistrement et de transcription, lorsqu'il sera justifié, conformément aux énonciations de l'acte : 1° que l'un des immeubles échangés est contigu aux propriétés de celui des échangistes qui reçoit; 2° que les immeubles échangés ont été acquis par les contractants, par acte enregistré depuis plus de deux ans, ou recueillis par eux à titre héréditaire; 3° que les immeubles échangés sont situés dans le même canton ou dans les cantons limitrophes; 4° que la contenance de la parcelle contigue aux propriétés de l'un des échangistes ne dépasse pas cinquante ares.

Est en outre réduit à un pour cent le droit perçu sur le montant de la *soulte* ou de la plus-value des échanges opérés conformément aux dispositions qui précèdent, lorsque ces soultes ou plus-value n'excèdent pas un quart de la valeur de la moindre part.

Dans le cas où les énonciations relatives à l'une des conditions spécifiées au paragraphe premier seraient inexactes, les droits seront dus au taux ordinaire, indépendamment d'un droit en sus.

La demande des droits devra être formée dans le délai fixé par l'art. 61, n. 1 (deux ans), de la loi du 22 frimaire, an VII.

6. Le droit de timbre auquel sont assujettis les effets de commerce créés en France pourra être acquitté par l'apposition de timbres mobiles. Pourront également être timbrés au moyen de timbres mobiles les papiers destinés à l'impression des affiches et des formules assujetties au timbre de dimension. Sont applicables à ces timbres les dispositions pénales des art. 20 et 21 de la loi du 11 juin 1859.

---

12 Août 1870. — Loi relative au cours légal des billets de la Banque de France.

---

14 Août 1870. — Loi relative aux *notaires*, officiers ministériels, etc., *appelés sous les drapeaux*.

Art. unique. Les *notaires*, les officiers ministériels, toutes autres personnes autorisées par la loi à présenter un successeur, pourront, s'ils sont appelés sous les drapeaux, se faire *suppléer* pour toute la durée de la guerre.

Ils devront faire agréer leur suppléant par le procureur impérial de l'arrondissement; celui-ci sera juge des conditions d'aptitude et de moralité.

Le suppléant d'un *notaire* pourra être désigné par les *notaires* en exercice. Dans ce cas l'interdiction prescrite par l'art. 6 de la loi du 25 ventôse an XI ne lui sera pas applicable.

Les titulaires sont responsables des faits de charge de leur suppléant et leurs cautionnements y seront affectés.

Les suppléants prêteront serment, sans frais, devant le juge de paix du canton de la résidence du titulaire.

---

26 Octobre 1870. — Décret qui facilite aux *notaires* appelés sous les drapeaux le moyen de se faire remplacer dans la gestion de leurs offices, soit par un *avocat* autorisé par le Conseil de l'Ordre, soit par un *avoué*, soit par un *huissier* en exercice.

---

4 Décembre 1870. — Décret autorisant les *greffiers* à suppléer les officiers ministériels appelés au service militaire.

---

9 Septembre 1870. — Décret relatif aux *prescriptions et péremptions en matière civile*.

Art. 1. Toutes prescriptions et péremptions en matière civile, tous les délais impartis pour attaquer ou signifier les décisions des tribunaux judiciaires ou administratifs sont suspendus pendant la durée de la guerre : 1. au profit de ceux qui résident dans un département investi ou occupé par l'ennemi, alors même que l'occupation ne s'étendrait pas à tout le département ; 2. au profit de ceux dont l'action doit être exercée dans ce même département contre des personnes qui y résident.

2. A dater de la cessation de l'occupation, un nouveau délai égal au délai ordinaire courra au profit des personnes qui se trouveront dans le cas de l'article précédent.

---

3 Octobre 1870. — Décret complétif du décret ci-dessus.

Art. 1. La suspension des prescriptions et péremptions en matière civile, pendant la durée de la guerre s'applique aux inscriptions hypothécaires, à leur renouvellement, aux transcriptions et généralement à tous les actes qui, d'après la loi, doivent être accomplis dans un délai déterminé.

2. La prorogation du délai dont il est parlé en l'art. 2 du même décret ne s'applique qu'aux différents actes de recours devant les tribunaux judiciaires ou administratifs.

Quant aux autres actes, il est accordé à dater de la cessation de la guerre, un délai égal à celui qui restait à courir au moment où elle a été déclarée.

3. Le présent décret est étendu à tous les départements de la France. Il s'applique aussi à l'Algérie et aux colonies, mais seulement pour les actes qui doivent être faits en France et réciproquement.

---

6 Septembre 1870. — Décret relatif à la formule exécutoire des arrêts, jugements, contrats et autres actes.

---

25 Septembre 1870. — Décret relatif au sceau de l'État et aux sceaux, timbres, *cachets* des cours, tribunaux, justices de paix et *notaires*.

---

29 Septembre 1870. — Décret relatif aux juges de paix et aux *notaires* des cantons du département de la Seine, ou des départements circonvoisins envahis par l'ennemi, et qui se sont retirés à Paris avec leurs minutes, lequel les autorise à exercer leurs fonctions pour tous les actes concernant les personnes domiciliées dans le ressort de leur ancienne résidence et alors à Paris.

---

30 Septembre, 9 Octobre 1870. — Décrets qui accordent un délai de trois mois, aux locataires habitant le département de la Seine, pour le paiement de leurs loyers.

---

2 novembre 1870. — Décret qui suspend les procédures de saisie immobilière et de folle enchère. (Abrogé par la loi du 22 mai 1871.)

---

5 Novembre 1870. — Décret relatif à la *promulgation des lois et décrets*.

Art. 1. Dorénavant, la promulgation des lois et décrets résultera de leur insertion au *Journal officiel de la République française*, lequel à cet égard remplacera le *Bulletin des Lois*.

Le *Bulletin des lois* continuera à être publié et l'insertion des actes non insérés au *Journal officiel* en opérera promulgation.

2. Les lois et les décrets seront obligatoires, à Paris un jour franc après la promulgation, et partout ailleurs dans l'étendue de chaque arrondissement un jour franc après que le *Journal officiel* qui les contient sera parvenu au chef-lieu de cet arrondissement. Le gouvernement par une disposition spéciale pourra ordonner l'exécution immédiate d'un décret.

3. Les préfets et sous-préfets prendront les mesures nécessaires pour que les actes législatifs soient imprimés et affichés partout où besoin sera.

4. Les tribunaux et les autorités administratives et militaires pourront, selon les circonstances, accueillir l'exception d'ignorance alléguée par les contrevenants, si la contravention a lieu dans le délai de trois jours francs, à partir de la promulgation.

27 Novembre 1870. — Décret modifiant les trois derniers paragraphes de l'art. 363 du Code pénal.

---

14 Décembre 1870. — Décret qui modifie, pendant la durée de la guerre, les formalités légales pour l'autorisation en justice des femmes mariées, l'exercice de la puissance paternelle et l'émancipation des enfants.

---

23 Décembre 1870. — Décret relatif aux publications de mariage exigées par le Code civil pendant la durée de la guerre.

---

17 Février 1871. — Résolution de l'Assemblée nationale ayant pour objet de nommer *M. Thiers* chef du pouvoir exécutif de la République française.

---

11 Avril 1871. — Loi sur les [illegible] dans le département de la Seine.

22 Avril 1871. — Loi sur les *concordats amiables* pour les cessations ou suspensions de paiements n'entraînant pas faillite, survenues du 16 juillet 1870 au 30 septembre 1871. (Effet prorogé du 30 septembre 1871 au 31 décembre 1871 par la loi du 15 septembre 1871, et du 31 décembre 1871 au 13 mars 1872, par la loi du 19 décembre 1871.)

---

12 Mai 1871. — Loi qui déclare inaliénables les propriétés publiques ou privées saisies ou soustraites à Paris depuis le 18 mars 1871.

---

26 Mai 1871. — Loi relative aux *prescriptions et péremptions en matière civile*.

Art. 1. Toutes prescriptions et péremptions en matière civile, tous délais impartis pour signifier les décisions des tribunaux judiciaires ou administratifs, suspendus pendant la durée de la guerre par le décret du 9 septembre 1870, recommenceront à courir le onzième jour après celui de la promulgation de la présente loi.

Art. 2. Toutes péremptions et forclusions en matière d'inscriptions hypothécaires et de transcriptions suspendues par la disposition générale de l'art. 1 du décret du 9 septembre 1870, et par la disposition expresse de l'art. 1 du décret du 3 octobre suivant, commenceront également à courir le onzième jour après celui de la promulgation de la présente loi.

Art. 3. A partir de la même époque, commenceront à courir :

1. De nouveaux délais égaux aux délais ordinaires pour les différents actes de recours devant les tribunaux judiciaires ou administratifs, conformément aux articles 2 desdits décrets ;

2. Un délai égal à celui qui restait à courir au jour de la suspension pour tous les autres actes faisant l'objet du deuxième paragraphe de l'art. 2 du décret du 3 oct. 1870.

Art. 4. Les dispositions ci-dessus prescrites ne seront applicables au département de la Seine que le onzième jour, après qu'un avis du ministre de la justice, inséré au *Journal officiel*, aura annoncé le rétablissement du cours de la justice dans ce département.

Il en sera de même :

1. Pour les personnes habitant le département de la Seine qui auraient à prendre des inscriptions, transcrire des actes ou signifier des exploits dans d'autres départements de la France, l'Algérie ou les colonies ;

2. Et pour celles qui, habitant en dehors du département de la Seine, auraient à faire ou signifier les mêmes actes dans ce département.

Le délai de huit jours, dans ces deux cas, sera augmenté de celui des distances, ainsi qu'il est déterminé par l'art. premier du Code civil, pour la promulgation des lois ;

3. Et pour toutes les personnes qui, par suite d'obstacles provenant de la guerre civile, auraient été dans l'impossibilité d'exercer leurs droits dans les délais fixés par les art. 1, 2 et 3 de la présente loi.

---

10 juillet 1871. — Loi relative au mode de suppléer aux actes de l'état civil du département de la Seine, détruits dans la dernière insurrection.

Art. 1. Provisoirement et jusqu'à ce que les actes de l'état civil du département de la Seine détruits par le feu durant la dernière insurrection, aient été reconstitués, l'acte de naissance dont l'art. 70 du Code civil prescrit la remise et que les futurs époux, par suite de cette destruction des registres, seraient dans l'impossibilité de reproduire, pourra être suppléé par l'attestation des père et mère, aïeuls et aïeules présents au mariage, jointe soit au bulletin délivré par les maires au moment de la déclaration de la naissance, soit à l'extrait des registres tenus par les ministres des différents cultes, soit à toute autre pièce ou document rendant vraisemblable la date de la naissance indiquée.

En cas de décès des père et mère, aïeuls et aïeules, ou si aucun d'eux n'assiste au mariage, il pourra être procédé à la célébration sur la déclaration des futurs époux quant à l'époque de leur naissance, jointe à quelqu'une des pièces mentionnées ci-dessus, rendant vraisemblable la date indiquée et certifiée par les témoins du mariage.

A défaut de toute pièce ou de tout document rendant vraisemblable la date de la naissance, il y sera suppléé par un acte de notoriété, dressé par le juge de paix soit du domicile, soit du lieu de la naissance, sur la déclaration de quatre témoins de l'un ou l'autre sexe, parents ou non parents. Cet acte de notoriété sera délivré en minute, visé pour timbre, enregistré [illegible] affranchi de toute [illegible].

2. Jusqu'à la reconstitution desdits registres, il pourra être suppléé à leurs extraits quant aux actes de décès des père et mère, aïeuls et aïeules, par la déclaration des futurs époux et des quatre témoins, selon les formes indiquées par l'avis du Conseil d'État du 4 thermidor an XIII.

3. Dans les cas prévus aux articles précédents, l'officier de l'état civil fera mention, dans l'acte de mariage, des attestations ou déclarations qu'il aura reçues et des pièces ou documents produits à l'appui.

4. Provisoirement et jusqu'à ce que les actes de l'état civil du département de la Seine aient été reconstitués, les procédures intentées aux termes de l'art. 46 du Code civil, relativement aux naissances, mariages ou décès dont la preuve aurait été détruite par les causes indiquées ci-dessus, seront dispensées des frais d'enregistrement et de timbre. Le ministère d'un avoué ne sera pas obligatoire. Dans le cas où le tribunal croirait devoir faire comparaître les parties intéressées ou des témoins, le greffier les appellera par simples lettres chargées.

---

19 juillet 1871. — Loi relative à la nullité des actes de l'état civil de Paris et dans le département de la Seine, depuis le 18 mars 1871, reçus par tous autres que les officiers publics compétents.

---

4 Août 1871. — Loi relative aux Français disparus pendant la dernière guerre.

Art. unique. Les dispositions de la loi du 13 janvier 1817 sont remises en vigueur pour constater judiciairement le sort des Français ayant appartenu aux armées de terre et de mer, à la garde nationale mobile ou mobilisée, à un corps reconnu par le ministère de la guerre, qui ont disparu depuis le 19 juillet 1870 jusqu'au traité de paix du 31 mars 1871.

Les mêmes dispositions pourront être appliquées par les tribunaux à tous autres Français qui auraient disparu dans le même temps par suite de faits de guerre.

---

10 Août 1871. — Loi relative aux *Conseils généraux* (en 91 articles).

---

23 Août 1871. — Loi qui établit des augmentations d'impôts et des impôts relatifs à l'*enregistrement* et au *timbre*.

Art. 1. Les dispositions de l'art. 14 de la loi du 2 juillet 1862, relatives à la perception d'un second décime sur les droits et produits dont le recouvrement est confié à l'administration de l'enregistrement, sont remises en vigueur.

2. Il est ajouté deux décimes au principal des droits de timbre de toute nature. (V. L. 30 mars 1872, art. 3.)

Ne sont point soumis à ces deux décimes :

1° Les effets de commerce spécifiés en l'art. 1er de la loi du 5 juin 1850, dont le tarif fixé par ledit article et par l'art. 2 de la même loi, est porté au double, ainsi que les effets tirés de l'étranger sur l'étranger, négociés, endossés, acceptés ou acquittés en France, qui sont soumis aux mêmes droits ; (V. L. 20 déc. 1872.)

2° Les récépissés de chemins de fer, les quittances de produits et revenus délivrés par les comptables de deniers publics, conformément à l'art. 4 de la loi du 8 juillet 1865, les reconnaissances de valeurs côtées, ainsi que les quittances de sommes envoyées par la poste, lesquels seront à l'avenir assujettis à un droit de timbre de vingt-cinq centimes ; (V. L. 28 fév., 25 mai et 20 déc. 1872.)

3° Les permis de chasse dont le droit, perçu au profit du Trésor, est élevé de quinze à trente francs. (Abrogé L. 20 déc. 1872, art. 21.)

3. Les dispositions de l'art. 7 de la loi du 18 mai 1850, concernant les valeurs mobilières et étrangères dépendant des successions régies par la loi française, et les transmissions entre-vifs à titre gratuit de ces mêmes valeurs au profit d'un Français, sont étendues aux créances, parts d'intérêts, obligations des villes, établissements publics, et généralement à toutes les valeurs mobilières étrangères, de quelque nature qu'elles soient.

4. Sont assujettis aux droits de mutation par décès, les fonds publics, actions, obligations, parts d'intérêts, créances, et généralement toutes les valeurs mobilières étrangères, de quelque nature qu'elles soient, dépendant de la succession d'un étranger domicilié en France, avec ou sans autorisation.

Il en sera de même des transmissions entre-vifs, à titre gratuit ou à titre onéreux, de ces mêmes valeurs, lesquelles s'opéreront en France.

5. Les actes d'ouverture de crédit sont soumis à un droit proportionnel d'enregistrement de cinquante centimes par cent francs.

La réalisation ultérieure du crédit sera assujettie aux droits fixés par les lois en vigueur, mais il sera tenu compte dans la liquidation du montant du droit payé en exécution du paragraphe premier du présent article.

Le droit d'hypothèque, fixé à un pour mille par l'art. 60 de la loi du 28 avril 1816, sera perçu lors de l'inscription des hypothèques garantissant les ouvertures du crédit.

6. Tout contrat d'assurance maritime ou contre l'incendie, ainsi que toute convention postérieure contenant prolongation de l'assurance, augmentation dans la prime ou le capital assuré, désignation d'une somme en risque ou d'une prime à payer, est soumis à une taxe obligatoire, moyennant le paiement de laquelle la formalité de l'enregistrement sera donnée gratis toutes les fois qu'elle sera requise.

La taxe est fixée ainsi qu'il suit, savoir :

1° Pour les assurances maritimes et par chaque contrat, à raison de cinquante centimes par cent francs, décimes compris, du montant des primes et accessoires de la prime.

La perception suivra les sommes de vingt francs en vingt francs sans fraction, et la moindre taxe perçue pour chaque contrat sera de vingt-cinq centimes, décimes compris.

2° Pour les assurances contre l'incendie et annuellement, à raison de huit pour cent du montant des primes ou, en cas d'assurance mutuelle, de huit pour cent des cotisations ou des contributions.

La taxe sera perçue d'après les mêmes bases sur les contrats en cours, mais seulement pour le temps restant à courir et sauf recours par les assureurs contre les assurés.

Les contrats de réassurance ne sont pas assujettis à la taxe, à moins que l'assurance primitive souscrite à l'étranger n'ait pas été soumise au droit.

7. La taxe fixée par l'article précédent sera perçue, pour le compte du Trésor, par les compagnies, sociétés et tous autres assureurs courtiers ou *notaires* qui auraient rédigé les contrats.

Les répertoires et livres dont la tenue est prescrite par les articles 38, 44, 45 et 47 de la loi du 5 juin 1850, feront mention expresse, pour chaque contrat, du montant des primes et cotisations exigibles, ainsi que de la taxe payée par les assurés, en exécution de l'art. 6 de la présente loi.

Chaque contravention à cette disposition sera passible d'une amende de dix francs.

Ces dispositions, celles de l'art. 6 et celles des lois des 5 juin 1850 et 2 juillet 1862 sont applicables aux sociétés et assureurs étrangers qui auraient un établissement ou une succursale en France.

8. Les contrats d'assurances passés à l'étranger pour des immeubles situés en France ou pour des objets ou valeurs appartenant à des Français, doivent être enregistrés avant toute publicité ou usage en France, à peine d'un droit en sus qui ne peut être inférieur à 50 francs.

Le doit est fixé ainsi qu'il suit :

Pour les assurances contre l'incendie, à raison de huit francs par cent francs du montant des primes multiplié par le nombre d'années pour lequel l'assurance a été contractée.

Pour les assurances maritimes, au taux fixé par l'art. 6 ci-dessus.

9. Les contrats d'assurances contre l'incendie passés en France pour des immeubles ou objets mobiliers situés à l'étranger, ne sont pas assujettis au paiement de la taxe ; mais il ne pourra en être fait usage en France, soit par acte public, soit en justice ou devant toute autre autorité constituée, sans qu'ils aient été préalablement enregistrés. Le droit sera perçu au taux fixé par l'article précédent, mais seulement pour les années restant à courir.

10. Un règlement d'administration publique déterminera le mode de perception et les époques de paiement de la taxe établie par l'art. 6 ci-dessus, ainsi que toutes les mesures nécessaires pour assurer l'exécution des art. 6 et 7 de la présente loi. Chaque contravention aux dispositions de ce règlement sera passible d'une amende de cinquante francs. (V. déc. 5 nov. 1871.)

11. Lorsqu'il n'existe pas de conventions écrites constatant une mutation de jouissance de biens immeubles, il y est suppléé par des déclarations détaillées et estimatives, dans les trois mois de l'entrée en jouissance.

Si la location est faite suivant l'usage des lieux, la déclaration en contiendra la mention.

Les droits d'enregistrement deviendront exigibles dans les vingt jours qui suivront l'échéance de chaque terme, et la perception en sera continuée jusqu'à ce qu'il ait été déclaré que le bail a cessé ou qu'il a été résilié.

En cas de déclaration insuffisante, il sera fait application des dispositions des art. 19 et 39 de la loi du 22 frimaire an VII.

La déclaration doit être faite par le preneur, ou, à son défaut, par le bailleur, ainsi qu'il est dit à l'art. 14 ci-après. (Abrogé par l'art. 6, L. 28 fév. 1872.)

Ne sont pas assujetties à la déclaration les locations verbales ne dépassant pas trois ans, et dont le prix annuel n'excède pas cent francs. Toutefois, si le même bailleur a consenti plusieurs locations verbales de cette catégorie, mais dont le prix cumulé excède 100 fr. annuellement, il sera tenu d'en faire la déclaration et d'acquitter personnellement et sans recours les droits d'enregistrement.

Si le prix de la location verbale est supérieur à 100 francs, sans excéder 300 francs annuellement, le bailleur sera également tenu d'en faire la déclaration et d'acquitter les droits exigibles, sauf son recours contre le preneur qui sera dispensé, dans ce cas, de la formalité de la déclaration.

Le droit sera exigible lors de l'enregistrement ou de la déclaration. Toutefois, si le bail est de plus de trois ans et si les parties le requièrent, le montant du droit pourra être fractionné en autant de paiements égaux qu'il y aura de périodes triennales dans la durée du bail. Le paiement des droits afférents à la première période sera seul acquitté lors de l'enregistrement ou de la déclaration, et celui des périodes subséquentes aura lieu dans le premier mois de l'année qui commencera chaque période.

La dernière disposition du n° 2 du paragraphe 3 de l'art. 69 de la loi du 22 frimaire an VII, relative aux baux de trois, six ou neuf années, est abrogée.

Les dispositions du présent article ne seront exécutoires qu'à partir du 1er octobre prochain.

12. Toute dissimulation dans le prix d'une vente et dans la soulte d'un échange ou d'un partage, sera punie d'une amende égale au quart de la somme dissimulée et payée solidairement par les parties, sauf à la répartir entre elles par égale part. (V. L. 28 fév. 1872, art. 8.)

13. La dissimulation peut être établie par tous les genres de preuves admises par le droit commun. Toutefois, l'administration ne peut déférer le serment décisoire, et elle ne peut user de la preuve testimoniale que pendant dix ans, à partir de l'enregistrement de l'acte.

L'exploit d'ajournement est donné, soit devant le juge du domicile de l'un des défendeurs, soit devant celui de la situation des biens au choix de l'administration. La cause est portée, suivant l'importance de la réclamation, devant la justice de paix ou devant le tribunal civil. Elle est instruite et jugée comme en matière sommaire; elle est sujette à appel, s'il y a lieu. Le ministère des avoués n'est pas obligatoire, mais les parties qui n'auraient pas constitué avoué ou qui ne seraient pas domiciliées dans le lieu où siége la justice de paix ou le tribunal seront tenues d'y faire élection de domicile, à défaut de quoi toutes significations seront valablement faites au greffe.

Le *notaire* qui reçoit un acte de vente, d'échange ou de partage est tenu de donner lecture aux parties des dispositions du présent article et de celles de l'art. 12 ci-dessus. Mention expresse de cette lecture sera faite dans l'acte, à peine d'une amende de dix francs.

14. A défaut d'enregistrement ou de déclaration dans les délais fixés par les lois des 22 frimaire an VII, 27 ventôse an IX et par l'art. 11 de la présente loi, l'ancien et le nouveau possesseur, le bailleur et le preneur, sont tenus personnellement et sans recours, nonobstant toute stipulation contraire, d'un droit en sus, lequel ne peut être inférieur à cinquante francs.

L'ancien possesseur et le bailleur peuvent s'affranchir du droit en sus qui leur est personnellement imposé, ainsi que du versement immédiat des droits simples, en déposant dans un bureau d'enregistrement l'acte constatant la mutation ou, à défaut d'actes, en faisant les déclarations prescrites par l'art. 4 de la loi du 27 ventôse an IX, et par l'art. 11 de la présente loi.

Outre les délais fixés pour l'enregistrement des actes ou déclarations, un délai d'un mois est accordé à l'ancien possesseur et au bailleur pour faire le dépôt ou les déclarations autorisées par le paragraphe qui précède.

Les dispositions du présent article ne sont pas applicables au preneur dans les cas prévus par les paragraphes 5 et 6 de l'art. 11 ci-dessus.

15. Lorsque, dans les cas prévus par la loi du 22 frimaire an VII et par l'art. 11 de la présente loi, il y a lieu à expertise, et que le prix exprimé ou la valeur déclarée n'excède pas 2,000 francs, cette expertise est faite par un seul expert nommé par toutes les parties, ou, en cas de désaccord, par le président du tribunal et sur simple requête.

16. Les tribunaux devant lesquels sont produits des actes non enregistrés doivent, soit sur les réquisitions du ministère public, soit même d'office, ordonner le dépôt au greffe de ces actes, pour être immédiatement soumis à la formalité de l'enregistrement.

Il est donné acte au ministère public de ses réquisitions.

17. Il est accordé un délai de trois mois à compter de la promulgation de la présente loi, pour faire enregistrer, sans droits en sus ni amendes, tous les actes sous signatures privées qui, en contravention aux lois sur l'enregistrement, n'auraient pas été soumis à cette formalité.

Le droit ne sera perçu pour les baux ainsi présentés à l'enregistrement que pour le temps restant à courir au jour de la promulgation de la présente loi.

Le même délai de faveur est accordé pour faire la déclaration des biens transmis soit par décès, soit entre-vifs, lorsqu'il n'existera pas de conventions écrites.

Les nouveaux possesseurs qui auraient fait des omissions ou des estimations insuffisantes dans leurs actes ou déclarations, sont admis à les réparer sans être soumis à aucune peine, pourvu qu'ils acquittent les droits simples et les frais dans le délai de trois mois.

Les dispositions du paragraphe premier du présent article sont également applicables aux contraventions, aux lois sur le timbre de dimension encourues à raison des actes sous signatures privées qui n'auraient pas été régulièrement timbrés.

Le bénéfice résultant du présent article ne peut être réclamé que pour les contraventions existant au jour de la promulgation de la présente loi.

18. A partir du 1er décembre 1871, sont soumis à un droit de timbre de dix centimes :

1° Les quittances ou acquits donnés au pied des factures et mémoires, les quittances pures et simples, reçus ou décharges de sommes, titres, valeurs ou objets, et généralement tous les titres de quelque nature qu'ils soient, signés ou non signés, qui emporteraient libération, reçu ou décharge; (V. art. 11, L. 28 fév. 1872 et art. 1, L. 30 mars 1872.)

2° Les chèques, tels qu'ils sont définis par la loi du 14 juin 1865, dont l'art. 7 est et demeure abrogé.

Le droit est dû pour chaque acte, reçu, décharge ou quittance; il peut être acquitté par l'apposition d'un timbre mobile, à l'exception toutefois du droit sur les chèques, lesquels ne peuvent être remis à celui qui doit en faire usage sans qu'ils aient été préalablement revêtus de l'empreinte du timbre à l'extraordinaire.

Le droit de timbre de dix centimes n'est applicable qu'aux actes faits sous signatures privées, et ne contenant pas de dispositions autres que celles spécifiées au présent article.

19. Une remise de deux pour cent sur le timbre est accordée, à titre de déchet, à ceux qui feront timbrer préalablement leurs formules de quittances, reçus ou décharges.

20. Sont seuls exceptés du droit du timbre de dix centimes :

1° Les acquits inscrits sur les chèques, ainsi que les lettres de change, billets à ordre et autres effets de commerce assujettis au droit proportionnel ;

Les quittances de dix francs et au-dessous, quand il ne s'agit pas d'un à-compte ou d'une quittance finale sur une plus forte somme ;

3° Les quittances énumérées en l'art. 16 de la loi du 13 brumaire an VII, à l'exception de celles relatives aux traitements et émoluments des fonctionnaires, officiers des armées de terre et de mer et employés salariés par l'Etat, les départements, les communes et tous établissements publics.

4° Les quittances délivrées par les comptables de deniers publics, celles des douanes, des contributions indirectes et des postes qui restent soumises à la législation qui leur est spéciale. (V. art. 4, L. 30 mars 1872.)

Toutes autres dispositions contraires sont abrogées.

21. Les avertissements donnés aux termes de la loi du 2 mai 1855, avant toute citation, devront être rédigés par le greffier du juge de paix, sur papier au timbre de dimension de cinquante centimes.

22. Les sociétés, compagnies, assureurs, entrepreneurs de transports et tous autres assujettis aux vérifications des agents de l'enregistrement par les lois en vigueur, sont tenus de représenter auxdits agents leurs livres, registres, titres, pièces de recette, de dépense et de comptabilité, afin qu'ils s'assurent de l'exécution des lois sur le timbre. (V. L. 30 mars 1872, art. 5.)

Tout refus de communication sera constaté par procès-verbal, et puni d'une amende de cent à mille francs.

23. Toute contravention aux dispositions de l'art. 18 sera punie d'une amende de cinquante francs. L'amende sera due par chaque acte, écrit, quittance, reçu ou décharge, pour lequel le droit de timbre n'aurait pas été acquitté.

Le droit de timbre est à la charge du débiteur : néanmoins, le créancier qui a donné quittance, reçu ou décharge en contravention aux dispositions de l'art. 18, est tenu personnellement et sans recours, nonobstant toute stipulation contraire, du montant des droits, frais et amendes.

La contravention sera suffisamment établie par la représentation des pièces non timbrées et annexées aux procès-verbaux que les employés de l'enregistrement, les officiers de police judiciaire, les agents de la force publique, les préposés des douanes, des contributions indirectes et ceux des octrois, sont autorisés à dresser, conformément aux art. 31 et 32 de la loi du 13 brumaire an VII. Il leur est attribué un quart des amendes recouvrées.

Les instances seront instruites et jugées selon les formes prescrites par l'article 76 de la loi du 28 avril 1816.

24. Un règlement d'administration publique déterminera la forme et les conditions d'emploi des timbres mobiles créés en exécution de la présente loi. Toute infraction aux dispositions de ce règlement sera punie d'une amende de vingt francs. (V. Déc. 27 nov. 1871.)

Sont applicables à ces timbres les dispositions de l'art. 21 de la loi du 11 juin 1859.

Sont considérés comme non timbrés :

1° Les actes, pièces ou écrits sur lesquels le timbre mobile aurait été apposé sans l'accomplissement des conditions prescrites par le règlement d'administration publique, ou sur lesquels aurait été apposé un timbre ayant déjà servi ;

2° Les actes, pièces ou écrits sur lesquels un timbre mobile aurait été apposé en dehors des cas prévus par l'art. 18.

---

31 Août 1871. — Loi portant que le chef du pouvoir exécutif prendra le titre de *Président de la République française*.

---

2 Septembre 1871. — Décret relatif à la forme de promulgation des lois et à la formule exécutoire des arrêts, jugements, contrats, etc.

Art. 1. Les lois seront promulguées à l'avenir sous la formule suivante :

L'Assemblée nationale a adopté.

Le Président de la République française promulgue la loi dont la teneur suit :

2. Les expéditions des arrêts, jugements, mandats de justice, ainsi que les grosses et expéditions des contrats et tous autres actes susceptibles d'exécution forcée, seront intitulés ainsi qu'il suit :

« République Française. »

« *Au nom du Peuple français*, »

et terminés par la formule suivante :

« *En conséquence, le Président de la République française* « *mande et ordonne à tous huissiers*, etc. »

3. Les porteurs des grosses et expéditions d'actes revêtus de la formule prescrite par le décret du 6 septembre 1870 pourront les faire mettre à exécution sans faire ajouter la formule ci-dessus indiquée. Les grosses ou expéditions délivrées avant le 6 septembre 1870, devront, avant toute exécution, être préalablement présentées aux greffiers des cours et tribunaux pour les arrêts et jugements, et aux *notaires* pour les autres actes, afin d'ajouter la formule prescrite par le présent décret.

---

6 Septembre 1871. — Loi qui décrète que, sans déroger aux principes posés dans la loi du 10 juillet 1791 et le décret du 10 août 1853, un dédommagement sera accordé à tous ceux qui ont subi, pendant l'invasion, des contributions de guerre, des réquisitions soit en argent, soit en nature, des amendes et des dommages matériels, et règle le mode de les constater et évaluer par des commissions cantonales et départementales.

---

7 Septembre 1871. — Décret portant que l'art. 1244 du Code civil, § 2, est applicable, pendant la durée de la guerre, à toute contestation entre locataires et propriétaires, relative au paiement des loyers et aux poursuites ou exécutions de toute nature, que les tribunaux peuvent proroger et suspendre, selon les circonstances.

---

15 Septembre 1871. — Loi relative à la reconstitution des consignations effectuées dans le département de la Seine, antérieurement au 31 mars 1871, qui prescrit que tous les actes et pièces à fournir seront dispensés des droits de timbre et d'enregistrement.

---

16 Septembre 1871. — Loi du budget rectificatif de 1871.

Art. 29. Les sommes dont le *placement* ou *le remploi en immeubles* est prescrit ou autorisé par la loi, par un jugement, par un contrat ou par une disposition à titre gratuit entre-vifs ou testamentaire, peuvent, à moins de clauses contraires être employées en *rentes françaises de toute nature*.

Dans ce cas et sur la réquisition des parties, l'immatricule de ces rentes au grand livre de la dette publique en indique l'affectation spéciale.

Les cautionnements qui aux termes des lois actuellement en vigueur, doivent ou peuvent être constitués en totalité ou en partie, soit en immeubles, soit en rentes françaises d'une nature spéciale, pourront être constitués en rentes françaises de toute nature.

16-18 Septembre 1871. — Circulaires de MM. les ministres des finances et de l'intérieur, rappelant qu'aux termes de l'art. 12 de la loi du 13 brumaire an VII, l'*emploi du papier timbré* est obligatoire pour les *pétitions* et *mémoires*, même pour *lettres* adressées au gouvernement, aux ministres, à toutes autorités constituées et aux administrations publiques, sous peine par les contrevenants d'une amende de 50 fr., édictée par l'art. 22, L. 2 juil. 1862.

Nota. Une circulaire du 14 avril 1872 de la comptabilité publique contient l'instruction suivante relative aux pétitions :

En ce qui concerne les lettres d'envoi par les *notaires* aux trésoriers payeurs généraux, de pièces justificatives du droit de l'héritier d'un pensionnaire de l'Etat, lorsqu'elles n'ont d'autre but et d'autre effet que d'annoncer officiellement la transmission des pièces justificatives des droits de l'héritier du pensionnaire décédé, elles rentrent dans la catégorie des pièces relatives à la correspondance administrative, et, comme telles, échappent à l'impôt du timbre ; mais elles y seraient soumises, si elles tendaient, même indirectement, à remplacer la *demande de liquidation* ou toute autre pièce justificative assujettie par elle-même à la formalité.

Quant aux correspondances relatives au *visa* ou au *vu bon à payer*, cette formalité étant exigée dans l'intérêt du service et comme contrôle, la lettre qui la demande est exempte du timbre, comme pièce se rattachant à une mesure d'ordre intérieure requise dans l'intérêt du Trésor.

---

27 Novembre 1871. — Décret portant règlement d'administration publique pour l'exécution de l'art. 18 de la loi du 23 août 1871, relatif au droit de timbre des quittances, reçus et décharges.

Art. 2. Le timbre mobile est apposé sur les quittances ou acquits donnés au pied des factures et mémoires, les quittances pures et simples, les reçus ou décharges de sommes, titres, valeurs ou objets, et généralement sur tous les titres, de quelque nature qu'ils soient, signés ou non signés, et qui emporteraient libération, reçu ou décharge.

Ce timbre est collé et immédiatement oblitéré par l'apposition, à l'encre noire en travers du timbre, de la *signature* du créancier ou de celui qui donne reçu ou décharge, ainsi que de la *date* de l'oblitération.

Cette signature peut être remplacée par une griffe apposée à l'encre grasse faisant connaître la résidence, le nom ou la raison sociale du créancier et la date de l'oblitération du timbre.

---

19 Décembre 1871. — Loi qui rétablit la *contrainte par corps* pour le recouvrement des *frais dus à l'État*, en vertu de condamnations en matière criminelle, correctionnelle et de simple police, en abrogeant l'art. 3, § 3, de la loi du 22 juil. 1867.

---

21 Décembre 1871. — Loi sur l'élection des juges des tribunaux de commerce, abrogeant le décret du 2 mars 1852 et remplaçant les art. 618, 619, 620 et 621 du Code de commerce.

---

6 janvier 1872. — Loi relative à la *réorganisation*, dans les départements, *des actes de l'état civil*, du 4 septembre 1870 au 6 janvier 1872.

1. Les actes inscrits sur les registres de l'état civil depuis le 4 septembre 1870 jusqu'à ce jour, ne pourront être annulés à raison du seul défaut de qualité des personnes qui les ont reçus, pourvu que ces personnes aient eu, à ce moment, l'exercice public des fonctions municipales ou de celles d'officier de l'état civil, à quelque titre ou sous quelque nom que ce soit.

2. La disposition de l'article précédent n'est pas applicable aux actes reçus à Paris et dans les autres communes du département de la Seine, pendant la période insurrectionnelle.

3. Seront visés pour timbre et enregistrés gratis les procédures et les jugements à la requête du ministère public, ayant pour objet : soit de reconstituer des registres perdus, soit de rétablir ou de compléter des actes se rapportant à la période écoulée du 4 septembre 1870 jusqu'à ce jour.

Les registres destinés à remplacer des registres perdus sont exemptés de timbre.

---

31 janvier 1872. — Décret relatif à *l'affectation des rentes sur l'État aux cautionnements.*

Art. 1. Les rentes sur l'État français de toute nature affectées à des cautionnements provisoires ou définitifs envers le Trésor ou les administrations publiques seront calculées à l'avenir, savoir :

1° Pour les dépôts provisoires des soumissionnaires de travaux en fournitures, au cours moyen de la veille du jour où le dépôt des rentes sera effectué ;

2° Pour les cautionnements des comptables au cours moyen du jour de la nomination ; et pour les cautionnements des adjudicataires de fournitures ou entreprises, au cours moyen du jour de l'approbation du marché ou de l'adjudication ;

3° Pour les autres cautionnements que les parties auront été admises à constituer en rentes sur l'État, au cours moyen du jour de la décision ou de l'arrêté qui les aura autorisées à fournir des garanties de cette nature.

---

12 Février 1872. — Loi relative à la *reconstitution des actes de l'état civil de Paris* (dont les registres ont été détruits pendant la dernière insurrection) antérieurs ou postérieurs à la loi de 1792 jusqu'en 1860.

Art. 9. Tout fonctionnaire de l'ordre administratif ou judiciaire, *tout officier public ou ministériel*, tout greffier, tout séquestre et administrateur judiciaire auquel sera remis, pour en faire usage, un extrait non revêtu de l'estampille (de la commission de reconstitution desdits actes) d'un des actes (de l'état civil de Paris) indiqués dans l'art. 1, devra en effectuer la remise ou l'envoi, conformément à l'art. 6) au dépôt central établi à Paris, dans le délai de trente jours.

10. Tout juge de paix qui, en dressant un procès-verbal de description après décès, *tout notaire* ou tout syndic de faillites qui, en procédant à la confection d'un inventaire, trouvera un extrait desdits actes, sera tenu d'en effectuer la remise ou l'envoi, conformément à l'art. 6 (c'est-à-dire au dépôt central à Paris), dans les trente jours de la clôture des opérations.

11, § 2. Dans tous les cas prévus par les articles 7, 9, 10, 11, des récépissés ou des copies, seront délivrés au moment du dépôt et échangés, dans le délai d'un mois, contre des expéditions sur papier libre, qui feront la même foi que les pièces déposées.

12. Les *notaires* tiendront leurs minutes à la disposition des vérificateurs ou employés de l'enregistrement qui auront le droit d'y rechercher les extraits d'actes de l'état civil déposés pour minutes ou annexés à d'autres actes antérieurement à la présente loi. Une copie certifiée des extraits signalés par ces employés, ou réclamés par la commission, sera délivrée sur papier libre et sans honoraires par le *notaire*, et remise au dépôt central où elle restera.

15. L'envoi des extraits et des pièces sus-mentionnés sera fait par la poste, sans frais, avec toutes les garanties assurées aux lettres chargées.

19. Toute personne qui aura sciemment retenu un extrait authentique, contrairement à l'art. 6, ou qui aura négligé de remplir les prescriptions des art. 8, 9, 10 et 11, sera puni d'une amende de seize francs à trois cents francs.

Nota. — *Le 27 avril* 1872, le Ministre des finances a pris l'arrêté suivant :

Le président de la commission pour la reconstitution des actes de l'état civil recevra en franchise, sans condition de contre-seing, tous documents et toutes correspondances à son adresse, concernant la reconstitution des actes de l'état civil de Paris.

Ces correspondances devront porter sur la suscription la mention suivante : « Exécution de l'article 15 de la loi du 12 février 1872. » Elles seront déposées aux bureaux de poste pour être soumises à la formalité du chargement en franchise.

Le 6 *mai* 1872, le Ministre de la justice a pris l'arrêté suivant :

Art. 4. Il est alloué aux *notaires*, à titre d'indemnité pour les copies sur papier libre qu'il doivent délivrer pour être remises au dépôt central, conformément à l'art. 12 de ladite loi, quinze centimes par acte de naissance, de reconnaissance d'enfant naturel, et de décès, et trente centimes par acte de mariage.

Une *loi du* 25 *mai* 1872 proroge jusqu'au premier janvier 1873, le délai fixé par l'art. 13 de ladite loi sur la reconstitution des actes de l'état civil de Paris.

---

12 Février 1872. — Loi portant modification des art. 450 et 550 du Code de commerce et 2102 du Code civil.

Art. 1er. Les art. 450 et 550 du Code de commerce sont remplacés et modifiés par les dispositions suivantes :

450. Les syndics auront pour les *baux* des immeubles affectés à l'industrie et au commerce du *failli*, y compris les locaux dépendant de ces immeubles et servant à l'habitation du failli et de sa famille, huit jours à partir de l'expiration du délai accordé par l'art. 492 C. com. aux créanciers domiciliés en France pour la vérification de leurs créances, pendant lesquels ils pourront notifier au propriétaire leur intention de continuer le bail, à la charge de satisfaire à toutes les obligations du locataire. Cette notification ne pourra avoir lieu qu'avec l'autorisation du juge-commissaire et le failli entendu.

Jusqu'à l'expiration de ces huit jours, toutes voies d'exécutions sur les effets mobiliers servant à l'exploitation du commerce ou de l'industrie du failli, et toutes actions en résiliation du bail sont suspendues, sans préjudice de toutes mesures conservatoires et du droit qui serait acquis au propriétaire de reprendre possession des lieux loués. Dans ce cas, la suspension des voies d'exécution établie au présent article cessera de plein droit.

Le bailleur devra dans les quinze jours qui suivront la notification qui lui serait faite par les syndics former sa demande en résiliation. Faute par lui de l'avoir formée dans ledit délai, il sera réputé avoir renoncé à se prévaloir des causes de résiliation déjà existantes à son profit.

550. L'art. 2102 du Code civil est ainsi modifié à l'égard de la faillite :

Si le bail est résilié, le propriétaire d'immeubles affectés à l'industrie ou au commerce du failli aura privilége pour les deux dernières années de location échues avant le jugement déclaratif de faillite, pour l'année courante, pour tout ce qui concerne l'exécution du bail et pour les dommages et intérêts qui pourront lui être alloués par les tribunaux.

Au cas de non résiliation, le bailleur, une fois payé de tous les loyers échus, ne pourra pas exiger le paiement des loyers en cours ou à échoir, si les sûretés qui lui ont été données lors du contrat sont maintenues, où si celles qui lui ont été données depuis la faillite sont jugées suffisantes.

Lorsqu'il y aura vente et enlèvement des meubles garnissant les lieux-loués, le bailleur pourra exercer son privilége comme au cas de résiliation ci-dessus, et en outre pour une année à échoir à partir de l'expiration de l'année courante, que le bail ait ou non date certaine.

Les syndics pourront continuer ou céder le bail pour tout le temps restant à courir, à la charge par eux ou les cessionnaires de maintenir dans l'immeuble gage suffisant, et d'exécuter, au fur et à mesure des échéances, toutes les obligations résultant du droit ou de la convention, mais sans que la destination des lieux puisse être changée.

Dans le cas où le bail contiendrait interdiction de céder le bail ou de sous-louer, les créanciers ne pourront faire leur profit de la location que pour le temps à raison duquel le bailleur aurait touché ses loyers par anticipation et toujours sans que la destination des lieux puisse être changée.

Le privilége et le droit de revendication établis par le n° 4 de l'art. 2102 du Code civil au profit du vendeur d'effets mobiliers, ne peuvent être exercés contre la faillite.

2. La présente loi ne s'appliquera pas aux baux qui, avant sa promulgation, auront acquis date certaine.

Toutefois le propriétaire qui, en vertu desdits baux, a privilége pour tout ce qui est échu et pour tout ce qui est à échoir, ne pourra exiger par anticipation les loyers à échoir, s'il lui est donné des sûretés suffisantes pour en garantir le paiement.

---

15 Février 1872. — Loi relative au rôle éventuel des conseils généraux dans des circonstances exceptionnelles.

---

28 Février 1872. — Loi concernant les droits d'*enregistrement* auxquels seront dorénavant et graduellement imposés les actes de société, de mutations de propriété et de jouissance d'immeubles situés en pays étranger, les ventes de marchandises avariées, les contrats de mariage, partages, délivrances de legs, main-levées d'inscriptions, prorogations de délai, adjudications et marchés de travaux, titres nouvels, lettres de change, ainsi qu'une augmentation de moitié des droits fixes, des mesures relatives aux mutations de fonds de commerce ou de clientèles et des pénalités.

Art. **1.** La quotité du droit fixe d'enregistrement auquel sont assujettis par la loi du 22 frimaire an VII et par les lois subséquentes les actes ci-après, sera déterminée ainsi qu'il suit, savoir :

1° Les actes de formation et de prorogation de société, qui ne contiennent ni obligation, ni transmission de biens, meubles ou immeubles, entre les associés ou autres personnes, *par le montant total des apports mobiliers et immobiliers, déduction faite du passif.*

2° Les actes translatifs de propriété, d'usufruit ou de jouissance de biens immeubles situés en pays étranger ou dans les colonies françaises, dans lesquels le droit d'enregistrement n'est pas établi, *par le prix exprimé en y ajoutant toutes les charges en capital.*

L'art. 4 de la loi du 16 juin 1824 est abrogé.

3° Les actes ou procès-verbaux de vente de marchandises avariées par suite d'événements de mer et de débris de navires naufragés, *par le prix exprimé en y ajoutant toutes les charges en capital ;*

4° Les contrats de mariage soumis actuellement au droit fixe de cinq francs, *par le montant net des apports personnels des futurs époux ;*

5° Les partages de biens meubles et immeubles entre copropriétaires, cohéritiers et coassociés à quelque titre que ce soit, *par le montant de l'actif net partagé ;*

6° Les délivrances de legs, *par le montant des sommes ou par la valeur des objets légués ;*

7° Les consentements à main-levées totales ou partielles d'hypothèques, *par le montant des sommes faisant l'objet de la main-levée.*

S'il y a seulement réduction de l'inscription, il ne sera perçu qu'un droit de cinq francs par chaque acte ;

8° Les prorogations de délai pures et simples, *par le montant de la créance dont le terme d'exigibilité est prorogé ;*

9° Les adjudications et marchés pour construction, réparations, entretien, approvisionnements et fournitures dont le prix doit être payé directement par le Trésor public, et les cautionnements relatifs à ces adjudications et marchés, *par le prix exprimé ou par l'évaluation des objets ;*

L'art. 73 de la loi du 15 mai 1818 est abrogé.

10° Les titres nouvels et reconnaissances de rentes dont les actes constitutifs ont été enregistrés, *par le capital des rentes.*

2. Le taux du droit établi par l'article précédent est fixé ainsi qu'il suit :

A *cinq* francs pour les sommes ou valeurs de cinq mille francs et au-dessous, et pour les actes ne contenant aucune énonciation de sommes et valeurs ni dispositions susceptibles d'évaluation ;

A *dix* francs pour les sommes ou valeurs supérieures à cinq mille francs, mais n'excédant pas dix mille francs ;

A *vingt* francs pour les sommes ou valeurs supérieures à dix mille francs, mais n'excédant pas vingt mille francs;

Et ensuite à raison de vingt francs par chaque somme ou valeur de vingt mille francs ou fraction de vingt mille francs;

Si les sommes ou valeurs ne sont pas déterminées dans l'acte, il y sera suppléé conformément à l'art. 16 de la loi du 22 frimaire an VII.

3. Si, dans le délai de deux années, à partir de l'enregistrement des actes spécifiés en l'art. 1er ci-dessus, la dissimulation des sommes ou valeurs ayant servi de base à la perception du droit est établie par des actes ou écrits émanés des parties ou par des jugements, il sera perçu, indépendamment des droits simples supplémentaires, un droit en sus, lequel ne peut être inférieur à cinquante francs.

4. Les divers droits fixes auxquels sont assujettis par les lois en vigueur les actes civils, administratifs ou judiciaires, autres que ceux dénommés en l'article premier, sont *augmentés de moitié.*

Les actes de prestation de serment des gardes des particuliers et des agents salariés par l'État, les départements et les communes, dont le traitement et ses accessoires n'excèdent pas 1,500 francs, ne seront soumis qu'à un droit de *trois* francs.

5. Sont soumis au droit proportionnel, d'après les tarifs en vigueur :

1° Les ordres, collocations et distributions de sommes, quelle que soit leur forme, et qui ne contiennent ni obligation ni transport par le débiteur ;

2° Les mutations de propriété de navires, soit totales, soit partielles. Le droit est perçu soit sur l'acte ou le procès-verbal de vente, soit sur la déclaration faite pour obtenir la francisation ou l'immatricule au nom du nouveau possesseur.

Les articles 56 et 64 de la loi du 21 avril 1818 sont abrogés.

6. Les obligations imposées au premier, dans le cas de location verbale, par l'article 11 de la loi du 23 août 1871 seront accomplies, à l'avenir, par le bailleur, qui sera tenu du paiement des droits, sauf son recours contre le preneur.

Néanmoins, les parties restent solidaires pour le recouvrement du droit simple.

7. Les mutations de propriété à titre onéreux de fonds de commerce ou de clientèles sont soumises à un droit d'enregistrement de *deux* francs par cent francs.

Ce droit est perçu sur le prix de la vente de l'achalandage, de la cession du droit au bail, et des objets mobiliers ou autres servant à l'exploitation du fonds, à la seule exception des marchandises neuves garnissant le fonds. Ces marchandises ne seront assujetties qu'à un droit de cinquante centimes par cent francs, à condition qu'il sera stipulé pour elles un prix particulier, et qu'elles seront désignées et estimées, article par article, dans le contrat ou dans la déclaration. (V. L. 11 juin 1859, art. 22.)

8. Les actes sous signatures privées contenant mutation de propriété de fonds de commerce ou de clientèles sont enregistrés dans les trois mois de leur date.

A défaut d'acte constatant la mutation, il y est suppléé par des déclarations détaillées et estimatives faites au bureau de l'enregistrement de la situation du fonds de commerce ou de la clientèle, dans les trois mois de l'entrée en possession.

A défaut d'enregistrement ou de déclaration dans les délais fixés ci-dessus, il sera fait application des dispositions du § 1er de l'art. 14 de la loi du 23 août 1871. Sont également applicables aux mutations de propriété des fonds de commerce ou de clientèles, les dispositions des §§ 2 et 3 dudit article relatives à l'ancien possesseur et celles des art. 12 et 13 de la même loi concernant les dissimulations dans les prix de vente.

L'insuffisance du prix de vente du fonds de commerce ou des clientèles peut également être constatée par expertise, dans les trois mois de l'enregistrement de l'acte ou de la déclaration de la mutation.

Il sera perçu un droit en sus sur le montant de l'insuffisance, outre les frais d'expertise, s'il y a lieu, et si l'insuffisance excède un huitième.

9. La mutation de propriété des fonds de commerce ou de clientèles est suffisamment établie, pour la demande et la poursuite des droits d'enregistrement et des amendes, par les actes ou écrits qui révèlent l'existence de la mutation ou qui sont destinés à la rendre publique, ainsi que par l'inscription aux rôles des contributions du nom du nouveau possesseur, et des paiements faits en vertu de ces rôles, sauf preuve contraire.

10. Sont soumis au droit proportionnel de *cinquante* centimes par cent francs les lettres de change et tous autres effets négociables, lesquels pourront n'être présentés à l'enregistrement qu'avec les protêts qui en auraient été faits.

Les dispositions de l'art. 50 de la loi du 28 avril 1816 concernant les lettres de change sont abrogées.

Il n'est rien innové en ce qui concerne les warrants. (V. L. 28 mai 1858, art. 12, § 2.)

11. Le droit de décharge de dix centimes, créé par l'article 18 de la loi du 23 août 1871, pour constater la remise des objets, sera réuni à la taxe due pour les récépissés et lettres de voiture, qui est fixée ainsi qu'il suit :

Récépissé délivré par les compagnies de chemins de fer (droit de décharge compris), *trente-cinq* centimes.

Lettre de voiture (droit de décharge compris), *soixante-dix* centimes.

---

28 Février 1872. — Loi concernant les officiers publics et ministériels appelés sous les drapeaux et autorisés à se faire suppléer pendant la guerre, et qui continueront à pouvoir l'être jusqu'à leur retour en France s'ils sont prisonniers ou jusqu'à leur rétablissement s'ils sont blessés ou encore malades.

30 Mars 1872. — Loi relative au droit de transmission sur les titres au porteur, au taux d'abonnement, au timbre des lettres de gage et obligations du Crédit foncier élevé par abonnement à 5 centimes par 1,000 fr., aux droits sur les titres émis par les villes, provinces et établissements publics étrangers, soumis aux mêmes droits de timbre et de transmission (de 1 0/0 du capital nominal) que les titres des sociétés.

Art. **2.** Nul ne peut négocier, exposer en vente ou énoncer dans des actes de prêt, de dépôt, de nantissement ou dans tout acte ou écrit, à l'exception des inventaires, des titres étrangers qui n'auraient pas été admis à la cote ou qui n'auraient pas été dûment timbrés au droit de un pour cent du capital nominal.

Tout acte, soit *public*, soit sous seing privé, qui énoncera un titre de rente ou effet public d'un gouvernement étranger, ou tout autre titre étranger non coté aux bourses françaises, devra indiquer la date et le numéro du visa pour timbre apposé sur ce titre ainsi que le montant du droit payé. Chaque contravention à ces dispositions pourra être constatée dans tous les lieux ouverts au public ; elle sera punie d'une amende de *cinq pour cent* de la valeur nominale des titres qui seront négociés, exposés en vente, énoncés dans des actes dont il aura été fait usage. En aucun cas l'amende ne pourra être inférieure à cinquante francs.

Toutes les parties sont solidaires pour le recouvrement des droits et amendes.

Une *amende de cinquante francs* sera encourue personnellement par *tout officier public et ministériel* qui aura contrevenu aux dispositions qui précèdent.

4. Sont exempts du droit de timbre des quittances, reçus ou décharges de toute nature, les reconnaissances et reçus donnés, soit par lettres, soit autrement, pour constater la remise d'effets de commerce à négocier, à accepter ou à encaisser.

5. A partir du 1er janvier 1873, la taxe annuelle représentative des droits de transmission entre vifs et par décès, fixée par l'art. 1er de la loi du 20 février 1849 (sur les biens de main-morte) est élevée à *soixante-dix centimes par franc* du principal de la contribution foncière.

Cette taxe sera en outre soumise aux décimes auxquels sont assujettis les droits d'enregistrement.

---

30 Mars 1872. — Loi concernant : 1. l'élévation et la perception du droit de timbre des récépissés des expéditions faites tant par chemin de fer en petite vitesse que par tous autres modes de transport ; 2. et la perception du droit de timbre des connaissements.

---

24 Mai 1872. — Loi portant réorganisation du *Conseil d'Etat*, sa composition, ses fonctions, et les formes de procéder devant ce conseil.

---

25 Mai 1872. — Loi qui modifie les *droits de timbre* auxquels sont assujettis les titres de rentes et effets publics des gouvernements étrangers, et les fixe à 75 centimes pour chaque titre de 500 fr. et au-dessous ; 1 fr. 50 de 500 fr. jusqu'à 1,000 fr. ; 3 fr. de 1,000 à 2,000 fr., et ainsi de suite à raison de 1 fr. 50 par 1,000 fr. ou fraction de 1,000 fr. sur la valeur nominale des titres, sans décimes.

---

15 Juin 1872. — Loi relative aux *titres au porteur perdus* ou détruits, aux droits du propriétaire, aux mesures à prendre et aux formalités à remplir.

Art. **1.** Le propriétaire de titres au porteur qui en est dépossédé par quelque événement que ce soit, peut se faire restituer contre cette perte dans la mesure et sous les conditions déterminées dans la présente loi.

2. Le propriétaire dépossédé fera notifier par huissier à l'établissement débiteur un acte indiquant : le nombre, la nature, la valeur nominale, le numéro, et, s'il y a lieu, la série des titres.

Il devra aussi, autant que possible, énoncer :

1° L'époque et le lieu où il est devenu propriétaire, ainsi que le mode de son acquisition.

2° L'époque et le lieu où il a reçu les derniers intérêts ou dividendes.

3° Les circonstances qui ont accompagné sa dépossession. Le même acte contiendra une élection de domicile dans la commune du siége de l'établissement débiteur.

Cette notification emportera opposition au paiement tant du capital que des intérêts ou dividendes échus ou à échoir.

3. Lorsqu'il se sera écoulé une année depuis l'opposition sans qu'elle ait été contredite, et que, dans cet intervalle, deux termes au moins d'intérêts ou de dividendes auront été mis en distribution, l'opposant pourra se pourvoir auprès du président du tribunal civil du lieu de son domicile, afin d'obtenir l'autorisation de toucher les intérêts ou dividendes échus ou à échoir, au fur et à mesure de leur exigibilité, et même le capital des titres frappés d'opposition dans le cas où ledit capital serait ou deviendrait exigible.

4. Si le président accorde l'autorisation, l'opposant devra, pour toucher les intérêts ou dividendes, fournir une caution solvable dont l'engagement s'étendra au montant des annuités exigibles et, de plus, à une valeur double de la dernière annuité échue. Après deux ans écoulés depuis l'autorisation sans que l'opposition ait été contredite, la caution sera de plein droit déchargée.

Si l'opposant ne veut ou ne peut fournir la caution requise, il pourra, sur le vu de l'autorisation, exiger de la compagnie le dépôt à la caisse des dépôts et consignations des intérêts ou dividendes échus et de ceux à échoir, au fur et à mesure de leur exigibilité. Après deux ans écoulés depuis l'autorisation, sans que l'opposition ait été contredite, l'opposant pourra retirer de la caisse des dépôts et consignations les sommes ainsi déposées, et percevoir librement les intérêts et dividendes à échoir, au fur et à mesure de leur exigibilité.

5. Si le capital des titres frappés d'opposition est devenu exigible, l'opposant qui aura obtenu l'autorisation ci-dessus pourra en toucher le montant à charge d'en fournir caution. Il pourra, s'il le préfère, exiger de la compagnie que le montant dudit capital soit déposé à la caisse des dépôts et consignations.

Lorsqu'il se sera écoulé dix ans depuis l'époque de l'exigibilité et cinq ans au moins à partir de l'autorisation sans que l'opposition ait été contredite, la caution sera déchargée, et, s'il y a eu dépôt, l'opposant pourra retirer de la caisse des dépôts et consignations les sommes en faisant l'objet.

6. La solvabilité de la caution à fournir, en vertu de la disposition des articles précédents, sera appréciée comme en matière commerciale. S'il s'élève des difficultés, il sera statué en référé par le président du tribunal du domicile de l'établissement débiteur.

Il sera loisible à l'opposant de fournir un nantissement au lieu et place d'une caution. Ce nantissement pourra être constitué en titres de rentes sur l'Etat. Il sera restitué à l'expiration des délais fixés pour la libération de la caution.

7. En cas de refus de l'autorisation dont il est parlé en l'art. 3, l'opposant pourra saisir par voie de requête, le tribunal civil de son domicile, lequel statuera après avoir entendu le ministère public. Le jugement obtenu dudit tribunal produira les effets attachés à l'ordonnance d'autorisation.

8. Quand il s'agira de coupons au porteur détachés du titre, si l'opposition n'a pas été contredite, l'opposant pourra, après trois années à compter de l'échéance et de l'opposition, réclamer le montant desdits coupons de l'établissement débiteur, sans être tenu de se pourvoir d'autorisation.

9. Les paiements faits à l'opposant, suivant les règles ci-dessus posées, libèrent l'établissement débiteur envers tout tiers porteur qui se présenterait ultérieurement. Le tiers porteur au préjudice duquel lesdits paiements auraient été faits conserve seulement une action personnelle contre l'opposant qui aurait formé son opposition sans cause.

10. Si, avant que la libération de l'établissement débiteur soit accomplie, il se présente un tiers porteur des titres frappés d'opposition, ledit établissement doit provisoirement retenir ces titres contre un récépissé remis au tiers porteur ; il doit, de plus, avertir l'opposant, par lettre chargée, de la présentation du titre en lui faisant, connaître le nom et l'adresse du tiers porteur. Les effets de l'opposition restent alors suspendus jusqu'à ce que la justice ait prononcé entre l'opposant et le tiers porteur.

11. L'opposant qui voudra prévenir la négociation ou la transmission des titres dont il a été dépossédé, devra notifier, par exploit d'huissier, au syndicat des agents de change de Paris, une opposition renfermant les énonciations prescrites par l'art. 2 de la présente loi ; l'exploit contiendra réquisition de faire publier les numéros des titres.

Cette publication sera faite un jour franc au plus tard par les soins et sous la responsabilité du syndicat des agents de change de Paris, dans un bulletin quotidien, établi et publié dans les formes et sous les conditions déterminées par un réglement d'administration publique.

Le même réglement fixera le coût de la rétribution annuelle due par l'opposant pour frais de publicité. Cette rétribution annuelle sera payée d'avance à la caisse du syndicat, faute de quoi la dénonciation de l'opposition ne sera pas reçue ou la publication ne sera pas continuée à l'expiration de l'année pour laquelle la rétribution aura été payée.

12. Toute négociation ou transmission postérieure au jour où le bulletion est parvenu ou aurait pu parvenir par la voie de la poste dans le lieu où elle a été faite sera sans effet vis-à-vis de l'opposant, sauf le recours du tiers porteur contre son vendeur et contre l'agent de change par l'intermédiaire duquel la négociation aura eu lieu. Le tiers porteur pourra également, au cas prévu par le présent article, contester l'opposition faite irrégulièrement ou sans droit.

Sauf le cas où la mauvaise fois serait démontrée, les agents de change ne seront responsables des négociations faites par leur entremise qu'autant que les oppositions leur auront été signifiées personnellement ou qu'elles auront été publiées dans le bulletin par les soins du syndicat.

13. Les agents de change doivent inscrire sur leurs livres les numéros des titres qu'ils achètent où qu'ils vendent.

Ils mentionneront sur les bordereaux d'achat les numéros livrés. Un réglement d'administration publique déterminera le taux de la rémunération qui sera allouée à l'agent de change pour cette inscription des numéros.

14. A l'égard des négociations ou transmissions de titres antérieurs à la publication de l'opposition, il n'est pas dérogé aux dispositions des articles 2279 et 2280 du Code civil.

15. Lorsqu'il se sera écoulé dix ans depuis l'autorisation obtenue par l'opposant, conformément à l'article 3, et que, pendant le même laps de temps, l'opposition aura été publiée, sans que personne se soit présenté pour recevoir les intérêts ou dividendes, l'opposant pourra exiger de l'établissement débiteur qu'il lui soit remis un titre semblable et subrogé au premier. Ce titre devra porter le même numéro que le titre originaire, avec la mention qu'il est délivré par duplicata.

Le titre délivré en duplicata conférera les mêmes droits que le titre primitif et sera négociable dans les mêmes conditions.

Le temps pendant lequel l'établissement n'aurait pas mis en distribution de dividendes ou d'intérêts ne sera pas compté dans le délai ci-dessus.

Dans le cas du présent article, le titre primitif sera frappé de déchéance, et le tiers porteur qui le représentera après la remise du nouveau titre à l'opposant n'aura qu'une action personnelle contre celui-ci au cas où l'opposition aurait été faite sans droit.

L'opposant qui réclamera de l'établissement un duplicata paiera les frais qu'il occasionnera. Il devra de plus garantir, par un dépôt ou par une caution, que le numéro du titre frappé de déchéance sera publié pendant dix ans avec une mention spéciale au bulletin quotidien.

16. Les dispositions de la présente loi sont applicables aux titres au porteur émis par les départements, les communes et les établissements publics, mais elles ne sont pas applicables aux billets de la Banque de France, ni aux billets de même nature, émis par des établissements légalement autorisés, ni aux rentes et aux titres au porteur émis par l'Etat, lesquels continueront à être régis par les lois, décrets et réglements en vigueur.

Toutefois les cautionnements exigés par l'administration des finances pour la délivrance des duplicata de titres perdus, volés ou détruits, seront restitués si, dans les vingt ans qui auront suivi, il n'a été formé aucune demande de la part des tiers porteurs, soit pour les arrérages, soit pour le capital. Le trésor sera définitivement libéré envers le porteur des titres primitifs, sauf l'action personnelle de celui-ci contre la personne qui aura obtenu le duplicata.

25 Juin 1872. — Décret qui fixe à six modèles les différents timbres mobiles destinés à l'acquittement des droits de timbre de dimension.

---

29 Juin 1872. — Loi relative à un impôt sur le *revenu des valeurs mobilières* et qui réduit le taux des droits de transmission des titres nominatifs et la taxe des titres au porteur.

Art. **1er**. Indépendamment des droits de timbre et de transmission établis par les lois existantes, il est établi, à partir du 1er juillet 1872, une taxe annuelle et obligatoire :

1° Sur les intérêts, dividendes, revenus et tous autres produits des actions de toute nature, des sociétés, compagnies ou entreprises quelconques, financières industrielles, commerciales ou civiles, quelle que soit l'époque de leur création ;

2° Sur les arrérages et intérêts annuels des emprunts et obligations des départements, communes et établissements publics, ainsi que des sociétés, compagnies et entreprises ci-dessus désignées ;

3° Sur les intérêts, produits et bénéfices annuels des parts d'intérêts et commandites dans les sociétés, compagnies et entreprises dont le capital n'est pas divisé en actions.

2. Le revenu est déterminé :

1° Pour les actions, par le dividende fixé d'après les délibérations des assemblées générales d'actionnaires ou des conseils d'administration, les comptes rendus ou tous autres documents analogues ;

2° Pour les obligations ou emprunts, par l'intérêt ou le revenu distribué dans l'année ;

3° Pour les parts d'intérêt et commandites, soit par les délibérations des conseils d'administration des intéressés, soit, à défaut de délibération, par l'évaluation à raison de 5 p. 100 du montant du capital social ou de commandite, ou du prix moyen des cessions de parts d'intérêts consenties pendant l'année précédente.

Les comptes rendus et les extraits de délibérations des conseils d'administration ou des actionnaires seront déposés dans les vingt jours de leur date au bureau de l'enregistrement du siége social.

3. La quotité de la taxe établie par la présente loi est fixée à 3 p. 100 du revenu des valeurs spécifiées en l'article 1er.

Le montant en est avancé, sauf leur recours par les sociétés, compagnies, entreprises, villes, départements ou établissements publics.

Pour l'année 1872, les revenus, intérêts et dividendes seront sujets à la taxe pour moitié seulement de leur montant, quelle que soit d'ailleurs l'époque à laquelle le paiement aura lieu.

A partir de la promulgation de la présente loi, le taux des droits et taxes établis par la loi de 1857 et par celles des 16 septembre 1871 et 30 mars 1872, est réduit ainsi qu'il suit, savoir :

A 50 centimes par 100 francs pour la transmission ou la conversion des titres nominatifs ;

A 20 centimes par cent francs pour la taxe à laquelle sont assujettis les titres au porteur.

Ces droits et taxe ne sont pas soumis aux décimes.

4. Les actions, obligations, titres d'emprunt, quelle que soit d'ailleurs leur dénomination, des sociétés, compagnies, entreprises, corporations, villes, provinces étrangères, ainsi que tout autre établissement public étranger, sont soumis à une taxe équivalente à celle qui est établie par la présente loi sur le revenu des valeurs françaises.

Les titres étrangers ne pourront être cotés, négociés, exposés en vente ou émis en France qu'en se soumettant à l'acquittement de cette taxe, ainsi que des droits de timbre et de transmission.

Un règlement d'administration publique fixera le mode d'établissement et de perception de ces droits, dont l'assiette pourra reposer sur une quotité déterminée du capital social.

Le même règlement déterminera les époques de paiement de la taxe, ainsi que toutes les autres mesures nécessaires pour l'exécution de la présente loi.

5. Chaque contravention aux dispositions qui précèdent et à celles du règlement d'administration publique qui sera fait pour leur exécution, sera punie conformément à l'art. 10 de la loi du 23 juin 1857.

Le recouvrement de la taxe sur le revenu sera suivi, et les instances seront introduites et jugées comme en matière d'enregistrement.

---

5 Juillet 1872. — Décret qui prescrit la publication de la déclaration signée le 11 juin 1872 entre la France et l'Allemagne, portant que les *actes de l'état civil*, les *documents judiciaires* et autres analogues, originaires ou à destination de l'Alsace-Lorraine, seront admis par les autorités compétentes des deux pays, lorsqu'ils auront été *légalisés* par le président d'un tribunal, soit par un juge de paix ou son suppléant, sans qu'il soit besoin d'autre légalisation, hormis le cas où il y aurait lieu de mettre en doute l'authenticité des pièces produites.

---

26 juin 1872, promulguée 28 *juillet*. — Loi qui autorise le prélèvement d'une contribution de deux pour cent sur le *revenu des créances hypothécaires* (abrogée par la loi de finances du 20 déc. 1872.)

Art. **1.** A partir du 1er janvier 1873, il sera prélevé une contribution de deux pour cent (2 0/0) sur le revenu des créances hypothécaires. Cette contribution est à la charge du créancier nonobstant toute autre convention ; mais dans aucun cas le recouvrement ne pourra être poursuivi contre lui. Elle sera payée à son acquit par le débiteur qui en fera imputation sur les intérêts.

Le créancier, soit français, soit étranger, sera tenu d'accepter comme paiement d'une partie des intérêts de sa créance, le montant de la contribution acquittée entre les mains du percepteur.

2. Seront exemptées de cette contribution, les créances en représentation desquelles sont émises des obligations, valeurs ou titres ayant à acquitter l'impôt sur les valeurs mobilières.

3. Tout créancier qui, par un moyen quelconque aura fait supporter à son débiteur hypothécaire la charge de la contribution de deux pour cent sur le revenu, établie par la présente loi, sera, pour ce seul fait, puni d'une amende de cinquante francs au moins, qui pourra s'élever à mille francs.

4. Un règlement d'administration publique fixera les conditions dans lesquelles devra être faite la constatation des créances ainsi que le mode de perception.

5. Le recouvrement de la taxe fixée par la présente

loi aura lieu comme en matière de contributions directes.

Toute contravention au règlement d'administration publique à intervenir, sera punie d'une amende de vingt-cinq à cinquante francs.

(V. ci-après, 2e partie, la pétition des notaires de l'arrondissement d'Amiens contre cette loi qui a été abrogée par la loi du 20 décembre 1872.)

---

27 Juillet 1872 — Loi sur le *recrutement de l'armée.*

Il a paru utile de reproduire ici quelques dispositions de cette importante loi pouvant intéresser particulièrement les *notaires* et leurs *clercs.*

Dispositions générales.

Art. **1.** Tout français doit le service militaire personnel.

2. Il n'y a dans les troupes françaises ni prime en argent ni prime quelconque d'engagement.

3. Tout français qui n'est pas déclaré impropre à tout service militaire peut être appelé depuis l'âge de vingt ans jusqu'à celui de quarante ans, à faire partie de l'armée active et des réserves, selon le mode déterminé par la loi.

4. Le remplacement est suppprimé.

Les dispenses de service, dans les conditions spécifiées par la loi, ne sont pas accordées à titre de libération définitive.

5. Les hommes présents au corps ne prennent pas part à aucun vote.

Des exemptions, dispenses et sursis d'appel.

16. Sont exemptés du service militaire les jeunes gens que leurs infirmités rendent impropres à tout service actif ou auxiliaire dans l'armée.

17. Sont exemptés du service d'activité en temps de paix :

1° L'aîné d'orphelins de père et de mère;

2° Le fils unique ou l'aîné des fils, ou à défaut de fils ou de gendre, le petit-fils unique ou l'aîné des petits-fils d'une femme actuellement veuve, ou d'une femme dont le mari a été légalement déclaré absent, ou d'un père aveugle ou entré dans sa soixante-dixième année.

3° Le plus âgé des deux frères appelés à faire partie du même tirage, si le plus jeune est reconnu propre au service;

4° Celui dont un frère sera dans l'armée active;

5° Celui dont un frère sera mort en activité de service ou aura été réformé ou admis à la retraite pour blessures reçues dans un service commandé, ou pour infirmités contractées dans les armées de terre et de mer.

La dispense accordée conformément aux paragraphes 4 et 5 ci-dessus ne sera appliquée qu'à un seul frère pour un même cas, mais elle se répétera dans la même famille autant de fois que les mêmes droits s'y reproduiront.

23. En temps de paix, il peut être accordé des sursis d'appel aux jeunes gens qui, avant le tirage au sort, en auront fait la demande.

A cet effet, ils doivent établir que, soit pour leur apprentissage, soit pour les besoins de l'exploitation agricole, industrielle ou commerciale à laquelle ils se livrent pour leur compte ou pour celui de leurs parents, ils est indispensable qu'ils ne soient pas enlevés immédiatement à leurs travaux.

Ce sursis d'appel ne confère ni exemption ni dispense.

Il n'est accordé que pour un an et peut être néanmoins renouvelé pour une seconde année.

Le jeune homme qui a obtenu un sursis d'appel conserve le numéro qui lui est échu lors de son tirage au sort, et à l'expiration de son sursis, il est tenu de satisfaire à toutes les obligations que lui imposait la loi en raison de son numéro.

25. Les jeunes gens dispensés du service d'activité en temps de paix, aux termes de l'art. 17, les jeunes gens dispensés à titre de soutiens de famille, ainsi que les jeunes gens auxquels il est accordé des sursis d'appel, sont astreints, par un règlement du ministre de la guerre, à certains exercices.

Quand les causes de dispenses viennent à cesser ils sont soumis à toutes les obligations de la classe à laquelle ils appartiennent.

(En cas de guerre, l'autorité militaire en dispose selon les besoins des différents services.)

Du service militaire.

36. Tout Français qui n'est pas impropre à tout service militaire fait partie :

De l'armée active pendant *cinq ans ;*

De la réserve de l'armée active pendant *quatre ans ;*

De l'armée territoriale pendant *cinq ans ;*

De la réserve de l'armée territoriale pendant *six ans.*

38. La durée du service compte du 1er juillet de l'année du tirage au sort.

39. Tous les jeunes gens de la classe appelée (qui ne sont pas exemptés ou dispensés), font partie de l'armée active et sont mis à la disposition du ministre de la guerre. Ces jeunes gens sont tous immatriculés dans les divers corps de l'armée et envoyés soit dans lesdits corps, soit dans les bataillons et écoles d'instruction.

40. Après une année de service des jeunes soldats dans les conditions indiquées en l'article précédent, ne sont plus maintenus sous les drapeaux que les hommes dont le chiffre est fixé chaque année par le ministre de la guerre.

Ils sont pris par ordre de numéro sur la première partie de la liste de recrutement de chaque canton, et dans la proportion déterminée par la décision du ministre : cette décision est rendue aussitôt après que toutes les opérations de recrutement sont terminées.

41. Nonobstant les dispositions de l'article précédent, le militaire compris dans la catégorie de ceux ne devant pas rester sous les drapeaux, mais qui après l'année mentionnée audit article, ne sait pas lire et écrire, et ne satisfait pas aux examens déterminés par le ministre de la guerre, peut être maintenu au corps pendant une seconde année.

Le militaire placé dans la même catégorie qui, par l'instruction acquise antérieurement à son entrée au service et par celle reçue sous les drapeaux, remplit toutes les conditions exigées, peut, après six mois, à des époques fixées par le ministre de la guerre, et avant l'expiration de l'année, être envoyé en disponsbilité dans ses foyers, conformément à l'article suivant.

42. Les jeunes gens qui, après le temps de service prescrit par les art. 40 et 41, ne sont pas maintenus sous les drapeaux, restent en disponibilité de l'armée active dans leurs foyers et à la disposition du ministre de la guerre.

Ils sont, par un réglement du ministre, soumis à des revues et à des exercices.

43. Les hommes envoyés dans la réserve de l'armée active restent immatriculés d'après le mode prescrit par la loi d'organisation.

Le rappel de la réserve de l'armée active peut être fait d'une manière distincte et indépendante pour l'armée de terre et pour l'armée de mer, il peut également être fait par classe, en commençant par la moins ancienne.

Les hommes de la réserve de l'armée active sont assujettis, pendant le temps de service de ladite réserve, à prendre part à deux manœuvres.

La durée de chacune de ces manœuvres ne peut dépasser quatre semaines.

44. Les hommes en disponibilité de l'armée active et les hommes de la réserve peuvent se marier sans autorisation.

Les hommes mariés restent soumis aux obligations de service imposées aux classes auxquelles ils appartiennent.

Toutefois, les hommes en disponibilité ou en réserve qui sont pères de quatre enfants vivants passent de droit dans l'armée territoriale.

Des engagements conditionnels d'un an.

53. Les jeunes gens qui ont obtenu des diplômes de bacheliers ès-lettres, de bacheliers ès-sciences, des diplômes de fin d'études ou des brevets de capacité institués par les art. 4 et 6 de la loi du 21 juin 1865, ceux qui font partie des écoles centrales, des arts et métiers, des beaux-arts, d'agriculture, etc., etc., sont admis, avant le tirage au sort, lorsqu'ils présentent les certificats d'études émanés des autorités désignées par un réglement inséré au *Bulletin des lois*, à contracter dans l'armée de terre des engagements conditionnels d'un an, selon le mode déterminé par ledit réglement.

54. Indépendamment des jeunes gens indiqués en l'article précédent, sont admis, avant le tirage au sort, à contracter un semblable engagement, ceux qui satisfont à un des examens exigés par les différents programmes préparés par le ministre de la guerre et approuvés par décrets rendus dans la forme des réglements d'administration publique. Ces décrets sont insérés au *Bulletin des lois.*

Le ministre de la guerre fixe chaque année le nombre des engagements conditionnels d'un an spécifiés au présent article. Ce nombre est réparti par régions déterminées conformément à l'art. 36 ci-dessus et proportionnellement au nombre de jeunes gens inscrits sur les tableaux de recensement de l'année précédente.

Si, au moment où les jeunes gens mentionnés au présent article et à l'article précédent se présentent pour contracter un engagement d'un an, ils ne sont pas reconnus propres au service, ils sont ajournés et ne peuvent être incorporés que lorsqu'ils rempliront toutes les conditions voulues.

55. L'engagé volontaire d'un an est habillé, monté, équipé et entretenu à ses frais.

Toutefois, le ministre de la guerre peut exempter de tout ou partie des obligations déterminées au paragraphe précédent les jeunes gens qui ont donné dans leur examen des preuves de capacité et justifient, dans les formes prescrites par le réglement, être dans l'impossibilité de subvenir aux frais résultant de ces obligations.

56. L'engagé volontaire d'un an est incorporé et soumis à toutes les obligations de service imposées aux hommes présents sous les drapeaux.

Il est astreint aux examens prescrits par le ministre de la guerre.

Si, après un an de service, l'engagé volontaire d'un an ne satifait pas à ces examens, il est obligé de rester une seconde année au service, aux conditions déterminées par le réglement prévu par l'art. 53.

Si, après cette seconde année, l'engagé volontaire ne satisfait pas à ses examens, il est, par décision du ministre de la guerre, déclaré déchu des avantages réservés aux volontaires d'un an, et il reste soumis aux mêmes obligations que celles imposées aux hommes de la première partie de la classe à laquelle il appartient par son engagement.

Il en est de même pour le volontaire qui, pendant la première ou la seconde année, a commis des fautes graves et répétées contre la discipline.

Dans tous les cas, le temps passé dans le volontariat compte en déduction de la durée du service prescrit par l'art. 36 de la présente loi.

En temps de guerre l'engagé volontaire d'un an est maintenu au service.

En cas de mobilisation, l'engagé volontaire d'un an marche avec la première partie de la classe à laquelle il appartient par son engagement.

57. Dans l'année qui précède l'appel de leur classe les jeunes gens mentionnés dans l'art. 53 qui n'auraient pas terminé les études de la faculté ou des écoles auxquelles ils appartiennent, mais qui voudraient les achever dans un temps déterminé, peuvent, tout en contractant l'engagement d'un an, obtenir de l'autorité militaire un sursis avant de se rendre au corps pour lequel ils sont engagés. Le sursis peut leur être accordé jusqu'à l'âge de vingt-quatre ans accomplis.

58. Après que les engagés volontaires d'un an ont satisfait à tous les examens exigés par l'art. 56, ils peuvent obtenir des brevets de sous-officier ou des commissions au moins équivalentes (1).

(1) *Principales dispositions du projet de loi sur l'organisation générale de l'armée.*

37. Les engagés conditionnels d'un an qui, après l'année de service exigée par l'art. 57 de la loi du 27 juillet 1872, ont satisfait à tous les examens prescrits et ont obtenu des brevets de sous-officier ou une

Les lois spéciales prévues par l'art. 45 déterminent l'emploi de ces jeunes gens, soit dans l'armée active, soit dans la disponibilité, soit dans la réserve de l'armée active, soit dans l'armée territoriale ou dans les différents services auxquels leurs études les ont spécialement destinés.

Dispositions particulières.

69. Les jeunes gens appelés à faire partie de l'armée, en exécution de la présente loi, outre l'instruction nécessaire à leur service, reçoivent dans leurs corps, et suivant leurs grades, l'instruction prescrite par un réglement du ministre de la guerre.

70. Les ministres de la guerre et de la marine assureront par des réglements, aux militaires de toutes armes, le temps et la liberté nécessaires à l'accomplissement de leurs devoirs religieux les dimanches et autres jours de fête consacrés pour leurs cultes respectifs. Ces réglements seront insérés au *Bulletin des lois*.

72. Nul n'est admis, avant l'âge de trente ans accomplis, à un emploi civil ou militaire s'il ne justifie avoir avoir satisfait aux obligations imposées par la présente loi.

78. Les jeunes gens qui, au lieu d'être placés ou maintenus dans la garde nationale mobile, feront partie de la réserve, conformément aux dispositions précédentes, seront soumis à des exercices et revues déterminées par un réglement du ministre de la guerre.

80 et dernier. — Toutes les dispositions des lois et décrets antérieurs à la présente loi, relatifs au recrutement de l'armée, sont et demeurent abrogés.

---

4 Novembre 1872. — Convention entre les gouvernements français et allemand stipulant que les *expéditions des actes de l'état civil* demandées par les autorités françaises et délivrées en Alsace-Lorraine, ou demandées par les autorités d'Alsace-Lorraine et délivrées en France seront pendant cinq ans (sauf à renouveler) *exemptées du droit et de la formalité du timbre*.

---

8 Décembre 1872. — Décret portant réglement d'administration publique relatif à *la taxe sur le revenu des actions et obligations des sociétés* et entreprises de toute nature.

---

commission pour un des services de l'armée, restent en disponibilité passent ensuite dans la réserve et dans l'armée territoriale pendant le temps prescrit par la loi.

Ils sont, à cet effet, d'avance immatriculés dans les corps ou affectés aux services auxquels ils sont destinés, et reçoivent, en entrant dans la disponibilité, un titre qui leur fait connaître le corps ou le service qu'ils devront rejoindre s'ils sont rappelés.

39. Les engagés conditionnels d'un an qui ont satisfait aux examens prescrits par ledit art. 56 peuvent, *en restant une année de plus*, soit dans l'armée active, soit dans une école désignée par le ministre de la guerre, et après avoir subi les examens déterminés, *obtenir un brevet de sous-lieutenant auxiliaire* ou une commission équivalente, et être placés avec leur grade, selon les besoins de l'armée, dans la disponibilité ou la réserve de l'armée active, et, après le temps voulu par la loi, dans l'armée territoriale.

Ils sont immatriculés comme *officiers* dans les corps ou services du corps d'armée auxquels ils sont attachés : mention en est faite sur leur brevet ou commission.

40. Les officiers auxiliaires, les officiers de l'armée territoriale, sont, pendant la durée de leur présence sous les drapeaux, considérés comme étant en activité ; mais ils ne peuvent se prévaloir des grades qu'ils ont occupés ou obtenus pendant ce temps pour être maintenus dans l'armée active.

Sous le rapport de la médaille militaire, de la croix de la légion d'honneur, obtenus par eux pendant qu'ils sont sous les drapeaux, de même que sous le rapport des pensions pour infirmités et blessures, ils jouissent de tous les droits attribués aux militaires de même grade dans l'armée active

1. La taxe de trois pour cent (3 0/0) établie par la loi du 29 juin 1872, est avancée par les sociétés, compagnies, entreprises, départements, communes et établissements publics, et payée au bureau de l'enregistrement du siége social ou administratif désigné à cet effet, savoir :

1° Pour les obligations, emprunts et autres valeurs, dont le revenu est fixé et déterminé à l'avance, en quatre termes égaux, d'après les produits annuels afférents à ces valeurs ;

2° Pour les actions, parts d'intérêts, commandites et emprunts à revenu variable, en quatre termes égaux déterminés provisoirement d'après le résultat du dernier exercice, réglés et calculés sur les quatre cinquièmes du revenu s'il en a été distribué, et, en ce qui concerne les sociétés nouvellement créées, sur le produit évalué à cinq pour cent du capital appelé.

Chaque année, après la clôture des écritures relatives à l'exercice, il est procédé à une liquidation définitive de la taxe due pour l'exercice entier. Si de cette liquidation il résulte un complément de taxe au profit du Trésor, il est immédiatement acquitté. Dans le cas contraire, l'excédent versé est imputé sur l'exercice courant ou remboursé, si la société est arrivée à son terme ou si elle cesse de donner des revenus.

2. Les paiements à faire en quatre termes doivent être effectués dans les vingt premiers jours des mois de janvier, avril, juillet et octobre de chaque année.

La liquidation définitive a lieu au moment du dépôt prescrit par l'art. 2 de la loi du 29 juin 1872, des comptes rendus et extraits des délibérations des assemblées générales d'actionnaires ou des conseils d'administration, ou de tous autres documents analogues fixant le dividende distribué. Cette liquidation doit être établie dans les vingt premiers jours du mois de mai pour les sociétés auxquelles leurs statuts n'imposent pas l'obligation de prendre des délibérations sur cet objet. Dans ce cas, la liquidation définitive est opérée à raison de cinq pour cent du prix moyen des cessions de parts d'intérêt consenties pendant l'année précédente et dûment enregistrées, et, à défaut de cessions, d'après l'évaluation à cinq pour cent du montant du capital social ou de la commandite.

3. Toutes les dispositions des deux articles précédents sont applicables aux sociétés, compagnies, entreprises, corporations, villes, provinces étrangères, ainsi qu'à tous autres établissements publics étrangers dont les titres sont cotés ou circulent en France, ou qui ont pour objet des biens soit mobiliers, soit immobiliers situés en France.

La taxe sur le revenu pour les titres cotés à la Bourse ou émis en France, est assise sur la même base que les droits de timbre et de transmission ; elle est déterminée en la forme prévue au réglement d'administration publique du 24 mai 1872.

Les sociétés, compagnies et entreprises étrangères dont les titres ne sont pas cotés, mais qui ont pour objet des biens meubles et immeubles situés en France, doivent la taxe sur le revenu, à raison des valeurs françaises qui en dépendent, et acquittent cette taxe d'après une quotité du capital social fixée par le ministre des finances sur l'avis préalable de la commission instituée par le réglement ci-dessus indiqué. Elles doivent à cet effet faire agréer par le ministre des finances, un représentant français personnellement responsable des droits et amendes.

4. Aucune émission ou souscription de titres étrangers ne peut avoir lieu en France qu'après qu'un représentant responsable a été agréé par le ministre des finances.

Dans le mois qui suit la clôture de l'émission ou de la souscription, le ministre des finances détermine le nombre de titres qui doivent servir de base à la perception des droits de timbre et de transmission, ainsi qu'à l'assiette de la taxe sur le revenu. Ce nombre est fixé conformément aux dispositions des réglements d'administration publique des 17 juillet 1857 et 24 mai 1872.

5. La caisse des dépôts et consignations est autorisée à payer directement à Paris, au bureau qui sera désigné, la taxe annuelle due à raison des prêts de toute nature qu'elle a faits à des départements, communes et établissements publics.

6. (Disposition transitoire relative à l'année 1872.)

---

20 Décembre 1872. — Loi de finances qui rétablit le droit de timbre de un pour mille (1 p. 1.000) à cinquante centimes par 1000 ou fraction de 2.000 fr. [illegible] effets de commerce tirés de l'étranger et circulant en France et qui permet de les timbrer au moyen de timbres mobiles, [illegible] à raison de leur quotité seulement et non des sommes qu'ils indiquent.

Elle fixe le prix des *permis de chasse* à 25 francs comme il était autrefois, abroge la loi du 28 juin 1872 *sur l'impôt des créances hypothécaires*, crée des *cartes postales* de 10 et de 15 centimes et réduit le droit sur les envois d'argent à 1 p. 100 fr.

21 Décembre 1872. — Décret portant règlement d'administration publique pour l'exécution de l'art. 6 de la loi du 27 juillet 1870, relatif à l'acquittement au moyen de timbres mobiles des *droits de timbre des affiches*.

Art. 1. Il est créé des timbres mobiles à 5, 10 et 20 centimes en principal. Provisoirement les droits de 15 centimes et de 30 centimes seront acquittés par l'apposition de deux timbres mobiles.

2. Les timbres mobiles seront collés par les soins des imprimeurs et à leurs risques et périls. Ces timbres seront apposés de manière à ce qu'ils soient oblitérés par l'impression de deux lignes au moins du texte de l'affiche.

Dans le cas où, par suite de la disposition des caractères typographiques, l'oblitération ne pourrait avoir lieu ainsi qu'il est prescrit par le paragraphe précédent, il y serait suppléé par une griffe apposée à l'encre grasse [illegible] contenant le nom de l'imprimeur ou la raison sociale de sa maison de commerce, ainsi que la date de l'oblitération.

---

25 Mars 1873. — Loi qui règle la *condition des déportés* à la Nouvelle-Calédonie [illegible].

Art. 13. — Si le concessionnaire vient à mourir après que la concession a été rendue définitive, les biens qui en font partie seront attribués aux héritiers d'après les règles du droit commun.

Néanmoins, dans le cas où il n'existerait pas d'enfants légitimes ou autres descendants, la *veuve*, si elle habitait avec son mari, succédera à la moitié en propriété tant de la concession que des autres biens que le déporté aurait acquis dans la colonie.

En cas d'existence d'enfants légitimes ou autres descendants, le droit de la femme ne sera que d'un tiers en usufruit.

Par dérogation à l'art. 16 de la présente loi les condamnés pourront, dans les limites autorisées par les art. 1094 et 1098 du Code civil, disposer de leurs biens dans quelque lieu qu'ils soient situés, soit par acte entre vifs, soit par testament, en faveur de leurs conjoints habitant avec eux.

Un réglement d'administration publique déterminera les conditions de l'envoi en possession de la femme et de la liquidation des biens appartenant aux déportés dans la colonie.

Art. 14. — Les dispositions de l'art. 13 seront applicables à l'époux de la femme déportée. Toutefois la concession accordée à la femme ne pourra être aliénée ni hypothéquée sans le consentement des deux époux.

Art. 16. — Les dispositions de la loi du 31 mai 1854 continueront à recevoir leur exécution en ce qui concerne les condamnés à la déportation. Toutefois, les condamnés à la déportation simple auront de plein droit l'exercice des droits civils dans le lieu de la déportation, il pourra lui être remis avec l'autorisation du gouvernement tout ou partie de leurs biens. Sauf l'effet de cette remise, les actes faits par eux dans le lieu de la déportation ne pourront ni engager, ni affecter les biens qu'ils possédaient au jour de leur condamnation, ni ceux qui leur seraient échus à titre gratuit depuis cette époque.

Le gouvernement pourra, en outre, sur l'avis du gouverneur en conseil, accorder aux déportés l'exercice dans les colonies de tout ou partie des droits (civils) dont ils sont privés par l'art. 34 du Code pénal.

Art. 17. — Le *domicile* des déportés pour tous les droits civils dont ils ont l'exercice aux colonies, est au lieu où ils subissent leurs peines.

Art. 18. — Les dispositions du décret du 24 mars 1852 sur le *mariage* du français en Océanie, sont applicables aux déportés.

---

10 Avril 1874. — Décret réglant l'exécution des art. 11 et 13 de la loi du 15 juin 1872, relative aux titres au porteur.

Art. 1er. L'exploit signifié au syndicat des agents de change de Paris, en exécution de l'art. 11 de la loi du 15 juin 1872, mentionnera en toutes lettres et en chiffres les numéros des titres dont la publication sera requise.

2. Le recueil quotidien que publiera la compagnie des agents de change de Paris, conformément au même article de loi, portera pour titre : *Bulletin officiel des oppositions sur les titres au porteur, publié par le syndicat des agents de change de Paris.*

3. Le prix de l'insertion sera de cinquante centimes par numéro de valeur et par an.

En cas de mainlevée de l'opposition avant l'échéance de l'année, le prix payé restera acquis au syndicat.

4. Le Bulletin publiera les oppositions par catégories de valeurs.

Tous les numéros d'une même valeur seront inscrits à

la suite les uns des autres par ordre augmentatif et en chiffres.

5. Il ne pourra être inséré dans le Bulletin ni annonce, ni réclame, ni article quelconque.

6. Les parties intéressées ne pourront faire cesser la publication des numéros frappés d'opposition qu'en justifiant de la mainlevée de l'opposition dans l'une des trois formes suivantes :

1° Par acte notarié ;

2° Par la remise de l'original de l'opposition ou de sa notification au syndicat, avec mention de la mainlevée, ladite mention légalisée soit par un agent de change près la Bourse de Paris, soit par le président du tribunal civil, par le préfet ou le juge de paix du domicile de l'opposant ;

3° Par la signification d'une décision judiciaire devenue définitive.

Néanmoins, lorsqu'il s'agira d'une mainlevée partielle, l'opposition pourra arrêter la publication partielle de son opposition par un simple acte extrajudiciaire, mais à la condition de représenter au syndicat l'original de l'opposition à restreindre ou de sa notification, et d'inscrire sur ledit original, qui continuera de rester en ses mains, mention de la mainlevée partielle par lui consentie.

7. Le prix de l'abonnement au Bulletin ne pourra pas dépasser 70 fr. par an ; le prix du numéro ne pourra pas dépasser 50 c.

Ces deux maxima sont fixés pour toute la France continentale, les droits de poste compris. Pour les colonies et l'étranger, les droits de poste seront perçus en sus.

8. Le syndicat sera tenu de donner à tout requérant communication gratuite, sans déplacement, des numéros du Bulletin dont le tirage sera épuisé.

9. L'opposant et les tiers porteurs successifs du titre frappé d'opposition ou leurs ayants cause pourront obtenir du syndicat une copie certifiée ou un extrait des actes d'opposition ou de mainlevée les intéressant, moyennant un droit de 1 fr. en sus du timbre.

10. Toute personne pourra obtenir, moyennant un droit de cinquante centimes, l'indication du nom et du domicile de l'opposant, ainsi que de la date de l'opposition.

11. Le taux de la rémunération allouée aux agents de change pour mentionner sur les bordereaux d'achat les numéros livrés est fixé à cinq centimes par titre.

12. Les prix et tarifs fixés par le présent règlement seront révisés, s'il y a lieu, après la première année de leur mise à exécution.

11-20 Avril 1873. — Décret qui modifie la forme de *promulgation des lois.*

Art. 1. — Les lois seront promulguées à l'avenir dans la forme suivante :

« L'Assemblée nationale a adopté la loi dont la teneur suit :

(Texte de loi).

« Le Président de la République promulgue la pré- » sente loi. »

---

24 Mai 1873. — Nomination de M. le Maréchal de Mac-Mahon, Duc de Magenta, à la présidence de la République Française, en remplacement de M. Thiers, démissionnaire.

---

24 juillet 1873. — Loi relative à l'*organisation générale de l'armée.*

Art. 1 à 13. — Division du territoire en 18 régions, composition des corps d'armée. — Art. 14 à 19. Commandement, administration. — 20 à 28. Incorporation, mobilisation. — 29 à 35. Armée territoriale et réserve, recrutement, formation, avancement, mobilisation (1). — 36 à 40. Dispositions particulières pour les engagés conditionnels d'un an et de deux ans. (V p. 24, note).— 41 à 43. Dispositions transitoires pour les officiers de la garde nationale mobile.

---

19 Novembre 1873. — Loi qui *nomme* M. le Maréchal de Mac-Mahon Président de la République pour 7 ans :

Le pouvoir exécutif est confié pour sept ans au Maréchal de Mac-Mahon, Duc de Magenta, à partir de la promulgation de la présente loi.

Ce pouvoir continuera à être exercé avec le titre de Président de la République et dans les conditions actuelles jusqu'aux modifications qui pourraient y être apportées par les lois constitutionnelles.

29 Décembre 1873. — Loi relative aux *copies d'exploits et significations, Domaines, Tableau des propriétés immobilières de l'Etat, Amendes et condamnations pécuniaires, Receveurs de l'enregistrement, Percepteurs.*

TITRE I. — § 2. *Impôts autorisés.*

Art. 2. — Le droit de timbre des copies des exploits, des notifications d'avoué à avoué, et des significations de tous jugements, actes ou pièces, sera acquitté au moyen de timbres mobiles apposés sur l'original de l'exploit. — Néanmoins, ces copies ne pourront être faites que sur un papier timbré spécial de la dimension des feuilles aux droits de 50 cent. ou de 1 fr., et qui sera fourni gratuitement par l'administration de l'Enregistrement, des Domaines et du Timbre.

---

(1) Tableau par classes du service que les hommes (mariés ou non, ayant servi ou non), auront à faire dans l'armée territoriale :

HOMMES			ONT A FAIRE		*Sont libérés* définitivement du service à 40 ans révolus le 30 Juin
âgés en 1874 de	nés en l'année	sont de la classe	dans *l'armée territoriale,* 5 *ans* à partir du 1 Juillet des années	dans la *réserve* de l'armée territoriale. 6 *ans* à partir du 1 Juillet.	
39 ans	1835	1855	»	1870	1876
38	1836	1856	»	1871	1877
37	1837	1857	»	1872	1878
36	1838	1858	»	1873	1879
35	1839	1859	»	1874	1880
34	1840	1860	1870	1875	1881
33	1841	1861	1871	1876	1882
32	1842	1862	1872	1877	1883
31	1843	1863	1873	1878	1884
30	1844	1864	1874	1879	1885
29	1845	1865	1875	1880	1886
28	1846	1866	1876	1881	1887

La réserve de l'armée active comprend les hommes des cinq classes 1867 à 1871 (nés de 1847 à 1851) qui ne sont pas sous les drapeaux.

Art. 3. — Indépendamment des mentions prescrites par l'art. 48 du décret du 14 juin 1813 et par l'art. 67, C. proc., les huissiers seront tenus d'indiquer distinctement au bas de l'original et des copies de chaque exploit: 1° le nombre de feuilles de papier spécial employées tant pour les copies de l'original que pour les copies des pièces signifiées ; 2° le montant des droits de timbre dus à raison de la dimension de ces feuilles.

Art. 4. — Il ne pourra être alloué en taxe, et les officiers ministériels ne pourront demander et se faire payer, à titre de remboursement de droit de timbre des copies, aucune somme excédant la valeur des timbres mobiles apposés en exécution des dispositions qui précèdent. — Un règlement d'administration publique déterminera la forme et les conditions d'emploi du papier spécial et des timbres mobiles créés par la présente loi, ainsi que toutes les autres mesures d'exécution. — Sont applicables à ces timbres les dispositions de l'art. 21 de la loi du 11 juin 1859.

Art. 5. — Chaque contravention aux dispositions des art. 2 et 3 ci-dessus et à celles du règlement d'administration publique à intervenir sera punie d'une *amende* de 50 fr. — Seront considérés comme non timbrés les actes et pièces autres *que les copies* spécifiées en l'art. 2 et qui auraient été écrits sur le papier spécial exclusivement destiné à ces copies.

Art. 22. — Il sera dressé dans le courant de l'année 1874 un relevé présentant distinctement : 1° Le *tableau de toutes les propriétés immobilières de l'Etat*, tant à Paris que dans les départements, et qui sont affectées à un service public ; 2° Le tableau de toutes les propriétés non affectées à un service public. — Ce relevé sera dressé conformément aux prescriptions de l'ordonnance du 6 oct. 1833. Il sera imprimé et distribué à l'Assemblée nationale pendant la session de 1874.

Art. 23 — Les changements qui surviendront chaque année dans la consistance des propriétés ci-dessus désignées, soit par addition ou nouvelles constructions, soit par distraction ou démolition, seront indiqués dans les tableaux supplémentaires. Ces tableaux seront dressés de la même manière que le relevé général prescrit par l'article précédent. Ils seront insérés au compte général de l'administration des Finances. — Tout *acte d'aliénation d'immeuble* appartenant à l'Etat devra indiquer le numéro sous lequel l'immeuble vendu est inscrit au tableau dressé en exécution de l'article précédent. — Aucun *paiement* pour acquisition d'immeuble par l'Etat ne pourra avoir lieu sans que le *mandat* fasse mention du numéro sous lequel l'immeuble acquis a été immatriculé sur les sommiers du Domaine.

Art. 24. — Une commission sera chargée de reviser tous les trois ans les affectations d'immeubles faites aux divers services publics. Elle émettra son avis sur l'opportunité de maintenir, de réduire ou de faire cesser ces affectations. — Cette commission sera composée du ministre des finances, président ; de trois membres de l'Assemblée nationale, du président de la section des finances au Conseil d'Etat, du directeur général des Domaines, des secrétaires généraux des divers ministères ou de fonctionnaires désignés pour les suppléer. — La première révision aura lieu en 1875. Le rapport de la commission sera publié et distribué à l'Assemblée.

Art. 25. — A partir du 1 janvier 1874, les *percepteurs* des contributions directes seront substitués aux receveurs de l'Enregistrement pour le recouvrement des amendes et des condamnations pécuniaires autres que celles concernant les droits d'enregistrement, de timbre, de greffe, d'hypothèques, le notariat et la procédure civile. — Sont maintenues toutes les dispositions des lois qui ne sont pas contraires au paragraphe précédent; toutefois, les *porteurs de contraintes* pourront remplacer les huissiers pour l'exercice des poursuites. — Un règlement d'administration publique déterminera, s'il y a lieu, les mesures nécessaires pour assurer l'exécution du présent article.

---

30 Décembre 1873. — Décret portant règlement d'administration publique pour l'exécution de la loi précédente sur le timbre des copies d'exploits, etc.

---

29 Décembre 1873. — Loi relative à une *augmentation de décimes.*

Il est ajouté aux impôts et produits de toute nature déjà soumis aux décimes par les lois en vigueur.

1° 5 p. 100 du principal pour les impôts et produits dont le principal seul est déterminé par la loi, ainsi que pour les amendes et condamnations judiciaires ;

2° et 4 p. 100 du droit total actuel, pour les impôts et produits dont la quotité fixée par la loi comprend à la fois le principal et les décimes (assurances maritimes dont la taxe est fixée à 10 p. 100, décime compris).

Cette augmentation n'atteint pas les droits de greffe et de timbre. Elle est également étrangère aux droits et produits que les lois antérieures n'ont pas assujettis aux décimes, tels que les droits de transmission perçus sur les titres des sociétés françaises et étrangères, et la taxe de 3 p. 100 sur le revenu des valeurs mobilières. (L. 29 juin 1872, art. 3.)

---

30 Décembre 1873. — Décret qui proroge au 1 janvier 1875 les délais fixés pour la reconstitution des actes de l'état-civil de Paris. L. 12 février 1872 et 25 février 1872.

---

19 Février 1874. — Loi portant augmentation des droits d'*enregistrement et de timbre, billets, mandats, chèques, warrants, timbres mobiles, encaissements par entrepreneurs de transports.*

Art. 1. — Sont établis *à titre extraordinaire et temporaire* les augmentations d'impôts et les impôts énumérés dans la présente loi.

Art. 2. — Les divers droits *fixes* d'enregistrement auxquels les *actes extrajudiciaires* sont assujettis par les lois en vigueur sont *augmentés de moitié.* (V. art. 4. L. 28 février 1872).

Art. 3. — Le tarif du droit de *timbre proportionnel* établi par le numéro 1 de l'article 2 de la loi du 23 août 1871, *sur les effets négociables ou de commerce*, autres que ceux tirés de l'étranger sur l'étranger et circulant en France, est *augmenté de moitié.*

A partir du 1 juillet 1874, le *droit de timbre* des effets négociables ou de commerce au-dessus de cinq cents francs jusqu'à mille francs, *sera gradué* de cent francs en cent francs, sans fraction.

Art. 4. — Sont soumis au droit de timbre proportionnel fixé par l'article précédent :

Les billets, obligations, délégations et tous mandats,

non négociables, quelle que soit d'ailleurs leur forme ou leur dénomination, servant à procurer une remise de fonds de place à place.

Cette disposition est applicable aux écrits spécifiés ci-dessus, souscrits en France et payables hors de France, et réciproquement.

En cas de contravention, le souscripteur, le bénéficiaire ou le porteur, sont passibles chacun de l'amende de 6 p. 100 édictée par l'article 4 de la loi du 5 juin 1850. Sont applicables, en cas de contravention, les dispositions pénales des articles 6 et 7 de ladite loi du 5 juin 1850. (1)

Art. 5. — Les dispositions suivantes sont ajoutées à l'article 1 de la loi du 14 juin 1865 :

Le chèque indique le *lieu* d'où il est émis. *La date du jour* où il est tiré est *inscrite en toutes lettres et de la main de celui qui a écrit le chèque.*

Le chèque, même au porteur, est *acquitté* par celui qui le touche ; *l'acquit est daté.*

Toutes stipulations entre le tireur, le bénéficiaire ou le tiré, ayant pour objet de rendre le chèque payable autrement qu'à vue et à première réquisition, sont nulles de plein droit.

Art. 6. — L'article 6 de la loi du 14 juin 1865 est abrogé et remplacé par les dispositions suivantes :

Le tireur qui émet un chèque sans date, ou non daté en toutes lettres, s'il s'agit d'un chèque de place à place; celui qui revêt un chèque d'une fausse date ou d'une fausse énonciation du lieu d'où il est tiré, est passible d'une amende de 6 p. 100 de la somme pour laquelle le chèque est tiré sans que cette amende puisse être inférieure à cent francs (100 fr.).

La même amende est due personnellement et sans recours, par le premier endosseur ou le porteur d'un chèque sans date ou non daté en toutes lettres, s'il est tiré de place à place, ou portant une date postérieure à l'époque à laquelle il est endossé ou présenté. Cette amende est due, en outre, par celui qui paye ou reçoit en compensation un chèque sans date, ou irrégulièrement daté, ou présenté au paiement avant la date d'émission.

Celui qui émet un chèque sans provision préalable et disponible est passible de la même amende, sans préjudice des peines correctionnelles, s'il y a lieu.

Art. 7. — Celui qui paye un chèque sans exiger qu'il soit acquitté est passible personnellement et sans recours d'une amende de cinquante francs (50 fr.)

Art. 8. — Les chèques *de place à place* sont assujettis à un droit de timbre fixe de 20 *centimes.*

Les *chèques sur place* continueront à être timbrés à 10 *centimes.*

Sont applicables aux chèques de place à place non timbrés, conformément au présent article, les dispositions pénales des articles 4, 5, 6, 7 et 8 de la loi du 5 juin 1850 (1)

Le droit de timbre additionnel peut être acquitté au moyen d'un timbre mobile de dix centimes.

Art. 9. — Toutes les dispositions législatives relatives aux chèques tirés de France sont applicables aux chèques tirés hors de France et payables en France.

Les chèques pourront avant tout endossement en France être timbrés avec des timbres mobiles.

Si le chèque tiré hors de France n'a pas été timbré conformément aux dispositions ci-dessus, le bénéficiaire, le premier endosseur, le porteur et le tiré, sont tenus, sous peine de l'amende de 6 p. 100, de le faire timbrer aux droits fixés par l'article précédent, avant tout usage en France.

Si le chèque tiré hors de France n'est pas souscrit conformément aux prescriptions de l'art. 1 de la loi du 14 juin 1865 et de l'article 5 ci-dessus, il est assujetti aux droits de timbre des effets de commerce. Dans ce cas, le bénéficiaire, le premier endosseur, le porteur ou le tiré, sont tenus de le faire timbrer, avant tout usage en France, sous peine d'une amende de 6 p. 100.

Toutes les parties sont solidaires pour le recouvrement des droits et amendes.

Art. 10. — Les *recouvrements effectués par les entrepreneurs de transports, à titre de remboursement* des objets transportés, quel que soit d'ailleurs le mode employé pour la remise des fonds au créancier, ainsi que tous autres *transports* fictifs ou réels de *monnaies ou de valeurs*, sont assujettis à la délivrance d'un *récépissé* ou d'une lettre de voiture dûment timbré.

Le droit de *timbre* du récépissé ou celui de la lettre de voiture fixé dans ce cas à 35 *centimes* y compris le droit de la décharge, est supporté par *l'expéditeur de la marchandise.*

---

19 Février 1871.— Décret relatif aux timbres et aux contre-timbres créés par l'art. 3 de la loi ci-dessus et prescrivant que ces derniers indiquent l'augmentation du droit au moyen de la mention : Demi droit en sus.

---

(1) Art. 4, 5, 6, 7, 8 et 9. L. 5 juin 1850.

4. En cas de contravention aux articles précédents, le souscripteur, l'accepteur, le bénéficiaire ou premier endosseur de l'effet non timbré ou non visé pour timbre seront passibles chacun d'une amende de six pour cent. — A l'égard des effets compris en l'article 3, outre l'application, s'il y a lieu, du paragraphe précédent, le premier des endosseurs résidant en France, et, à défaut d'endossement en France, le porteur sera passible de l'amende de six pour cent. — Si la contravention ne consiste que dans l'emploi d'un timbre inférieur à celui qui devait être employé, l'amende ne portera que sur la somme pour laquelle le droit de timbre n'aura pas été payé.

(Comp. LL. 16 juin 1824, art. 12, et 24 mai 1834, art. 10).

5. Le porteur d'une lettre de change non timbrée, ou non visée pour timbre, conformément aux articles 1er, 2 et 3, n'aura d'action, en cas de non acceptation, que contre le tireur; en cas d'acceptation, il aura seulement action contre l'accepteur et contre le tireur, si ce dernier ne justifie pas qu'il y avait provision de l'échéance. — Le porteur de tout autre effet sujet au timbre et non timbré, ou non visé pour timbre, conformément aux mêmes articles, n'aura d'action que contre le souscripteur. — Toutes stipulations contraires seront nulles.

6. Les contrevenants seront soumis solidairement au payement du droit de timbre et des amendes prononcées par l'article 4. Le porteur fera l'avance de ce droit et de ces amendes, sauf son recours contre ceux qui en seront passibles. Ce recours s'exercera devant la juridiction compétente pour connaître de l'action en remboursement de l'effet.

(Comp. L. 28 avril 1816, art. 75, et L. 24 mai 1834, art. 21 et 22.)

7. Il est interdit à toutes personnes, à toutes sociétés, à tous établissements publics d'encaisser ou de faire encaisser, pour leur compte ou pour le compte d'autrui, même sans leur acquit, des effets de commerce non timbrés ou non visés pour timbre, sous peine d'une amende de six pour cent du montant des effets encaissés.

8. Toute mention ou convention de retour sans frais, soit sur le titre, soit en dehors du titre, sera nulle, si elle est relative à des effets non timbrés ou non visés pour timbre.

9. Les dispositions de la présente loi sont applicables aux lettres de change, billets à ordres, ou autres effets souscrits en France et payables hors de France.

(Comp. LL. 13 brumaire an VII, art. 14, et L. 23 août 1871, art 2, 1°.)

19 Février 1874. — Décret portant règlement d'administration publique relatif aux *timbres mobiles proportionnels* pour les effets de commerce et les warrants.

---

1 Avril 1874. — *Convention* entre la France et la Russie *sur les successions*, stipulant que les héritiers français de sujets français décédés en Russie pourront hériter de ces derniers conformément à la législation française sur la matière.

TABLE

DU

CODE-MANUEL DES NOTAIRES

Avant la table chronologique, résumé très succinct des lois et décrets *cités* ou *reproduits* dans le Code-Manuel, il a paru utile d'indiquer ici particulièrement les lois et décrets qui ont modifié ou abrogé soit certains articles de nos codes rappelés dans le texte, soit certaines dispositions générales de lois.

Code civil.

Articles **13** (L. 29 juin 1867), **45** (L. 2 mai 1861), **46** et **70** (L. 10 juillet 1871), **1094-1098** (L. 25 mars 1873), **1244** (L. 2 septembre 1871), **1781** abrogé par loi 2 août 1848, **2102** (L. 12 février 1872), **2193** et s. (D. 14 juillet 1866 et les lois suivantes) :

Loi sur la naturalisation du 29 juin 1867 et Décret du 26 octobre 1870.
Loi sur la contrainte par corps des 22 juillet 1867 et 19 octobre 1871.
Décrets sur la promulgation des lois des 5 novembre 1870, 2 septembre 1871 et 11 avril 1873.
Loi sur l'inaliénabilité des propriétés à Paris, saisies ou soustraites par la Commune du 12 mai 1871.
Loi sur les prescriptions et péremptions en matière civile du 26 mai 1871.
Loi sur le mode de suppléer aux actes de l'état-civil de la Seine détruits pendant la Commune du 10 juillet 1871.
Loi relative à la nullité des actes de l'Etat-civil à Paris du 19 juillet 1871.
Loi sur le remploi des immeubles en rentes sur l'État du 16 septembre 1871.
Loi relative à la reconstitution des actes de l'État-civil à Paris du 12 février et 25 mai 1872.
Loi relative aux titres au porteur soustraits ou perdus, du 15 juin 1872.
Loi sur le recrutement et l'organisation de l'armée des 27 juillet 1872 et 24 juillet 1873.
Loi sur la condition des déportés et la liquidation des droits des femmes du 25 mars 1873.

Code de procédure.

Les Décrets des 9 septembre et 3 octobre 1870, et 26 mai 1871 sur les péremptions en matière civile.
Loi du 3 mai 1862 sur les délais en matière civile.
Loi du 2 juin 1862 sur le délai des pourvoirs en cassation.
Loi du 29 décembre 1873 sur les copies d'exploits et significations.

Code de commerce.

Art. **27-28** du Code de commerce, titre 6 : art. **93** (L. 6-23 mai 1863), **9**, **21**, **29**, **30**, **32** à **36**, **43** à **46**, **65** (L. 24 juillet 1867), **74**, **75**, **90** (L. 2 juillet 1862), **160**, **169**, **373**, **375** et **645** (L. 3 mai 1862), **450**, **550** (L. 12 février 1872), **618** à **621** (L. 21 décembre 1871) et la loi du 22 avril 1871 sur les concordats amiables.
Loi du 19 février 1874 sur les chèques, warrants, billets, etc.

Code d'instruction criminelle.

Art. **5**, **6**, **7** et **187** (L. 27 juin 1866), art. **91**, **94**, **113** à **126**, **206** et **613** (L. 14 juillet 1865), **443** à **447** (L. 29 juin 1867), **620** (L. 19 mars 1864).

Code pénal.

Art. **34** (L. 25 mars 1873), **405**, **463** (L. 22 juillet 1867), **463** (L. 27 novembre 1870).

TABLE CHRONOLOGIQUE

DATES.		TITRES DES LOIS.	Indications des citations ou reproductions.
		1859	
16 juin	L	Extension des limites de Paris. Notaires de banlieue.	citée
13 octob	D	Agents de change de Paris autorisés à s'adjoindre un ou deux commis principaux.	cité
19 octob	D	Autorisation à certains juges de paix de légaliser les signatures des notaires.	cité
16 nov.	D	Répartition en trois bureaux de la conservation des hypothèques de la Seine.	cité

DATES.		TITRES DES LOIS.	Indications des citations ou reproductions.
		1860	
18 juil.	L	Mise en valeur des marais communaux.	citée
2 août	D	Traitement de la légion-d'honneur, tarif des certificats de vie.	reprod.
25 août	D	Application à la Savoie et à Nice des lois françaises.	cité
1 déce.	D	Organisation du notariat en Savoie et à Nice.	cité

DATES.		TITRES DES LOIS.	Indications des citations ou reproductions.
		1861	
13 avril	D	Décentralisation administrative.	cité
2 mai	L.	Légalisation par les juges de paix des signatures des notaires.	reprod.
12 juin	L.	Caisse des retraites pour la vieillesse.	citée
3 juillet	L.	Ventes publiques de marchandises en gros.	reprod.
27 juil.	D	Caisse de retraite pour la vieillesse. certificat de vie, art. 28.	reprod.
		1862	
6 févr.	D	Transfert de rentes sur l'État	reprod.
12 févr.	L.	Conversion de rentes 4 1/2 et 4 0/0.	citée
23 févr.	D	Acceptation de dons et legs aux fabriques.	reprod.
3 mai	L.	Délais en matière civile et commerciale.	citée
2 juin	L.	Délais des pourvoirs en cassation.	citée
27 juin	D	Taxe des recouvrements de successions et créances opérés par les chancelleries.	cité
2 juillet	L.	De finances sur le timbre du papier.	citée
		— remploi en rentes sur l'État.	reprod.
1 octob.	D	Agents de change autorisés à présenter des successeurs	cité
2 juillet	L.	Modification des art. 74. 75. 90 du Code com.	citée
		1863	
6-23 mai	L.	Modification des art. 27. 28. 93 du Code com.	citée
18 mai	L.	Timbre de rentes et effets publics étrangers.	citée
23 mai	L.	Sociétés à responsabilité limitée.	citée
31 juil.	D	Legs au profit des communes, pauvres, etc.	reprod.
		1864	
10 mars	L.	Réhabilitation des officiers ministériels.	reprod.
14 juin	D	Organisation du notariat à la Martinique.	cité
28 juin	D	Titres de rentes 3 0/0 avec coupons au port.	cité
		1865	
25 avril	D	Faculté de droit à Douai.	cité
14 juin	L.	Chèques.	reprod.
8 juillet	L.	Timbre de quittances réduit à 0 20 cent.	citée
14 juil.	L.	Mise en liberté provisoire	citée
21 nove.	D	Trésorier payeur général.	cité
		1866	
27 juin	L.	Crimes et délits à l'étranger.	citée
27 juin	D	Communes, purge des hypothèques.	cité
18 juil.	L.	Timbres des affiches d'après dimension.	citée
18 juil.	D	Indemnité aux courtiers de marchandises.	cité
		1867	
29 juin	L.	Révision des procès criminels.	citée
29 juin	L.	Naturalisation.	reprod.
22 juil.	L.	Contrainte par corps.	citée
24 juil	L.	Sociétés en commandites, anonymes, tontines, en 67 articles.	reprod.
24 juil.	L.	Conseils municipaux.	citée
		1868	
22 janv	D	Règl. sociétés d'assurances, formalités.	reprod.
1 févr.	L.	Recrutement et garde mobile.	citée
2 août	L.	Abrogation de l'article 1781.	citée
		1869	
22 sept.	L.	Organisation du notariat en Cochinchine.	reprod.
		1870	
27 juil.	L.	Enregistrement des échanges d'immeubles contigus et timbres mobiles d'effets de commerce.	reprod.
12 août	L.	Cours forcé des billets de banque.	citée
14 août, 25 octo., 1 déce.	L.	Notaires appelés sous les drapeaux autorisés à se faire suppléer.	reprod.
9 sept., 3 octob.	D	Péremptions et prescriptions en matière civ.	reprod.
6-25 sep	D	Formule exécutoire, timbre et cachet.	cité
29 sept	D	Notaires renfermés dans Paris.	cité
30 sept., 9 octo.	D	Délai pour le paiement des loyers.	cité
2 nove.	D	Suspension des procédures de saisie.	cité
5 nove.	D	Promulgation des lois.	reprod.
27 nove.	D	Modification de l'article 163 Code pénal.	cité
14 déce.	D	Modification des formalités pour l'autorisation des femmes.	cité
23 déce.	D	Publications de mariages pendant la guerre.	cité
		1871	
17 févr.		Nomination de M. Thiers chef du pouvoir exécutif.	citée
21 avril	L.	Loyers à Paris.	citée
22 avril	L.	Concordats amiables.	citée
12 mai	L.	Propriétés à Paris déclarées inaliénables.	citée
26 mai	L.	Prescriptions et péremptions en matière civ.	citée
10 juin	L.	Actes de l'état-civil à Paris détruits.	reprod.
19 juil.	L.	Nullité des actes de l'état-civil.	citée
9 août	L.	Français disparus pendant la guerre.	citée
10 août	L.	Conseils généraux.	citée
23 août	L.	Augmentation des impôts d'enregistrement et de timbre en 21 articles.	reprod.
31 août	L.	Président de la République française.	citée
2 sept.	D	Promulgation des lois et formule exécutoire.	reprod.
6 sept.	L.	Dédommagement pour pertes de guerre, etc.	citée
7 sept.	D	Application de l'art. 1244 C. c. aux locataires	citée
15 sept.	L.	Reconstitution des consignations.	citée
16 sept.	L.	Remploi en rentes. art. 29.	reprod.
16-18 se	Circu.	Timbre obligatoire pour pétitions et lettres.	reprod.
27 nove.	D	Droit de timbre des quittances.	reprod.
19 déce.	L.	Contrainte par corps rétablie pour frais dus à l'État.	citée
21 déce.	L.	Élection des juges de commerce.	citée
		1872	
6 janv.	L.	Réorganisation des actes de l'état-civil.	reprod.
31 janv.	L.	Affectation des rentes aux cautionnements.	reprod.
12 févr.	L.	Reconstitution des actes de l'état-civil à Paris	reprod.
12 févr.	L.	Modification des art. 450, 550 C. com. et 2102 C. c.	reprod.
15 févr.	L.	Conseils généraux lors de circonst. except.	citée
28 févr.	L.	Enregistrement, droits gradués, etc.	reprod.
28 févr.	L.	Officiers ministériels prisonniers de guerre ou blessés.	citée
30 mars	L.	Transmission des titres au porteur, titres étrangers.	reprod.
30 mars	L.	Timbres des récépissés et connaissements.	citée
24 mai	L.	Réorganisation du Conseil d'État.	citée
25 mai	L.	Droits de timbre des valeurs étrangères.	citée
15 juin	L.	Titres au porteur perdus ou détruits.	reprod.
25 juin	D	Modèles de timbres mobiles.	cité
29 juin	L.	Impôt sur le revenu des valeurs mobilières.	reprod.
5 juillet	D	Législation des actes de l'Alsace-Lorraine.	cité
28 juin	L.	Impôt sur le revenu des créances hypothéc.	reprod.
27 juil.	L.	Recrutement de l'armée, princip. disposit.	reprod.
4 nove.	Conv.	Expéditions des actes de l'état-civil d'Alsace Lorraine dispensées de timbre.	citée
6 déce.	D	Règlement de la taxe sur le revenu des valeurs mobilières.	reprod.
20 déce.	L.	De finances sur le droit de timbre, les permis de chasse, les cartes postales, abrogation de la loi du 28 juin 1872.	citée
21 déce.	D	Règlement sur les droits de timbre des affiches.	reprod.
		1873	
22 mars	L.	Capitalisation des rentes sur l'État pour les cautionnements.	citée citée
25 mars	D	Condition des déportés et de leurs femmes.	reprod.
10 avril	D	Règlem. de la loi sur les titres au porteur perdus.	reprod.
11 avril	D	Modifiant la forme de promulgation des lois.	reprod.
24 mai		Nomination du Maréchal Mac-Mahon, Président de la République.	reprod.
21 juil.	L.	Organisation générale de l'armée territoriale	citée
19 nove.	L.	Nomination du Président de la République pour 7 ans	citée
29 déce.	L.-D.	Copies d'exploits, tableaux des propriétés immobilières de l'État.	
29 déce.	L.	Augmentation d'un 1/2 décime.	reprod.
30 déce.	D	Prorogation de délai pour la reconstitution des de l'état-civil de Paris	c
		1874	
19 févr	L.	Augmentation de droits d'enregistrement et de timbre, chèques.	reprod.
19 févr.	D	Timbres des billets, effets de commerce et warrants.	reprod.
1 avril	Conv.	Avec la Russie relative aux successions	

DEUXIÈME PARTIE.

LETTRES ET CIRCULAIRES

De MM. les Préfets, Procureurs Généraux et de première Instance, Receveurs Généraux, Directeurs d'Enregistrement, etc., d'Amiens.

1859 A 1873.

21 Juillet 1859. — LETTRE de M. le Préfet de la Somme sur les *adjudications de biens meubles ou immeubles par les maires en dehors des notaires.*

Monsieur le Président,

La gravité de la question soulevée par la Chambre des notaires m'a engagé à la soumettre à l'examen de M. le Ministre de l'intérieur.

Son Excellence me répond sous la date du 13 juillet, qu'il n'est pas douteux que l'art. 10 de la loi du 18 juillet 1837 qui autorise d'une manière générale les maires à procéder aux adjudications intéressant les communes, sans rien déterminer quant à l'objet de ces adjudications, ne s'étende aussi bien aux ventes d'objets mobiliers qu'aux ventes immobilières et aux adjudications de travaux.

On doit donc, ajoute M. le Ministre à l'égard des premières, considérer cet article comme ayant modifié implicitement les dispositions de la loi du 22 pluviôse an VII, invoquées par la Chambre des notaires d'Amiens et en conclure que, pour ces sortes de ventes, les communes ont la faculté de recourir au ministère des officiers publics ou de s'en abstenir.

La question a été au surplus résolue en ce sens par une décision du 21 novembre 1853, concertée entre mon département et celui de la justice, et notifiée à M. le Préfet du Cantal.

Veuillez, je vous prie, porter ces dispositions à la connaissance de la Chambre des notaires dans sa prochaine séance.

---

11 Mai 1860. — LETTRE de M. le Procureur impérial sur les *certificats de propriété* délivrés par deux notaires de ressorts différents.

Monsieur le Président,

Il arrive fréquemment que des certificats de propriété en matière de rentes, pensions et cautionnements, sont délivrés collectivement par deux notaires exerçant dans des ressorts différents, sur le vu d'un ensemble de titres dont chacun d'eux ne possède qu'une partie.

En s'associant ainsi pour la rédaction d'un seul et même acte, les notaires contreviennent, non-seulement à l'art. 6 de la loi du 25 ventôse an XI qui leur défend d'instrumenter en dehors de leur ressort, mais encore à l'art. 23 de la même loi, d'après lequel ils ne peuvent, sans l'ordonnance du président du tribunal, donner connaissance de leurs actes à d'autres qu'aux personnes intéressées en nom direct, héritiers ou ayant droit, à peine de dommages et intérêts et d'amende.

M. le Ministre des finances, avec lequel S. Ex. M. le Garde des Sceaux s'est concerté sur ce point, fait observer que cette forme de procéder est nuisible aux intérêts du Trésor qui, dans ce cas, est, pour quelques actes ou expéditions d'actes, privé de la part d'impôt de timbre et d'enregistrement à laquelle il a droit.

D'après l'art. 1er du décret du 18 sept. 1806, c'est au notaire détenteur de la minute de l'inventaire ou du partage qu'il appartient exclusivement de délivrer les certificats de propriété dont il s'agit, sauf à cet officier public à faire déposer ou annexer dans son étude les actes ou expéditions d'actes qui lui manquent et qu'il est tenu d'avoir en sa possession, aux termes de la disposition finale du modèle annexé audit décret.

Je vous prie de communiquer immédiatement ces instructions aux notaires de l'arrondissement d'Amiens, en leur recommandant de s'y conformer exactement.

Agréez, Monsieur le Président, etc.

Le Procureur impérial,
Signé : IZOARD.

---

7 Mai 1860. — LETTRE de M. le Receveur général sur les *procurations pour vendre des rentes.*

Monsieur le Président,

Quelques-uns de MM. les notaires de l'arrondissement d'Amiens omettent de mentionner, dans les procurations données pour vente de rentes sur l'Etat, le pouvoir donné à l'agent de change de verser le produit de la vente au Trésor, au crédit du receveur général du département de la Somme.

Cette omission ayant fait rejeter quelques ventes par le Trésor, j'ai cru devoir vous donner le présent avis pour que vous le fassiez parvenir à qui de droit.

La mention à introduire dans la procuration est celle-ci : « Verser le produit de la vente au Trésor, au crédit « du receveur général de la Somme, lequel versement « vaudra décharge au mandataire constitué. »

Cette mention ne soumet pas la procuration au double droit, parce que c'est le Trésor qui l'exige comme intermédiaire.

Cette question a été vidée avec l'administration de l'Enregistrement.

Recevez, Monsieur le Président, etc.

Signé : Féron.

27 Octobre 1860. — Arrêté de M. le Préfet de la Somme interdisant les *ventes publiques* de biens par des particuliers non revêtus d'un caractère public.

Le Préfet du département de la Somme, officier de la légion d'honneur,

Vu les art. 3, titre II de la loi du 16-24 août 1790, 10 et 11, titre II, de la loi du 18 juillet 1837,

Vu les art. 459 et suiv. du C. N., ainsi que les art. 955 et suiv. du Code de procédure,

Vu le décret du 29 décembre 1851,

Considérant, ainsi que le dit une circulaire ministérielle du 2 octobre 1811, que si la loi laisse à chacun la faculté de faire des ventes s. s. p., elle ne permet pas de les faire précéder par des publications et formes solennelles réservées aux seules ventes publiques,

Arrête :

Art. 1. Il est interdit à toute personne non revêtue d'un caractère public lui donnant qualité à cet effet, de faire imprimer, placarder et publier aucune affiche annonçant des ventes publiques de meubles et d'immeubles et de convoquer pour cet objet des réunions d'individus dans tel ou tel lieu pour assister aux ventes ou y prendre part.

Art. 2. Il est interdit aux personnes qui exploitent les établissements placés sous le régime du décret du 29 décembre 1851 de tolérer dans l'enceinte de ces établissements aucune de ces réunions, sous peine des mesures de rigueur autorisées par ledit décret.

Art. 3. Les contraventions au présent arrêté seront constatées et poursuivies conformément aux lois.

Art. 4. MM. les maires, commandants de gendarmerie et commissaires de police sont chargés de l'exécution du présent arrêté, qui sera inséré au recueil des actes administratifs et publié dans toutes les communes du Département. Ils surveilleront spécialement à cet effet les débits de boissons et autres lieux publics, et nous rendront compte des infractions qu'ils auront constatées.

Fait à Amiens le 27 octobre 1860.

Pour le Préfet,
Le secrétaire général,
De Boyer de Sainte-Suzanne.

Mars 1861. — Lettre de M. le Procureur impérial au sujet des délibérations à prendre par la Chambre pour l'*honorariat* à demander par elle pour les notaires.

M. le président donne connaissance à la Chambre d'une lettre du 6 mars courant (1861) de M. le Procureur impérial qui recommande de ne point viser et mentionner dans les délibérations des chambres de notaires relatives à l'honorariat, la demande de la partie intéressée, pour se conformer selon M. le Garde des Sceaux à l'esprit de l'ordonnance du 4 janvier 1843 ; l'honorariat devant être proposé spontanément par la chambre et non provoqué par le notaire qui aura exercé ses fonctions pendant vingt années consécutives.

1 Juin 1861. — Lettre de M. le Procureur général à M. le Président de la Chambre des notaires à Amiens, relative à la pénalité pécuniaire adoptée en assemblée générale du 7 mai 1871.

Monsieur le Président,

En transmettant à M. le Garde des Sceaux le procès-verbal de l'assemblée générale du 7 mai dernier, j'ai dû appeler spécialement l'attention de son Exc. sur un article ajouté au réglement de la chambre et qui me paraît constituer un évident excès de pouvoir.

Autorisée en effet par cet article à ordonner, dans le cas de contraventions aux règles sur la conservation des minutes et la résidence, le paiement ou la restitution aux notaires lésés de tout ou partie des honoraires, et même à prononcer des dommages et intérêts, la chambre se trouverait investie d'attributions qui n'appartiennent qu'aux tribunaux.

La chambre a en outre violé l'art. 23 de l'ordonnance du 4 février 1843, en ordonnant la transcription de cet article sur le registre *pour être exécutoire immédiatement*. Toute délibération de la chambre, toute modification aux réglements ne peuvent être exécutoires qu'après l'approbation du ministre.

Je crois devoir, dans ces circonstances, inviter la chambre de discipline à s'abstenir jusqu'à décision de Son Exc. d'appliquer l'article du réglement dont la légalité est contestée.

Recevez, Monsieur le Président, etc.

Le Procureur général,
Signé : Louis Dufour.

Réponse de M. le Président de la Chambre à la lettre de M. le Procureur général sus transcrite.

Monsieur le Procureur général.

J'ai l'honneur de vous accuser réception de la lettre que vous m'avez adressée le 1er juin courant, n° 1774, par laquelle vous signalez l'illégalité d'une délibération prise par notre assemblée générale dans la séance du 7 mai dernier, et vous invitez la Chambre à s'abstenir jusqu'à la décision de Son Exc. M. le Garde des sceaux de faire usage de cette délibération.

J'ai communiqué votre lettre à notre chambre de discipline dans la séance d'hier, et la chambre a décidé qu'elle serait transcrite sur notre registre de délibération.

Je crois devoir à cette occasion vous exposer les faits suivants :

A l'exception des articles concernant la constitution de notre bourse commune, notre compagnie n'a encore aucun réglement approuvé par l'autorité supérieure.

Les statuts, dont nous faisons usage, ont été soumis dès l'année 1844 à l'approbation de Son Excellence, mais nous n'en avons jamais reçu aucune approbation.

Nous ne pouvons donc en faire usage qu'à titre provisoire, comme d'un simple guide pour régler notre marche, et en vertu seulement de l'adhésion écrite qui leur est donnée par tous les membres de la compagnie. — L'article additionnel que nous avons adopté le 7 du mois dernier se trouve malheureusement dans les mêmes conditions. — L'unanimité des membres de la compagnie l'a accepté et s'y est soumise, mais nous reconnaissons qu'il n'a pas plus que nos autres statuts le caractère légal qui résulterait d'une approbation de M. le Garde de sceaux. — Cependant l'unanimité de son acceptation prouve son utilité, — il n'a en effet qu'un seul but, celui de contribuer à sauvegarder notre dignité dans l'exercice de nos fonctions, en frappant les manœuvres et les marchés qui y portent une grave atteinte.

Nous ne pouvons que faire des vœux pour que cette position soit régularisée.

Veuillez agréer, Monsieur le Procureur général, etc.

Signé : Duparc.

---

30 Juillet 1861. — Lettre de M. le Président du Tribunal civil d'Amiens pour presser l'achèvement des *liquidations judiciaires* confiées aux notaires.

Monsieur,

Parmi les procédures dont l'instruction se prolonge et qui chargent le plus longtemps le rôle de nos audiences, figurent au premier rang les instances en partage. Cela tient à leur nature : je le reconnais. Mais un procès est toujours une souffrance pour les parties en cause, et s'il est du devoir de tous ceux qui concourent à l'action de la justice d'en abréger la durée, c'est surtout lorsque, surgissant entre parents ou alliés, il peut susciter ou envenimer des dissensions de familles.

Ce n'est pas qu'une liquidation judiciaire soit toujours et nécessairement un procès. La loi elle-même l'offre aux justiciables comme une sage et utile garantie, imposée aux incapables et souvent recherchée par les copartageants libres de leurs droits. Même dans ce cas, l'indivision, qu'elle a pour but de faire cesser, est un mal dont il faut hâter le terme par tous les moyens possibles.

Litigieux ou non, le partage judiciaire comporte des opérations multiples et diverses. La licitation ou l'expertise et l'allotissement des biens, le calcul et le règlement de droits qui naissent le plus souvent de la volonté de la loi, quelquefois aussi de celle de l'homme, tels sont, à bien plus juste titre que la procédure où ils s'encadrent, les véritables moyens de solution du problème posé devant la justice: la cessation de l'indivision.

L'ordre dans lequel les inconnues de ce problème devront être dégagées n'est pas indifférent, et par leur nature même, les opérations qu'il nécessite se subordonnent les unes aux autres. Mais si véritables, si compliquées qu'en soient les données, elles se résument et se concentrent le plus ordinairement dans le procès-verbal de liquidation qui est le thème principal, indispensable, du jugement définitif attendu par les parties avec une légitime impatience.

La rédaction de ce procès-verbal est la tâche qui vous revient dans l'œuvre générale du partage ; et cette tâche, il faut louer le législateur moderne de l'avoir confiée aux lumières et à l'expérience qui distinguent le notariat. Le Tribunal, en vous la remettant lorsque l'intérêt des parties vous aura désigné à son choix, espère, Monsieur, que vous apporterez toute votre activité, toute votre exactitude à l'accomplir.

Chargé par mes fonctions d'organiser la surveillance qu'il exerce en cette matière sur toute la procédure, et d'en régler par des mesures convenables, l'application à chacune des phases de l'instance en partage, je prendrai pour point de départ du délai à consacrer à la partie qui vous concernera, la remise ou communication qui vous sera faite du jugement qui vous aura commis.

Instruit comme vous l'aurez été par mes soins, aussitôt après le jugement préparatoire, de la mission qui vous sera échue, vous pourriez dès lors rassembler les pièces les plus essentielles à l'établissement du projet de liquidation, si déjà vous ne les possédez comme rédacteur de l'inventaire; vérifier les éléments soit des reprises ou indemnités, s'il s'agit de communautés, soit des rapports entre cohéritiers, s'il s'agit d'une succession ; pressentir enfin les intéressés tant sur ces questions fondamentales de tout partage, et le plus souvent fécondes en difficultés, que sur toutes autres spéciales à l'affaire.

Vous utiliseriez par là un temps précieux et, le terrain ainsi exploré d'avance, votre œuvre deviendrait plus facile, lorsque la réception du jugement ou les résultats connus de la licitation, si elle a lieu par votre ministère, auront placé définitivement sous votre responsabilité la marche des opérations, en vous mettant à même d'ouvrir votre procès-verbal.

Je n'ai pas, au surplus, la prétention de vous tracer telle ou telle méthode à suivre : vous en êtes le meilleur juge, et il ne m'appartient pas de m'immiscer dans les détails de vos fonctions. Préoccupé uniquement d'accélérer l'achèvement des liquidations, dans la mesure du possible, il est de mon devoir de vous rappeler, en vous priant de le faire bien comprendre à vos clients, que ce n'est pas d'eux que vous tenez votre mission, mais du Tribunal à qui vous en devez compte ; que sa responsabilité qui couvre la vôtre, est engagée; qu'à ses yeux et dans l'esprit de la loi, le premier besoin des parties est de sortir d'affaire; qu'enfin, pour résoudre les difficultés s'il en existe, la première condition, et elle dépend de vous, c'est de les poser.

Ce serait méconnaître les nécessités pratiques des affaires que d'assigner d'avance pour tous les cas un délai préfixe et uniforme au travail liquidatif confié à vos soins; mais le moment venu d'y procéder, les opérations devront *commencer et se poursuivre sans interruption*. Tel est le but que nous nous efforcerons d'atteindre, MM. les Juges-Commissaires et moi, dans les instructions qui vous seront données au cours de chaque procédure. Votre zèle pour vos fonctions me donne l'assurance que vous seconderez ces efforts.

Je vous prie de vouloir bien m'accuser réception de cette circulaire.

Agréez, Monsieur, l'assurance de ma considération distinguée.

Le Président,

Le Cointe.

Juin 1862. — Lettre de M. le Procureur recommandant aux chambres de notaires de ne point adresser directement au conseil d'Etat, au Corps législatif ou au Sénat des observations, réclamations ou mémoires, mais de les envoyer au parquet.

Monsieur le Président,

Il s'est produit depuis quelque temps au sein des corporations d'officiers ministériels et publics, un abus qui ne doit pas être toléré plus longtemps.

Des chambres de discipline ou des communautés entières se réunissent, sans provocation de l'autorité compétente, pour délibérer et rédiger des observations, explications, critiques, réclamations ou mémoires qu'elles transmettent directement soit au conseil d'Etat, soit au Corps législatif, soit au Sénat.

Ces procédés sont contraires à la loi et dangereux pour l'ordre et la discipline. Il importe d'ailleurs que les règles de la hiérarchie soient strictement observées.

En conséquence, je vous prie de vouloir bien à l'avenir, déposer à mon parquet toutes délibérations du genre de celle que je viens d'indiquer, toutes celles qui traiteraient de matières non prévues par la loi organique de l'institution et étrangères à la discipline.

Je vous prie de m'accuser réception de cette circulaire et d'en donner connaissance aux membres de votre compagnie.

Agréez, Monsieur le Président, l'assurance de ma considération très-distinguée.

Le Procureur impérial,

---

14 Mars 1864. — Lettre de M. le Procureur sur la *nullité des actes de vente et de partage* d'établissements de pêche sur le rivage de la mer, vu le caractère révocatoire des autorisations de ces établissements.

Monsieur le Président,

Monsieur le Garde des sceaux me fait savoir que fréquemment des *actes notariés constatant des ventes, locations ou partages d'établissements de pêche sur le rivage*, ont été adressés à M. le Ministre de la marine et des colonies par des intéressés qui en réclamaient le bénéfice.

Les autorisations d'établissements de cette nature, accordées en vertu de l'article 2 du décret du 9 janvier 1852, sont essentiellement révocables et ne peuvent constituer au profit de ceux qui les ont obtenues, ni un droit de propriété, ni même un titre à indemnité en cas de suppression. Une clause dans ce sens est expressément énoncée dans les arrêtés d'autorisation. Il arrive cependant que des tiers, se méprenant sur le caractère des actes notariés et sur la nature de l'autorisation, croient pouvoir invoquer ces actes comme constituant à leur égard de véritables droits.

Quelquefois même, on a produit au ministère de la marine des actes de vente qui étaient absolument nuls, en ce que l'objet cédé n'était pas transmissible, l'autorisation ayant été accordée à la personne en raison de sa qualité de marin.

En vue de prévenir des difficultés et conformément au désir exprimé par M. le Ministre de la marine et des colonies, je vous prie de communiquer ces observations à tous les membres de votre compagnie, en les invitant à ne jamais négliger d'éclairer les parties dans les circonstances dont il s'agit, ni de leur rappeler la cause de révocation mentionnée dans les arrêtés d'autorisation.

Je vous prie de vouloir bien m'accuser réception de cette dépêche.

Veuillez agréer, Monsieur le Président, l'assurance de ma considération très-distinguée.

Le Procureur impérial,
A. VENTE.

Avril 1861. — LETTRE de M. le Procureur général sur le *dépôt facultatif* aux archives départementales des *anciennes minutes de notaires* que ceux-ci ne voudraient pas conserver, et demandant l'avis des chambres de notaires.

Monsieur le Procureur impérial,

Il résulte d'une communication faite à la chancellerie par S. Exc. M. le Ministre de l'intérieur, que la commission des archives départementales, instituée auprès de son ministère, lui a plusieurs fois signalé *l'état d'abandon dans lequel seraient laissées les anciennes minutes de notaires*, en appelant son attention sur la difficulté de les consulter et sur la nécessité de les soustraire à la destruction; S. Exc M. le Ministre de l'instruction publique, d'accord avec le comité historique, l'a entretenu des avantages qu'il y aurait à provoquer des mesures propres à assurer la conservation des actes de cette nature; les préfets ne cessent de lui représenter les inconvénients qui résultent de la situation actuelle, et enfin les conseils généraux eux-mêmes, appréciant l'importance de la question, ont presque tous émis le vœu que ces précieux documents fussent réunis aux archives départementales.

Son Excellence ajoute que les greffes eux-mêmes ne sont pas toujours disposés de manière à garantir la conservation des actes notariés, et que l'état de ces dépôts, inaccessibles aux intéressés, rend les recherches très-difficiles pour les greffiers eux-mêmes qui en sont les gardiens.

Dans ces circonstances, M. le Ministre de l'intérieur a cru devoir prier M. le Garde des sceaux d'examiner s'il y aurait des inconvénients à ce que les deux département se concertassent pour prendre des mesures capables de remédier à cet état de chose, en reconnaissant d'ailleurs que les modifications à apporter aux usages actuels devraient être compatibles avec les prescriptions des lois qui régissent la matière, avec les droits des fonctionnaires détenteurs des actes, et n'auraient pour effet que d'ouvrir un dépôt *facultatif aux notaires qui ne désireraient pas conserver* les anciennes minutes de leur étude.

Cette proposition dont M. le Garde des sceaux me fait part, se recommande à son attention par les considérations d'intérêt public qui l'ont suggérée et vous partagerez, j'en suis persuadé, mon désir de lui donner la suite dont elle serait susceptible; mais on ne peut se dissimuler que, même réduite à ces derniers termes, c'est-à-dire à un abandon facultatif des anciennes minutes de la part des officiers publics, *qui en ont en quelque sorte la propriété en même temps qu'ils en sont les dépositaires*, cette question soulève, en droit et en fait, des difficultés qu'il importe d'examiner et pour la solution desquelles j'ai besoin de votre concours.

En droit, en effet, il y a lieu de se demander si les lois spéciales de la matière (art. 9 de la loi du 6 octobre 1791, art. 21 et suivants de la loi du 25 ventôse an XI), ne s'opposeraient pas à ce que les actes dont il s'agit fussent distraits du dépôt qui leur a été assigné, même du consentement des dépositaires et s'il suffirait d'une simple décision ministérielle pour décharger ceux-ci du dépôt légal dont ils ont été investis, en confiant ce dépôt à d'autres fonctionnaires non désignés par les lois précitées.

En fait, l'état de choses indiqué est-il exact? Les rapports ne sont-ils pas empreints d'exagération, et par suite même la mesure proposée serait-elle suffisamment justifiée par le nombre et l'importance des actes qu'il s'agirait de déplacer, par leur intérêt historique, par le mauvais état de conservation dans lequel les laisseraient la plupart de leurs dépositaires actuels, notamment les notaires ruraux, qui, s'il faut en croire les rapports qui ont été faits à S. Exc. M. le Ministre de l'intérieur, auraient presque partout ou perdu ou vendu un grand nombre de minutes?

D'un autre côté, n'y aurait-il pas des inconvénients à placer, dès à présent, dans un dépôt d'archives, dont le but déclaré est de fournir les matériaux d'une histoire intérieure de la France, destinée à la publicité, des documents qui peuvent intéresser encore l'honneur et la considération de certaines familles, et dont, par ce motif, les lois de la matière ont si rigoureusement interdit la divulgation?

En troisième lieu, il importe de se préoccuper de l'effet qui serait produit, dans le notariat, par les mesures à prendre dans le sens des propositions de M. le Ministre de l'intérieur, des adhésions ou des résistances qui l'accueilleraient, et de rechercher jusqu'à quel point elles seraient appelées à recevoir une application générale, susceptible de remplir suffisamment le but qu'on aurait voulu atteindre.

Enfin, et en supposant que la généralité des notaires consentissent à se dessaisir de leurs anciennes minutes, *abandonneraient-ils en même temps le droit d'en délivrer des expéditions qui leur appartient aujourd'hui exclusivement*, et si ce droit devait leur être réservé, comment en concilier l'exercice, dans la pratique, avec les nouvelles dispositions prises pour la garde des actes à expédier?

Cette dernière difficulté semble, il est vrai, avoir été résolue à Angoulême, à l'égard des minutes de l'ancienne communauté des notaires de l'Angoumois, qui, déposées dès le principe dans un bâtiment départemental, ont pu être réunies aux archives de la préfecture, du consentement unanime de tous les notaires de cette ville, et en vertu d'une décision, concertée entre les deux départements de la Justice et de l'intérieur, qui a réservé à ces notaires le droit d'expédition en imposant à l'archiviste l'obligation, moyennant la perception d'un droit de recherche, d'obtempérer à toute réquisition de communiquer qui lui serait adressée par ces officiers publics. Mais les circonstances, qui ont autorisé cette décision toute spéciale, ne se retrouveraient pas dans la majorité des cas, et le précédent qui en résulte, s'il peut être bon à consulter dans l'examen de la difficulté qui nous occupe, ne saurait dispenser toutefois de rechercher par quelles mesures on pourrait assurer aux notaires, et surtout aux notaires éloignés du chef-lieu départemental, la faculté de prendre communication et de délivrer des expéditions des minutes dont ils se seraient dessaisis.

Telles sont, Monsieur le Procureur impérial, les principales questions, soit de droit, soit de fait, auxquelles me paraît donner lieu la proposition de M. le Ministre de l'intérieur. Avant de répondre à sa communication, M. le Garde des sceaux m'exprime le désir que je lui transmette, avec tous les renseignements qu'elle rend nécessaires, mes observations et mon avis motivé sur la suite qu'il conviendrait de lui donner.

Afin d'être en situation de satisfaire moi-même à ce désir; je viens vous prier, Monsieur le Procureur impérial, de procéder dans votre arrondissement, à *une enquête générale*, dans laquelle devra être consultée la chambre des notaires, et qui aura pour objet de constater dans chaque localité :

1. La nature et l'importance des anciennes minutes existant soit dans les greffes, soit dans les études de notaires, soit dans ces dépôts dont parle l'article 60 de la loi du 25 ventôse an XI, sous le nom de chambres de contrats, bureaux de tabellionage ou autres ;

2. L'état de conservation ou de détérioration dans lequel se trouvent ces documents ;

3. Les avantages ou les inconvénients qui semblent devoir résulter, au point de vue de tous les intérêts, de la translation de ces mêmes documents aux archives départementales ;

4. Les dispositions des greffiers et des notaires à accueillir ou à repousser cette mesure, avec ou sans le réserve du droit d'expédition ;

5. Les moyens pratiques qui pourraient être indiqués pour organiser l'exercice de ce droit d'expédition, après la translation des actes à la préfecture.

Quand vous aurez terminé cette enquête, vous voudrez bien m'en faire connaître les résultats, et m'adresser à cette occasion, après vous être concerté avec M. le Président, un rapport circonstancié contenant, avec l'exposé exact de tous les faits qui se rattachent à la question qui nous occupe, vos appréciations et vos propositions au sujet des mesures qu'il vous paraîtrait possible de prendre pour satisfaire au vœu exprimé par l'autorité administrative.

Recevez, Monsieur le Procureur impérial, l'assurance de ma considération distinguée.

Le Procureur général,

NOTA. — Dans sa séance du 3 mai 1861, l'assemblée générale des notaires de l'arrondissement d'Amiens a repoussé le principe du dépôt même facultatif dans les archives départementales des anciennes minutes de notaires, pour les motifs suivants, développés dans le rapport de son président M. Baxot, transmis à M. le Procureur :

Ce déplacement serait contraire aux lois et ordonnances anciennes sur le notariat qui ont donné à ces officiers publics en quelque sorte la propriété de leurs minutes et les en ont constitués les dépositaires légaux, dans l'intérêt des familles qui, seules, ont le droit d'en prendre communication et d'en retirer copie ;

Il n'offrirait aucune utilité réelle au point de vue des études historiques en présence du peu de documents que peuvent fournir les vieilles minutes de notaires aux recherches de l'antiquaire et de l'historien ;

Il présenterait même des inconvénients graves, pour les personnes éloignées du chef-lieu départemental, qui seraient forcées de se déplacer pour venir consulter leurs anciens actes de famille ou prendre copie de ces vieilles minutes, et surtout à cause du danger d'une trop grande centralisation, pour le cas d'incendie dans un lieu de dépôt si surchargé d'archives.

Décembre 1864 — LETTRE de la Chambre syndicale des agents de change de Paris concernant la *vente de rentes appartenant à des femmes mariées* et contenant la recommandation suivante :

Toutes les fois que la procuration pour vendre de ces rentes sera sous seing privé, on devra produire le contrat de mariage : s'il n'y en a pas, en faire la déclaration dans la procuration et produire en tout cas, l'acte de la célébration civile du mariage.

On pourra se dispenser de produire le contrat de mariage toutes les fois que la procuration sera notariée et qu'elle contiendra : l'énonciation du contrat de mariage et du régime adopté ; la déclaration formelle que ce contrat ne contient aucune clause prohibitive d'aliéner, ni aucune obligation d'emploi ni de remploi.

S'il n'y a pas de contrat de mariage, la déclaration en sera faite ; en tout cas, l'énonciation de l'acte de célébration civile du mariage.

---

22 Mars 1865. — LETTRE de M. le Procureur impérial à M. le Président de la chambre des notaires, pour défendre aux notaires de garantir le recouvrement du prix de ventes mobilières, fermages, intérêts, etc.

Monsieur le Président,

Il résulte des renseignements qui m'ont été transmis par MM. les Juges de paix que quelques-uns des notaires de l'arrondissement ont l'habitude de garantir à leurs clients les recouvrements de prix de ventes mobilières, fermages, arrérages de rentes, intérêts d'obligations hypothécaires, moyennant un honoraire convenu, et qu'ils agissent ensuite contre les débiteurs qui ne paient pas comme subrogés aux droits de leurs clients.

Cette pratique est illégale autant que contraire à la dignité du notariat ; j'espère qu'il vous suffira pour la faire cesser d'en signaler le véritable caractère à votre compagnie ; si elle devait se renouveler, j'en serais averti par MM. les Juges de paix à qui je donne des instructions dans ce sens, et je croirais de mon devoir d'en informer immédiatement Son Exc. M. le Garde des sceaux.

Veuillez agréer, Monsieur le Président, etc.

Signé : A. VENTE.

Procureur impérial.

Avril 1865. — LETTRE de M. le Procureur impérial à M. le Président de la chambre des notaires.

Monsieur le Président,

J'ai l'honneur de vous prier de vouloir bien à l'avenir me donner par lettre officielle et aussitôt que vous-même en serez informé, l'*avis de tout décès* qui pourrait survenir parmi MM. les notaires de l'arrondissement.

Je rappelle aujourd'hui à MM. les juges de paix que les prescriptions de l'art 61 de la loi du 25 ventôse an XI (relatives aux scellés à apposer sur les minutes et répertoires du notaire décédé) sont impératives pour eux et ne comportent ni exception, ni concession.

Je vous prie de m'accuser réception de cette lettre.

Agréez, Monsieur le Président, etc.

Signé : A. VENTE.

---

6 Octobre 1866. — LETTRE du Directeur de l'enregistrement en réponse à une réclamation de la Chambre des notaires d'Amiens, pour que, dorénavant insertion soit faite par le conservateur des hypothèques, dans les mentions de transcriptions, du volume et du numéro de l'inscription prise d'office par suite de la transcription au profit du vendeur et du donateur.

Monsieur le Président,

Vous m'avez fait l'honneur de me déposer pour être transmise à M. le Directeur général de l'enregistrement, une demande tendant à obtenir que mention fût faite, dorénavant, dans les relations destinées à constater l'accomplissement de la formalité de la transcription à la Conservation des hypothèques d'Amiens, du volume et du numéro de l'inscription prise d'office par suite de cette transcription.

Je n'ai pas eu besoin de saisir M. le Directeur général de cette demande. Les explications qui ont été échangées entre M. le Conservateur et moi, ont suffi pour aplanir toute difficulté sur ce point, et dorénavant, les relations des actes présentés à la transcription contiendront la mention dont il s'agit.

Recevez, Monsieur le Président, l'assurance de ma parfaite considération est nécessaire.

Le Directeur par intérim,

D'HOUDAIN.

Mai 1867. — LETTRE de M. le Directeur de l'enregistrement d'Amiens, communiquant une Circulaire de M. le Directeur général au sujet des *demandes en prorogation de délai pour le paiement des droits de mutation.*

Monsieur le Directeur,

Les demandes en prorogation de délai, pour le paiement des droits de mutation par décès, deviennent chaque jour plus nombreuses.

L'administration a dû en instruire près de cinq mille pendant l'année 1866 ; sans doute quelques-unes de ces demandes se justifient par des motifs dignes d'intérêts ; mais le plus souvent elles ne reposent que sur de simples allégations, avant l'expiration du délai légal, et ces demandes tardives ne sont généralement qu'un moyen d'amener l'administration à suspendre le recouvrement de l'impôt, pendant le temps nécessaire pour l'instruction de l'affaire et jusqu'à la décision à intervenir.

L'attention du ministre a été appelée sur les abus résultant de cet état de choses. Les prorogations de délai constituent, en effet, une exception au principe de l'égalité de l'impôt; elles deviendraient de véritables privilèges, si elles n'étaient restreintes dans d'étroites limites. Des circonstances spéciales peuvent seules les motiver, telles que, par exemple, l'éloignement des héritiers du territoire français, l'introduction d'instances sur la validité des testaments ou sur la qualité des héritiers ou des légataires, etc., etc.

Je vous prie de tenir compte, à l'avenir, de ces observations, lorsque vous aurez à émettre un avis sur des demandes en prorogation ; sauf de très-rares exceptions, vous vous dispenserez d'instruire celles de ces affaires dont l'administration aurait été saisie moins d'un mois avant l'expiration du délai legal, et vous préviendrez immédiatement les héritiers que leur recours à la juridiction gracieuse du ministre n'est pas susceptible d'être accueillie, comme ayant été formée tardivement.

Vous adresserez une copie de cette lettre à MM. les Présidents des chambres des notaires, et vous prierez Monsieur le Préfet de vouloir bien en ordonner l'insertion dans le recueil des actes officiels de son département. L'administration n'a nullement l'intention de se départir des principes de modération et de bienveillante justice qui ont toujours inspiré ses actes, mais il importe que les contribuables et leurs conseils soient prévenus qu'ils doivent se mettre en mesure d'acquitter l'impôt dans les délais légaux.

Recevez, Monsieur le Directeur, etc.

Le Directeur général,
ROY.

Janvier 1868. — CIRCULAIRE qui prescrit aux notaires l'inscription sur leurs répertoires des testaments à eux remis par le Président du Tribunal, à la date du jour même du procès-verbal d'ouverture et de dépôt dressé par ce magistrat.

Le Directeur de l'enregistrement, des domaines et du timbre à Monsieur le Président de la chambre des notaires, à Amiens.

Monsieur le Président,

J'ai l'honneur de vous informer que M. le Directeur général de mon administration m'a fait connaître le 19 décembre dernier que, consulté par Son Exc. le Ministre des finances, le Garde des sceaux, ministre de la justice, adoptant l'opinion d'après laquelle les notaires doivent inscrire sur leur répertoire, le jour même de la rédaction du procès-verbal d'ouverture et de description, les testaments qui leur sont remis directement par le Président du tribunal, a émis le 3 octobre dernier, l'avis qu'il y avait lieu de poursuivre les notaires contrevenants et de porter la question devant les tribunaux.

Les motifs qui ont déterminé cette décision sont, en substance, les suivants :

La Cour de cassation n'a pas indiqué, il est vrai, à quelle date doit-être faite l'inscription tant du testament que du procès-verbal qui en constate la remise au notaire ; toutefois cette date ne peut être que celle du procès-verbal même. D'une part, en effet, la Cour paraît considérer ce procès-verbal comme un acte d'une nature mixte, qui, par suite de la signature du notaire, peut être classé au nombre des actes prévus par l'art. 49 de la loi du 22 frimaire an VII, c'est-à-dire des actes reçus par le notaire. D'autre part, c'est incontestablement à partir de cette date que le notaire est dépositaire du testament et que ce testament fait partie des archives notariales. Si donc on admettait que l'inscription ne doit pas être alors opérée, on manquerait de base certaine pour déterminer le moment où naitrait l'obligation de l'inscription.

Enfin, il est évident que la rédaction ultérieure, par le notaire seul, d'un acte de dépôt que la Cour déclare inutile, ne saurait effacer la contravention commise et dispenser du paiement de l'amende encourue.

Je vous prie de porter cette décision à la connaissance des notaires de l'arrondissement, en leur annonçant que d'après les instructions que m'a adressées M. le Directeur général, des poursuites seraient exercées contre ceux d'entre eux qui, après avis de cette décision concertée entre les ministres des finances et de la justice, refuseraient de s'y conformer.

Je vous serai reconnaissant de m'accuser réception de la présente lettre.

Veuillez, Monsieur le Président, etc.

Signé : SERIEYX.

Février 1868. — LETTRE de M. le Procureur impérial, concernant les *ventes par adjudication.*

Monsieur le Président,

Il arrive quelquefois que dans les communes où il n'existe pas de mairie, les notaires qui viennent procéder à une vente publique occupent, même aux jours et aux heures de classe, le local scolaire.

Ce fait est regrettable et il importe d'en prévenir le retour.

Sans doute il est indispensable, dans l'intérêt public, qu'à défaut de maison commune le local scolaire serve de salle de vente, mais du moins MM. les notaires devraient-il respecter les exigences du service de l'instruction primaire et choisir, non un jour de classe, mais un jeudi ou un dimanche pour procéder à leurs adjudications.

Je vous prie de porter à la connaissance de MM. les notaires de l'arrondissement d'Amiens, les instructions contenues dans la présente circulaire et de les inviter à ce qu'elles soient à l'avenir rigoureusement exécutées.

Agréez, etc.

Le Procureur impérial,
Signé : FOULHOUX.

Avril 1868. — LETTRE de M. le Trésorier-payeur général.

Monsieur le Président,

Depuis quelque temps le Trésor a fait de nombreux rejets de ventes de rentes sur l'Etat, à cause d'irrégularité dans les pièces fournies :

1° Le Trésor n'admet les procurations à l'effet de vendre que si le mandat est donné à M. le Syndic des agents de change de Paris ou à son adjoint en exercice, toute autre dénomination n'est pas admise.

2° Parce que les pièces ne portent pas le cachet de MM. les notaires ou des greffiers.

3° Parce que l'état constatant le paiement des droits de mutation n'est pas toujours joint au dossier.

En ce qui concerne les traitements, pensions et rémunérations diverses calculées sur la vie, l'*acte de décès doit toujours être produit* à l'appui du certificat de propriété, bien qu'énoncé en cet acte comme déposé en l'étude du notaire; la production de cet acte est indispensable pour déterminer le montant des arrérages dus au décès.

Je vous serais reconnaissant, Monsieur le Président, de profiter de la première circonstance qui se présentera pour rappeler à MM. vos collègues les observations qui précèdent.

Veuillez agréer, etc.

Signé : FÉRON.

20 Juin 1868. — LETTRE de M. le Procureur impérial recommandant aux *notaires* plus d'exactitude dans leur arrivée au lieu indiqué, et à l'heure dite dans les affiches, pour les ventes judiciaires qu'ils sont chargés de faire par délégation du Tribunal.

Monsieur le Président,

Conformément aux dispositions des Codes Napoléon, de procédure civile et de commerce, les notaires sont appelés à concourir aux ventes judiciaires et dès lors ils procèdent seuls comme délégués de la justice. Or, il résulte que des notaires de cet arrondissement, lorsqu'ils procèdent aux ventes judiciaires, obéissent à un usage fâcheux, regrettable et qu'il importe de faire cesser le plus tôt possible. Ainsi il arrive que, dans les assignations et les placards, le notaire fait indiquer la vente pour midi, tandis qu'il n'arrive sur les lieux qu'à deux heures. Je n'ai pas besoin d'insister pour montrer qu'il y a là un abus qui doit disparaître.

C'est le notaire qui fixe l'heure de la vente, il doit choisir celle qui convient le mieux aux intérêts des parties et, des obligations de tout genre lui imposent l'exactitude la plus parfaite, sous peine de manquer à ses devoirs et d'engager sa responsabilité.

En signalant ces faits à votre attention, je vous prie de les porter à la connaissance de vos collègues et de veiller à ce qu'à l'avenir les notaires, commis par le tribunal civil pour procéder à des ventes judiciaires, apportent dans l'accomplissement de leur mission la plus complète régularité.

Veuillez, Monsieur le Président, m'accuser réception de cette lettre et agréer etc.

28 Septembre 1872. — LETTRE de M. le Procureur de la République recommandant d'ajouter dans les *états de produits*, lors des cessions d'office, une colonne pour le montant des sommes sur lesquelles les honoraires ont été perçus.

Monsieur le Président,

Je reçois à l'instant de M. le Procureur général la circulaire suivante :

Conformément aux instructions nouvelles qui viennent de m'être adressées par M. le Garde de sceaux, je vous prie de veiller à l'avenir à ce que, *dans les états de produits* qui sont fournis à l'appui des *cessions d'office de notaires*, on indique, indépendamment du nombre des actes et des droits et honoraires, *le montant des sommes sur lesquelles ces honoraires ont été perçus.*

Agréez, Monsieur le Président, etc.

Signé : DUBOIS.

Septembre 1872. — CIRCULAIRE du Président de la Chambre des notaires d'Amiens aux Présidents des Chambres de notaires de la circonscription du Nord pour les engager : 1° à faire adopter par leur compagnies des mesures semblables aux résolutions prises par l'assemblée générale des notaires de l'arrondissement d'Amiens, le 7 mai 1872, pour la *consignation préalable* par les clients *des droits d'enregistrement* et pour presser les recouvrements d'étude; 2° à adresser à l'Assemblée nationale, pour le *rappel de la loi* du 28 juillet dernier sur le *revenu imposé des créances hypothécaires*, une pétition analogue à celle adoptée et signée par les notaires de l'arrondissement, sur le rapport de M. Dournel à la séance du 6 aout dernier.

Cette pétition, favorablement accueillie par plusieurs chambres n'a peut-être pas été étrangère à l'abrogation de cette loi qui a eu lieu le 20 décembre 1872. Elle était ainsi conçue :

Convaincus par leur connaissance pratique des affaires et par leur expérience des prêts hypothécaires :

Que la loi du 28 juillet dernier ne peut que nuire au Crédit agricole, entraver les besoins de la petite propriété déjà assez surchargée et grevée dans les campagnes, notamment dans celles de l'arrondissement d'Amiens, épuisées par la guerre, par l'occupation et les réquisitions prussiennes;

Qu'elle empêchera les prêts sur hypothèque, de plus en plus difficiles, à cause de l'intérêt légal de 5 0/0, inférieur actuellement à celui des rentes sur l'Etat et des valeurs de Bourse qui offrent des placements plus lucratifs aux capitalistes;

Qu'elle nuira aux prorogations de délai des créances hypothécaires lors de leurs échéances, et amènera des demandes de remboursement, des poursuites, des expropriations, et partant la ruine de certains débiteurs, et la dépréciation de la propriété;

Qu'en diminuant le nombre des prêts hypothécaires, elle tarira une source de produits bien plus fructueux pour le Trésor que les 2 0/0 de contributions à prélever sur les intérêts : celle des droits d'enregistrement, d'hypothèque et de timbre des actes authentiques qui les constatent, qu'on peut évaluer en moyenne à 2 0/0 du capital emprunté;

Que les petits prêts de 100 fr. à 1,000 fr. formant les trois quarts au moins des emprunts hypothécaires, la perception du nouvel impôt deviendra très-onéreuse proportionnellement au produit, par suite des frais nombreux de rôles, d'imprimés, d'avertissements qu'entraînera la grande division et la confection de cotes de quelques centimes ;

Que bien des difficultés naîtront de l'incertitude de savoir, (après les interprétations diverses des orateurs qui ont pris part à la discussion de cette loi) ce qu'il faut entendre par créances hypothécaires, et si notamment ces termes comprennent : les prix de vente, les soultes, les constitutions de dot, les rentes, les pensions alimentaires, les créances dont les inscriptions n'ont pas été renouvelées, ou qui n'ont plus d'objet, ou dont le recouvrement est douteux, enfin certaines hypothèques légales et judiciaires ;

Que, malgré les prescriptions de la loi et ses amendes, l'impôt sera le plus souvent supporté par l'emprunteur, qui, tenu de le payer lui-même au percepteur, n'osera pas le réclamer à son créancier, dans la crainte d'une demande de remboursement, ou d'un refus de renouvellement à l'échéance ;

Que, dans ce cas, la loi, de juste qu'elle était, devient injuste, inique, et alors est bien, suivant l'énergique parole de M. Thiers, un impôt sur l'indigence ;

Enfin, que dans son application, dans son mode d'exécution, elle sera inquisitoriale et presque immorale par la publicité qu'elle donnera nécessairement, par suite du recouvrement de cet impôt, comme en matière de contribution directe, aux dettes et hypothèques de nombreuses personnes qui ont tout intérêt à ne pas les faire connaître, et qui craindront, non sans raison, de voir leur situation révélée, leur crédit compromis, leurs entreprises entravées et quelquefois leur avoir perdu ainsi que celui de leur famille ;

Pour tous ces motifs,

Sans attendre le règlement d'administration publique qui doit établir les conditions dans lesquelles la constation des créances sera faite ainsi que le mode de perception de l'impôt de 2 0/0,

Attendu, en résumé, que la loi du 28 juillet 1872 leur paraît contraire aux intérêts de l'agriculture, nuisible à la petite propriété, improductive pour le Trésor, inexécutable dans la pratique, injuste, inquisitoriale et presqu'immorale par la publicité des dettes hypothécaires des contribuables,

Les soussignés

Vous prient, Messieurs les Députés, de vouloir bien rapporter la loi d'impôt sur le revenu des créances hypothécaires.

(Suivaient les signatures des 40 notaires de l'arrondissement d'Amiens).

1873.

Note de la Trésorerie générale.

Dans une procuration donnée pour transférer ou vendre une rente sur l'Etat, les mots : « *Donne pouvoir au syndic des agents de change ou à son adjoint en exercice,* » ne doivent être employés que pour les titres de rente vendus ou transférés par la *Recette générale des départements.*

La Chambre syndicale des agents de change refuse de se charger de la vente ou du transfert de tous les titres qui lui sont adressés par tout autre intermédiaire.

FIN.

TROISIÈME PARTIE.

SUPPLÉMENT AUX STATUTS & RÉGLEMENT DES NOTAIRES

De l'arrondissement d'Amiens (p. 57, 1re édition).

Articles adoptés depuis 1859.

7 Mai 1861. — Délibération de l'Assemblée générale des notaires de l'arrondissement d'Amiens qui adopte l'article ci-après à ajouter au chapitre 1er : « Des Devoirs des notaires » :

« La Chambre pourra, en cas de contravention aux « règles sur le concours, sur la conservation des mi- « nutes et sur la résidence ordonner la restitution et le « paiement envers les notaires lésés de tout ou partie « des honoraires perçus ou dus, et même, suivant la « gravité des cas, s'il s'agit notamment d'enlèvement « d'affaires ou de clientèle, elle pourra prononcer des « dommages et intérêts au profit du notaire frustré de « ses droits légitimes.

« Le paiement des honoraires et des dommages et « intérêts arbitrés en faveur d'un notaire, devra avoir « lieu soit directement à ce notaire dans les quinze « jours du prononcé de la décision, soit à la chambre « à la première réunion qui suivra cette décision.

« En cas d'inexécution de la délibération de la cham- « bre dans le mois de sa date, en cas de refus de paie- « ment et de récidive de la part d'un notaire, la chambre « pourra appliquer une des plus fortes peines disci- « plinaires et ordonner la lecture à la première assem- « blée générale de la délibération qui condamne ce « notaire. »

2 Octobre 1866. — Délibération de l'Assemblée générale qui modifie l'*ordre des minutes des inventaires* tel qu'il est établi par l'*art.* 30 du réglement, § 2 et 1 :

« Le notaire de l'exécuteur testamentaire passe du « n° 2 au n° 4, après le notaire des héritiers à réserve « et du légataire universel. »

7 Mai 1867. — Délibération de l'Assemblée générale qui ajoute le paragraphe suivant à l'art. 30 du réglement :

« Dans les inventaires avant séparation de corps, la « minute de l'inventaire appartient au notaire de « l'époux premier demandeur, sauf dans le cas où ce- « lui-ci n'obtiendrait pas la séparation à voir reprendre « le premier rôle par le notaire de l'époux qui aurait « obtenu la séparation. »

2 Mai 1870. — Délibération de l'Assemblée générale qui modifie l'*art.* 67 du réglement en fixant l'*heure des séances* de la chambre et des assemblées générales *à une heure* au lieu de midi.

2 Août 1870. — Délibération de l'Assemblée générale portant :

1° Invitation aux notaires de l'arrondissement, lorsqu'ils seront commis judiciairement pour un tirage au sort, d'y appeler autant que possible les avoués des parties en cause, et de leur faire allouer les vacations qu'ils auraient pu avoir à un tirage au sort devant le juge ;

2° Adoption d'un article supplémentaire du réglement 35 *bis* ainsi conçu :

Art. 35 *bis*. « Dans toute quittance où plus de deux no- « taires sont intéressés pour des clients, les notaires des « parties recevantes auront droit, par leur signature à cet « acte, à une part proportionnelle d'honoraires basée « sur les sommes payées à celles-ci. — Lorsqu'une quit- « tance sera la conséquence d'un ordre, les notaires des « parties intéressées, pour simplifier les frais et éviter

« des lenteurs, devront s'entendre pour ne faire qu'un « seul acte, dans lequel ils auront le droit d'assister « leurs clients et de réclamer au notaire détenteur de « la minute une part d'honoraires proportionnels, cal- « culés sur l'importance des sommes payées à ceux ci.

Mai 1872. — DÉLIBÉRATION de l'Assemblée générale qui adopte la décision suivante pour être et rester toujours affichée dans les études de notaires de l'arrondissement d'Amiens :

« *Attendu l'augmentation des droits d'enregistrement et « de timbre,*

« *Les inconvénients pour les notaires de laisser accumuler « leurs recouvrements et de faire trop d'avances à leurs « clients,*

« IL EST EXPRESSÉMENT RECOMMANDÉ AUX NOTAIRES *de se « faire payer, avant l'enregistrement, les droits et déboursés « de leurs actes, et, au plus tard à la fin de l'année, le solde « de tout ce qui leur est dû.* »

---

6 Mai 1873. — L'Assemblée générale décide l'impression d'un *supplément à son Code-Manuel de* 1859.

M. Dournel, avant de quitter le fauteuil de la présidence qu'il occupe depuis trois ans, dépose sur le bureau le manuscrit d'un travail qu'il a préparé pour faire suite et servir de *complément au Code-Manuel des Notaires* de l'arrondissement d'Amiens, paru en 1859 et qui ne se trouve plus au courant de la législation actuelle. C'est un résumé en partie du rapport qu'il a lu à l'assemblée générale du mois d'août 1872 sur les changements survenus, notamment pendant les trois dernières années, dans les lois civiles et fiscales pouvant intéresser les notaires.

M. Dournel a cru être utile à ses confrères, en leur offrant, comme souvenir de sa présidence, ce supplément au Code-Manuel de 1859, des plus faciles à consulter à cause de l'ordre chronologique qu'il a continué à suivre, et dans lequel se trouve condensé et réuni en quelques pages, souvent en un résumé sommaire, quelquefois même par une date, mais le plus ordinairement par une reproduction littérale, entière ou partielle, tout ce qui a paru depuis 14 ans en droit civil, fiscal et notarial.

L'Assemblée générale vote des remerciements à son président, elle décide l'impression du manuscrit dont elle lui confie le soin. — Mais cette impression pourra être retardée jusqu'au vote des lois annoncées prochainement encore sur le timbre et l'enregistrement et qu'il serait bon d'y ajouter.

TABLEAU DES NOTAIRES DE L'ARRONDISSEMENT D'AMIENS

En exercice au 1er Mai 1873.

	NOMS.	OFFICIERS de la CHAMBRE.	RÉSIDENCES.	NOMBRE par CANTONS.	RÉCEPTIONS DATES	RÉCEPTIONS Nos d'ordre.	Pages du tableau général.	PRÉDÉCESSEURS de 1859 à 1873.
	MM.							
1	Jumel . .		Amiens (nos 1 à 12)	12	26 juin 1843.	3	3	
2	Dournel .	Président .			17 sept. 1851.	6	9	
3	Corby .	Rapporteur .			1 août 1857.	8	17	
4	Langlois . .				29 juil. 1865.	17	5	Quignon.
5	Digeon .	Secrétaire			24 août 1864.	18	19	son père.
6	Martin . .				14 juin 1863.	20	21	Navarre,
7	Derbelle . .				25 octo. 1865.	23	14	Greuet, Dubos.
8	Herbet . .				7 mai 1866.	26	11	Riquier.
9	Mollet . .				10 déc. 1866.	28	23	Duquesne, Duparc.
10	Lepreux . .				22 avril 1869.	33	7	Topin.
11	Bordier . .				27 octo. 1869.	34	25	Bazot.
12	Person . .				19 mai 1870.	35	13	Vasselle.
13	Magnier . .		*Conty*	3	23 avril 1860.	13	29	Crignon.
14	Pégard . .		*Conty*		28 mai 1868.	30	31	Couturier.
15	Despréaux .		Lœuilly		7 octob. 1868.	31	27	Pinguet.
16	Crépin . .		Warloy-Baillon . ..	4	26 sept. 1849.	5	39	
17	Huré . . .		*Corbie*		17 janv. 1866.	24	37	Robert.
18	Caron. . .		*Corbie*		28 nov. 1872.	39	33	Morvillez.
19	Labbé. . .		Lamotte-en-Santerre.		19 déc. 1872.	40	35	Petit, Leroy.
20	Gravet . .	Membre . .	*Hornoy*	3	21 mars 1853.	7	41	
21	Hénocque . .		Liomer		5 juillet 1861.	15	43	Bennetot.
22	Boura . .		*Hornoy*		25 sept. 1861.	16	45	Pillon.
23	Andrieu . .		Quevauvillers . ..	4	19 octo. 1842.	2	47	
24	Leclercq . .		Airaines		4 juillet 1860.	14	49	Decaux.
25	Dacheux . .		Airaines		10 mai 1872.	36	53	Delignière, Decandaveine.
26	Brasseur . .		*Molliens-Vidame* . ..		23 mai 1872.	38	51	Bon.
27	Opéron .	Syndic. . .	*Oisemont*	3	28 octo. 1857.	9	55	Paucellier.
28	Despréaux .		Aumâtre		26 juil. 1865.	22	57	Hénocq.
29	Dequen . .		St-Maulvis		22 mai 1868.	29	59	
30	Toupart . .		Flixecourt	3	19 juil. 1858.	10	61	
31	Derouvroy .	Membre . .	*Picquigny*		27 juin 1859.	12	65	Legendre.
32	Bizet . . .		Vignacourt		18 mai 1872.	37	63	Copin.
33	Dhardiviller .		*Poix* . - . ..	3	21 sept. 1842.	1	71	
34	Jumel. . .		*Poix*		24 mai 1849.	4	67	
35	Leullier . .		Lignières-Chatelain..		4 juillet 1865.	21	69	Demolliens.
36	Morgand . .		Saint-Sauflieu . ..	2 Con de *Sains*.	31 déc. 1868.	32	73	Carlier, Jumel.
37	Mortier . .		Boves		8 mai 1863.	19	75	Defrenne, Cornu.
38	Dufourmantel.	Trésorier . .	Querrieux	3	22 nov. 1862.	11	81	
39	Delgove . .		*Villers-Bocage* . ..		24 mars 1866.	25	77	Suret, Graire.
40	Lelong . .		Rubempré		30 mai 1866.	27	79	Douchet.
				40				

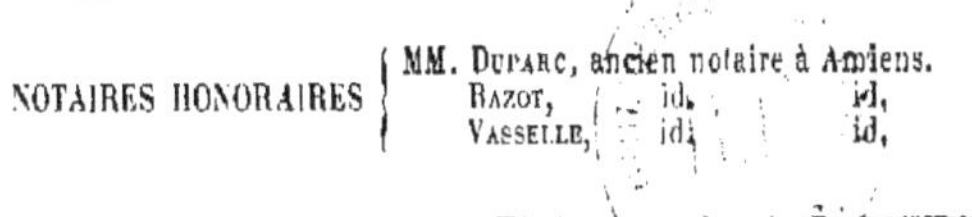

NOTAIRES HONORAIRES { MM. Duparc, ancien notaire à Amiens.
Bazot, id. id.
Vasselle, id. id.

Amiens, typ. H. Yvert, rue des Trois-Cailloux, 64.

www.ingramcontent.com/pod-product-compliance
Lightning Source LLC
LaVergne TN
LVHW012018220826
846092LV00001B/398
9782329769097